Roman Grafe

Deutsche Gerechtigkeit

Roman Grafe

Deutsche Gerechtigkeit

Prozesse gegen
DDR-Grenzschützen und
ihre Befehlsgeber

Siedler

Für Conrad und die anderen

© 2004 by Siedler Verlag, München
einem Unternehmen der Verlagsgruppe
Random House GmbH

Alle Rechte vorbehalten,
auch das der photomechanischen Wiedergabe.

Schutzumschlag: Rothfos + Gabler, Hamburg
Redaktion: Ditta Ahmadi, Berlin
Satz: Ditta Ahmadi, Berlin
Reproduktionen: Mega-Satz-Service, Berlin
Druck und Bindung: GGP Media GmbH, Pößneck
Printed in Germany 2004
ISBN 3-88680-819-X
Erste Auflage

Inhalt

TEIL I

Chris Gueffroy – geboren 1968, erschossen 1989   12
Eine Flut ungeklärter Fälle
   Ermittlungen   15
»Man muß sein Gewissen rechtzeitig prüfen.«
   Prozeß im Fall Gueffroy   19
»Ein einwandfreies Schußfeld«
   Der NVR-Prozeß   24
»Hart wie Kruppstahl«
   Porträt Fritz Streletz   32

TEIL II

Drei Großverfahren   40
Der Arzt als Fluchthelfer?
   Der Prozeß gegen zehn Mitglieder des Kollegiums
   im Verteidigungsministerium   40
   62 – 64 – 79 – 136 – 153 – 181 – 192 – 193 – 197 – 201 –
   203 – 205 – 211 – 215 – Epilog 218
»Die Minenfelder waren ordnungsgemäß ausgeschildert.«
   Der Prozeß gegen die Grenztruppen-Führung der DDR   54
   63 – 69 – 83 – 91 – 104 – 118 – 124 – 130 – 139 – 146 – 151 –
   154 – 163 – 168 – Epilog 174

Waffen und Schlipse
  Der Prozeß gegen sechs Mitglieder des SED-Politbüros   81
  90 – 98 – 109 – 123 – 129 – 137 – 144 – 148 – 161 – 167 –
  180 – 183 – 193 – 196 – 201 – 203 – 204 – 214 – 220 –
  Epilog 254

»Wendig und anpassungsfähig«
  Porträt Jürgen Strahl   88

»Helfer für die Sache«
  Porträt Klaus Croissant   126

»Konkrete Maßnahmen«
  Porträt Frank Osterloh   156

»Organ der Rechtspflege«
  Porträt Panka & Venedey   208

»Die Politbüro-Beschlüsse waren Bedingungen
der tödlichen Schüsse«
  Revisionsverhandlung im Politbüro-Verfahren   247

TEIL III

Exzeßfälle   260
  Walter Kittel 260 Manfred Weylandt 261
  Uwe Preußner 264 Hermann Döbler 265
  Michael Kollender 266 Heiko Runge 268
  Johannes Muschol 271 Kurt Lichtenstein 271

»Wer sich in Gefahr begibt, kommt darin um!«
  Prozeß im Fall Peter Fechter   274

»Er wollte besonders gut funktionieren.«
  Prozeß im Fall Elke und Dieter Weckeiser   281

»Ein Offizier, der wußte, was er wollte«
  Prozeß im Fall Willi Block   285

»Die Bürger an die Kette gelegt«
  Prozesse gegen Kommandeure der Grenz-
  Regionalkommandos   290

Interviews (1998) 295
    Gisbert Greifzu 295 Bernhard Jahntz 296
    Christoph Schaefgen 298 Theodor Seidel 299
    Horst Schmidt 300 Fritz Streletz 303
    Friedrich-Karl Föhrig 304

Verbotsirrtum?
    Ein Resümee 305

Dokumente

»Die Täter trugen diesen Staat, die Opfer erlitten ihn.«
    Aus der mündlichen Urteilsbegründung des
    Richters Friedrich-Karl Föhrig im Prozeß gegen die
    Grenztruppen-Führung 322

»Eine völlig harmlose Angelegenheit«
    Aus der Erklärung des Nebenklägers Horst Schmidt 331

»Straftat nach dem Recht der DDR ausreichend bestimmt«
    Aus der schriftlichen Urteilsbegründung des
    Europäischen Gerichtshofs für Menschenrechte
    zur Strafverfolgung von DDR-Grenzschützen
    und ihren Befehlsgebern 337

ANHANG

Dank 344
Anmerkungen 345
Ausgewählte Literatur 351
Bildnachweis 352

»Mord Mord heißen, auch wenn eine Fahne darüber weht...«
KURT TUCHOLSKY, 1919

Mauerbau an der Lindenstraße in Berlin-Mitte 1961

TEIL I

»Ich war sprachlos, ich sagte wirklich nichts, schüttelte nur immer den Kopf, dachte, das ist doch unmöglich. Man kann doch einen solchen Konflikt nicht mit Steinen und Stacheldraht lösen. Es ist unfaßbar, die Primitivität dieses Einfalls. Einfach eine Grenze ausheben, zumachen, dichtmachen und dann schießen auf das, was läuft.«

HORST KRÜGER, »Die Mauer«

Chris Gueffroy
geboren 1968, erschossen 1989

Die Mutter hört, wie ihr Sohn erschossen wird. Sie sitzt an diesem Sonntagabend in ihrem Wohnzimmer und blättert in einem Buch. Die Wohnung in der Südostallee 218 ist zwei Kilometer von der Mauer entfernt. Kurz vor Mitternacht hallen Schüsse durch die klare Winternacht, wieder einmal. Karin Gueffroy zuckt zusammen, verdrängt es, wieder einmal.

Zweieinhalb Stunden lang sind die Kellner Chris Gueffroy und Christian Gaudian am Abend des 5. Februar 1989 durch die Ost-Berliner Kleingartenanlage »Gemütlichkeit III« geschlichen, bis zur Mauer. Sie haben Grenzposten beobachtet und auf einen günstigen Augenblick gewartet.

Gegen 23.30 Uhr klettern die jungen Männer an der Britzer Allee über die »Hinterlandmauer« in den grell ausgeleuchteten Grenzstreifen. Sie zwängen sich durch den Stacheldraht des Signalzauns und lösen dabei Alarm aus. Eine Rundumleuchte beginnt sich zu drehen. Als die Flüchtenden den Fahrzeug-Sperrgraben überwunden haben, rufen Soldaten: »Halt! Stehenbleiben!« Sie rennen weiter zum letzten Grenzzaun, werden beschossen. Der Versuch, den Metallgitterzaun mit Hilfe eines Wurfankers zu überwinden, scheitert. Mehrere Kugeln treffen den Zaun, dicht neben den beiden. Sie sehen in Kopfhöhe rote Lichtblitze und versuchen, dem Feuer der Maschinenpistolen zu entkommen. Schließlich stellt sich Chris Gueffroy mit dem Rücken an den Zaun, verschränkt die Hände vor dem Bauch und läßt seinen Freund die »Räuberleiter« hochsteigen. Christian Gaudian hat seine Hände bereits an der Oberkante des Zauns, als Chris Gueffroy, von einer Kugel im Herzen getroffen, zusammenbricht.

Chris Gueffroy, der letzte
erschossene Flüchtling an
der Berliner Mauer

Am 7. Februar läutet bei Karin Gueffroy ein Freund ihres Sohnes. »Haben Sie vorgestern die Schüsse gehört?« fragt er. – »Die haben wir alle gehört«, sagt sie. – »Chris und Christian wollten es versuchen…« – »Nein, das glaube ich nicht.«

Am Abend dieses Tages wird Karin Gueffroy ins Ost-Berliner Polizeipräsidium Keibelstraße gefahren, »zur Klärung eines Sachverhalts«. Sie denkt, daß man ihren Sohn an der Grenze festgenommen hat und er hier in einer Zelle sitzt. Nach anderthalb Stunden Vernehmung sagt ein Uniformierter: »Ihr Sohn hat ein Attentat auf eine militärische Einheit begangen. Ihr Sohn ist vor wenigen Stunden gestorben.«

»Chris war einer von den Geraden, er hat seine Meinung offen vertreten«, sagt Karin Gueffroy. »Der Beschiß in der Gastronomie hat ihn angewidert. Es ist zu korrupt in diesem Staat, hat er gesagt. Mutti, alt werde ich hier nicht.« Zwanzig Jahre alt ist er geworden.

»Manchmal war er wie ein junges, wildes Pferd, das man nicht anbinden kann«, sagt Karin Gueffroy bei der Vernehmung. Einige Wochen darauf greift ein Vernehmer den Satz noch einmal auf: »Was macht man mit jungen, wilden Pferden, die man nicht einfangen kann?« – »Man erschießt sie einfach?« Der Mann nickt.

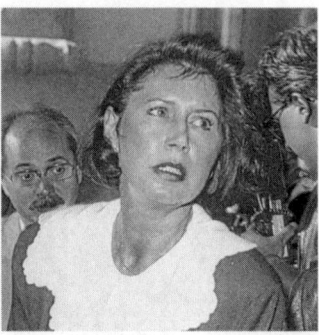

Karin Gueffroy,
die Mutter

Chris Gueffroy war der letzte DDR-Flüchtling, der an der Berliner Mauer erschossen wurde. Sie fällt neun Monate nach seinem Tod. Im Januar 1990 stellt seine Mutter beim Generalstaatsanwalt in Ost-Berlin Strafanzeige gegen Unbekannt. Zehn Jahre danach werden die für die Tötung Chris Gueffroys direkt Verantwortlichen fast alle verurteilt sein: der Todesschütze, der Kompaniechef und der Regimentskommandeur, Befehlsgeber im Kommando der Grenztruppen und im Verteidigungsministerium, oberste Schreibtischtäter im Nationalen Verteidigungsrat und im SED-Politbüro.[1]

Eine Flut ungeklärter Fälle
Ermittlungen

3. Oktober 1990. Vor dem Berliner Reichstag feiert man die Wiedervereinigung Deutschlands. Nur wenige Schritte vom Reichstagsgebäude entfernt treffen sich in einem Büro fünf West-Berliner Staatsanwälte. Bis in den späten Abend hinein sichten sie Akten, die tags zuvor vom Generalstaatsanwalt der DDR übergeben worden sind. Unter dem Druck der Öffentlichkeit hatte man in Ost-Berlin nach dem Mauerfall begonnen, gegen einige DDR-Grenzschützen und ihre Befehlsgeber zu ermitteln. Eine Ermittlungsakte ist weitgehend abgeschlossen: der Fall Chris Gueffroy.

Das erste frei gewählte Parlament der DDR beschloß mit dem Einigungsvertrag, die Strafverfolgung von sogenannten DDR-Alttaten nach der Wiedervereinigung gesamtdeutschen Gerichten zu übertragen. Das gilt auch für SED-Unrecht. Vom 3. Oktober 1990 an leitet Staatsanwalt Christoph Schaefgen diese Arbeit in Berlin.

Staatsanwalt Herwig Großmann, vom ersten Tag an Mitarbeiter der »Arbeitsgruppe Regierungskriminalität«, bemerkt dazu: »Totschlag ist Totschlag. Ob er nun aus Eifersucht motiviert ist oder politisch motiviert. Es wird ein Mensch zu Tode gebracht. Und das darf nicht sein, das steht unter Strafe.«

Eine erste Grundlage für die Strafverfolgung von SED-Unrecht sind die Akten der »Zentralen Erfassungsstelle« Salzgitter. Diese staatsanwaltschaftliche Vorermittlungsbehörde hat man im November 1961 geschaffen und dort alle verfügbaren Informationen über Gewalttaten von Staatsorganen der DDR gesammelt. Mehr als vierzigtausend Gewalttaten wurden bis 1990 erfaßt mit dem Ziel, die Möglichkeit einer Strafverfolgung der Täter offenzuhalten. Dies haben nahezu alle DDR-Grenzsoldaten gewußt.

19. Juli 1974: Nachdem Grenzsoldaten über hundert Schüsse auf einen Flüchtling abgegeben und ihn schwer verletzt hatten, dokumentierten West-Berliner Polizisten den Tatort, darunter die sieben Einschußlöcher im Grenzzaun.

Das erste Urteil in einem Grenzschützen-Prozeß erging schon zwei Jahre nach dem Mauerbau: Das Landgericht Stuttgart verurteilte am 11. Oktober 1963 den geflüchteten DDR-Grenzsoldaten Fritz Hanke zu einer Haftstrafe von einem Jahr und drei Monaten. Der zur Tatzeit 21jährige hatte am 5. Juni 1962 an der Grenze bei Schierke im Harz den zwei Jahre jüngeren Flüchtling Peter Reisch mit einem Schuß in den Kopf aus etwa 120 Metern Entfernung getötet. Ihm sei klar gewesen, so sagte der Angeklagte aus, daß es sich bei dem Flüchtling nicht um einen »Agenten, Saboteur und gemeinen Verbrecher« handelte, sondern um einen Menschen, der lediglich die DDR verlassen und andere Lebensbedingungen finden wollte. Auf solche Menschen zu schießen, habe er vor der Tat als zu hart empfunden. (Da zur Zeit der Verhandlung in Stuttgart nicht bekannt war, ob der Verletzte noch lebte, wurde der Angeklagte Hanke nur wegen versuchten Totschlags verurteilt.)

Die Stuttgarter Richter kamen schon damals zu der Einsicht, daß sich der Angeklagte auch nach DDR-Recht des (versuchten) Totschlags schuldig gemacht habe. Dagegen sei der Straftatbestand der »Republikflucht«

im DDR-Gesetzbuch Unrecht, weil er im Widerspruch zu dem im Artikel 8 der DDR-Verfassung anerkannten Grundrecht der Freizügigkeit steht. Mit dem allgemeinen Ausreiseverbot sollten die Menschen in der DDR gezwungen werden, »zur Aufrechterhaltung des Zwangsregimes beizutragen« (so auch der Bundesgerichtshof 1960). Derartige, »allein vom politischen Machtstreben getragene gesetzliche Knebelungen des Einzelmenschen« verstießen gegen die Würde des Menschen, »da sie ihn zum Gefangenen im eigenen Lande machen«, und widersprächen Artikel 13 der UN-Menschenrechtserklärung von 1948: »Jeder hat das Recht, jedes Land, einschließlich seines eigenen, zu verlassen und in sein Land zurückzukehren.«

»Der Angeklagte hatte ›nur‹ den Befehl zu schießen«, heißt es weiter im Urteil. »Er konnte den Befehl ausführen, ohne zu zielen.« Durch die Haftstrafe habe man kundtun wollen, »daß an die rechtliche Verantwortlichkeit des Einzelmenschen auch unter schwierigen äußeren Umständen hohe Anforderungen zu stellen sind, wenn sein Handeln an die Grundprinzipien der Menschlichkeit rührt. Jede andere Auffassung würde die Menschen, die unter Zwangsverhältnissen zu leben genötigt sind, zu ihrer Persönlichkeit beraubten Werkzeugen in einem seelenlosen Staatsgetriebe entwürdigen.«[2]

Nach der Wiedervereinigung ermittelt zunächst die West-Berliner Kriminalpolizei in der Ex-DDR wegen der Mauertoten. Anfang 1991 richtet man beim polizeilichen Staatsschutz ein zusätzliches Kommissariat für SED-Unrechtstaten ein, dann ein zweites. Daraus wird ein Jahr später die ZERV hervorgehen, die Zentrale Ermittlungsstelle für Regierungs- und Vereinigungskriminalität.

Ingo Haberkorn gehört zu jener Handvoll Polizisten, die die Grundlagen für die ZERV geschaffen haben. Im Februar 1991 hätten sie nicht gewußt, was da auf sie zukommen werde, sagt er: »Das Archiv der Grenztruppen war weitestgehend erhalten. Um Klarheit zu gewinnen, wie viele Grenzfälle es überhaupt gegeben hat, haben dort dann Mitarbeiter unserer Dienststelle sämtliche Tagesmeldungen der Grenztruppen – vom Beginn bis zum Ende der DDR – ausgewertet. Es gab Zeiten, da haben zwanzig Kollegen Tag für Tag, Stunde für Stunde, Papier für Papier gelesen.«

Die Ermittlungsarbeit von Polizei und Staatsanwaltschaft zieht sich oft über Jahre hin. Mehr als 65 000 Ermittlungsverfahren im Bereich SED-Unrecht zählt man in den neunziger Jahren bei den Schwerpunkt-Staatsanwaltschaften in Berlin und den neuen Bundesländern. Etwa zwei Drittel der Verfahren, rund 40 000, werden wegen Fällen von Rechtsbeugung in der DDR eingeleitet. Über 3000 polizeiliche und staatsanwaltschaftliche Ermittlungsverfahren betreffen Gewaltakte an der Grenze.

Ermittelt wird des weiteren gegen Angehörige des MfS, des Ministeriums für Staatssicherheit: wegen Entführung, Auftragstötung, Telefonüberwachung, politischer Verdächtigung und Postbeschlagnahme. Ermittelt wird wegen Gefangenenmißhandlung, Wahlfälschung, Wirtschaftskriminalität und anderem mehr.

Der Flut von ungeklärten Fällen steht man mit unzureichenden Mitteln gegenüber. Es fehlt an Büros, Computern, Telefonen und vor allem an Mitarbeitern. Durchschnittlich leisten die abgeordneten Kollegen aus den alten Bundesländern zwei bis drei Jahre Dienst bei der ZERV. Ihre Arbeitgeber lassen sie oft nur ungern in den Osten ziehen. Wer länger wegbleibt, macht in der Heimat keine Karriere mehr.

Sechzig Mitarbeiter aus den alten Bundesländern soll die Berliner Schwerpunkt-Staatsanwaltschaft im Bereich SED-Unrecht erhalten, so die Zusage, die Justizsenatorin Jutta Limbach 1991 erreicht. Sechzig sind es aber nur für ein paar Monate, ständig werden es weniger. Auch hier bleiben die abgeordneten Kollegen im Schnitt nur zwei Jahre. »So kann man vielschichtige Verfahren nicht stetig bearbeiten«, sagt Generalstaatsanwalt Christoph Schaefgen.

»Man muß sein Gewissen rechtzeitig prüfen.«
Prozeß im Fall Gueffroy

Anfang September 1991 beginnt im Kriminalgericht Berlin-Moabit der erste Mauerschützen-Prozeß. Angeklagt sind die vier ehemaligen Grenzsoldaten, die an der Erschießung von Chris Gueffroy beteiligt waren.

Vorab schreibt der »Spiegel«-Herausgeber Rudolf Augstein in einem Kommentar unter der Überschrift »Vernunft vor Recht«: Die vier Angeklagten hätten nichts anderes getan als Befehle befolgt. Die DDR habe ein Recht gehabt, »ihre Grenze mit Waffen zu sichern«. Man solle endlich einen Schauprozeß gegen den (1973 verstorbenen) Parteichef Walter Ulbricht eröffnen, »damit klar wird, wer in der DDR eigentlich das Sagen hatte«.

Dagegen ist in der Wochenzeitung »Die Zeit« zu lesen: »Gewiß – die ›Großen‹ dürfen nicht (wie es leider den Anschein hat) verschont werden. Aber wird eigentlich bedacht, daß es die ›Kleinen‹ sind, in deren Taten sich die nichtswürdigen Pläne der ›Großen‹ erst realisieren: Indem sie (mehr oder weniger) willenlos, gedankenlos, gewissenlos ausführen, was ihnen von ›oben‹ befohlen wird? Und machen sich die Täter nicht selbst von der Verantwortung frei, indem sie sie nach ›oben‹ delegieren?«

Auf dem Vorsitzenden Richter, Theodor Seidel, lastet ein enormer Druck: Man erwartet vom Ausgang des ersten Mauerschützen-Prozesses eine grundsätzliche Antwort auf die Frage, ob Grenzschützen zur Verantwortung gezogen werden können oder ob ihr Handeln nach den Gesetzen der DDR gerechtfertigt war.

Bei der Vorbereitung des Prozesses stößt Richter Seidel auf eine Entscheidung des Bundesverfassungsgerichts aus dem Jahre 1953, in der mit Verweis auf das Nazi-Regime von »gesetzlichem Unrecht« die Rede ist. Solches könne auch im nachhinein verfolgt werden, wenn der Widerspruch des Gesetzes zur Gerechtigkeit »ein so unerträgliches Maß erreicht, daß das Gesetz als ›unrichtiges Recht‹ der Gerechtigkeit zu weichen hat«. Diesen Gedanken hat der Jurist Gustav Radbruch 1946 in der »Süddeutschen Juristen-Zeitung« veröffentlicht. Dem folgend formulierte das Bundesverfassungsgericht 1968: »Einmal gesetztes Unrecht, das offenbar gegen konstituierende Grundsätze des Rechts verstößt, wird nicht dadurch zu Recht, daß es angewendet und befolgt wird.« Solchen »Rechtsvorschriften« könne die Geltung als Recht abgesprochen werden, »wenn sie fundamentalen Prinzipien der Gerechtigkeit so evident widersprechen, daß der Richter, der sie anwenden oder ihre Rechtsfolgen anerkennen wollte, Unrecht statt Recht sprechen würde«.

28 Tage lang wird verhandelt. Immer neue Anträge stellen die Verteidiger: Man solle das Verfahren einstellen, man lehne den Vorsitzenden Richter wegen Befangenheit ab, Willy Brandt und Michail Gorbatschow müßten als Zeugen aussagen. Schließlich beantragt ein Anwalt, den Papst zu hören zum Beweis, daß die Schüsse aus einem UFO abgegeben wurden. Zur Prozeßführung der Verteidiger gehört es, dem Vorsitzenden Richter fortwährend ins Wort zu fallen. Anwalt Spangenberg erklärt, die Bundesrepublik sei es, die das Völkerrecht verletzt, indem sie »Hoheitsakte der ehemaligen DDR (...) als kriminelle Handlungen« darstellt. (1977 hat Henning Spangenberg als Verteidiger im Lorenz-Drenkmann-Prozeß von »menschenzerstörerischer Isolationshaft« und »Folter« in bundesdeutschen Gefängnissen gesprochen.)

Das Auftreten der Anwälte hat dem Prozeß seine Würde und Ernsthaftigkeit genommen, sagt Karin Gueffroy, die als Nebenklägerin am Prozeß teilnimmt. Mit Entsetzen folgt sie dem Geschehen, hört, wie sich die Angeklagten auf Pflicht und Befehl berufen.

Es geht ihr um Gerechtigkeit, sagt Karin Gueffroy. Es geht um die Wahrung des Gebots »Du sollst nicht töten«, sagt Justizsenatorin Limbach den Journalisten vor dem Verhandlungssaal.

Sämtliche Verteidiger fordern Freisprüche. Staatsanwalt Großmann beantragt für die vier Angeklagten Haftstrafen bis zu zwei Jahren, die zur Bewährung ausgesetzt werden sollen. Die politische Indoktrination der Grenzsoldaten und das Handeln auf Befehl nennt der Staatsanwalt als wesentlich strafmildernde Gründe.

Politische Indoktrination? Der Angeklagte Ingo Heinrich, der Todesschütze, hat vor Gericht ausgesagt, er habe seine »Schützenschnur«, die er für gute Schießergebnisse in der Ausbildung erhielt, in der Öffentlichkeit nie getragen, weil dies bei großen Teilen der Bevölkerung nicht gut angesehen war und Träger dieser Auszeichnung als »Scharfschützen« beschimpft wurden. Der gelernte Elektromonteur sagt, er habe, ehe er zu den Grenztruppen kam, den Schießbefehl für ein »Verbrechen gegen die Menschlichkeit« gehalten, weil Flüchtlinge für ihn keine Verräter, sondern »ganz normale Menschen« waren, die ihr Land verlassen wollten und dann an der Mauer »gewissermaßen zum Tode verurteilt« wurden.

Ingo Heinrich, der Chris Gueffroy mit einem gezielten Schuß ins Herz getötet hat, sagt vor Gericht, an der Mauer seien die Flüchtlinge »gewissermaßen zum Tode verurteilt« worden.

Gleichwohl hat Ingo Heinrich, wie die anderen Angeklagten auch, vorab die Frage, ob er bereit wäre, die Schußwaffe gegen Grenzverletzer einzusetzen, bejaht. Der Angeklagte Andreas Kühnpast hat sich zunächst geweigert, auf Menschen zu schießen. Daraufhin wurde er nicht zum Grenzdienst eingesetzt, sondern mußte in der Küche arbeiten. Kameraden hänselten ihn deswegen, nannten ihn »Küchenschabe«. Erst als Andreas Kühnpast sich schriftlich verpflichtete, die Schußwaffe anzuwenden, durfte er an der Mauer Streife laufen.

Handeln auf Befehl? Der damals 23jährige Ingo Heinrich verstieß gegen die »Schußwaffengebrauchsbestimmungen«, als er aus einer Entfernung von weniger als vierzig Metern einen gezielten Schuß auf den Oberkörper des Flüchtenden abgab. Allein die Fortsetzung der Flucht war zu verhindern, was durch einen weniger gefährlichen Schuß, etwa in die Füße, hätte erreicht werden können.

Am 20. Januar 1992 verurteilen die Richter der 23. Strafkammer des Berliner Landgerichts Ingo Heinrich wegen Totschlags zu einer Haftstrafe von drei Jahren und sechs Monaten. Der Angeklagte Andreas Kühnpast, der aus mindestens hundert Metern Entfernung mit Dauerfeuer auf die Flüchtenden geschossen hat, erhält wegen versuchten Totschlags zwei Jahre Freiheitsentzug auf Bewährung. Die beiden anderen Angeklagten werden freigesprochen.

Strafmildernd werten die Richter, »daß all diejenigen, die zur Deformierung des Rechtsbewußtseins der Grenzsoldaten beigetragen haben, sei es in der Schule, den sogenannten Massenorganisationen oder im Politunterricht beim Militär, dafür ohnehin nicht strafrechtlich zur Verantwortung gezogen werden können, weil das Gesetz hierfür keinen Straftatbestand kennt«. Dennoch hätten die Schützen trotz der Indoktrination die Rechtswidrigkeit ihres Handelns erkennen können.

Richter Theodor Seidel führt in der mündlichen Urteilsbegründung aus: »Hatten die Angeklagten Hinweise, bei deren Überdenkung sie zu dem Ergebnis hätten kommen können, daß ein Geschehen, wie es hier zur Beurteilung steht, mit den Wertvorstellungen ihrer Umwelt nicht zu vereinbaren ist? Bei dieser Prüfung können als Repräsentanten der Umwelt natürlich nicht, wie es die Verteidigung gemeint hat, die Stützen des Systems, also die Staatsanwälte, Richter und Angehörige des MfS, angesehen werden. Es kommt vielmehr darauf an, ob das Staatsvolk der DDR die in Rede stehenden Geschehnisse gebilligt hat. Diese Überlegungen hatten die Angeklagten nun nicht erst im Zeitpunkt ihres Handelns, sondern schon vorher anzustellen. ›Man muß sein Gewissen rechtzeitig prüfen‹, hat die Nebenklägerin zutreffend ausgeführt. Anlaß dazu bestand nun in der Tat (...). Heinrich hat ein Menschenleben ausgelöscht, nur weil dieser Mensch ohne Genehmigung der Obrigkeit das Land verlassen wollte. (...) Der Schuß war kein auf die Füße gezielter Fehlschuß, es war ein Direktschuß auf den Oberkörper. Er kam einer Hinrichtung gleich. (...) So willfährig wie Heinrich darf man nicht im Interesse der Machterhaltung einer Obrigkeit töten.«[3]

Die beiden Verurteilten legen gegen das Urteil Revision ein, ebenso die Staatsanwaltschaft gegen die beiden Freisprüche. Im November 1992 prüft der Bundesgerichtshof zunächst das Urteil im zweiten Berliner Mauerschützen-Prozeß: Die Bewährungsstrafen für zwei Grenzsoldaten wegen Totschlags an dem Flüchtling Michael Schmidt im Jahr 1984 werden bestätigt.

Zwar sei das Handeln der Schützen zunächst durch das Grenzgesetz der DDR und die praktische Befehlslage gedeckt gewesen. Dies sei jedoch nicht als Rechtfertigungsgrund zu beachten, denn das Grenzregime habe dem Verbot, die Grenze ohne besondere Erlaubnis zu überschreiten, Vorrang vor dem Lebensrecht von Menschen gegeben. Das sei ein offensichtlich grober und unerträglicher Verstoß gegen die allgemein anerkannten und von jedem Staat zu beachtenden Grundgedanken der Gerechtigkeit und Menschlichkeit. Dieser Verstoß gegen das elementare Tötungsverbot sei auch für einen indoktrinierten Menschen offensichtlich gewesen. Die große Mehrheit der Bevölkerung in der DDR habe die Anwendung von Schußwaffen an der Grenze mißbilligt. Zudem hätten sich die Verurteilten auch nach DDR-Recht, wenn es richtig verstanden und ausgelegt wird, schuldig gemacht.

Die Verurteilung von Andreas Kühnpast im Gueffroy-Prozeß hebt der Bundesgerichtshof im März 1993 auf. Kühnpast wird freigesprochen. Auch die Haftstrafe für Ingo Heinrich heben die BGH-Richter auf und verweisen den Fall zur Neuverhandlung an eine andere Strafkammer des Berliner Landgerichts. Dabei legen sie »die Verhängung einer Strafe nahe, die noch zur Bewährung ausgesetzt werden kann«. In der Begründung heißt es unter anderem, das Strafmaß (dreieinhalb Jahre Haft) sei zu hoch, denn der Angeklagte habe in der militärischen Hierarchie ganz unten gestanden und auf Befehl gehandelt. Dabei hatte man selbst im DDR-Strafgesetzbuch unter der Überschrift »Ausschluß des Befehlsnotstandes« ausdrücklich festgelegt: »Auf Gesetz, Befehl oder Anweisung kann sich nicht berufen, wer in Mißachtung der Grund- und Menschenrechte, der völkerrechtlichen Pflichten (...) handelt; er ist strafrechtlich verantwortlich.«

Im März 1994 wird Ingo Heinrich in letzter Instanz zu zwei Jahren Haft verurteilt; die Strafe setzt man, der Empfehlung des Bundesgerichtshofs folgend, zur Bewährung aus. Generalpräventive Erwägungen (das heißt, ein Zeichen zur allgemeinen Vorbeugung zu setzen) halten die Richter der 27. Strafkammer des Berliner Landgerichts für »bedeutungslos angesichts des Untergangs des Grenzregimes der DDR«.[4]

»Ein einwandfreies Schußfeld«
Der NVR-Prozeß

Am 12. November 1992 beginnt vor dem Berliner Landgericht der NVR-Prozeß, der Prozeß gegen Mitglieder des Nationalen Verteidigungsrates, des höchsten militärischen Führungsgremiums der DDR. Angeklagt sind Erich Honecker, in der DDR Staats- und Parteichef; Erich Mielke, Minister für Staatssicherheit; Willi Stoph, ehemaliger Ministerpräsident; Heinz Keßler, ehemaliger Verteidigungsminister; Hans Albrecht, SED-Bezirkschef von Suhl, sowie NVR-Sekretär Fritz Streletz. Die Anklage lautet auf Totschlag und versuchten Totschlag von DDR-Flüchtlingen in bis zu 68 Fällen, darunter im Fall Chris Gueffroy.

Karin Gueffroy sitzt an diesem Tag im Saal 700 des Moabiter Kriminalgerichts zum ersten Mal den obersten Schreibtischtätern der SED-Diktatur als Nebenklägerin gegenüber. Außer ihr sind sechzehn weitere Betroffene als Nebenkläger am Verfahren beteiligt: Geschwister und Eltern von getöteten DDR-Flüchtlingen sowie Menschen, die in den Minensperren schwer verletzt wurden.

Erich Honecker, gegen den man noch in den letzten Tagen der DDR wegen der Grenztoten ermittelt hat, ist im März 1991 nach Moskau geflüchtet und im Juli 1992 von dort an die Berliner Justiz ausgeliefert worden; seitdem sitzt er in Untersuchungshaft. Die Angeklagten Stoph, Keßler, Streletz und Albrecht wurden im Mai 1991 festgenommen. Erich Mielke ist seit Dezember 1989 inhaftiert.

Wegen gesundheitlicher Probleme erscheint der 78jährige Willi Stoph am ersten Prozeßtag nicht; das Gericht läßt die Verhandlungsfähigkeit prüfen. (Das Verfahren gegen ihn wird schließlich eingestellt. Willi Stoph wird danach noch sechs Jahre unbehelligt leben.)

Am zweiten Verhandlungstag wird die Sitzung nach zwei Stunden wegen einer Kreislaufschwäche Erich Honeckers unterbrochen. Tags darauf trennt das Gericht das Verfahren gegen den 84jährigen Erich Mielke aus gesundheitlichen Gründen ab und stellt es vorläufig ein. (1993 wird Erich Mielke wegen der Ermordung von zwei Berliner Polizisten im Jahr 1931 zu sechs Jahren Gefängnis verurteilt.)

Drei Stunden kann man am dritten Prozeßtag verhandeln: Honecker-Anwalt Nicolas Becker beantragt, das Verfahren gegen seinen achtzigjährigen Mandanten wegen dessen Leberkrebs-Erkrankung einzustellen.

Am vierten Verhandlungstag erklärt Erich Honecker nach einer Stunde, daß er dem Prozeß nicht mehr folgen könne. Nach der Pause beantragt sein Verteidiger die Aussetzung des Verfahrens. Gegen Mittag wird der Prozeß nach einem zweiten Schwächeanfall des Angeklagten Honecker vertagt.

Am fünften Prozeßtag kann Staatsanwalt Christoph Schaefgen die Anklageschrift vortragen. Er zitiert unter anderem ein Dokument, das Staatsanwalt Großmann im Spätherbst 1990 im ehemaligen Verteidigungsministerium in Strausberg entdeckt hat: die Niederschrift zur NVR-Sitzung vom 3. Mai 1974, verfaßt von Fritz Streletz. Danach hat Streletz wie Heinz Keßler, Hans Albrecht und andere NVR-Mitglieder in der Sitzung folgen-

Im Moabiter Untersuchungsgefängnis sind 1992 Staats- und Parteichef Honecker, Stasi-Minister Mielke und Verteidigungsminister Keßler inhaftiert, gemeinsam mit anderen, die ebenfalls für die Schießbefehle verantwortlich waren.

»Ich mußte mich sehr zusammennehmen, als Honecker die Seinen unter den Zuschauern mit der erhobenen Faust grüßte«, sagt Karin Gueffroy, die im Honecker-Prozeß Nebenklägerin ist.

den Ausführungen des NVR-Vorsitzenden Honecker »die volle Zustimmung« gegeben: »Der pioniermäßige Ausbau der Staatsgrenze muß weiter fortgesetzt werden. (...) Überall muß ein einwandfreies Schußfeld gewährleistet werden. (...) Nach wie vor muß bei Grenzdurchbruchsversuchen von der Schußwaffe rücksichtslos Gebrauch gemacht werden, und es sind die Genossen, die die Schußwaffe erfolgreich angewandt haben, zu belobigen. An den jetzigen Bestimmungen wird sich diesbezüglich weder heute noch in Zukunft etwas ändern.«

»Der Tod an der Mauer hat uns nicht nur menschlich getroffen, sondern auch politisch geschädigt«, heißt es in der von Erich Honecker am 3. Dezember 1992, dem sechsten Verhandlungstag, verlesenen Erklärung. »Vor allen anderen trage ich seit Mai 1971 die Hauptlast der politischen Verantwortung dafür, daß auf denjenigen, der die Grenze zwischen der DDR und der BRD, zwischen Warschauer Vertrag und NATO, ohne Genehmigung überschreiten wollte, unter den Bedingungen der Schußwaffengebrauchsbestimmungen geschossen wurde.«

Zur Mauer habe jedoch der Kalte Krieg der BRD gegen die DDR geführt: »Aus meiner Sicht hätte es weder den Grundlagenvertrag noch Helsinki, noch die Einheit Deutschlands gegeben, wenn damals die Mauer nicht gebaut oder wenn sie vor der Beendigung des Kalten Krieges abgerissen worden wäre. Deswegen meine ich, daß ich genauso wie meine Genossen nicht nur keine juristische, sondern auch keine politische und keine moralische Schuld auf mich geladen habe, als ich zur Mauer ja sagte und dabei blieb. (...) Mit diesem Prozeß wird das getan, was man uns vorwirft. Man entledigt sich des politischen Gegner mit den Mitteln des Strafrechts (...).«

Nach dieser Rede erklärt die Verteidigung, Erich Honecker wolle sich zur Sache selbst nicht weiter äußern.

Ex-Verteidigungsminister Heinz Keßler (seit 1985) lehnt am siebten Verhandlungstag jede strafrechtliche Schuld für die Tötung von Flüchtlingen ab. Er habe »weder direkt noch indirekt Weisungen erteilt, Menschen zu töten«. Die Grenztruppen-Angehörigen hätten »ihre Pflicht erfüllt«.

Vom 14. Dezember 1992 an wird der Angeklagte Fritz Streletz vernommen. Er koordinierte als Sekretär die Arbeit des Verteidigungsrates. Zudem war Generaloberst Streletz als Stabschef der Volksarmee Stellvertretender Verteidigungsminister. Vor Gericht sagt Herr Streletz, er habe nie gezweifelt an der Berechtigung der DDR, »zum Schutz ihrer Staatsgrenze gegen Angriffe von außen oder innen diese auch mit der Waffe zu verteidigen« oder dort Minenfelder anzulegen. Bei einer späteren Vernehmung behauptet der Angeklagte Streletz, im Nationalen Verteidigungsrat seien keine grundlegenden Entscheidungen gefällt worden. Er selber habe nur eine »dienende militärische Funktion« gehabt.

Die Frage der Verhandlungsfähigkeit Erich Honeckers bestimmt die letzten Prozeßtage vor Weihnachten. Medizinische Sachverständige werden befragt, Gutachten verlesen. Am 21. Dezember entscheidet das Gericht, das Verfahren gegen den Krebskranken angesichts des schwerwiegenden Tatvorwurfs nicht einzustellen. Er sei derzeit noch verhandlungsfähig. »Hier wird von Menschenwürde offenbar nicht viel gehalten«, kommentiert Verteidiger Nicolas Becker die Entscheidung, sein Mandant solle zu Tode prozessiert werden. (1978 war Nicolas Becker im Lorenz-Drenkmann-Prozeß Vertrauensanwalt des kommunistischen Terroristen Andreas Vogel, der zu zehn Jahren Haft verurteilt worden ist. 1992 verteidigte Anwalt Becker die RAF-Terroristin Inge Viett, die 1981 einen Pariser Verkehrspolizisten zum Krüppel schoß.)

Nebenklagevertreter Hanns-Ekkehard Plöger und die Honecker-Verteidigung lehnen am 4. Januar 1993 den Vorsitzenden Richter der 27. Strafkammer, Hansgeorg Bräutigam, wegen Befangenheit ab: Er hat am letzten Verhandlungstag den Honecker-Anwälten in der Pause vertraulich die Bitte eines Ersatzschöffen um ein Autogramm des DDR-Staatschefs übermittelt und dies danach auf Anfrage als »normale Postsache« zu vertuschen versucht. Dem Ablehnungsantrag wird stattgegeben. Hansgeorg Bräutigam wird durch seinen Beisitzer Hans Boß ersetzt.

Am 7. Januar, dem 13. Verhandlungstag, wird das Verfahren gegen Erich Honecker wegen dessen eingeschränkter Verhandlungsfähigkeit vom NVR-Prozeß abgetrennt. Noch bevor das Gericht erneut über die Einstellung des Verfahrens gegen Honecker entscheidet, urteilt am 12. Januar 1993 der von Honeckers Verteidigern angerufene Berliner Verfassungsgerichtshof (ein überwiegend mit Rechtsanwälten besetztes Gericht): Die Fortsetzung des Verfahrens verletze den Schwerkranken in seiner Menschenwürde, da »der Angeklagte mit an Sicherheit grenzender Wahrscheinlichkeit das Ende des Strafverfahrens nicht mehr erreicht«. (Im August 1992 hat der Präsident des Berliner Verfassungsgerichtshofes öffentlich dazu aufgerufen, unter den nach seiner Meinung untauglichen Versuch der Vergangenheitsbewältigung mit justitiellen Mitteln einen Schlußstrich zu ziehen.)

Erich Honecker darf am Tag nach der Entscheidung des Verfassungsgerichts zu seiner Frau Margot nach Chile ausreisen, wo er im Mai 1994 stirbt.

Ende Februar 1993 verliest das Gericht weitere Protokolle des Verteidigungsrates. Die Echtheit der Protokolle wird von der Verteidigung angezweifelt, vom Gericht überprüft und schließlich bestätigt.

Von März an hört man Zeugen: Ärzte und Obduzenten, zwei bundesdeutsche Zollbeamte, drei Todesschützen – darunter Ingo Heinrich –, den Grenztruppen-Chef Baumgarten und NVA-Politchef Brünner.

Der Vizechef der Grenztruppen, Karl Leonhardt, begründet das Interesse der DDR am Mauerbau damit, daß es das Recht eines jeden Staates sei, sein Eigentum zu schützen, und dazu gehöre auch die Bevölkerung. Zu den Selbstschußanlagen befragt, gibt Leonhardt zu, daß deren Überwindung in Richtung DDR problemlos möglich, der Weg in Richtung Bundesrepublik dagegen lebensgefährlich gewesen sei.

Valentin Falin, der ehemalige sowjetische Botschafter in der Bundesrepublik Deutschland, sagt als Zeuge aus, die sowjetischen Staatschefs Breschnew und Gorbatschow hätten Erich Honecker mehrfach gefragt, ob sich die Todesfälle an der Grenze nicht vermeiden ließen. Auch auf unteren Ebenen hätten derartige Gespräche stattgefunden. Die DDR-Vertreter hätten jedesmal geantwortet, das Grenzregime sei ihre Angelegenheit, die Toten sind zu bedauern, aber nicht zu vermeiden.

Der stellvertretende Stasi-Minister Neiber erläutert, wie sein Ministerium DDR-Bürger, die die Ausreise beantragt hatten, »operativ bearbeitet« hat. Und der Zeuge Dembicki schildert, welche Schikanen der DDR-Behörden er als Antragsteller seit 1981 erlitten hat: Kündigung des Arbeitsplatzes als Taxifahrer, Arbeitslosigkeit, etliche Stasi-Verhöre, die Drohung, daß ihm und seiner Frau das Sorgerecht für die Kinder entzogen würde.

Nach zehn Monaten Prozeßdauer beantragt der Angeklagte Keßler im September 1993, den ehemaligen westdeutschen Innenminister Zimmermann als Zeugen zu hören sowie Bundeskanzler Helmut Kohl und Michail Gorbatschow. Die Anträge werden abgelehnt.

In seinem Schlußwort sagt Heinz Keßler am 14. September 1993, in diesem Verfahren gehe es darum, politisch Andersdenkende zu kriminalisieren. Er habe jedoch keine kriminellen Handlungen begangen, sondern sich immer gemäß der Verfassung und den Gesetzen der DDR verhalten.

Fritz Streletz erklärt in seinem Schlußwort, die Toten und Verletzten an der Grenze seien tragische Opfer des Kalten Krieges. Die Grenzsicherungsmaßnahmen seien nicht im NVR, sondern vom Politbüro festgelegt worden. Es habe niemals einen Schießbefehl gegeben. »Die Minenfelder und die SM-70-Anlagen waren so gesichert, gekennzeichnet und verlegt oder angebracht, daß sie nur für Menschen eine Gefahr darstellten, die sich dieser Gefahr wissentlich selbst aussetzten.« Er habe niemals an einer Tötung an der Grenze mitgewirkt. Seine Kinder und Enkelkinder würden sich seines Verhaltens nicht schämen müssen.

Auch Hans Albrecht behauptet, er kenne keinen durch den NVR oder wen auch immer erlassenen Schießbefehl. Die in der Anklage dargestellten Todes- und Verletzungsfälle habe er nicht veranlaßt und nicht gekannt.

Am 16. September 1993 wird nach 63 Verhandlungstagen das Urteil gesprochen: Die drei ehemaligen NVR-Mitglieder sind schuldig der Anstiftung zum Totschlag, begangen an den DDR-Flüchtlingen Hans Franck, Wolfgang Vogler, Wolfgang Bothe und Frank Mater durch Selbstschußanlagen sowie an Michael Schmidt und Chris Gueffroy durch Schußwaffen. Heinz Keßler ist außerdem verantwortlich für die Tötung des Flüchtlings Klaus Seifert im Jahre 1971 durch eine Erdmine.

Das Strafmaß beträgt siebeneinhalb Jahre Freiheitsentzug für Heinz Keßler (Strafantrag der Staatsanwaltschaft zwölf Jahre), fünfeinhalb Jahre Haft für Fritz Streletz (Strafantrag zehn Jahre), viereinhalb Jahre Haft für Hans Albrecht (beantragt: acht Jahre). Die Anwälte hatten Freisprüche beantragt.

Der Strafrahmen für einen Totschlag beträgt fünf bis fünfzehn Jahre Haft. Die drei NVR-Mitglieder sind für sechs- bis siebenfachen Totschlag zu einer Haftstrafe aus dem unteren Teil des Strafrahmens verurteilt worden. Zugunsten der Angeklagten sei berücksichtigt worden, so der Vorsitzende Richter Hans Boß in der mündlichen Urteilsbegründung, daß sie »Gefangene der deutschen Nachkriegsgeschichte« sind »wie wir alle«. Des weiteren ist den NVR-Mitgliedern strafmildernd zuerkannt worden, daß sie selber Angestiftete gewesen seien. Sie hätten nicht aus eigennützigen Motiven, sondern im vermeintlichen Interesse des Staates gehandelt.

Die Verurteilten beantragen die Revision des Urteils, die Staatsanwaltschaft ebenfalls. Generalstaatsanwalt Neumann rügt in seiner Revisionsbegründung den Schuldspruch des Gerichts, wonach die Verurteilten nur Anstifter oder Gehilfen gewesen seien. Zudem beanstandet die Staatsanwaltschaft eine fehlerhafte Strafzumessung und beantragt, die zu geringen

Strafen aufzuheben. So stehe beispielsweise die Annahme, die Angeklagten seien selber Angestiftete gewesen, im Widerspruch zu ihren Lebensläufen in der DDR. Auch sei die Ansicht des Gerichts falsch, strafmildernd sei zu werten, daß kein Opfer der Angeklagten »durch staatliche Willkür in eine so ausweglose Konfliktsituation gebracht (wurde), daß der Fluchtversuch die einzige Lösung« war: »Der Strafausspruch steht angesichts des Strafrahmens von fünf bis fünfzehn Jahren in keinem angemessenen Verhältnis zum Unrechtsgehalt der Taten und zum Maß der persönlichen Schuld der Angeklagten (...).«

Im Sommer 1994 wird die Verurteilung der NVR-Mitglieder vom Bundesgerichtshof, wie von der Staatsanwaltschaft beantragt, im Schuldspruch abgeändert: Jeder der Verurteilten sei »Täter hinter dem Täter« gewesen, also ein »mittelbarer Täter«, weil er »kraft seines überlegenen Willens das Geschehen beherrschte, die Erfolgsherbeiführung in der Hand« hatte. Die Strafe für Hans Albrecht setzt man auf fünf Jahre und einen Monat herauf, da er zunächst nur wegen Beihilfe und damit zu niedrig bestraft worden sei. Die Haftstrafen für Heinz Keßler und Fritz Streletz werden bestätigt.

Trotz der milden Strafen legen die Verurteilten beim Bundesverfassungsgericht Beschwerde ein: Das BGH-Urteil verstoße gegen den Grundsatz, wonach nur jene Taten strafrechtlich verfolgt werden dürfen, die zum Zeitpunkt der Tat per Gesetz unter Strafe gestanden haben.[5]

»Hart wie Kruppstahl«
Porträt Fritz Streletz

Fritz Streletz wird 1926 in der preußischen Provinz Oberschlesien geboren. Die alleinstehende Mutter muß, um ihre beiden Söhne durchzubringen, bei Bauern schwer arbeiten. 1933, im Jahr der Machtergreifung durch die Nazis, kommt Fritz in die Volksschule, 1936 tritt er der Hitlerjugend bei. Hart wie Kruppstahl muß der deutsche Junge sein, hat Adolf Hitler gefordert.

Mutter Streletz heiratet 1938 – Fritz ist zwölf Jahre alt – einen Bergmann. Als »eine große Wendung« wird er dies später umschreiben. Die Familie zieht weg aus der schlesischen Heimat nach Eschenrode, nordwestlich von Magdeburg. Fortan muß sich Fritz nicht nur gegen seinen großen Bruder behaupten, sondern auch neben mehreren Stiefgeschwistern.

1941 bringt man den Vierzehnjährigen auf einer Unteroffiziers-Vorschule unter. Zweieinhalb Jahre Drill in Deggendorf an der Donau, 500 Kilometer von Zuhause. Im Sommer 1944 kommt Fritz Streletz als Infanterist an die Ostfront, wo er schwer verwundet wird. Anfang 1945 gerät er in sowjetische Kriegsgefangenschaft. Dreieinhalb Jahre Sowjetunion, »lehrreiche Jahre«, sagt er später. Wieder muß er sich unterordnen, anpassen, aufpassen. Tausende überleben die Gefangenschaft nicht.

Fritz Streletz tritt in ein »antifaschistisches Jungaktiv« ein – aus dem Arbeiter wird ein Brigadier. Schließlich wählt man ihn aus »für eine neue Aufgabe« in der sowjetischen Besatzungszone. Einen Monat lang wird er im Moskauer »Lager 36« geschult und im Oktober 1948 schließlich entlassen. Zurück in Eschenrode, zieht der 22jährige die Uniform der Deutschen Volkspolizei an und wird Mitglied der Sozialistischen Einheitspartei Deutschlands. Sein Bruder gilt als vermißt.

Fritz Streletz gehörte seit Anfang der sechziger Jahre zur Militärführung der DDR. Nebenbei schrieb er für den Staatssicherheitsdienst Spitzelberichte über seine Kollegen.

Das Parteimitglied Streletz wird Gruppenführer, Zugführer, Leiter einer Volkspolizei-Bereitschaft. Im Juni 1953 bewährt Oberstleutnant Streletz sich als Leiter einer Dienststelle der Kasernierten Volkspolizei bei der Niederschlagung des Volksaufstandes in Ost-Berlin. Nach dem Studium an der Offiziershochschule Dresden und an der Moskauer Generalstabsakademie gehört der Diplom-Militärwissenschaftler Streletz von 1961 an zur Elite des Staates. Er wird Stabschef des Militärbezirkes Leipzig, und knapp drei Jahre später steigt er auf zum stellvertretenden Chef des Hauptstabes der Nationalen Volksarmee (NVA) mit Sitz im Verteidigungsministerium in Strausberg bei Berlin.

Als Leiter der Abteilung für Operative Fragen arbeitet Generalmajor Streletz die Jahresbefehle 101 für die Grenztruppen aus, in denen regelmäßig gefordert wird, »Grenzverletzer festzunehmen oder zu vernichten«.

Überdies ist er seit zehn Jahren »Geheimer Informator« des Ministeriums für Staatssicherheit unter dem Decknamen »Birnbaum«. Man setzt ihn an auf höhere Offiziere und erhält ausführliche Berichte über die Arbeit innerhalb des Stabes, aber auch über die Westverwandtschaft eines Leutnants und über die der Putzfrau. Streletz erwähnt das verdächtige kleine Notizbuch eines Oberstleutnants und ähnliches.

Selbst als General spitzelt Fritz Streletz weiter für die MfS-Hauptabteilung I, die Militärabwehr der Stasi. Der Inoffizielle Mitarbeiter (IM) »Birnbaum« schreibt eifrig seine Berichte: über seinen Vorgesetzten Generaloberst Keßler, über den Verteidigungsminister Hoffmann und auch über dessen Sekretärin. Für seine Spitzeldienste erhält er kleinere Geschenke: Nelken, Bücher oder ein paar Kristallgläser zum Geburtstag.

Auch was Parteichef Ulbricht (rechts) intern äußerte, berichtete Fritz Streletz als Inoffizieller Mitarbeiter »Birnbaum« (links).

»Am 3.7.1967 wurde mit dem IM ›Birnbaum‹ ein Treff durchgeführt. (...) Der IM ›Birnbaum‹ machte unter anderem folgende Mitteilung: Am 26.6.67 fand zwischen dem Chef des Hauptstabes, Generaloberst Keßler, und dem Marschall der Sowjetunion, Jakubowski, eine wichtige Aussprache statt. Während dieser Aussprache wurde über den Stand der Bewaffnung und Ausrüstung der NVA beraten. Dieser Aussprache sei eine Aussprache zwischen dem 1. Sekretär des ZK und Vorsitzenden des Staatsrates sowie Vorsitzenden des Nationalen Verteidigungsrates der DDR, Genossen Walter Ulbricht, und Generaloberst Keßler (...) vorausgegangen. Bei diesem Gespräch habe der Genosse Walter Ulbricht (...) u. a. die Frage gestellt, wieviel Panzer die NVA mit automatischen Zielsuchgeräten besitzt (...).

Der IM brachte zum Ausdruck, daß der Genosse Minister Hoffmann bereits bei seinem kürzlich in der UdSSR abgestatteten Besuch während einer Aussprache mit dem Generalsekretär des ZK der KPdSU, Genossen Breshnew, über die Fragen der Bewaffnung und Ausrüstung gesprochen habe. Das Gespräch sei damals vom Genossen Hoffmann in der Richtung geführt worden, die Einheiten und Verbände der NVA hinsichtlich der Bewaffnung und Ausrüstung auf denselben Stand wie den der zeitlich in der DDR stationierten Truppen der Sowjetarmee zu bringen.«

Oberst Israel, der Führungsoffizier des Inoffiziellen Mitarbeiters »Birnbaum«, gibt die Berichte regelmäßig weiter an den Leiter der Stasi-Hauptabteilung I, Generalmajor Kleinjung. Der übersendet das Material dem Minister für Staatssicherheit, Erich Mielke. Auf diesem Weg ist die MfS-

Führung bis ins Detail informiert über die Leitungssitzungen im Verteidigungsministerium und erhält selbst streng geheime Dokumente der NVA. Immer wieder kommt Fritz Streletz auf »das übermäßige Trinken von Alkohol in der Leitung des Ministeriums« zu sprechen, das »im Ernstfall große Folgen haben« könne. Sein Vorgesetzter Keßler kenne beim Alkohol nicht immer die Grenzen: »Wenn Genosse Keßler zum Minister, Genossen Hoffmann, geht, wird in den meisten Fällen Alkohol getrunken.«

Bei seinen Untergebenen ist Fritz Streletz respektiert oder gefürchtet. Der Inoffizielle Mitarbeiter »Berg« meldet dem MfS im Oktober 1968 »erneut heftige Diskussionen über die Methoden von General Streletz«: »Streletz kann nicht mit Offizieren umgehen, fordert nur – keine Anerkennung. (…) Man kommt nicht an den heran. (…) Die Menschenführung ist furchtbar hier!« In einem Bericht des IM »Kran« wird Generalmajor Streletz als ehrgeizig und gefühlskalt beschrieben: »Streletz ist selbstherrlich und rücksichtslos um die Festigung und Erweiterung seiner Macht und seines Einflusses bemüht. Er ist unhöflich, herzlos und hinterlistig.«

1971 wird Fritz Streletz – als Nachfolger Erich Honeckers – Sekretär des Nationalen Verteidigungsrates. Ein Dutzend Spitzenfunktionäre sind hier versammelt, man tagt ein- bis dreimal im Jahr. Am Sitzungstisch des NVR hat Fritz Streletz seinen Platz gleich rechts neben dem Vorsitzenden Honecker. Der fleißige Sekretär koordiniert die Tätigkeiten des Verteidigungsrates, erstellt den Arbeitsplan, verteilt Aufträge und kontrolliert deren Erfüllung. Vorlagen, Rücksprachen, Beschlüsse und Befehle, alles erledigt er pünktlich und exakt. Für seine Frau Luise und seinen pubertierenden Adoptivsohn hat Fritz Streletz nur noch wenig Zeit. Die vielen Treffen und die persönlichen Kontakte mit leitenden Genossen des Partei- und Staatsapparats würden Fritz Streletz »sehr beflügeln«, meldet ein »Gesellschaftlicher Mitarbeiter für Sicherheit« (GMS) dem MfS.

Generalleutnant Streletz bleibt auch als stellvertretender Chef des NVA-Hauptstabes und NVR-Sekretär weiterhin – bis 1981 – Stasi-Spitzel. In einem Treffbericht vom 25. April 1973 ist zu lesen: »Fakt ist, daß Keßler auch an Autorität verloren hat und seine Position gegenüber dem Hoffmann nicht mehr so fest ist wie vorher. (…) Admiral Verner packt alle

Dinge etwas schlauer an. Zum Beispiel läßt Verner sich ein Haus neben Hoffmann in Bad Saarow bauen. Der Baustil ist so gehalten, daß von der Straße aus keiner eine so exklusive Villa vermuten würde. Keßler soll sich ebenfalls mit dem Gedanken beschäftigen, in Bad Saarow ein Pensionshaus bauen zu lassen. Streletz schätzt ein, daß seine Position beim Hoffmann gegenwärtig günstig ist, günstiger als die von Keßler (...).«

»Streletz akzeptiert bedingungslos, bis zur Unterwürfigkeit, alle Stellvertreter und die Sicherheitsabteilung des Zentralkomitees. (...) Alles andere ist für ihn ›Masse‹, die haben ihm aus der Hand zu fressen. (...) Er ist ein Mann, der sich absolut absichert. (...) Seine Stellung als Sekretär des NVR hat ihm bedeutenden Prestige-Gewinn gebracht, den er auch spüren läßt. (...) Es zeichnet sich beim Genossen Streletz das Bild eines eleganten, gebildeten, aber mit mehreren Gesichtern versehenen Chefs, der aalglatt zwischen den ganz Großen agiert (...).« (GMS)

»Dennoch ist er ein sehr ›schenkfreudiger‹ Chef, was manche an Feiertagen oder Geburtstagen versöhnt. Dabei bekommen alle etwas ab. (...) Er gilt auch in der Familie als der, der alle versorgt. Dabei fällt auf, daß zum An- und Abtransport von Familienangehörigen und Verwandten stets Dienst-Kfz eingesetzt werden.« (GMS)

»Natürlich nutzt er jede sich bietende Gelegenheit, um sich auch persönliche Vorteile zu verschaffen. Er und seine Familie tragen fast ausschließlich Produkte der kapitalistischen Produktion. Das gilt auch für die Wohnung.« (GMS)

Durch die Angehörigen der Nationalen Volksarmee werden »zu jeder Zeit Sozialismus und Frieden zuverlässig gesichert«, verkündet Stabschef Streletz im Frühjahr 1980 im »Neuen Deutschland«, dem Zentralorgan der SED. Die Völker der sozialistischen Gemeinschaft sollten »weiterhin in Glück und Wohlstand« leben können. Dafür würden die NVA-Angehörigen »beständig ihre revolutionäre Wachsamkeit« erhöhen.

Während er öffentlich Sozialismus, Frieden und Glück für ganze Völker propagiert, sorgt Fritz Streletz insgeheim schamlos für seinen persön-

Fritz Streletz (links) war im Verteidigungsrat die rechte Hand von Erich Honecker (rechts). Gleichzeitig bespitzelte er für Stasi-Minister Mielke den Verteidigungsminister Heinz Hoffmann (Mitte).

lichen Wohlstand: Von neunzehn als Zivilisten verkleideten NVA-Soldaten läßt er sich 1980 am Langen See bei Garzau, Kreis Strausberg, einen exklusiven Bungalow bauen. Die Baupioniere vernachlässigen bei den Planierarbeiten die revolutionäre Wachsamkeit und zerstören den öffentlichen Badestrand. Die Bevölkerung ist erregt, aber ohnmächtig.

Als Vize-Verteidigungsminister (seit 1979) sorgt Fritz Streletz dafür, daß seine Angehörigen aus der Küche des Ministeriums verpflegt werden. Von dort kommen auf Bestellung dicke Fleischpakete für Familie Streletz und andere Privilegierte. Dies geschieht auf Grundlage der Anordnung 55/80 des Generaloberst Streletz über »die Bevorratung, Wälzung und Verwendung spezieller Lebensmittel«.

Mehr als dreißig Länder bereist Fritz Streletz – teilweise mit Gattin – als Teilnehmer von Militärdelegationen: Ägypten und Syrien, Irak und Indien, Kuba und Mexiko. Im Juni 1989 empfängt ihn die SPD in Saarbrücken. Die Mehrheit der DDR-Bürger darf dagegen auch in den achtziger Jahren nicht einmal nach West-Berlin.

Kurz vor dem Ende der DDR läßt sich Herr Streletz – seit 1981 Mitglied des SED-Zentralkomitees, Träger des Titels »Held der Arbeit« – in Strausberg auf Kosten des Verteidigungsministeriums ein komfortables Einfamilienhaus bauen. Die Miete ist spottbillig, der Garten kostet gar nichts, es gibt sogar noch Geld für die Pflege von Rasen und Blümchen.

Fritz Streletz sagt, er sei stolz darauf, sich so weit »hochgedient« zu haben. »Ja, durch unsre Fäuste fällt, wer sich uns entgegenstellt«, sangen die Jungen der Hitlerjugend.[6]

Demonstration in Ost-Berlin mit den Porträts von Politbüromitgliedern
(1. Mai 1987)

TEIL II

»Die Täter, egal, ob sie Leichenberge hinterließen oder nur zerstörte Leben, verteidigen sich kalt und hart. Keiner schämt, keiner beknirscht sich. Keiner will irgend etwas an irgendwem wiedergutmachen.«
WOLF BIERMANN, 1995

Drei Großverfahren

Der Arzt als Fluchthelfer?
Der Prozeß gegen zehn Mitglieder des
Kollegiums im Verteidigungsministerium

Gegen 9 Uhr betrete ich am 18. August 1995 den Saal 500 des Kriminalgerichts Berlin-Moabit und werde geblendet vom Scheinwerferlicht der Fernsehteams: ARD und ZDF, auch RTL und Sat 1 sind da. Alle Plätze sind vergeben, die Luft ist stickig.

Im hinteren Teil des Saals sitzt das Publikum, genauer: ist der Fan-Block der angeklagten DDR-Militärs in Stellung gegangen, Mitglieder des »Solidaritätskomitees für die Opfer der politischen Verfolgung in Deutschland«. Für die ehemaligen Kollegen aus dem Verteidigungsministerium, alles SED-Funktionäre, findet hier so etwas wie ein Kameradentreffen statt. Einige jüngere Sympathisanten haben sich zu ihnen gesellt, knapp siebzig Leute. Man winkt eifrig hinüber zu den Kampfgenossen auf der Anklagebank. Auch Ex-Verteidigungsminister Heinz Keßler ist gekommen, mit Gattin und Krücke.

Ein Reporter ruft: »Da kommt Egon!« Die Kameras schwenken nach rechts, Egon Krenz, Honeckers Nachfolger, grinst, winkt im Blitzlichtgewitter, reckt die geballte Faust in die Höhe, »die Faust der Arbeiterklasse«, und nimmt Platz in der letzten Reihe. Als Mitglied des SED-Politbüros wird er hier in ein paar Wochen wegen Totschlags von Flüchtlingen angeklagt werden. Heute ist er Zuschauer im Prozeß gegen acht Generäle im Ruhestand, Mitglieder des Kollegiums im Verteidigungsministerium, die Runde der ranghöchsten Militärs der Deutschen Demokratischen Republik.

Kriminalgericht Moabit, Saal 500: Gericht (1), Staatsanwaltschaft (2), Angeklagte und Verteidigung (3), Zeugenplatz (4), Nebenklage (5)

Zwei der Angeklagten sind erst gar nicht erschienen: Das Verfahren gegen Horst Stechbarth, den ehemaligen Chef der Landstreitkräfte (1972–1989), ist wegen des schlechten Gesundheitszustandes des Generals abgetrennt und vorläufig eingestellt worden, was heißt, daß gegen den Siebzigjährigen gesondert verhandelt wird, wenn es ihm einmal besser gehen sollte. Horst Stechbarth, von 1978 bis 1989 Mitglied des Zentralkomitees der SED, sollte sich wegen Beihilfe zum Totschlag oder versuchten Totschlag an achtzehn Flüchtlingen verantworten. (Man habe vor den Kollegiumssitzungen bei einer Tasse Kaffee zusammengesessen und sich dabei auch über Fluchtversuche an der Grenze ausgetauscht, hat Herr Stechbarth im Ermittlungsverfahren erzählt.)

Ebenfalls vorläufig eingestellt ist das Verfahren gegen den herzkranken Wilhelm Ehm, 76 Jahre alt. Herr Ehm hat von 1981 bis 1989 im ZK der SED gesessen und war als Chef der »Volksmarine« (1963–1987) direkt verantwortlich für die Jagd auf Flüchtlinge, die über die Ostsee entkommen wollten.

Ralph Ehestädt, der Vorsitzende Richter im Kollegium-Prozeß

»Wegen des hohen Alters der Angeklagten liegt es im Interesse der Verteidigung, das Verfahren in die Länge zu ziehen«, heißt es bei der Nachrichtenagentur Agence France-Presse (AFP) am ersten Prozeßtag. Und im Berliner »Tagesspiegel« weiß man bereits: »Die Verteidigung wird – wie man es aus der Vergangenheit kennt – die Hinfälligkeit der Angeklagten ins Spiel bringen, um einen Aufschub, wenn nicht gar einen Abbruch zu bewirken. Richter Ehestädt, der den Vorsitz führt, wird sich auf eine kräftige Antragsflut einzurichten haben.«

Einer der Verteidiger lehnt zunächst einmal die 35. Große Strafkammer – drei Berufsrichter, zwei Schöffen – wegen mangelnder Zuständigkeit ab. Anschließend fragt der Vorsitzende Richter den Angeklagten Alfred Leibner, 73 Jahre alt und magenkrank, wie es ihm gehe, ob er schon gegessen habe. Nein, er sei nicht zum Essen gekommen, die Belagerung durch die Medien ... Die Sitzung wird unterbrochen, damit Herr Leibner etwas essen kann. Die erste Stunde ist um.

Nach der Pause beantragt Rechtsanwalt Hanns-Ekkehard Plöger – er vertritt die Nebenklägerin Irmgard Bittner, die Mutter eines Maueropfers –, sofort alle Angeklagten zu inhaftieren, weil sonst Verdunklungs- und Fluchtgefahr bestehe. Schließlich gehe es um Totschlag. Oooch! und Aaach! hört man aus dem Fan-Block. Ob die Herren Verteidiger etwas zu den Ausführungen des Nebenklagevertreters Plöger sagen wollen? »Das war eine übliche Fensterrede, zu der wir uns nicht weiter äußern werden«, lautet die Antwort. Peitschender Applaus erschallt von den Publikumsbänken, plötzlich da, plötzlich weg, wie eingeübt.

Das Gericht beschließt: Die Zuständigkeit der Strafkammer wird bis zum nächsten Freitag überprüft.

25. August 1995
Kollegium-Prozeß
2. Verhandlungstag

RTL und Sat 1 sind nicht mehr gekommen, der Fan-Block ist fast vollständig angetreten. In der Mitte der ersten Reihe thront der Herr Minister im Ruhestand Keßler mit Gattin. Egon Krenz fehlt heute. Kurz vor Beginn der Verhandlung kommt ein Angeklagter zum Hände-Schütteln herüber: Zuerst reicht er seinem Minister die Hand, dann den Herren, die um den einstigen Armeegeneral sitzen dürfen, und den Rest grüßt er, indem er kurz die gefalteten Hände in die Höhe reckt. Dabei strahlt er übers ganze Gesicht.

Um 9 Uhr beginnt die Verhandlung. Die Richter verkünden ihre Zuständigkeit für dieses Verfahren. Man will unverzüglich »zur Sache kommen«, doch die Verteidigung des Angeklagten Ludwig beantragt die sofortige Aussetzung des Prozesses: Man solle doch die Entscheidung des Bundesverfassungsgerichts über die Rechtmäßigkeit derartiger Verfahren abwarten. Schließlich verbiete der Verfassungsgrundsatz des Rückwirkungsverbotes die Verfolgung der angeklagten Taten, denn das Tun der Angeklagten sei durch das DDR-Recht gedeckt gewesen.

Frau Keßler klatscht. Nebenklagevertreter Plöger wendet sich an den Vorsitzenden Richter: »Bitte unternehmen Sie etwas dagegen, wir sind doch hier nicht im Theater!« – »Da bin ich mir nicht sicher!« krächzt es aus dem Publikum. Es folgt ein heftiger Wortwechsel zwischen Rechtsanwalt Plöger und einigen Verteidigern, die den Rechtsanwalt zurechtweisen: »Etwas mehr Ernst bitte, Herr Kollege Plöger!« – »Die Toten sind ernst genug. Hier sollen Verbrechen verharmlost werden«, entgegnet dieser aufgebracht.

Ralph Ehestädt, der Vorsitzende Richter, appelliert an alle Beteiligten, dem Gegenstand des Verfahrens ernsthaft und seriös gerecht zu werden, und wendet sich dann zum Fan-Block: »Wir sind hier nicht bei Hertha im

Nebenklagevertreter
Hanns-Ekkehard Plöger

Fußballstadion und auch nicht bei den Rolling Stones. Ich werde Störer des Saales verweisen.« Ruth Keßler feixt.

Nach einer Pause geht es um 10.20 Uhr mit einem erneuten Antrag auf Aussetzung des Verfahrens weiter, der ebenfalls abgelehnt wird: Man habe ohne Rücksicht auf die demnächst ergehende Entscheidung durch das Bundesverfassungsgericht jetzt die Strafverfolgung durchzuführen.

Staatsanwalt Klaus-Jochen Schmidt verliest die Anklageschrift: Als Mitglieder des Kollegiums im Verteidigungsministerium hätten die Angeklagten den Minister bei der Ausarbeitung und Umsetzung der sogenannten (Jahres-)Befehle 101 unterstützt. Mittels dieser Befehle führte der Verteidigungsminister die Grenztruppen der DDR. Die Befehle 101 enthielten die Forderung, »Grenzdurchbrüche nicht zuzulassen« und »Grenzverletzer zu vernichten«. Des weiteren war befohlen, an der Grenze Minen zu verlegen und Selbstschußanlagen zu installieren. In der Schießausbildung sollten die Angehörigen der Grenztruppen befähigt werden, »die Waffen unter allen Bedingungen treffsicher anzuwenden und die Ziele mit dem ersten Feuerstoß zu vernichten« (Befehl 101/81). Die politische Schulung sollte der »Vermittlung eines klassenmäßigen Feindbildes« dienen und »Abscheu und Haß« erzeugen (Befehl 101/83).

Sechs der Angeklagten lieferten Teilbeiträge zu den Befehlsentwürfen, letzlich hätten aber alle Kollegiumsmitglieder den Befehlsvorlagen vorbehaltlos zugestimmt. Nach Ansicht der Staatsanwaltschaft haben sich die Angeklagten der Beihilfe zum Totschlag und versuchten Totschlag in bis zu 27 Fällen schuldig gemacht.

> **BEFEHL Nr. 101 / 83**
>
> des Ministers für Nationale Verteidigung
>
> über
>
> die Aufgaben zur Sicherung der Staatsgrenze der DDR
> im Ausbildungsjahr 1983/84
>
> vom 03.10.1983
>
> Zur weiteren zielstrebigen Erfüllung des vom X. Parteitag der SED erteilten Klassenauftrages sowie der Aufgabenstellung der Partei- und Staatsführung zur zuverlässigen Sicherung der Staatsgrenze der DDR unter den Bedingungen einer gefährlichen Zuspitzung der internationalen Lage
>
> BEFEHLE ICH:
>
> 3. Sicherung der Staatsgrenze
>
> (1) Die Sicherung der Staatsgrenze der Deutschen Demokratischen Republik ist unter allen Lagebedingungen zuverlässig zu gewährleisten.
> Grenzdurchbrüche und die Ausweitung von Grenzprovokationen und bewaffneten Überfällen auf das Hoheitsgebiet der DDR sind nicht zuzulassen.
>
> 10   GVS-Nr.: A 454 701
>
> Berlin, den 3.10. 1983   H o f f m a n n
>   Armeegeneral
>
> 36   GVS-Nr.: A 454 701

Der Anfang der Befehlskette, an deren Ende die Erschießung des Berliner Mauerflüchtlings Silvio Proksch stand.

Ob sich die Angeklagten zu den Vorwürfen äußern wollen, fragt der Vorsitzende Richter. Keiner will, aber der Angeklagte Reinhold trägt eine vorbereitete gemeinsame Erklärung der Angeklagten vor: »Wir haben der ehemaligen Deutschen Demokratischen Republik, von ihrer Entstehung bis zu ihrer Auflösung und Vereinigung mit der Bundesrepublik (...) entsprechend dem von uns auf die Verfassung der Deutschen Demokratischen Republik geleisteten Fahneneid gedient, und das mit der Überzeugung, am Schutz einer gerechten Gesellschaftsordnung mitzuwirken. Der militärische Schutz der Deutschen Demokratischen Republik und damit auch die Unantastbarkeit ihrer Grenzen zu Lande, zu Wasser und in der Luft gehörten zu den Aufgaben, die der Nationalen Volksarmee und den Grenztruppen laut der Verfassung und den Gesetzen der Deutschen Demokratischen Republik übertragen waren. Bei der Erfüllung dieses Auftrages haben wir verfassungskonform und gesetzestreu gehandelt und uns strafrechtlich nicht schuldig gemacht. Die gegen uns erhobenen Anschuldigungen sind haltlos – wir weisen sie mit Entschiedenheit zurück.«

Die Grenze der DDR zur Bundesrepublik – mit ihren Stacheldrahtbahnen, Minenfeldern, Selbstschußanlagen – nennen die Angeklagten »sensibel«. Den Anklagevorwurf, zur Tötung von Flüchtlingen beigetragen zu haben, werten sie als »bösartige und beleidigende Unterstellung«, die ganze Anklageschrift sei »eine rein politische Abrechnung«. Die Staatsanwaltschaft wolle die Angeklagten »kriminalisieren«. Man bedaure den Tod oder die »Verletzung der Grenzverletzer«, man achte den Schmerz ihrer Angehörigen, die Opfer der Teilung Deutschlands und des Kalten Krieges geworden seien. »Sachlich« müsse man feststellen, daß die Sperranlagen und Minenfelder an der Grenze für jedermann sichtbar gekennzeichnet waren. Jeder Staat habe das Recht, seine Grenze zu sichern. Man nehme für sich in Anspruch, den Frieden erhalten zu haben, und fühle sich belastet durch die »psychologisch in den Medien betriebene Diffamierung«, die DDR sei ein Unrechtsstaat gewesen.

1. September 1995
Kollegium-Prozeß
3. Verhandlungstag

Das Publikum ist um ein Drittel geschrumpft, die Medienvertretung auf ein Viertel im Vergleich zum ersten Verhandlungstag.

Man wolle zur Beweisaufnahme kommen, beginnt der Vorsitzende Richter. Es seien in nächster Zeit sehr viele Dokumente zu verlesen, nein durchzuarbeiten, ja »abzuarbeiten«. Man will alle für die angeklagten Fälle relevanten Befehle 101 verlesen, jeder dreißig bis fünfzig Seiten lang, dazu die Statuten des Kollegiums, dem die Angeklagten angehörten, Arbeitsordnungen, Funktionsverteilungspläne … Im sogenannten Selbstleseverfahren – eine Art Hausaufgabe für die Prozeßbeteiligten – sind die relevanten Sitzungsprotokolle des Kollegiums durchzulesen, die Befehle des Grenztruppen-Chefs, der Grenz-(Regional-)Kommandos sowie der betreffenden Grenzregimenter, ebenso die Referate des Verteidigungsministers zur Auswertung der Befehle 101 – alles in allem einige tausend Seiten.

Suzanne Kossack, die Verteidigerin des Angeklagten Ludwig, bezweifelt die Echtheit der zu verlesenden Dokumente: Das seien doch nur Kopien, wer sage ihr, daß diese mit den Originalen übereinstimmten? Richter Ehestädt meint: »Wir haben auch das Problem gesehen«, und Staatsanwalt Jordan bemerkt, daß die Verteidigung im Potsdamer Militärarchiv Einsicht in die Originaldokumente hätte nehmen können. Nebenklagevertreter Plöger mutmaßt, die Kollegin Kossack wolle den Prozeß verzögern. Nach einer kurzen Pause verkündet der Vorsitzende Richter, daß man die Verhandlung für heute beenden und bis zum nächsten Mal die Kopien beglaubigen lasse.

Doch bevor Richter Ehestädt die Sitzung schließt, beantragt Erich Buchholz, ein Verteidiger des Angeklagten Goldbach, das Gutachten eines Völkerrechtlers einzuholen zum Beweis dessen, daß die DDR das Recht besaß, das illegale Überschreiten ihrer Grenzen mittels Minen und bewaffneter Grenzposten zu unterbinden. Daraus werde der Schluß zu ziehen sein, daß das Handeln des Angeklagten Goldbach nicht gegen das Völkerrecht verstoßen habe.

Rechtsanwalt Plöger wirft ein, das höre sich gut an, aber in dem Fall könne man den Gutachter auch gleich fragen, ob die Angeklagten schuldig sind. Dies festzustellen, sei wohl Aufgabe des Gerichts.

8. September 1995
Kollegium-Prozeß
4. Verhandlungstag

Ralph Ehestädt eröffnet die Verhandlung mit den Worten: »Wir haben gehört, daß es Herrn Leibner heute nicht so gut geht ...« Wegen des Unwohlseins des Angeklagten wolle man nur ganz kurz verhandeln. Der Richter beginnt mit dem Verlesen des ersten Dokuments innerhalb der Beweisaufnahme, des Statuts des Ministeriums für Nationale Verteidigung: »Das Ministerium für Nationale Verteidigung ist das zentrale Organ des Nationalen Verteidigungsrates und des Ministerrates der Deutschen De-

Von Anfang an wird der Kollegium-Prozeß durch den Gesundheitszustand der alten Generäle verzögert. Hier die Angeklagten Borufka, Reinhold und Pech (von links) neben ihren Verteidigern (in schwarzer Robe).

mokratischen Republik für die komplexe Planung, Koordinierung und Durchsetzung der Maßnahmen der Landesverteidigung im entwickelten gesellschaftlichen System des Sozialismus sowie für die Organisation und Führung der Nationalen Volksarmee.«[1]

Der Richter liest, der Angeklagte Leibner kaut, Ruth Keßler, die Gattin des Ex-Verteidigungsministers, lächelt eisern. Kaum hat der Richter geendet, tragen die Verteidiger Buchholz und Häusler vor, was ihnen in der Zwischenzeit eingefallen ist. Das war's für heute. Frau Keßler schüttelt Hände, winkt.

Im »Neuen Deutschland«, einst »Zentralorgan« der SED, nun PDS, ist heute der Leserbrief eines Zuschauers veröffentlicht: »Der politischen und militärischen Führung der DDR ist es mit zu verdanken, daß seit 1945 von deutschem Boden kein Krieg ausging und daß es durch besonnenes Verhalten in den komplizierten Tagen des Herbstes 1989 kein Blutvergießen gab. Dafür gebührt diesen Führungskräften und allen Angehörigen der bewaffneten Kräfte der DDR größte Achtung und Anerkennung. Mit diesen Prozessen wird zugleich die gesamte NVA kriminalisiert, dieses wird den inneren Frieden keinesfalls beschleunigen. (...) Durch unsere Teilnahme an den Verhandlungen bekunden wir unsere Solidarität mit unseren Kameraden. Lothar Matthäus, Oberst a. D.«

15. September 1995
Kollegium-Prozeß
5. Verhandlungstag

Man wolle aus Rücksicht auf den Gesundheitszustand des Angeklagten Leibner heute nur eine halbe Stunde verhandeln, sagt Richter Ehestädt zu Beginn. Die Verteidigung des Angeklagten Borufka beantragt, folgende Dokumente zu verlesen: Das Statut der Staatlichen Plankommission der DDR, das Statut des Ministeriums für Außenwirtschaft, das Rahmenstatut für Industrieministerien, das Statut des Finanzministeriums, das Statut des Ministeriums für Post- und Fernmeldewesen der DDR ... Auch wie die Arbeit im Justizministerium, im Ministerium für Hoch- und Fachschulwesen und im Verkehrsministerium geregelt war, müsse verlesen werden – alles zum Beweis der Unschuld der Angeklagten.

Verteidiger Buchholz beantragt die Verlesung des DDR-Gesetzes über die Befugnisse der Polizei sowie das Verlesen der UN-Menschenrechtskonvention. Damit soll bewiesen werden, daß die Erschießung von Flüchtlingen nicht gegen die Menschenrechtskonvention verstieß. Schließlich sei niemand willkürlich getötet worden, sondern im Rahmen der DDR-Gesetze. Alle Verteidiger schließen sich dem Antrag an.

Verteidiger Erich Buchholz möchte beweisen, daß die Todesschüsse an der DDR-Grenze nicht gegen Menschenrechte verstießen.

22. September 1995
Kollegium-Prozeß
6. Verhandlungstag
Die unbeschwerte Ausgelassenheit der Angeklagten und ihrer Verteidiger, die entsteht, wenn Richter Ehestädt zu Anfang einer jeden Sitzung die Anwesenheit feststellt, erinnert an das Verhalten von halbwüchsigen Schülern zu Beginn des Unterrichts.

Im Anschluß an das Eröffnungsritual bittet der Vorsitzende zunächst Herrn Verteidiger Buchholz, seinen Antrag vom vorigen Mal noch einmal zu stellen, da er mit einem falschen Datum versehen in den Protokollband gelangt sei, was zu einer gewissen Unsauberkeit im Protokollband führe. Über die Bitte des Richters wird auf den Anklagebänken heftig diskutiert: Es reiche doch, man könne doch, warum denn noch ... »Warum denn nicht?« fragt ein Beisitzender Richter mit einer Spur von Gereiztheit.

Also, Erich Buchholz sagt seinen Text noch einmal auf. Nach Ansicht der Staatsanwaltschaft ist der Antrag des Herrn Verteidigers als irrelevant abzulehnen. Ein Anwalt widerspricht wortreich, ein paar Frauen im Publikum, erste Reihe, klatschen, der Vorsitzende Richter läßt es geschehen.

Ein Verteidiger des Angeklagten Reinhold meint, er fühle sich unwohl: Es sei tiefste Provinzialität die Ursache dafür, daß sich das Gericht gegen die Aufklärung in diesem Prozeß wehre. Man wisse ja, daß Berlin tiefste Provinz sei. Jeder, der ein bißchen über die Grenze schaue ... Man dürfe das nicht isoliert sehen. Wer ein bißchen zu denken verstehe ... Richter Ehestädt unterbricht ihn nicht und bedankt sich schließlich mit den Worten: »Wir haben das alles aufgenommen.«

29. September 1995
Kollegium-Prozeß
7. Verhandlungstag
Verteidiger Buchholz lehnt einen Ersatzschöffen wegen Befangenheit ab. Der Vorsitzende verliest eine Erklärung des Schöffen, eines jungen Berliner Beamten, in der dieser fragt, ob es für die Angeklagten nicht Strafe genug sei, daß man sie aus ihren Sandkästen geholt habe, während sie dort mit Fähnchen spielten.

Bevor das Gericht über die Befangenheit des Ersatzschöffen befindet, will es sich über den Gesundheitszustand des Angeklagten Leibner informieren. Der medizinische Sachverständige, Doktor Rossel, bescheinigt Herrn Leibner ein drittes Krebsleiden, also Verhandlungsunfähigkeit.

In der Pause zähle ich etwa dreißig Genossen, ein halber Block. Einige Angeklagte gehen hinüber zu den Mitkämpfern aus DDR-Zeiten. Händeschütteln, Armdrücken, Schulterklopfen. Der Angeklagte Goldbach wendet sich mit jovialem Lächeln an einen Zuhörer: »Unterhaltsam, was?« Zurück vom Händeschütteln und Schulterklopfen sagt Ex-Generalleutnant Ludwig zum Ex-Generalleutnant Pech: »Du hast mich nie mit in den Sandkasten gelassen!«– »Hähä«, lachen sie und klopfen sich erneut gegenseitig auf die Schulter.

Es ergehen folgende Beschlüsse: Der Herr Ersatzschöffe scheint befangen, er ist entlassen. Das Verfahren gegen den Angeklagten Alfred Leibner wird vorläufig eingestellt. Herr Leibner, der sich zu Prozeßbeginn als Opfer einer »hemmungslosen Siegerjustiz« bezeichnet hat, darf nach Hause gehen.

Die Staatsanwaltschaft hatte Alfred Leibner wegen der Beihilfe zum Totschlag und versuchten Totschlag an siebzehn Flüchtlingen angeklagt. Von 1960 bis 1987 war er oberster Militärstaatsanwalt der DDR. Mit einem Verfahren der Militärstaatsanwaltschaft wurde den Grenzsoldaten gedroht für den Fall, daß sie »Grenzdurchbrüche zulassen«. Nach Angaben des ehemaligen Militäroberstaatsanwalts wurde aber kein einziger Grenzsoldat angeklagt, der auf einen Flüchtling nicht zielte, sondern danebenschoß. Andererseits ist unter der Leitung Alfred Leibners auch kein Grenzer wegen der Erschießung eines Flüchtlings zur Verantwortung gezogen worden.

In der Kollegiumssitzung vom 30. September 1969 hatte Generalleutnant Leibner dem Entwurf des Befehls 101/69 zugestimmt: »Die Unverletzlichkeit der Staatsgrenze der Deutschen Demokratischen Republik ist jederzeit zu wahren. (...) Die pioniertechnischen Anlagen sind planmäßig zu pflegen, zu warten und instand zu halten.« Zu den »pioniertechnischen Anlagen«, die zu »pflegen« waren, gehörten auch die Minensperren. Im Geltungszeitraum des Befehls 101/69 verblutete in der Nacht des 28. März 1971 der 36jährige Flüchtling Karl-Heinz Fischer an der Grenze bei Römhild in Thüringen. Eine Mine hatte ihm den Fuß abgerissen.

Karl-Heinz Fischer aus Meiningen versuchte am 28. März 1971, über die Grenze zu fliehen. Durch eine Erdmine schwer verletzt, konnte sich der Flüchtling noch über dreihundert Meter auf bayerisches Gebiet schleppen, wo ihn Grenzpolizisten am nächsten Morgen tot auffanden (rechte Seite).

1998 verurteilt das Landgericht Meiningen Manfred Reimann, den Kommandeur der 11. Grenzbrigade (1967–1971), wegen Totschlags an Karl-Heinz Fischer und sieben weiteren Fällen von versuchtem oder vollendetem Totschlag zu zwei Jahren Haft auf Bewährung, wie von der Staatsanwaltschaft beantragt.

9. Oktober 1995
Kollegium-Prozeß
8. Verhandlungstag

Als der Wachtmeister ruft: »Die Angeklagten bitte eintreten!« zischelt Frau Minister Keßler: »Die ganze DDR ist doch angeklagt!« Der Wachtmeister überhört es, Ruth Keßler zetert weiter: »Weihnachten werden die sie einsperren, da bin ich sicher! Und wenn die sie Neujahr wieder rauslassen – aber Weihnachten sperren die sie ein.«

Die Verteidigung des Angeklagten Borufka beantragt, diesen wegen Verhandlungsunfähigkeit zu entlassen: Helmut Borufka sei auf dem einen Ohr taub und auf dem anderen so schwerhörig, daß er den Verhandlungen nicht folgen könne. Da nützten auch keine technischen Hilfsmittel, weil damit die allgemeine physische Belastung steigen würde, Herr Borufka sei aber nicht weiter belastbar.

»Ich gehe davon aus, daß das jetzt reihum geht«, sagt Nebenklagevertreter Plöger. »Es mögen sich doch bitte gleich die anderen melden, die auch nicht zur Verantwortung gezogen werden wollen.« Die Angeklagten und ihre Verteidiger würden den Prozeß verschleppen.

Das Verfahren sei auszusetzen, beantragt die Verteidigung des Angeklagten Reinhold, da der schwerhörige Herr Borufka dem bisherigen Prozeßverlauf unmöglich habe folgen können. Für eine halbe Stunde zieht sich das Gericht zur Beratung zurück, dann verkündet Richter Ehestädt, man wolle nicht unter Zeitdruck über die Anträge entscheiden. Für heute sei die Sitzung geschlossen.

20. Oktober 1995
Kollegium-Prozeß
9. Verhandlungstag

Immer beginnen die Verhandlungen später als angesetzt: zehn, zwanzig, sogar dreißig Minuten. Ich stehe vor dem Saal 500 und warte auf Einlaß. Der Angeklagte Goldbach schlendert vorbei, ein Verteidiger begrüßt ihn mit den Worten »Guten Morgen, Herr General!« Mich erinnert Joachim Goldbach – eckig, zackig, zäh – an die Karikatur eines Generals.

Richter Ehestädt bittet zunächst um das Gutachten des medizinischen Sachverständigen Doktor Rossel zur Verhandlungsfähigkeit des schwerhörigen Helmut Borufka. Die Verteidigung des Angeklagten Reinhold beantragt erneut, man möge aufgrund der Schwerhörigkeit des Angeklagten Borufka den Prozeß abbrechen und neu beginnen. Das Gericht zieht sich zur Beratung zurück. Pause.

Nach der Pause fragt Richter Ehestädt: »Herr Borufka, hören Sie mich?« Ja, er höre, aber nicht so gut. Der Vorsitzende Richter schlägt Herrn Borufka einen Platzwechsel vor, er möge ganz nach vorne kommen. Dann bemängelt er die schlechte Versorgung mit Mikrofonen, nicht einmal alle Angeklagten hätten eins. Das sei schon einmal anders gewesen, aber man habe inzwischen wohl einige Mikrofone »geräubert«. Jeder Prozeßbeteiligte solle einmal in sein Mikrofon sprechen, sofern er eines habe. Anwalt Häusler will die Gelegenheit nutzen und einen Antrag stellen. »Ich habe Ihnen noch nicht das Wort erteilt«, bremst ihn Ralph Ehestädt. »Doch, ich sollte hier reinsprechen«, entgegnet der Verteidiger und hat die Lacher auf seiner Seite.

Auf Beschluß des Gerichts wird der Prozeß fortgeführt. Der medizinische Sachverständige kann nunmehr das Gutachten über die Verhandlungsfähigkeit des Herrn Borufka abgeben. Doktor Rossel schildert ausführlich die Krankengeschichte des Angeklagten: »Alkohol trinkt er nur selten, und wenn, dann in Maßen. (...) Nachts muß er meist zweimal auf die Toilette.« Endlich kommt der Sachverständige zu dem Ergebnis, daß Herr Borufka mit Kopfhörern verhandlungsfähig sei.

Aus Rücksicht auf den Gesundheitszustand des Angeklagten Pech darf jeweils nur drei Stunden verhandelt werden, und so ist auch dieser Verhandlungstag bald zu Ende. Der nächste Prozeßtag dauert nur eine Dreiviertelstunde, weil der 65jährige Angeklagte Harald Ludwig mit einem Herzleiden im Krankenhaus liegt. Am 3. November wird Herr Ludwig noch immer in ärztlicher Behandlung sein, so daß man nach zwanzig Minuten die Verhandlung abbricht.

»Die Minenfelder waren ordnungsgemäß ausgeschildert.«
Der Prozeß gegen die Grenztruppen-Führung der DDR

Am 27. Oktober 1995 beginnt der Prozeß gegen Generäle der Grenztruppen. Schon im Oktober 1993 hatte die Berliner Staatsanwaltschaft Anklage gegen die Grenztruppen-Führung der DDR erhoben. Bis zum Frühjahr 1995 sah sich die zuständige Strafkammer beim Berliner Landgericht wegen Überlastung aber nicht in der Lage, den Prozeß zu terminieren. Haftsachen, also Verfahren, bei denen Beschuldigte in Untersuchungshaft sitzen, haben Vorrang. Den Grenztruppen-Generälen war im September 1994 Haftverschonung gewährt worden, da keine Fluchtgefahr bestehe.

Im März 1995 hat Berlins Justizsenatorin Peschel-Gutzeit (SPD) geklagt, das Bonner Finanzministerium verweigere einen Bundeszuschuß in Höhe von 1,75 Millionen Mark für neue Richterstellen zur Aufarbeitung von SED-Unrecht, was als »nationale Aufgabe« zu betrachten und nicht von Berlin allein zu bewältigen sei. Nach langwierigen Verhandlungen einigte man sich auf die Finanzierung von 28 Richterstellen am Landgericht. In diesem Zusammenhang wurde die 36. Strafkammer unter Richter Föhrig eingerichtet, der den Prozeß gegen die Grenztruppen-Führung umgehend für den Herbst 1995 terminierte – fünfzig Jahre nach dem Be-

Im Saal B 129 des Moabiter Gerichts verhandelt man gegen die Grenztruppen-Führung der DDR: Gericht (1), Zeugen (2), Staatsanwaltschaft (3), Angeklagte und Verteidigung (4), Nebenklage (5), davor die Medienvertreter und die Publikumsreihen

ginn des Nürnberger Prozesses gegen die Hauptkriegsverbrecher. Wieder stehen Parteigenossen vor Gericht, die zur Durchsetzung ihrer Machtinteressen politische Gegner umbringen ließen. Einige Schreibtischtäter der SED-Diktatur werden ihr Tun im Gerichtssaal mit nahezu denselben Worten zu rechtfertigen versuchen wie in Nürnberg angeklagte Nazis. Richter Föhrig liest die Erinnerungen des damaligen amerikanischen Anklägers Telford Taylor parallel zum Prozeß gegen die Grenztruppen-Führung.[2]

Der enge Gang zum Saal B 129 des Berliner Kriminalgerichts ist an diesem Morgen verstopft. Dafür sorgen wieder die alten Kampfgenossen, die zu Dutzenden als Publikum bereitstehen. Dicke Bäuche schieben mich dem Eingang des Saals entgegen.

Mit leiser, gelassener Stimme eröffnet der Vorsitzende Richter, Friedrich-Karl Föhrig, die Verhandlung. Auf das anhaltende Schwatzen im Publikum hin sagt er knapp: »Wenn es etwas ruhiger werden könnte, ich würde weitgehend ohne Mikrofon auskommen wollen. Dann kommen wir zur Anwesenheit...«

Angeklagt sind:

Klaus-Dieter Baumgarten, 64 Jahre, von 1979 bis 1989 Chef der Grenztruppen

Gerhard Lorenz, 65 Jahre, seit 1968 Politchef der Grenztruppen

Karl Leonhardt, 66 Jahre, seit 1979 Stabschef, von 1986 an »Chef Ausbildung«.

Dieter Teichmann, 65 Jahre, seit 1982 Leiter der Abteilung Grenzüberwachung, von 1986 an Stabschef

Heinz-Ottomar Thieme, 69 Jahre, leitete bis 1986 die Ausbildung der Grenzsoldaten

Günter Gabriel, 65 Jahre, seit 1980 »Chef Technik und Bewaffnung«, als »Chef Grenzsicherungsanlagen« war er zugleich für die Minenfelder und Selbstschußanlagen an der Grenze verantwortlich.

Als bei der Anwesenheitskontrolle der Name des Nebenklagevertreters Plöger aufgerufen wird und man daraufhin im Fan-Block lacht, stellt Richter Föhrig klar: »Gleich mal eines: Wenn hier jemand etwas lächerlich findet, dann sollte er sich überlegen, ob er gern hätte, daß man über ihn lacht. Ein für allemal: Seien Sie in dieser Hinsicht zurückhaltend, auch im eignen Interesse ...« Sofort herrscht Schweigen im Block. (Als dort nach einer halben Stunde wieder Unruhe aufkommt, braucht der Vorsitzende Richter nicht einmal die Stimme zu heben, schon seine leicht erhobene Hand bringt die alten Kämpfer zur Ruhe.)

Frank Osterloh, ein Verteidiger des Angeklagten Baumgarten, stellt einen Antrag auf Einstellung des Verfahrens: Es verstoße gegen das Grundgesetz, Artikel 25, wonach dem Völkerrecht Vorrang vor dem Bundesrecht gegeben wird. Völkerrechtliche Prinzipien hätten die Maßnahmen zum Schutz der DDR-Grenze legitimiert, so Osterloh. Mit diesem Strafverfahren verstoße die BRD gegen die Souveränität der DDR und gegen das Völkerrecht.

Richter Föhrig dankt »Herrn Doktor Osterloh« für seinen Antrag. Rechtsanwalt Plöger bemerkt: »Es ist der Segen des Rechtsstaates, daß sich die Angeklagten, die das Völkerrecht mit Füßen getreten haben, nun auf das Völkerrecht berufen können. Die eben gehörten Ausführungen sind weitere Ohrfeigen in die Gesichter der Opfer.«

Der Vorsitzende Richter, Friedrich-Karl Föhrig

3. November 1995
Grenztruppen-Prozeß
2. Verhandlungstag

Er wolle sich bei den anwesenden Journalisten für das Gedränge auf dem Gang am ersten Prozeßtag entschuldigen, sagt Richter Föhrig. Einer ARD-Journalistin habe man bei dieser Gelegenheit gedroht: »Die nächste Wende kommt bestimmt!« Auch »Fernsehen weg!« sei von den Zuschauern auf dem Gang gerufen worden. Bei dieser Gelegenheit weist der Richter noch einmal auf die Rechte der Zuhörer und Zuschauer hin: »Zuhören und Zuschauen«.

Das Gericht lehnt den Antrag des Verteidigers Osterloh auf Einstellung des Verfahrens ab, der Prozeß verstoße nicht gegen das Völkerrecht. Die polizeiliche Meldepflicht der Angeklagten (einmal pro Woche) werde unter der Bedingung aufgehoben, daß sie sich regelmäßig zu den Verhandlungen einfinden.

Staatsanwältin Nora Falck verliest die Anklageschrift. Totschlag und versuchter Totschlag, gemeinschaftlich begangen, wird den Angeklagten vorgeworfen. Die Staatsanwaltschaft beschränkt die Anklage auf Fälle aus den

Die »Grenzverletzer« seien für ihren Tod verantwortlich, sagt Grenztruppen-Chef Baumgarten in der gemeinsamen Erklärung der Angeklagten.

achtziger Jahren: elf Tote, zehn Verletzte. In weiteren Fällen von Totschlag und versuchtem Totschlag an DDR-Flüchtlingen oder der Beihilfe dazu hat die Staatsanwaltschaft die Ermittlungen gegen die Angeklagten eingestellt – mit Hinweis auf die »Prozeßökonomie« (gemäß Paragraph 154 StPO: »Unwesentliche Nebenstrafen«). Dies ist – angesichts der Vielzahl der Fälle – von einigen Staatsanwälten intern kritisiert worden.

Der Angeklagte Baumgarten habe in Erfüllung des »Befehls 101« des Verteidigungsministers zur Grenzsicherung alljährlich den »Befehl 80« an die Grenzkommandos (Nord, Mitte und Süd) erlassen. Von dort sei der entsprechende »Befehl 40« an die Regimenter weitergegeben worden, deren Kommandeure schließlich den »Befehl 20« erlassen haben. Am Ende der Befehlskette stand die Vergatterung der Grenzsoldaten, »Grenzverletzer aufzuspüren, festzunehmen oder zu vernichten«.

An den Befehlen und Anordnungen des Grenztruppen-Chefs hätten alle Angeklagten mitgearbeitet. Sie hätten bewußt in Kauf genommen, daß Fluchtwillige durch Minensperren und Selbstschußanlagen sowie den

Einsatz der Schußwaffe getötet werden oder schwerwiegende Verletzungen erleiden. Die Angeklagten zeigen keine Reaktion, starren auf die Tischplatte, aus dem Fenster, an die Wand.

Ob sich die Angeklagten jetzt zu den Vorwürfen äußern wollen? Klaus-Dieter Baumgarten, der als Grenztruppen-Chef auch ein Stellvertreter des Verteidigungsministers war, will eine gemeinsame Erklärung der Angeklagten verlesen. In der Pause zuvor hat Frau Keßler ihn noch einmal fest umarmt und ihm schöne Grüße von Heinz bestellt.

»Hohes Gericht«, beginnt der Ex-Generaloberst Baumgarten seine Rede, »namens und im Auftrag aller hier Angeklagten gebe ich folgende gemeinsame Erklärung ab: Die vor der 36. Strafkammer des Landgerichts Berlin zu verhandelnde Anklage vom 20.10.93 ist eine kollektive Beschuldigung nicht nur der hier angeklagten sechs Generale der Grenztruppen der DDR dafür, daß wir wie Hunderttausende unserem Staat, der DDR, treu und redlich gedient haben. Gegenstand dieses Strafverfahrens ist nicht die Prüfung individueller strafrechtlicher Verantwortlichkeit, sondern die juristisch verbrämte politische Abrechnung mit der DDR.«

Zur Abrechnung der gegenwärtigen Sieger in der BRD mit den Besiegten, mit der DDR und vielen ihrer gesetzestreuen Bürger, gehöre neben politischer und menschlicher Diskriminierung auch die berufliche Ausgrenzung und die Verdrängung aus redlich erworbenen Vermögensrechten. (Während die durch die SED-Diktatur Benachteiligten und Verfolgten im Alter oft nicht mal die Durchschnittsrente – 1999: rund 1700 DM – erhalten, beziehen die privilegierten Partei- und Staatsfunktionäre der DDR im vereinten Deutschland Spitzenrenten in Höhe von durchschnittlich etwa 3000 DM. Eine Opferrente von monatlich 1000 DM wird vom Bundestag 2001 abgelehnt mit Verweis auf »die leeren Kassen«. Der dafür benötigte Betrag, etwa 1,5 Milliarden Mark, entspricht der Summe, die das Land Sachsen im Jahr 2004 für die Sonder- und Zusatzrenten von DDR-Staatsdienern ausgibt, wozu neben Mitarbeitern des Partei- und Sicherheitsapparates auch Lehrer gehören.)[3]

»Offensichtlich gehen die politischen Führungskräfte und die Justizorgane der BRD seit 1990/91 von der Überlegung aus, daß sich die Opfer des Kalten Krieges – die es an der Staatsgrenze der DDR zur BRD und zu

Berlin (West) bedauerlicherweise gab – besonders gut eignen, die DDR nachträglich zu diffamieren und ihre früheren Verantwortungsträger sowie die ehemaligen Angehörigen der Grenztruppen rückwirkend zu kriminalisieren.«

Das Grenzregime der DDR habe der Gesetzlichkeit und Ordnung im Grenzgebiet gedient. »Jeder Bürger hatte die Möglichkeit, sich über die Bedingungen für einen legalen Grenzübertritt sowie über die Einschränkungen und Verbote, die für die Einreise und den Aufenthalt im Grenzgebiet festgelegt waren, umfassend zu informieren.« Der Schutzstreifen an der Grenze sei unübersehbar markiert gewesen. Auch die Minenfelder seien ordnungsgemäß ausgeschildert gewesen. Die Splitterminen SM 70 habe jeder sehen können und sollen. »So hart es ist, für die Folgen seiner Straftat ist in allen Staaten der Grenzverletzer verantwortlich, der sich nicht festnehmen lassen will und sich deshalb staatlichen Anweisungen widersetzt, auch um den Preis seiner schweren oder gar tödlichen Verletzung. (...) Wir erwarten Ihr Urteil und das der Geschichte mit ruhigem Gewissen.«

10. November 1995
Grenztruppen-Prozeß
3. Verhandlungstag

Pünktlich um 9.04 Uhr eröffnet Richter Föhrig die Verhandlung. Er möchte mit der Vernehmung des Angeklagten Baumgarten beginnen. Aber der Baumgarten-Verteidiger Frank Osterloh will erst einen Antrag auf Einstellung des Verfahrens stellen, dem sich alle Verteidiger anschließen werden: »Das Generaloberst a. D. Baumgarten und den Mitangeklagten vorgeworfene Handeln war in der DDR zu keiner Zeit strafbar. (...) Die marxistisch-leninistische Strafrechtswissenschaft deckt das soziale Wesen der Straftat auf und begründet theoretisch, weshalb ein bestimmtes Verhalten kriminell ist und strafrechtliche Verantwortlichkeit notwendig macht. (...) Entsprechend der sozialistischen Gesetzlichkeit (können) nur solche Handlungen als Straftaten beurteilt werden, die gesellschaftsgefährlich sind, weil sie gegen die Grundlagen der Arbeiter- und Bauernmacht gerichtet sind (...).

Die Pflichten der Angehörigen der Grenztruppen waren in der DDR exakt geregelt. (...) Nicht Befehle zur Grenzsicherung haben die Verlet-

Baumgarten-Verteidiger Frank Osterloh (links) wirft der Staatsanwaltschaft Willkür vor. Staatsanwalt Hans-Jürgen Wenzler übt sich in Zurückhaltung.

zung oder den Tod von Grenzverletzern hervorgerufen, sondern die strafbare Mißachtung des Grenzregimes durch die Grenzverletzer. (...)

Die Staatsanwaltschaft stellt das Recht der DDR auf den Kopf, indem sie den Angeklagten ihre korrekte Pflichterfüllung als strafbares Handeln vorwirft. (...) Das hat mit der Anwendung von DDR-Recht offensichtlich nichts zu tun – das ist reine Willkür. Es ist eine Beugung des Rechts, wenn die Pflichtenlage von DDR-Bürgern nach DDR-Recht nicht ermittelt wird (...).«

Nebenklagevertreter Plöger kündigt an, Herrn Frank Osterloh – einen Rechtsanwalt wolle er den ehemaligen Stasi-Oberstleutnant nicht nennen – wegen psychischer Beihilfe als Verteidiger des Angeklagten Baumgarten entpflichten zu lassen. »Herr Osterloh, ich bin Ihnen dankbar für das, was Sie uns heute zugemutet haben. Sie haben sich selbst geoutet.«

10. November 1995
Kollegium-Prozeß
12. Verhandlungstag
Eine Stunde lang werden Dokumente verlesen, danach ist die Sitzung beendet.

Vor dem Gerichtssaal zeichnet die Hamburgerin Christine Böer den Angeklagten Wolfgang Reinhold. Geduldig sitzt er da, schaut die Zeichnerin beinahe sanftmütig an. »Ja, Sie haben den schöneren Beruf«, sagt Wolfgang Reinhold, als Christine Böer von ihrer Abneigung gegen alles Militärische spricht, »aber ich würde wieder alles so tun. Als ich aus dem Krieg kam, wollte ich alles tun, damit es nie wieder zu so einem Krieg kommt.« In der DDR habe jeder sein Brot gehabt, heute sei das nicht mehr selbstverständlich.

»Der Mensch lebt nicht vom Brot allein«, entgegnet die Zeichnerin, die bis zum Mauerbau in der DDR lebte. »Ja, das ist ein weites Feld«, meint Herr Reinhold.

Er sehe nicht wie ein verbissener Funktionär aus, findet Christine Böer, »dafür sehen Sie zu menschlich aus.« – »Ich hoffe, das bin ich mein ganzes Leben lang gewesen.« – »Sie haben harte Entscheidungen getroffen.« – »Die härtesten gegen mich selbst.«

Frau Böer beendet das Zeichnen, Herr Reinhold steht auf, setzt seinen Hut auf, zieht den Mantel an, schnürt den Gürtel, da fällt es ihr wie Schuppen von den Augen: »So hätte ich Sie zeichnen müssen, im Mantel! Da sieht man das, verzeihen Sie, das Kleinkarierte ..., wie beim Honecker mit seinem Hut. Diese ganze kleinkarierte DDR, als lebte man in einem Raum, wo man ständig an die Decke stößt.«

Herr Reinhold guckt erschrocken, wie ertappt, lächelt verlegen. Dann nimmt er seinen Krückstock und geht mit zitternden Knien davon: Wolfgang Reinhold, gelernter Verkäufer, in der DDR stellvertretender Verteidigungsminister, 72 Jahre alt – ein Mann, der Schießbefehlen zugestimmt hat.

17. November 1995
Grenztruppen-Prozeß
4. Verhandlungstag
»Die Kammer verkündet folgenden Beschluß«, beginnt Richter Föhrig: »Der Antrag der Verteidigung des Angeklagten Baumgarten, das Verfahren (...) wegen fehlender Strafbarkeit (...) einzustellen (...), wird abgelehnt. Die Kammer neigt der Auffassung zu, daß der gestellte Antrag bereits unzulässig ist, da er der Sache nach lediglich die bereits in der Sitzung vom 27. Oktober 1995 gestellten Anträge und dortigen Begründungen wiederholt. (...) Im übrigen enthält der Antrag strafrechtliche Selbstverständlichkeiten (...). Darauf und auf weitere Grundlagen des Strafrechts einzugehen, sieht die Kammer keine Notwendigkeit.«

»In der Strafsache gegen die Herren Baumgarten u. a. wird beantragt, die Pflichtverteidigerbestellung des Rechtsanwaltes Dr. Frank Osterloh für den Mitangeklagten Klaus-Dieter Baumgarten zurückzunehmen.« Auf diesen Antrag des Nebenklagevertreters Plöger reagiert das Publikum mit Gelächter. Richter Föhrig schreitet ein: »Ich kann mich nicht erinnern, daß gelacht wurde, als Herr Doktor Osterloh seine Anträge verlesen hat. Wer von Ihnen das Ende des Prozesses erleben will, sollte sich dementsprechend verhalten. Ich sagte es schon mal: Sie haben hier genau zwei Rechte – Zuhören und Zuschauen. Das sollten Sie eigentlich wissen – das ist genau wie in der DDR.«

Anwalt Plöger fährt fort: »Herr Dr. Osterloh war bis 1989 beim Ministerium für Staatssicherheit im Rang eines Oberstleutnants tätig. (...) Die Pflichtverteidigerbestellung ist zurückzunehmen, wenn Herr Rechtsanwalt Dr. Osterloh aufgrund seines Vorlebens und der Nähe zum Angeklagten nicht zu einer rechtsstaatlich abgesicherten Verteidigung fähig und willens ist, sondern es darauf anlegt, dieses Verfahren als Plattform der Verbreitung überholter, aber gleichwohl gefährlicher Ideologien zu mißbrauchen und hierbei nur vordergründig die angebliche Verletzung von Verfahrensrecht rügt. Dabei nimmt er keine Rücksicht auf die Opfer und versucht sogar, den ›Grenzverletzern‹ die Schuld an deren tödlichem Schicksal aufzubürden. Wer eine solche Einstellung hat, darf nicht aus den Steuern der Gemeinschaft ein Verteidigerhonorar erhalten.«

Pro Verhandlungstag stehen Anwalt Osterloh im Durchschnitt rund 600 Mark Honorar zu, zu zahlen von seinem Mandanten oder, bei dessen Zahlungsunfähigkeit, aus der Staatskasse. Frank Osterloh: »Ich werde Herrn Plöger an den Umsatzsteigerungen, die mir sein Antrag einbringen wird, nicht beteiligen.«

17. November 1995
Kollegium-Prozeß
13. Verhandlungstag

Das Verfahren gegen Ottomar Pech, 81 Jahre alt, wird vorläufig eingestellt, da der Angeklagte sich nach Aussage des medizinischen Gutachters Doktor Rossel nicht mehr auf seine Verteidigung konzentrieren kann. Der Vorsitzende Richter entläßt Herrn Pech mit den Worten: »Ich bedanke mich ... auch für heute, Sie sind erstmal entlassen. Auf Wiedersehen!« Herr Pech sagt nicht »Auf Wiedersehen«.

General Pech war von 1961 bis 1979 Chef der »Verwaltung Kader« im Verteidigungsministerium, und somit war er auch für die Auswahl und Entwicklung von führenden Offizieren der Grenztruppen zuständig. Angeklagt hatte man ihn wegen Beihilfe zum Totschlag und versuchtem Totschlag an insgesamt acht DDR-Bürgern.

In der Kollegiumssitzung vom 20. September 1971 hat General Pech dem Befehl 101/71 zugestimmt. Darin war unter anderem befohlen worden, auf die Installation von Selbstschußanlagen SM 70 »besonderes Augenmerk zu richten«. Im Geltungszeitraum dieses Befehls löste am Abend des 16. Januar 1973 der 26jährige Hans Franck beim Übersteigen des Grenzzaunes bei Wustrow (Niedersachsen) eine Splittermine aus und fiel über den Zaun. Zwei Grenzsoldaten machten dort, wo die Mine explodiert war, ein deutliches Stöhnen aus, konnten jedoch im dichten Nebel niemanden erkennen. Der Postenführer schoß mehrere Warnschüsse und rief dem Schwerverletzten zu, er solle aufstehen und zurückkehren. »Ich kann nicht, ich bleibe liegen, helft mir!« kam es aus dem Nebel zurück. Daraufhin schossen die Grenzer, bis sie von dem Flüchtenden nichts mehr hörten. Hans Franck konnte sich noch etwa hundert Meter auf bundesdeutsches Gebiet schleppen, dann brach er auf einer Koppel zusammen.[4]

Ein Arzt hatte die Explosion der Mine gehört und den Schwerverletz-

ten, den er völlig durchnäßt vorfand, versorgt: »Nach Anlegen einer Infusion (...) begleitete ich den Verletzten im Krankenwagen zum nächsten Krankenhaus (...). Infolge dichten Nebels benötigten wir für die Strecke von 25 Kilometern (...) eine erhebliche Zeit. Über Funk war das Krankenhaus verständigt, so daß eine sofortige Operation (...) erfolgen konnte. (...) Die Operation wurde um 5.30 Uhr beendet. Um 7.00 Uhr plötzliche Kreislaufverschlechterung. Daraufhin Kreislaufmittel, manuelle Beatmung. Plötzlicher Herzstillstand – Herzmassage – Schrittmacher – keinerlei Aktion mehr. Der Patient verstirbt um ca. 8.00 Uhr. (...)
Die unregelmäßig geformten, scharfkantigen und gezackten Metallsplitter des Sprengkörpers, die in ihrer Wirkung einem Dumdumgeschoß gleichkommen – wenn sie es nicht gar übertreffen –, hatten bei dem Verletzten (...) am linken Oberschenkel (...) die dort gelagerten Gefäße (...) so zerfetzt, daß eine Gefäßnaht sich äußert schwierig gestaltete und die Operationszeit erheblich verlängerte. Den schweren Entblutungsschock, die Länge der Operation und den dadurch bedingten massiven Einsatz von Blutkonserven (...) hat schließlich selbst ein junger Organismus nicht mehr verkraften können (...).«[5]

Die Einführung der Splittermine SM 70 wurde in der Kollegiumssitzung vom 4. Dezember 1971, an der auch Ottomar Pech teilgenommen hatte, erörtert: »Generalleutnant Peter (...) erklärte, daß der Einsatz der Splittermine SM 70 (...) billiger sei als die bisher angewandten Minentypen. Der Minister für Nationale Verteidigung erklärte, (...) nach den bisherigen Erfahrungen verursacht die Mine (...) in fast allen Fällen tödliche Verletzungen. Generalleutnant Fleißner (...) erklärte, daß er von dem neuen Minentyp eine höhere Effektivität der Grenzsicherung erwarte. Generalleutnant Poppe sprach sich für die Einführung der Mine SM 70 aus. (...) Generalmajor Kleinjung erklärte sich gleichfalls mit dem Einsatz des neuen Minentyps einverstanden (...), gab jedoch zu bedenken, daß der Einsatz (...) eine politisch ungünstige Reaktion des Westens hervorrufen könnte.«[6]

Er könne sich an diese Sitzung »beim besten Willen nicht erinnern«, hat Ottomar Pech bei der staatsanwaltschaftlichen Vernehmung behauptet. Mit dem Begriff »SM 70« könne er nichts anfangen, mit technischen Fragen

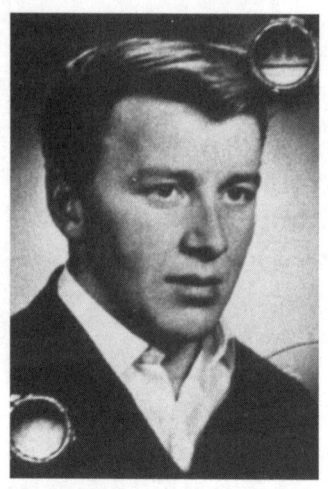

»An den Folgen seiner schweren Verletzungen starb am Vormittag ein 26 Jahre alter Ingenieur aus der DDR, der in der vergangenen Nacht bei seinem Fluchtunternehmen an der nordniedersächsischen Zonengrenze von den Projektilen einer Selbstschußanlage getroffen worden war«, meldete der Kölner »Deutschlandfunk« am 17. Januar 1973. Hans Franck starb trotz der verzweifelten Rettungsversuche eines westdeutschen Arztes.

Die Tötung des Flüchtlings verstoße gegen die Charta der Vereinten Nationen, zitierte der »Deutschlandfunk« einen Abgeordneten der CDU. Eine Woche später beschloß das SED-Politbüro, »auch künftig Sperren mit richtungsgebundenen Splitterminen zu errichten«.

Der Einsatz der Splittermine SM 70 sei billiger als der anderer Minen, erklärte Grenztruppen-Chef Erich Peter bei der Einführung der Selbstschußapparate.

habe er sich nicht befaßt. An der Erstellung der Befehlsentwürfe 101 sei er in keiner Weise beteiligt gewesen. Er könne sich auch nicht daran erinnern, daß die »Vernichtung von Grenzverletzern« befohlen worden sei. Einer solchen Formulierung hätte er weder damals noch heute zugestimmt. Er selbst hätte nie auf Grenzverletzer geschossen, hat Ex-Generalleutnant Pech dem Staatsanwalt versichert.

Gegenüber dem »Neuen Deutschland« erklärte Ottomar Pech, die Grenzschützenprozesse entbehrten jeder Grundlage, weil die zu Schaden gekommenen Grenzverletzer nach der Rechtsordnung der DDR bestraft worden seien.[7]

Nachdem der Angeklagte Pech gegangen ist, möchte ein Beisitzender Richter ein Dokument verlesen: »Maßnahmen zur Vervollkommnung der Führungsstruktur der Nationalen Volksarmee sowie des Ministeriums für Nationale Verteidigung«. Verteidiger Stiewe unterbricht ihn: »Ich verstehe das nicht, was Sie da vorlesen. Kann man nicht zunächst mal das Schema der Führungsstruktur sehen?« Auch Nebenklagevertreter Plöger möchte etwas sagen, doch sein Mikrofon funktioniert nicht, und ohne Mikrofon darf er nichts sagen, weil dann der Angeklagte Borufka nichts hört unter seinen Kopfhörern.

Der Richter liest weiter, Walter Venedey, der Verteidiger des Angeklagten Ludwig, wickelt mit langen Fingern, laut knisternd ein Bonbon aus, sein Mandant tut es ihm gleich. Verteidiger Stiewe unterbricht erneut den Vortrag des Richters: Er verstehe das noch immer nicht, was da vorgelesen werde. Dabei sei es gerade in diesem Prozeß wichtig, die Grundlagen von Anfang an zu verstehen: »Ich habe es schon mal gesagt: Wir müssen mit der Geschichte der Menschheit anfangen, um das hier zu verstehen.« Die Geschichte der Menschheit wollen meine Kollegen von den Medien nicht hören, ich sitze allein auf der Pressebank.

Der Beisitzende Richter findet es unhöflich, zweimal beim Vorlesen unterbrochen zu werden. Anwalt Panka findet es unangebracht, das unhöflich zu finden: Als Verteidiger müsse man doch die Möglichkeit haben zu unterbrechen, wenn man etwas nicht versteht. Nach einer Stunde beendet der Vorsitzende die Sitzung. Heute sei es der Gesundheitszustand zweier Richter, auf den Rücksicht genommen werden müsse.

Die Angeklagten machen sich auf den Weg zur Stammtischrunde, in die Kneipe »Zum Alt-Moabiter«. Christine Böer begleitet die Generäle. Wolfgang Reinhold will nicht mit: »Die Frau haßt uns«, sagt er über Christine Böer, bevor er sich auf den Heimweg macht.

Die Runde ist wohlgelaunt und zu Scherzen aufgelegt. Einer würde den Herrn Richter gern einmal auf die Glatze küssen. »Sie wohnen alle in Strausberg?« fragt Frau Böer. »Nein, in Strausberg wohnen nur die Guten«, kommt es zurück. »Und wo wohnen die Bösen?« will Christine Böer wissen. »Bei uns gibt es keine Bösen.« Das klingt schon nicht mehr spaßig.

Einer meint, es sei das Wichtigste, seinem Beruf mit Liebe nachzugehen. Ja, sagt ein anderer, er sei vierzig Jahre Soldat gewesen. »Das werd ich nie verstehen«, meint die Zeichnerin. »Das können Sie auch nicht versteh'n, als Frau.«

Dann erzählen sie Witze, erst harmlose und (gegen den Einspruch von Frau Böer) bald auch schmutzige: »Steht ein alter General auf der Straße. Spricht ihn ein junges Mädel an: ›Du, Opa, bei Dir hängt ein dünner Faden aus der Hose.‹ Sagt der General: ›Ja, Mädel, früher war das der Schrecken von Odessa!‹« Ein lautes Wiehern durchdringt den Raum, die Augen von Christine Böer drehen sich im Kreise.

»Wissen Sie, was unser Problem ist?« wendet sich ein General an die Hamburgerin, »daß wir noch richtige Deutsche sind!« – »Wie meinen Sie das, richtige Deutsche?« – »Ein richtiger Deutscher, wenn der Marschmusik hört, dann zuckt es ihm in den Beinen, dann muß er einfach losmarschieren.«

»Erkennen Sie sich doch mal selbst!« setzt Christine Böer an. »Als was denn«, kommt es zurück, »als Dackel vielleicht?« – »Ja, vielleicht als Dackel ...«, lenkt sie ein. – »Nein, dann eher noch als Katze«, sagt der Mann neben ihr. »Ich würde mich lieber in meiner Katze wiedererkennen, die ist ganz individualistisch. Deren Willen kann man nicht brechen«, und fährt dann leise fort, »dazu müßte man sie töten ...« Der das sagt, dem wird auch Beihilfe zum Totschlag an Chris Gueffroy vorgeworfen, dessen individuellen Willen zwanzig Jahre DDR-Erziehung nicht hatten brechen können. Der dafür mitverantwortliche General, der sich am liebsten in seiner eigenwilligen Katze wiedererkennen will, sagt beim Hinausgehen zu Christine Böer: »Langsam beginnt mich der Prozeß zu langweilen.«

24. November 1995
Grenztrupppen-Prozeß
5. Verhandlungstag
Richter Föhrig verliest einen Beschluß, wonach der Antrag, den Stasi-Juristen Osterloh als Verteidiger entpflichten zu lassen, abgelehnt wird: »Daß Dr. Osterloh (…) hochrangiger Offizier des Ministeriums für Staatssicherheit der ehemaligen DDR war, ist allein nicht geeignet, ihn dringend verdächtig erscheinen zu lassen, an den in diesem Verfahren zu erörternden Vorfällen beteiligt gewesen zu sein (…). Soweit die Antragsteller im übrigen grobe Pflichtverletzungen Dr. Osterlohs in dessen einseitiger Parteinahme für seine Mandanten und – aus ihrer Sicht begreiflich – mangelnder Sensitivität gegenüber den Opfern sehen, verkennen sie den Umfang der Verteidigerrechte und legen an das Auftreten eines Rechtsanwalts überzogene moralische Maßstäbe an. Recht des Verteidigers ist, einseitig parteiisch, notfalls auch wider besseres Wissen bis zur Grenze der Erfüllung von Straftatbeständen zugunsten seines Mandanten zu argumentieren und alle prozessual legitimen Möglichkeiten zu nutzen, dessen Verurteilung zu verhindern oder doch hinauszuzögern. (…) Mangelnder Rücksichtnahme auf die Opfer bei deren persönlichem, etwa zeugenschaftlichem Auftreten im Gerichtssaal zu begegnen, wird – falls wider Erwarten erforderlich – gern wahrgenommene Aufgabe des Vorsitzenden sein.

Und nun der Zeuge Holger Weck, bitte!«

Holger Weck, 35 Jahre alt, erzählt, was er im Februar 1980 nach seiner gescheiterten Flucht bei Lobenstein in Thüringen erlebte. Der durch eine Selbstschußanlage lebensgefährlich verletzte Neunzehnjährige blieb anderthalb Stunden liegen, bevor man ihn ins Krankenhaus brachte. Während dieser Zeit hat er in mehrere Kalaschnikow-Mündungen geschaut. Sollen sie doch schießen, habe er gedacht. Der Angeklagte Teichmann macht sich Notizen, Herr Baumgarten hört interessiert zu, wenngleich reglos.

Holger Weck wurde zunächst notdürftig medizinisch versorgt. Man fand Splitter in den Beinen, Splitter im Arm, im Bauch, in der Lunge. Später, als die Narben nicht heilen wollten, verhöhnten ihn Ärzte im Stasi-Krankenhaus: »Personen, die gegen unseren Staat sind, werden nicht behandelt!«

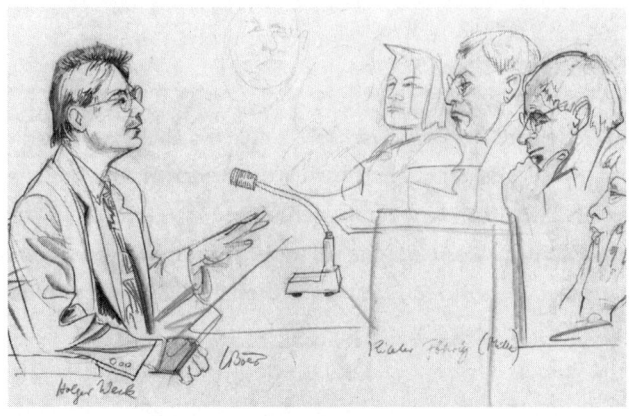

Staatsanwältin Falck sowie die Richter Sander, Föhrig und Zilm während der Vernehmung des Zeugen Holger Weck (von rechts), der die Auslösung einer Selbstschußanlage knapp überlebte.

Sie steckten Holger Weck zwei Jahre ins Gefängnis, Cottbus und Waldheim. »Wenn Sie noch einmal den Arzt verlangen, kommen Sie in den Bunker, 21 Tage!« sagte man ihm dort und zeigte ihm auch gleich das Verlies. Fortan habe er sich »ruhig verhalten«, zumal ihm auch Schläge angedroht wurden.

Nach der Entlassung wurde Holger Weck für die Armee gemustert. Das habe ihm, krank, wie er immer noch war, Angst gemacht. Arbeit gab man dem Mechaniker nicht. »Personen, die gegen den Staat sind, können wir nicht einstellen.« Der Staatssicherheitsdienst vermittelte ihm eine Stelle: Er durfte einen Betriebshof kehren.

Holger Weck bekam »Auflagen«, durfte nicht an öffentlichen Veranstaltungen teilnehmen und nach 20 Uhr keine Freunde besuchen. Das habe er unterschreiben sollen, und als er sich weigerte, sollte er unterschreiben, daß er nicht unterschreibt. Mit Feldstechern beobachtete man vom Haus gegenüber die Wohnung von Holger Weck. Bei der erstbesten Gelegenheit steckten sie ihn wieder ins Gefängnis. Nach sechs Monaten Haft wurde er von der Bundesrepublik freigekauft.

Richter Föhrig fragt den Zeugen: »Sie wußten, daß es nach DDR-Recht strafbar ist, die DDR auf diesem Weg zu verlassen?« – »Klar.« Ob er die Schilder »Vorsicht, Minen!« gesehen habe? Nein. Ob er von den Selbstschußanlagen gewußt habe? »Ja, mir war klar: überleben oder draufgehen.«

Er habe einen DDR-Grenzstein gesehen, vor dem letzten Zaun. Beim Absprung von diesem Zaun habe er den Auslösedraht berührt. Der Angeklagte Teichmann lächelt kurz, ganz kurz. Er weiß, was in diesem Moment jeder weiß, der den Aufbau der Grenzanlagen kennt: Holger Weck hatte schon alle Sperren überwunden und sich dann verlaufen, war wieder in Richtung DDR unterwegs und hat die Selbstschußanlage ausgelöst. Noch heute habe er Schmerzen von seinen damaligen Verletzungen, auch Lähmungserscheinungen in der Hand.

1. Dezember 1995
Grenztrupppen-Prozeß
6. Verhandlungstag
Im Auftrag des Angeklagten Teichmann wird die Kammer von der Verteidigung abgelehnt: Das Gericht habe sich in Befangenheit hineingesteigert, ... die Warnschilder an der Grenze, ... die Sicherheit der Menschen, ... die Nicht-Pflichtverletzung der Angeklagten, ... die Fürsorgepflicht des Gerichts, ... das Gericht strebe kein rechtsstaatliches Urteil an.

Ein Zeuge wird gehört: Wolfgang R., 63 Jahre alt, ehemals Leiter vom »Med.-Punkt eines Grenz-Bataillons«.

Am Abend des 7. April 1980 ist Wolfgang R. an den Grenzzaun bei Velt-

Grenztruppenchef Baumgarten bei Eisbein und Sauerkraut in der Kantine mit Anwalt Schippert nach der Vernehmung des Zeugen Weck.

Schon einmal hatte man Wolfgang Bothe wegen versuchter Republikflucht eingesperrt. Ein zweiter Fluchtversuch endete an einer Selbstschußanlage (Pfeil 2), wenige Meter vor dem Bundesgebiet (Pfeil 1).

heim im Kreis Halberstadt geschickt worden. Dort lag, wenige Meter vom Bundesgebiet entfernt, der schwerverletzte 28jährige Wolfgang Bothe. Annähernd dreißig Splitter einer Selbstschußanlage hatten den Flüchtling getroffen. Der Zeuge R. leistete Erste Hilfe und begleitete den Transport zum Kreiskrankenhaus Halberstadt, wo der Verletzte gegen 1.30 Uhr morgens eintraf, fünf Stunden nach dem Auslösen der Splittermine.

Richter Föhrig: »Wissen Sie, was aus dem Verletzten geworden ist?«

Zeuge R.: »Es war nicht meine Aufgabe zu fragen, was aus ihm geworden ist. Später erfuhr ich, daß er verstorben ist.«

Richter Föhrig: »Können Sie sich erinnern, wer außer Ihnen an der Bergung des Verletzten beteiligt gewesen ist?«

Zeuge R.: »Nein, das weiß ich nicht mehr so genau, es war sehr viel Bewegung von Menschenmaterial (sic!) in dieser Nacht, Sicherungskräfte, Sanitäter...«

Richter Föhrig: »Hat der Verletzte noch etwas gesagt, zum Beispiel, was passiert ist?«

Zeuge R.: »Nein, Herr Bothe hat sich nur noch durch lautes Schreien artikuliert.«

Dann erinnert sich der Zeuge noch, daß die Bürger der Grenzorte ein »Superverhältnis« zur Grenztruppe gehabt hätten, daß »die Organe gut funktioniert« hätten, nicht die des Verletzten, die Staatsorgane.

Als nächstes sagt eine Dame aus: Elvira T., Ärztin, 56 Jahre alt. Sie war als Anästhesistin dabei, als Wolfgang Bothe eingeliefert wurde. So etwas habe sie noch nie gesehen: Splitterverletzungen an der ganzen rechten Körperseite, am Kopf, an der Lunge, der Leber, den Knien ... »Wir wußten gar nicht, was das ist, eine Schußanlage«, sagt die Zeugin T.

Man habe Prioritäten setzen müssen: Was macht man zuerst? Gegen halb zwölf Uhr habe man den Bauch geöffnet, eine vierstündige Operation. Von da an sei der Herr Bothe Tag und Nacht von einem Stasi-Mann bewacht worden, obwohl er überhaupt nicht hätte aufstehen können.

In den darauffolgenden Tagen habe sich der Zustand des Patienten etwas gebessert, er habe nach der Krankenschwester geschrien.

Zeugin T.: »Wir hatten einen kleinen Hoffnungsschimmer.«

Richter Föhrig: »Ist Herr Bothe behandelt worden wie andere auch?«

Zeugin T.: »Wir wollten eigentlich das Beste für den Patienten.« Das ganze Gehirn sei zerstört gewesen. Man habe mehrfach am Gehirn operiert, immer wieder aufgeschnitten ... »Trotz aller Bemühungen ist uns der Patient gestorben.«*

Am Nachmittag wird der Zeuge Heiko S. befragt. Richter Föhrig beginnt mit dem Satz: »Herr Zeuge, ich hoffe, Sie werden sich an die Wahrheit halten – das ist ja immer das einfachste.«

Der Zeuge S. vermittelt den Eindruck, als sei ihm hier jedes Wort lästig. Ja, er sei 1980/81 in Berlin Grenzsoldat gewesen. Ja, da habe es auch einen Grenzdurchbruch gegeben, früh halb vier: »Die Signalzäune lösten aus und alles.« Ja, dann habe man eine Frau in den Kfz-Sperrgraben gelegt.

Während ihrem Verlobten die Flucht über die Mauer gelang, wurde Marinetta Jirkowsky mit Dauerfeuer beschossen und im Bauch getroffen.

*Gegen den Hauptmann Gerd Eckert, der die Installation der Splitterminen angeleitet hatte, durch die Wolfgang Bothe getötet wurde, verhängt das Landgericht Magdeburg am 20. Juli 2000 wegen Totschlags eine Haftstrafe von zehn Monaten, ausgesetzt zur Bewährung (Az. 21 Ks 654 Js 22816/98 - 16/98).

Der Tatort an der Florastraße in Hohen Neuendorf (rechts). Einen Monat nach den Todesschüssen legt Peter W. auf der West-Berliner Seite (links) einen Kranz nieder. »Ihr habt meine Verlobte umgebracht«, ruft er den Grenzern hinüber. »Für 120 Mark erschießt ihr ein Mädchen! Ihr seid keine Menschen, ihr seid bezahlte Killer.«

Richter Föhrig: »Wie, ›gelegt‹?«
Zeuge S.: »Na, angepackt und rein.« (Dort ließ man die achtzehnjährige Frau über eine halbe Stunde liegen.)
Richter Föhrig: »Ist der Vorfall ausgewertet worden?«
Zeuge S.: »Ja, die Vorgesetzten waren sauer ...«
Richter Föhrig: »Worüber?«
Zeuge S.: »Na, daß die anderen beiden fort waren.«

Der Richter zitiert aus einem Dokument: Wegen der gelungenen Flucht der beiden Männer, die die Frau begleitet hatten, habe ein Vorgesetzter vor versammelter Mannschaft von »sinnlos hohem Munitionsverbrauch ohne entscheidenden Erfolg« gesprochen. Eine Tote, zwei gelungene Fluchten, kein »entscheidender Erfolg«. Ja, der Zeuge S. habe noch in der Kompanie gehört von »einer Frau, die 'nen Tag später gestorben ist«.

Richter Föhrig: »Welche Bestimmungen haben denn damals für den Einsatz der Schußwaffe gegolten?«

Zeuge S.: »Verlangt war, Grenzverletzer mit allen Mitteln zu stellen. Das letzte Mittel war die Schußwaffe.«

Richter Föhrig: »Wie haben Sie diese Vergatterungsformel empfunden?«

Zeuge S.: »Das mußte eben sein, gehörte zum Tagesablauf.«[*]

Nun befragt Verteidiger Osterloh den Zeugen, scharf und in kurzen Sätzen. Ob das Sperrgebiet erkennbar gewesen sei? »Das will ich jetzt wissen! War das Sperrgebiet erkennbar? Woran?« Es fällt nicht schwer, sich vorzustellen, daß dieser Mann vor ein paar Jahren Stasi-Vernehmer geschult hat.

Die Aussage des Zeugen Peter W. wird verlesen: Er habe sich mit seiner damaligen Verlobten Marinetta Jirkowsky und seinem Freund Falko in der Vollmondnacht des 22. November 1980 spontan zur Flucht an der Grenze bei Hohen Neuendorf entschlossen. Als Peter W. und Falko V. schon über

---

[*]Der Todesschütze, Detlef Sachweh, wird 1995 vom Landgericht Neuruppin wegen Totschlags zu einer Bewährungsstrafe von einem Jahr und drei Monaten verurteilt.

Zur Dokumentation der Stasi im Fall Henry Leuschner gehört ein Foto vom blutigen Pullover des gescheiterten Flüchtlings.

der Mauer gewesen seien, habe man Schüsse gehört. In dem Moment hatte Peter W. seine Verlobte noch an der Hand. Dann ließ sie los. Er habe einen Todesschrei gehört.[8]

12. Dezember 1995
Grenztrupppen-Prozeß
7. Verhandlungstag

Die Zeugen Peter Dietz und Henry Leuschner werden am Morgen gehört. Als Neunzehnjährige haben sie am 1. April 1981 versucht, bei Oelsnitz (Vogtland) in den Westen zu flüchten und dabei eine Selbstschußanlage ausgelöst. Als Henry Leuschner von seinen lebensgefährlichen Verletzungen berichtet (22 Splitter im Kopf-, Brust- und Beinbereich), wird im Publikum gelacht. 21 Monate verbrachte Henry Leuschner wegen des Fluchtversuchs in DDR-Haft. Dort sollte er Teile für Maschinenpistolen anfertigen. Weil er diese Arbeit verweigerte, steckte man ihn für insgesamt 150 Tage in eine Arrestzelle.

Am Nachmittag sagt der Zeuge Helmut Pohl aus. Der gelernte Maurer versuchte 1980 zu fliehen, nachdem er erfolglos sechs Ausreiseanträge gestellt hatte. An der Grenze wurde Helmut Pohl durch eine Splittermine der rechte Unterarm abgerissen. Er kam für 32 Monate ins Gefängnis.

22. Dezember 1995
Grenztrupppen-Prozeß
8. Verhandlungstag
Fünf Splitterminen löste Heinz Germerodt aus, als er am 12. Dezember 1981 in der Nähe seines Wohnortes Großburschla (Thüringen) den Grenzzaun überstieg. Von mehreren Splittern im Bauch getroffen, konnte der Zwanzigjährige noch Weißenborn in Hessen erreichen, wo ihm Einwohner halfen. Fünfzehn Jahre danach sagt Heinz Germerodt als Zeuge gegen die Grenztruppen-Führung aus. Er sei schon lange unzufrieden mit den Verhältnissen in der DDR gewesen und habe zu seiner im Westen lebenden Schwester gewollt. Er habe sich Mut angetrunken, habe von zu Hause eine Leiter geholt und sei gegen Mitternacht zur Grenze aufgebrochen. Seine Eltern mußten nach der Flucht des Sohnes Haus und Hof verlassen, sie wurden aus dem Grenzgebiet zwangsausgesiedelt.

Am 28. Januar 1982 gelang dem 36jährigen Hans Brandt bei Dechow (Mecklenburg) die Flucht in die Bundesrepublik, wobei er durch zwei Splitterminen verletzt wurde.

Der Arzt Helmut W. sagt als Zeuge aus, der Verletzte hatte, als man ihn in die Klinik brachte, schon etwa zwei Liter Blut verloren, was einen schweren Schock bewirkt habe. Sechzehn Schußverletzungen hat Doktor W. gezählt. Die Eisensplitter erinnerten ihn an »Metallabfälle aus der Industrie«, die Wunden seien zerfetzt gewesen. Das Leben des Herrn Brandt konnte man retten.

Der Zeuge Günter Niedworok, 48 Jahre, versuchte am 7. Februar 1982 bei Ohrsleben (Sachsen-Anhalt) über die Grenze zu fliehen. Dabei löste er eine »Streumine« aus, wie er sagt. Zwei Finger mußten amputiert werden, er hat noch immer Splitter in der Hand. Als er blutend am Boden lag, hätten Grenzer zu ihm gesagt: »Du hast Glück gehabt, andere konnten wir in eine Gemüsestiege packen.«

Richter Föhrig fragt entgeistert: »Wie?«

»Na, da lag dort ein Stück, dort ein Stück ...«

Der 9. Verhandlungstag ist kurz: Zwei ehemalige Grenzsoldaten, die 1982 auf den Flüchtling Heinz-Josef Große geschossen haben, verweigern die Aussage, um sich nicht selbst zu belasten.

Mit Hilfe einer Baggerschaufel überwandt Heinz-Josef Große den Grenzzaun, zwei Soldaten schossen hinter ihm her. Er blieb schwerverletzt liegen (Kreismarkierung). Auf westlicher Seite kamen Bundesgrenzschützer und Dutzende von Zivilisten zusammen: »Ihr Mörder, Mörder seid ihr!« riefen sie hinüber.

Beim Toten fand man seine Zeugnisse und einige Wertsachen: Bargeld, goldene Manschettenknöpfe, zwei Armbanduhren, ein Fernglas und ein Kofferradio.

Der 34jährige Baumaschinist Große war am 29. März 1982 am Grenzzaun bei Wahlhausen (Thüringen) beim Ausheben von Kabelgräben eingesetzt. Gegen 15 Uhr überwand er den Zaun mit Hilfe einer ausgefahrenen Baggerschaufel. Die Soldaten Hartmut Bischoff und Michael Goßler, die dem Arbeiter noch kurz zuvor das Mittagessen gebracht und mit ihm geplaudert hatten, schossen ihm aus fünfzig Metern Entfernung hinterher, als er einen Hang hinaufkroch. Der Flüchtende brach zusammen und verstarb 25 Meter vor der Grenzlinie.

Den Schützen bescheinigte der Regimentskommandeur »eine klare, klassenmäßige Stellung zum Feind Grenzverletzer«. Heinz-Josef Große wurde 34 Jahre alt.

Ein hessischer Zöllner sagt am 10. Verhandlungstag aus, er habe den beiden Grenzern noch zugerufen: »Hört auf zu schießen!« Das Landgericht Mühlhausen verurteilt die Schützen im November 1996 wegen Totschlags zu jeweils fünfzehn Monaten Haft auf Bewährung. »Die Anforderungen an die Zivilcourage eines jungen Soldaten, Befehlen nicht zu gehorchen, dürfen nicht zu hoch gespannt werden«, sagt der Staatsanwalt in seinem Plädoyer.[9]

Steffen Scholz, der 1983 den Mauerflüchtling Silvio Proksch erschossen hat, wird am 11. Verhandlungstag vernommen, außerdem die Obduzentin im Fall Frank Mater, der 1984 an der Grenze von einer Splittermine tödlich verletzt wurde.

22. Dezember 1995
Kollegium-Prozeß
15. Verhandlungstag

Nach drei Minuten ist der 14. Verhandlungstag zu Ende: Der Angeklagte Ludwig droht einen Kreislaufzusammenbruch zu erleiden, weshalb er schnellstens in ein Krankenhaus eingeliefert werden muß. Die nächsten drei Termine werden aufgehoben. Zwei Tage vor Heiligabend trifft man sich zum 15. Verhandlungstag.

»Herr Borufka, hören Sie mich?« fragt Richter Ehestädt zu Beginn und fährt dann fort: »Es lichten sich die Reihen, mal sehen, wer heute da ist: Herr Borufka, Herr Reinhold, Herr Ludwig, Herr Peter, Herr Handke ...« Der Angeklagte Goldbach, 66 Jahre alt, liegt mit Herzerkrankung und

Der Kollegium-Prozeß kommt kaum voran: Harald Ludwig ist krank, dann Joachim Goldbach, und schließlich lehnt Fritz Peter die Richter wegen Befangenheit ab.

»Kreislaufsensationen« im Krankenhaus. Dort wird man ihn besuchen und nachverhandeln.

»Herzbeschwerden haben wir alle irgendwie«, kommentiert Anwalt Plöger, »so nach und nach flüchtet sich hier jeder in die Krankheit.« Herr Goldbach sei doch neulich noch »sehr fit« gewesen. Goldbach-Verteidiger Buchholz protestiert.

Man legt eine Pause ein, danach wird ein Dokument verlesen, und Richter Ralph Ehestädt bedauert: »Leider konnten wir heute nicht mehr bieten.« Für das neue Jahr wünscht er vor allem Gesundheit, das sei wichtig für das Verfahren, und »ein friedvolles Weihnachtsfest im Kreise der Familie«. Keiner wird über Weihnachten eingesperrt.

Im Januar 1996 wird viermal kurz verhandelt: Zunächst ist der Angeklagte Goldbach noch krank, dann Wolfgang Reinhold. Im Februar gibt es nur drei Prozeßtage. Bis dahin wird man innerhalb der Beweisaufnahme nicht mehr als dreizehn Dokumente verlesen. Beim ersten März-Termin lehnt die Verteidigung des Angeklagten Peter das Gericht wegen Befangenheit ab; am zweiten Prozeßtag im März wird der Befangenheitsantrag abgelehnt. Dann bricht man die Verhandlung ab, weil der Angeklagte Borufka sich nicht in der Lage fühlt…

Waffen und Schlipse
Der Prozeß gegen sechs Mitglieder des SED-Politbüros

Am 15. Januar 1996 wird der sogenannte Politbüro-Prozeß eröffnet. Kaum ein Jahr lag zwischen der Anklageerhebung und dem ersten Verhandlungstag, doch dann ist der Politbüro-Prozeß im ersten Anlauf gescheitert. Am 13. November 1995 kann Richter Hansgeorg Bräutigam nicht einmal die Anwesenheit feststellen. Unablässig fällt ihm Anwalt Ferdinand von Schirach lauthals ins Wort: »Herr Vorsitzender, darf ich Sie darauf aufmerksam machen, daß schon die Feststellung der Anwesenheit eine rechtswidrige Handlung ist!« Der Verteidiger hatte den Richter schon vorab wegen Befangenheit abgelehnt, weil Hansgeorg Bräutigam 1993 in einem Vortrag die SED-Führung als verantwortlich bezeichnet hatte für den Schußwaffengebrauch an der Mauer. Eine andere Strafkammer gibt dem Befangenheitsantrag statt. Richter Bräutigam wird durch seinen 35jährigen Beisitzer Josef Hoch ersetzt. Am 30. November 1995 wird der Prozeß ausgesetzt, weil der Angeklagte Kleiber sich zunächst einer Operation unterziehen muß.

Als man am 15. Januar 1996 mit der Feststellung der Personalien neu beginnen will, fordern sämtliche Angeklagten die Einstellung des Verfahrens: Die »Ausgestaltung der Grenzsicherungsanlagen« habe weder gegen DDR-Recht noch gegen Völkerrecht verstoßen. Es folgt ein Antrag auf Einholung eines völkerrechtlichen Gutachtens sowie ein weiterer Antrag auf Verfahrenseinstellung. Das Gericht beendet nach zwei Stunden den ersten Prozeßtag – länger darf gegen den Angeklagten Hager, 83 Jahre alt, nicht verhandelt werden.

18. Januar 1996
Politbüro-Prozeß
2. Verhandlungstag

Richter Hoch möchte nun doch die Personalien der sechs Angeklagten feststellen. Der Angeklagte Egon Krenz will jedoch eine »Erklärung« abgeben und zunächst etwas richtigstellen: Eine »innerdeutsche Grenze« habe es nie gegeben, zwischen der DDR und der BRD sei eine Staatsgrenze verlaufen, wie sie zwischen souveränen Staaten üblich ist.

Der gerade 35jährige Richter Josef Hoch muß kurzfristig den Vorsitz im Politbüro-Prozeß übernehmen. Neben ihm Richterin Meunier-Schwab.

Der siebzigjährige Angeklagte Horst Dohlus liegt halb auf dem Tisch, während sein Verteidiger beantragt, einen Militärhistoriker zu befragen, wer für die Errichtung und Aufrechterhaltung des DDR-Grenzregimes verantwortlich war. Die Anklageschrift befinde sich im Widerspruch zur »historischen Wahrheit«. Wahrscheinlich habe das Politbüro gar nichts am Grenzregime ändern können. Dazu merkt Nebenklagevertreter Plöger an, daß man ja im Buch des Angeklagten Hager nachlesen könne, wie sehr man bei der Absetzung Honeckers plötzlich habe diskutieren können. Da wird Herrn Hager schlecht. Richter Hoch unterbricht die Verhandlung, Egon Krenz geht zum Fan-Block hinüber, schüttelt Hände, winkt.

Zu Beginn der nächsten Verhandlungsrunde stellt Rechtsanwalt Plöger klar, daß man nicht im Hörsaal der Ost-Berliner Humboldt-Universität sei, man solle endlich wieder zum Kern des Verfahrens zurückkehren. Selbst als einfach strukturierter Mensch habe man die Einzigartigkeit der Mauer erkennen können: Jeder Bürger habe erkennen können, daß diese Grenze nicht mit Menschlichkeit und Zivilisation vereinbar war. »Man sollte nicht weiter versuchen, uns hier einzulullen.« Kurt Hager bedankt

Der Angeklagte Egon Krenz - hier zwischen seinen Anwälten Wissgott und Unger - verschleppt das Verfahren mit immer neuen »Erklärungen«. Dagegen zieht es der Angeklagte Günter Schabowski vor zu schweigen.

sich bei Herrn Plöger für die Werbung, die er für sein Buch gemacht habe, und fügt hinzu: »Das Politbüro, über das hier verhandelt wird, muß ein ganz anderes gewesen sein.«

Dirk Lammer, ein Verteidiger des Angeklagten Günter Schabowski, beantragt die Aussetzung des Verfahrens bis zur Entscheidung des Bundesverfassungsgerichts über die Beschwerden der Verurteilten Keßler, Streletz und Albrecht. Die zwei Stunden sind um.

19. Januar 1996
Grenztruppen-Prozeß
12. Verhandlungstag

Fall 13 der Anklageschrift wird verhandelt: Der Zeuge Ralf A. ist 29 Jahre alt, als er im Juni 1984 zu flüchten versucht. »Warum wollten Sie auf diesem Wege die DDR verlassen?« fragt Richter Föhrig. »Was soll ich dazu sagen? Weil ich mit dem System nicht einverstanden war ...« Er habe beim Rat des Bezirks einen Ausreiseantrag gestellt, der aber nicht bearbeitet worden sei. Daraufhin habe er seine Flucht über die Grenze geplant, sich Karte und

Mit einer aus Ästen gefertigten Leiter konnte Ralf A. 1984 noch den Grenzzaun überwinden, nachdem er eine Selbstschußanlage ausgelöst hatte.

Kompaß besorgt. Er habe sich ausgekannt in diesem Grenzabschnitt, sei dort selber mal »als Grenzer tätig gewesen«.

Über Gardelegen und Klötze fuhr Ralf A. ins Grenzgebiet. Nachdem er den Signalzaun ausgelöst hatte, zog er sich wieder zurück und versteckte sich die Nacht über im Wald. Aus Ästen fertigte er sich dann eine Hilfsleiter, und mit der kam er am nächsten Tag über den Signalzaun ohne auszulösen. Als er vor der Selbstschußanlage stand, habe er zwischen zwei Minen, genau in der Mitte, den Zaun übersteigen wollen. Er habe einen Draht der Anlage durchgeschnitten – und damit die Minen zur Explosion gebracht. Etwa dreißig Splitter habe er abbekommen, davon sei »die Hälfte heute noch drin«. Er konnte den Zaun überwinden und sich auf bundesdeutsches Gebiet retten. Acht Wochen lag er im Krankenhaus.

Der Staatsanwalt fragt, warum der Zeuge einen Draht der Selbstschußanlage durchtrennt habe? »Ich dachte, es löst dann nicht aus.« Ein Verteidiger des Angeklagten Lorenz will wissen, wie groß die Entfernung der Warnschilder im Sperrgebiet gewesen sei und was auf den Schildern genau gestanden habe? Anwalt Osterloh stellt fest: »Wenn ich Sie richtig verstanden habe, wußten Sie, daß das Betreten des Sperrgebietes verboten ist?!«

Richter Föhrig: »Finden wir mal wieder 'ne Frage, die wichtig ist?«
Teichmann-Verteidiger Jürgen Strahl: »Herr Zeuge, waren Sie während Ihrer Zeit bei den Grenztruppen der DDR nur Soldat oder auch Gefreiter?« Der Zeuge meint, »nur Soldat« gewesen zu sein. Der ehemalige Stasi-Hauptmann Strahl weiß es besser und hält ihm das Datum seiner Beförderung zum Gefreiten vor. Ralf A. ist sichtlich verwirrt.
Anwalt Strahl: »Na, hatten Sie einen grünen Balken auf den Schulterstücken?« Herr A. weiß nichts zu sagen.
Richter Föhrig: »Ich nehme an, Herr A., auch Sie haben nicht verstanden, was die Frage soll.«
Ex-Oberstleutnant Osterloh belehrt den Vorsitzenden: »Gefreite hatten einen grünen Balken ...« – »Das hab ich verstanden, Herr Rechtsanwalt!« entgegnet der Richter mit spöttischem Unterton.
Welchen Draht der Zeuge durchgeschnitten habe, fragt Verteidiger Strahl, und warum gerade diesen? Dem Vorsitzenden Richter reicht's: »Wir können ja noch einen Elektriker als Sachverständigen holen. Irgendein Kabel muß er ausgelöst haben, sonst wäre die Mine heute noch da.« – »Nein«, korrigiert Jürgen Strahl, »die sind inzwischen alle abgebaut worden.«

Als nächstes sagt Uwe Hapke im Fall Michael Schmidt aus. Der Zeuge Hapke war als 23jähriger am 1. Dezember 1984 in der Nähe des Berliner S-Bahnhofs Wollankstraße als Grenzposten eingesetzt. Gemeinsam mit Postenführer Udo Walther hat er auf den zwanzigjährigen Michael Schmidt geschossen. Uwe Hapke wurde dafür vom Berliner Landgericht zu einer Haftstrafe von achtzehn Monaten verurteilt; Udo Walther, der vom Grenzturm herab den tödlichen Schuß aus 150 Metern Entfernung mit Dauerfeuer abgegeben hat, zu 21 Monaten. Beide Strafen wurden zur Bewährung ausgesetzt. Dennoch beantragten die Verurteilten Revision – ohne Erfolg.[10]
Michael Schmidt hatte – morgens gegen 3.18 Uhr – seine Leiter schon am letzten Hindernis, der »Grenzmauer«, angelehnt, als er, von den Schüssen der beiden Grenzer getroffen, zu Boden sank. Uwe Hapke: »Er war schon fast bis oben dran gewesen.«
Richter Föhrig fragt den Zeugen: »Wie haben Sie sich damals so gefühlt bei der ganzen Sache?« – »Hinterher nicht mehr so gut, als ich ihn liegen

Die ehemaligen Grenzsoldaten Uwe Hapke und Udo Walther, wegen der Erschießung von Michael Schmidt zu einer Bewährungsstrafe verurteilt.

sah ... Ich hab noch zu ihm gesagt: ›Was machst denn du für'n Scheiß?‹«
Und dann habe er dem Verletzten noch geholfen, seine in der Leiter verklemmten Füße zu befreien.

»Jetzt habt ihr mich doch gekriegt«, sagte Michael Schmidt. Dann wurde er aus dem Mauerstreifen weg zu einem Wachturm gebracht. Auf sein flehentliches: »Helft mir doch, helft mir doch!« meinte ein Soldat zynisch: »Dir wird gleich geholfen!« Man ließ den Schwerverletzten ohne Erste Hilfe in einem Fahrzeug vor dem Tor zum Grenzbereich liegen. »Weg

»Weg von den Fenstern!«, befahlen Grenzsoldaten nach den nächtlichen Schüssen den Anwohnern der Ost-Berliner Schulzestraße (links).

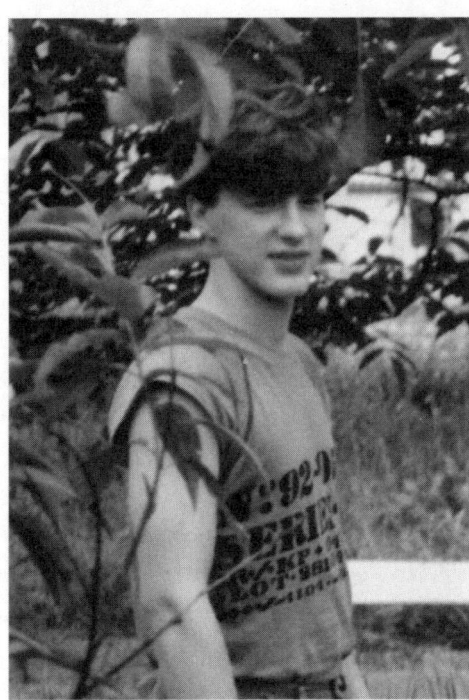

Michael Schmidt, einige Wochen vor seinem Tod

von den Fenstern!« brüllten Grenzsoldaten zu den Anwohnern der Ost-Berliner Schulzestraße hinauf. Erst nach etwa fünfzig Minuten wurde Michael Schmidt ins Krankenhaus abtransportiert, wo er zwei Stunden später starb. Hätte man ihn früher ärztlich versorgt, wäre er nicht verblutet, urteilen Mediziner später.

Der Zeuge Hapke sagt, er sei gleich »aus dem Abschnitt herausgelöst« worden: »Wir mußten noch zur Waffenkontrolle – damit war das Ganze erst mal für uns erledigt.« Erste Hilfe habe er nicht geleistet, das hätten wohl die anderen nach ihm getan. Er selbst hätte das auch kaum tun können, er sei niemals entsprechend ausgebildet worden. Noch am selben Tag, zufällig der »Tag der Grenztruppen«, wurden Uwe Hapke und sein Postenführer im Grenzkommando Mitte mit der »Medaille für vorbildlichen Grenzdienst« ausgezeichnet. Es habe »einen kleinen Imbiß« gegeben und etwa 200 Mark Prämie.

Daß der »Grenzverletzer« verstorben ist, sei ihm nicht mitgeteilt worden: »Uns wurde bloß gesagt, daß das in Ordnung war, was wir gemacht haben. Man war sehr erfreut, daß der Grenzdurchbruch nicht stattgefunden hat. Man war sehr zufrieden mit uns.«

Klaus-Dieter Baumgarten, der die beiden Schützen damals auszeichnen ließ, schaut mit abweisender Miene in die Runde.

Ob er denn geglaubt habe, fragt Richter Föhrig den Zeugen, daß nur »Verbrecher und Verräter« über die Grenze wollten? »Eigentlich nicht. Die wollten bloß raus.« Richter Föhrig: »Na, dann hätten sie ja einen Antrag stellen können.« – »Das wäre ganz schön schwierig gewesen ...« Staatsanwalt Hans-Jürgen Wenzler hat eine Frage an den Zeugen: »Was glauben Sie, wäre passiert, wenn Sie nicht geschossen hätten?« – »Gefreite hatten uns erzählt, dann wird man versetzt oder degradiert. Unannehmlichkeiten ...«

Als man Michael Schmidt bei der Musterung fragt, ob er bereit sei, an der Staatsgrenze seinen Dienst abzuleisten, sagt er nein, er denke nicht daran, unbewaffneten Leuten in den Rücken zu schießen. Udo Walther sagte auf dieselbe Frage ja. Und auf die Frage, ob er auch bereit sei, auf Menschen zu schießen, sagte er ebenfalls ja und schoß Michael Schmidt in den Rücken.

»Wendig und anpassungsfähig«
Porträt Jürgen Strahl

Anwalt Jürgen Strahl war ein Studienkollege Frank Osterlohs und arbeitete mit ihm in den neunziger Jahren in einer Kanzlei.

Kurz nach dem Mauerbau ist Jürgen Strahl in die SED eingetreten, wenig später, als 25jähriger Jurastudent, begann er, für den Staatssicherheitsdienst zu spitzeln (»Bereitschaft ohne Zögern«). Als hauptamtlicher Mitarbeiter in der MfS-Hauptverwaltung A (HVA, ab 1969) führte er ein Netz von Spitzeln, dessen Aufgabe es war, militärische Einrichtungen im Westen auszuspionieren. Hauptmann Strahl hatte, das wird in seiner Personalakte lobend erwähnt, 1977 einen »entscheidenden Anteil an der Aufdeckung und Bearbeitung einer Fluchthilfeorganisation«. Er erhielt dafür 400 Mark Geldprämie und (von HVA-Chef Markus Wolf) die NVA-Verdienstmedaille. Von der Stasi »bearbeitete« Fluchthelfer bekamen in der Regel mehrjährige Haftstrafen.

Eine Wohnung in Berlin, ein Ostsee-Grundstück auf Zingst, ein »Tra-

Anwalt Jürgen Strahl

bant« aus Sachsen für die Fahrt ins Ministerium, ein schwedischer »Volvo« für den Feierabend – Stasi-Hauptmann Strahl wußte sich einzurichten in der DDR. 1980 wurde er jedoch aus dem MfS entlassen. In der Begründung heißt es: »Unter Ausnutzung operativer Möglichkeiten beschaffte er sich Genußmittel westlicher Produktion (Tabakwaren, Alkoholika, Kaffee) und veräußerte sie mit einem Aufschlag von Westgeld bei ihm bekannten Mitarbeitern seiner Diensteinheit.«

Nach seiner Entlassung als hauptamtlicher Stasi-Mitarbeiter verpflichtete sich Jürgen Strahl »auf der Basis polit.-ideolog. Überzeugung« erneut zu ehrenamtlicher Spitzelei. Als »Jürgen« denunzierte er jahrelang Kollegen seiner zivilen Arbeitsstellen, wobei man ihm »Leistungen über das normale Maß« hinaus bescheinigte. Über einen Kollegen berichtete er beispielsweise, dieser sei »ein typischer Choleriker, (...) bei betrieblichen Feiern sehr schnell angetrunken« und unterhalte »intime Beziehungen zu einigen weiblichen Mitarbeitern«.

Noch 1984 informierte »Jürgen« seinen Führungsoffizier über einen Nachbarn, »daß das Dr.-Ehepaar Sch. gegenwärtig Gegenstände verkauft. (...) Die Fam. ist Antragsteller auf Übersiedlung in die BRD.« Aus demselben Jahr stammt eine Information Jürgen Strahls »zu einem möglichen Treff zw. einer DDR-Bürgerin und einem vermutlichen Angehörigen eines BRD-Aufnahmeteams« der ARD.

Jürgen Strahl hat nach seiner Entlassung aus dem MfS über Jahre vergeblich versucht, mit Unterstützung des Staatssicherheitsdienstes Rechtsanwalt zu werden. Nach dem Ende der DDR ist der 58jährige als Anwalt viel beschäftigt: Neben Generälen von MfS und NVA vertritt er unter anderen die ehemaligen Stasi-Obristen Tilo Kretzschmar und Erich Gaida in Verfahren um die Verschiebung von Stasi-Geld in der »Wendezeit«.

Zwei Jahre nach dem Ende des Prozesses gegen die Grenztruppen-Führung zieht Jürgen Strahl, den seine Führungsoffiziere für »wendig und anpassungsfähig« hielten, von Berlin in das Ostseebad Zingst, wo er fortan seine Dienste als Rechtsanwalt anbietet.[11]

22. Januar 1996
Politbüro-Prozeß
3. Verhandlungstag

Krenz-Anwalt Robert Unger will von Staatsanwalt Jahntz wissen, woher die Eile kommt und warum man nicht einmal die Entscheidung des Verfassungsgerichts zur Rechtmäßigkeit dieser Prozesse abwarten könne? Bernhard Jahntz verweist auf das hohe Alter einiger Angeklagter; sie seien schließlich das »vornehmste Beweismittel im Verfahren«. Hager-Anwalt Olaf Franke ist empört: »Ich kann sauer werden, wenn ich so was höre! Sie meinen doch, auf Deutsch gesagt, Sie wollen Herrn Hager den Prozeß machen, bevor er über'n Jordan geht. Sie sollten sich überlegen, ob Sie weiter in diesem Verfahren tätig sein wollen!«

Die Schabowski-Verteidigung stellt aufgrund der Jahntzschen Formulierung vom Angeklagten als »vornehmstes Beweismittel« dessen Titel Oberstaatsanwalt in Frage, und Dohlus-Anwalt Karl Pfannenschwarz vergleicht Bernhard Jahntz mit Wyschinski, dem Ankläger in den Moskauer Schauprozessen, der habe die Rolle des Angeklagten auch so gesehen.

»Wir haben doch Zeit, auf neue Erkenntnisse, historische Dokumente zu warten«, findet die Verteidigung Günter Schabowskis und beantragt noch einmal die Aussetzung des Verfahrens. Das Ökonomieprinzip...

Nach anderthalbstündiger Diskussion verkündet der Vorsitzende Richter, daß man sämtliche Anträge zurückstelle, um zunächst einmal die Anklage zu hören. »Wir kommen zur Feststellung der Personalien«, fährt er fort, doch Krenz-Verteidiger Dieter Wissgott unterbricht ihn noch einmal: Er müsse erst seinen Antrag auf Einstellung vorbringen, »den schlepp ich schon seit Wochen mit mir rum«.

Auch am 4. Verhandlungstag kommt der Staatsanwalt nicht dazu, die Anklage zu verlesen, weil weiterhin Erklärungen abgegeben und Anträge gestellt werden.

26. Januar 1996
Grenztruppen-Prozeß
13. Verhandlungstag

Richter Föhrig wendet sich zunächst dem ehemaligen Grenztruppen-Chef zu: »Herr Baumgarten, Sie haben in Ihrer ›gemeinsamen Erklärung‹ erhebliche Kritik an der Anklageschrift geäußert. Sind denn in der Anklage wenigstens Ihre Kompetenzen richtig benannt worden?« – »Dazu möchten wir uns heute äußern...« – »Na, dann machen Sie das.«

Klaus-Dieter Baumgarten gibt »in Ergänzung zu der gemeinsamen Erklärung eine weiterführende Darstellung« zur Bedrohungslage und zum Sicherheitsbedürfnis. »Meine Aufgabe als Chef der Grenztruppen war es, für Ruhe und Ordnung an der Grenze zu sorgen.« Zur Ergänzung der Ergänzung wird Herr Baumgarten dem Gericht »Schemen zur Verfügung stellen«, mit deren Hilfe er eine halbe Stunde lang erklärt, wie es wirklich war bei den Grenztruppen: welche Einheiten wie groß waren, wo die Hubschrauber stationiert waren und daß es in den Kompanien »Küchenleiter mit Kochkräften« gab.

Richter Föhrig bedankt sich und kommt dann zurück zu seiner Frage: »Sind Ihre Aufgaben, Herr Baumgarten, in der Anklageschrift richtig wiedergegeben?« – »Ich werde mich dazu nicht äußern.« – »Sie wollen heute also nicht aussagen? Die anderen natürlich auch nicht? Na schön.« Der Richter zögert einen Moment, dann fragt er doch noch einmal: »Herr Baumgarten, sind Sie vielleicht bereit, mir etwas zur Befehlskette zu sagen, mir zu erklären, wie die Befehle bei den Grenztruppen zustande kamen?«

Herr Baumgarten erklärt daraufhin: »Herr Vorsitzender! Wenn der Befehl 101 eintraf, mußte man sich hineinversetzen: Was will der Vorgesetzte?« Nachdem man sich hineinversetzt hatte, wurde der Befehl des Ministers für die unterstellten Dienstbereiche spezifiziert, denn: »Der Minister war ja nicht in der Lage, bis zum Letzten zu bestimmen.« Also wurde zunächst ein Entwurf für den Folgebefehl 80 ausgearbeitet und »solide durchgearbeitet«. Jeder der Angeklagten habe als Mitglied des Militärrats der Grenztruppen »das Recht und die Pflicht gehabt«, im Rat Vorschläge zur Formulierung des Befehls zu machen. »Die Masse schloß sich dem Entwurf an. Der Befehl wurde mir vorgelegt.« Es habe im Militärrat »heiße Diskussionen, heftige Diskussionen« um die Formulierung der Befehle 80 gegeben. »Wir sind erst auseinandergegangen, wenn Klarheit herrschte über die Festlegungen.«

Richter Föhrig: »Herr Baumgarten, in den Planspielen der Grenztruppenführung ist immer wieder von einem Angriff der NATO die Rede. Können Sie mir als Laien mal technisch erklären, wie Sie sich den NATO-Angriff vorstellten?«

Herr Baumgarten: »Die Aufgabe der Grenztruppen ist es vor allem gewesen, dafür zu sorgen, daß aus einer Grenzprovokation kein Krieg entsteht.«

Richter Föhrig: »Welche Art von westlichem Angriff wäre durch die SM 70 betroffen worden?«

Herr Baumgarten: »Herr Vorsitzender! Diese Anlage war vor allem dazu da, westliche Aufklärungskräfte und Provokateure davon abzuhalten, das Gebiet der DDR zu betreten. Die SM 70 waren zur Abschreckung gedacht. Die Abschreckung ist voll gelungen.«

Richter Föhrig: »Waren die Selbstschußanlagen nicht eher gegen die eigene Bevölkerung gerichtet?«

Herr Baumgarten: »Wenn es um DDR-Bürger gegangen wäre, hätte man das ganz anders machen können...«

Richter Föhrig: »Herr Baumgarten, Ihre Erklärungen sind sehr interessant, aber ich brauche das als Nicht-Militär einfacher. Was macht der SM-70-Zaun, wenn ein Panzer reinfährt?«

Herr Baumgarten: »Herr Vorsitzender! Gott sei Dank ist es nicht zum Krieg gekommen!«

Richter Föhrig: »Gott sei Dank! Da sind wir uns nun völlig einig, aber was hätte der SM-70-Zaun gemacht?«

Herr Baumgarten: »Panzerverbände kommen niemals losgelöst von anderen Bodeneinheiten wie Aufklärern und Pionieren. Für die wäre die SM 70 ein Hindernis gewesen.«

Richter Föhrig: »War es in dem Fall von der westlichen Militärführung nicht blauäugig, nicht auch solche Minen zu installieren?«

Herr Baumgarten: »Die NATO hatte ja Atomraketen ...«
Richter Föhrig: »Statt der SM 70 Atomraketen?«
Herr Baumgarten: »Im Westen gab es auch Minen.«
Richter Föhrig: »Ja, wo gab's die denn?«
Herr Baumgarten: »Die wären verlegt worden.«
Richter Föhrig: »Also, im Angriffsfall wären an der Grenze der Bundesrepublik zur DDR Minen verlegt worden. Aber warum war der Westen nicht gegen Sabotage mit Splitterminen gesichert?«
Herr Baumgarten: »Wir planten keine Sabotageakte.«
Richter Föhrig: »Natürlich nicht.«

Der Chef der NVA-Landstreitkräfte, Horst Stechbarth, hat 1993 in seiner staatsanwaltschaftlichen Vernehmung erklärt, den Grenzsicherungsanlagen der DDR wäre im Kriegsfall keine besondere Bedeutung zugekommen. Die Sperranlagen dienten, so Stechbarth, allein dazu, Grenzverletzungen zu verhindern. Zudem hatten die Selbstschußanlagen selbst gegen den kriegsrechtlichen Mindeststandard der Haager Landkriegsordnung von 1907 verstoßen, weil ihre Geschosse Dumdumcharakter hatten, also irreparable Verletzungen und unnötige Leiden auslösten.

Richter Föhrig: »Herr Baumgarten, war es nach Ihrem Verständnis gerechtfertigt, auf Republikflüchtlinge zu schießen, selbst wenn es keine Verbrecher waren?«

Herr Baumgarten: »Herr Vorsitzender, Sie möchten immer wieder Grenzverletzer mit Republikflüchtlingen gleichsetzen. Man wußte nicht, wer das ist, wenn einer nicht stehengeblieben ist. Wissen Sie, ich habe einige Grenzsoldaten beerdigen müssen, ich weiß, was das heißt ... Wir haben einen Kampf geführt, um den Schußwaffengebrauch auf ein Minimum zu führen. Wir haben jeden Fall, wenn an der Grenze geschossen wurde, zutiefst bedauert. Aber die Grenzverletzer wußten ganz genau, was sie taten. Ich bin in meinem ganzen Leben angetreten, das Leben zu achten und zu schützen. Ich habe alles getan, Menschenleben zu schonen und zu respektieren.«

Im Fanatiker-Block wird geklatscht.

Richter Föhrig: »Waren Ihnen, Herr Baumgarten, die restriktiven Ausreisevorschriften der DDR bekannt?«

> 00002
>
> In Durchsetzung des Befehls Nr. 101/85 des Ministers für Nationale
> Verteidigung
>
> BEFEHLE ICH:
>
> 1. Der <u>Schutz der Staatsgrenze</u> der Deutschen Demokratischen
> Republik ist unter allen Lagebedingungen zuverlässig zu gewähr-
> leisten.
> Grenzprovokationen und bewaffnete Überfälle auf das Hoheitsgebiet
> der DDR sind entschlossen abzuwehren.
> Versuche des Grenzdurchbruchs und ungesetzliche Grenzübertritte
> sind zu verhindern und Grenzverletzer festzunehmen.
>
> In Durchsetzung der Forderungen des Grenzgesetzes, der dazu
> erlassenen Folgebestimmungen und der Direktive des Sekretariats
> des Zentralkomitees der SED vom 07.04.1982 sind im engen Zusammen-
> wirken mit den anderen Schutz- und Sicherheitsorganen und in
> ständiger Zusammenarbeit mit den zuständigen Partei- und Staats-
> organen, den gesellschaftlichen Organisationen, Betrieben,
> Genossenschaften, Einrichtungen und der Bevölkerung im Grenzgebiet
> eine hohe Sicherheit und Ordnung im Grenzgebiet zu gewährleisten.
>
> 2. (1) Die <u>Führungstätigkeit</u> hat unter Beachtung ihrer Schlüssel-
> funktion die weitere Erhöhung der Kampfkraft, Gefechts- und
> Mobilmachungsbereitschaft der Führungsorgane und Truppen zu
> sichern.
> Sie hat zu gewährleisten, daß die Angehörigen der Grenztruppen
> jederzeit bereit und in der Lage sind, den Klassenauftrag zum
> zuverlässigen Schutz der Staatsgrenze bewußt und entsprechend dem
> Fahneneid zu erfüllen.
>
> Das erfordert von den Chefs, Kommandeuren und Leitern vor allem:
>
> - die führende Rolle der SED in allen Bereichen des militärischen
>   Lebens jederzeit zu gewährleisten, die Anforderungen an die
>   Kampfkraft, Gefechtsbereitschaft und Grenzsicherung stets aus
>   der Gesamtpolitik der SED abzuleiten, bei allen Entscheidungen
>   und Handlungen konsequent von den Beschlüssen der Partei
>   auszugehen, den politischen Charakter der Führungstätigkeit
>   weiter auszuprägen und die Führungsdokumente in Auswertung des
>
> GVS-Nr.: G/735000

Aus dem Befehl Nummer 80/85 des Grenztruppen-Chefs Baumgarten

Herr Baumgarten: »Welche?«

Richter Föhrig: »Na, daß man beispielsweise nicht mal nach West-Berlin fahren durfte, ohne weiteres ...«

Herr Baumgarten: »Man konnte doch.«

Richter Föhrig: »Ja! Hähä ... Sie wußten, daß die Ausreisevorschriften einigermaßen hinderlich waren?«

Herr Baumgarten: »Herr Vorsitzender! Jährlich wurde einer Million Bundesbürgern die Ausreise aus der BRD verweigert. Ich will keine Toten aufrechnen, aber es wird mit zweierlei Maß gemessen!«

Am Nachmittag fragt Staatsanwältin Nora Falck den Angeklagten Baumgarten, ob sie ihn richtig verstanden habe, daß er es seinerzeit als eine Art Unfall betrachtet habe, wenn ein Republikflüchtling durch eine Mine verletzt wurde – eine Mine, die in seinem Sinne ja vor allem gegen westliche Saboteure und Aufklärer gerichtet gewesen sei? »Die Minen waren zur Abschreckung für jede Art Grenzverletzer bestimmt.« – »Keine weiteren Fragen.«

Der Vorsitzende Richter wendet sich dem Angeklagten Gerhard Lorenz zu, der als Chef der Politischen Verwaltung – wie die anderen Angeklagten auch – Stellvertreter des Grenztruppen-Chefs war. Ob denn in der Anklageschrift die Aufgaben des Politchefs Lorenz richtig beschrieben worden seien? Im wesentlichen ja, nur die subversive Kriegführung des Westens...

Auf Nachfrage des Richters sagt der Angeklagte Lorenz doch noch etwas zu seinen Aufgaben seinerzeit: Unter anderem sei er für die »Rechtserziehung« der Grenztruppen-Angehörigen zuständig gewesen, also für die »Einhaltung der Befehle, Gesetze und so weiter« und für die »philosophische Ausbildung« der Grenzer. Zu seinen Aufgaben habe es auch gehört, »die Grenzsoldaten mit dem kulturellen Reichtum unserer Republik bekannt zu machen«, dafür habe es beispielsweise ein »Podium Junger Künstler an der Grenze« gegeben.

Auch der Angeklagte Lorenz hat sich in seiner Funktion als Politchef der Grenztruppen »dem Frieden und dem Leben verpflichtet« gefühlt. Auch er bedauert jeden, »der im Kalten Krieg sein Leben ließ«. Er habe den Bombenangriff auf Dresden erlebt, das habe ihn »zur Achtung vor dem Leben erzogen«.

An dieser Stelle unterbricht ihn Richter Föhrig: »War Ihnen in Ihrer Funktion bekannt, daß ›Grenzverletzer‹ zu Schaden kamen oder umkamen?« – »Ja, ich habe eine Verpflichtung empfunden, eine hohe Verantwortung gegenüber unseren Soldaten. Das hat mir am Herzen gelegen. Und was die verletzten Grenzverletzer betrifft: Wir haben uns wirklich einen Kopf gemacht. Niemand hat gleichgültig über so ein Vorkommnis gedacht.«

»Was war Ihr Beitrag an den Befehlen 80, Herr Leonhardt?« setzt Richter Föhrig die Verhandlung fort.

Er habe daran seinem Aufgabenbereich entsprechend mitgewirkt, antwortet der ehemalige Stabschef und spätere Chef Ausbildung, bevor er seine »persönliche Erklärung« verliest: Als Chef Ausbildung habe er eine »anspruchsvolle Aufgabe« zu erfüllen gehabt. Sein Ziel sei es gewesen, »verantwortungsbewußte und umsichtige Grenzer heranzuziehen«. Bei den jungen Menschen habe es »Zweifel an der Notwendigkeit des Schutzes der Staatsgrenze« gegeben: »Es mußte den jungen Menschen klargemacht werden, daß die DDR das Recht und die Pflicht hat, ihre Grenze so zu schützen. (...) Es mußte klargemacht werden, daß schwere Grenzverletzungen den Frieden gefährden können.« Auch die »Anwendung der Schußwaffe« habe »klargemacht« werden müssen.

Die leise, heisere Stimme des Ex-Generals wird lauter: Er spricht von den »unzutreffenden Unterstellungen der Staatsanwaltschaft«, seine Aufgabe sei es gewesen, Republikflüchtlinge mit Minen und Schußwaffen an der Flucht zu hindern.

Nun wird Dieter Teichmann gehört, Stabschef seit Dezember 1986: »In allen Armeen dieser Welt gibt es Stäbe zur Gewährleistung der Truppenführung«, betont er zu Beginn seiner dreizehnseitigen Erklärung zur »Struktur und Funktion des Dienstbereiches«.

Richter Föhrig hält dem Angeklagten Teichmann anschließend einige Zitate aus einem Fernseh-Interview von 1991 für den WDR vor: »Die Tragik besteht eben in der Tatsache, daß wir Generationen von Grenzsoldaten in diesem Sinne ausgebildet und erzogen haben, gegen Personen die Schußwaffe anzuwenden und damit Probleme lösen zu wollen, die eigentlich mit den Problemen der Grenzsicherung nichts zu tun haben.« Ob er mit Schuld beladen sei, fragte der Reporter den Ex-General Teichmann. »Mit moralischer Schuld beladen. (...) Ich bin bereit, die strafrechtlichen Konsequenzen zu tragen.« Warum man Todesschützen ausgezeichnet habe, wird er gefragt. »Wie so vieles inhuman war in diesem System, so inhuman war auch die Auszeichnung dieser Grenzsoldaten.« – »Was sagen Sie den Hunderten Grenzsoldaten, die töteten?« – »Sie haben damals wohl nach Recht und Gesetz gehandelt, und dennoch war es falsch. Es war falsch, was wir in der Erziehung mit diesen Menschen gemacht haben.«

Ob er das so gesagt habe, will Richter Föhrig wissen. Herr Teichmann protestiert: Er habe das Interview zurückgezogen, gegen die Ausstrahlung prozessiert (und verloren, wie Richter Föhrig leise anmerkt). Die Aussagen seien zusammengeschnitten und aus dem Zusammenhang gerissen worden. Richter Föhrig findet, die Interview-Zitate sprechen für sich, egal aus welchem Zusammenhang sie auch immer gerissen sein mögen.

1990, nach dem Zusammenbruch des SED-Regimes, hat Dieter Teichmann gemeinsam mit Günter Leo, dem Stabschef des Grenzkommandos Mitte (Berlin), in einem schriftlichen Bekenntnis »die Grenztruppen unserem Volk gegenüber in einer tiefen moralischen Schuld« gesehen: »Unser Dienst war eine Voraussetzung dafür, daß sich eine die Rechte, Wünsche und Sehnsüchte der Menschen mißachtende Politik in unserem Lande so lange behaupten konnte. (...) Letztlich dienten wir (...) einem Herrschaftssystem, das sich bedenkenlos der Gesetzgebung zum Erhalt seiner Macht bediente und dafür auch die Grenztruppen benutzte. Dazu gehörte die rechtlich und befehlsmäßig fixierte Anwendung bewaffneter Gewalt, in deren Folge nicht wiedergutzumachendes menschliches Leid verursacht wurde.«[12]

Seine Funktion sei in der Anklageschrift korrekt beschrieben, bestätigt Heinz-Ottomar Thieme, bis 30. November 1986 Chef Ausbildung. Eine »persönliche Erklärung« habe er nicht vorbereitet.

Verteidiger Strahl hat eine Frage an Herrn Thieme: Was wohl passiert wäre, wenn er eigenmächtig veranlaßt hätte, die Schießausbildung der Grenzsoldaten einzustellen? »So ein Gedanke wäre mir nie gekommen!«

Richter Föhrig wandelt die Frage ab: Was denn passiert wäre, wenn man veranlaßt hätte, an der Grenze überhaupt nicht mehr auf Flüchtlinge zu schießen, außer bei einem Angriff – wie das ja an einigen Tagen im Jahr, bei Staatsbesuchen beispielsweise, durchaus üblich gewesen sei?

Heinz-Ottomar Thieme: »So ein Gedanke wäre mir nie gekommen, ich war zutiefst von unserem Auftrag überzeugt.«

Nach viereinhalb Stunden Verhandlung verliest der Angeklagte Günter Gabriel, von 1980 bis 1989 Chef Grenzschutzanlagen/Chef Technik und Bewaffnung, seinen vorbereiteten Text. Seine Stimme ist leise und monoton, als er zum Höhepunkt seiner Ausführungen kommt, wird sie lauter: »Herr Vorsitzender! Einige Gedanken zu Minen: (...) Da auf die Unverletzlichkeit des BRD-Territoriums größter Wert gelegt wurde...« Auch er habe »alles getan, um politischen und technischen Schaden sowie Körperverletzungen« abzuwenden. Auch ihm sei es um »Ruhe und Ordnung im Grenzgebiet« gegangen. Auch er habe »niemals die Absicht gehabt, Menschen zu töten«. Und noch in eine andere Richtung zielten seine Bemühungen: »Im Verlauf meiner Dienstzeit habe ich dafür gesorgt, daß mit dem Abbau der Minenfelder an der Grenze große Flächen der Landwirtschaft zur Verfügung gestellt werden.«

Richter Föhrig bedankt sich für die Ausführungen und gibt bekannt: Bis zum 14. März 1996 sind von den Prozeßbeteiligten die Befehle 101, 80, 40 und 20 für den Zeitraum von 1979 bis 1988 »im Selbstleseverfahren« zur Kenntnis zu nehmen. Die Dokumente könnten im Beratungszimmer der 36. Strafkammer eingesehen werden. Der Zimmerschlüssel sei in der Geschäftsstelle abzuholen und wieder abzugeben. Die von den »Hausaufgaben« überraschten Verteidiger erheben keinen Einspruch. Das verkürzt das Verfahren.

29. Januar 1996
Politbüro-Prozeß
5. Verhandlungstag

Die Angeklagten Dohlus, Mückenberger, Hager und Krenz lehnen das Gericht wegen Befangenheit ab. Krenz-Anwalt Unger erhebt Einspruch dagegen, daß man trotz des Befangenheitsantrages weiterverhandelt.

Verteidiger Wissgott hat noch einen Antrag vorbereitet: Egon Krenz wolle erst etwas zur Person sagen, wenn er eine Erklärung abgeben dürfe. Die Angeklagten, die hinter solchen Anträgen stehen, sollten wegen »Ungebühr vor Gericht« in Haft genommen werden, regt Rechtsanwalt Plöger an. Schabowskis Verteidiger von Schirach kontert: »Es hat ja den Anschein, als würden wir hier ständig Anträge stellen, um zu verhindern, daß Sie die Personalien feststellen. Dabei wehren sich die Angeklagten nur schon gegen den Begriff ›Angeklagte‹. Den Staat, den sie gewollt haben, gibt es auch nicht mehr. Das ist für sie ein Problem...«

Rechtsanwalt Plöger: »Ich vertrete die Opfer, ihnen ist es gleich, ob ihr Bruder, Sohn oder Vater in der DDR oder in West-Deutschland erschossen worden ist ...« Der Vorsitzende Richter unterbricht ihn: Anwalt Plöger möge doch bitte zur Sache reden. Der protestiert, woraufhin ihm der Richter das Mikrofon abstellt. Dafür darf Verteidiger Wissgott sagen, daß zur Klärung der persönlichen Verhältnisse der Angeklagten auch gehöre, daß sie an dieser Stelle »ihren Kummer loswerden« könnten: »Ich will, daß Herr Krenz eine Erklärung abgeben kann.« Herr Plöger will einen Befangenheitsantrag gegen den Vorsitzenden Richter wegen des abgeschalteten Mikrofons ausarbeiten dürfen und bittet dafür um fünfzehn Minuten Unterbrechung.

In der Pause verkündet Anwalt Wissgott den Journalisten, die ihn umringen, daß er die Aufregung um seinen Antrag nicht verstehe: »Es gibt doch keine Veranlassung zur Hektik.« Er wolle doch nur sehen, ob es prozessual möglich ist, daß sein Mandant während der Feststellung der persönlichen Verhältnisse eine Erklärung abgibt, wenn nicht, dann eben nicht.

Nachdem Herr Plöger seinen Befangenheitsantrag gestellt hat, werden die Personalien festgestellt. Egon Krenz sagt, als er an der Reihe ist: »Sie wissen, daß ich Egon Krenz bin«, und weigert sich, sein Geburtsdatum preiszugeben, wenn er nicht gleichzeitig eine Erklärung abgeben darf. Richter Hoch liest das Geburtsdatum aus den Akten vor.

1. Februar 1996
Politbüro-Prozeß
6. Verhandlungstag
Noch ein Antrag der Verteidigung, eine erneute Ablehnung durch das Gericht, dann kann – an zwei Verhandlungstagen – der sogenannte Anklagesatz verlesen werden: siebzig von insgesamt 1555 Seiten Anklageschrift. (Die Beiblätter zur Anklage füllen rund 300 Leitz-Ordner.)

Die Anklage lautet auf Totschlag und versuchten Totschlag in bis zu 66 Fällen. Die Angeklagten seien in Ausübung ihrer politischen Ämter, insbesondere als Mitglieder des SED-Politbüros, entscheidend an der Errichtung, dem Ausbau beziehungsweise der Aufrechterhaltung der Grenzsperranlagen zur Bundesrepublik einschließlich West-Berlins beteiligt gewesen. Dabei hätten sie die Tötung und Verletzung fluchtwilliger DDR-Bürger zumindest billigend in Kauf genommen.

»Das Politbüro des ZK der SED bildete das höchste und unkontrollierte Machtorgan in der ehemaligen DDR. Über eine umfassende Instrumentalisierung des gesamten Staatsapparates steuerte es Aufbau, Struktur, Organisation und personelle Zusammensetzung (...) der für Sicherheitsfragen zuständigen staatlichen Organe und bewaffneten Kräfte. Darüber hinaus besaß es höchste (...) Entscheidungsgewalt in sämtlichen Verteidigungs-, Sicherheits- und Grenzsicherungsfragen. Maßgeblich für das Grenzregime der DDR (...) waren stets die Grundentscheidungen durch das Politbüro. (...)

Am 13. Mai 1952 beschloß das Politbüro Maßnahmen zur Errichtung eines ›besonderen Regimes an der Demarkationslinie‹ und beauftragte den Ministerpräsidenten, zur Durchführung dieser Maßnahmen eine besondere Regierungskommission zu berufen. (...)

Am 1. Juli 1952 ließ sich das Politbüro über die Durchführung des Beschlusses vom 13. Mai 1952 berichten und rügte bei der Durchführung der Aktion entstandene ›Mängel‹.«

Auch der Straftatbestand der »Republikflucht« wurde per Politbüro-Beschluß geschaffen: Eine entsprechende Anweisung an die Volkskammer erging im Dezember 1957.

»Zur Verstärkung der führenden Rolle der SED in der Nationalen Volksarmee« ordnete das Politbüro 1958 an: »Jeder Kommandeur, jeder Vorgesetzte muß sich bewußt sein, daß er in erster Linie politischer Funktionär ist und seine Arbeit im Auftrag der Partei der Arbeiterklasse durchführt.« Im Jahr darauf wurde im Politbüro beschlossen, daß sämtliche Grundsatzentscheidungen des Nationalen Verteidigungsrates der DDR dem Politbüro zur Bestätigung vorzulegen seien.

Wenige Tage vor dem Mauerbau beschloß man im Politbüro die Durchführung der »Grenzsicherungsmaßnahmen«, mit denen am 13. August 1961, 00.00 Uhr, begonnen wurde. Bei dieser Sitzung waren auch die Angeklagten Mückenberger und Hager anwesend.

Kurz nach dem Mauerbau mußte jeder Grenzsoldat auf Anordnung

Der Sitzungsvertreter der Staatsanwaltschaft, Bernhard Jahntz

des Politbüros durch seine Unterschrift bestätigen, daß er folgende Anweisung verstanden habe: Jeder, der die Gesetze der DDR verletzt, wird, falls erforderlich, »durch Anwendung der Waffe zur Ordnung gerufen«.

Ende 1961 bestätigte das Politbüro »die pioniermäßige Sicherung der Staatsgrenze West«. Daraufhin wurden weitere Stacheldrahtbahnen durch Deutschland gezogen sowie Minensperren angelegt.

Weiter heißt es in der Anklageschrift: »Am 6. Juli 1971 erörterte das Politbüro unter Mitwirkung der Angeschuldigten Mückenberger und Hager als Mitglieder sowie bei Sitzungteilnahme der Angeschuldigten Tisch und Kleiber als Kandidaten des Politbüros erneut ›Maßnahmen zur Erhöhung der Sicherheit und Ordnung an der Staatsgrenze der DDR zur BRD‹. (...) Zur ›wirksamen Unterstützung der Grenzsicherungsmaßnahmen‹ seien ›die Sperranlagen entsprechend den Erfordernissen durch Schützenminen zu verstärken‹. (...)

Am 23. Januar 1973 (...) wurde vom Politbüro angeordnet, daß ›zur Sicherung der Schwerpunktrichtungen (...) auch künftig Sperren mit richtungsgebundenen Splitterminen zu errichten‹ seien. (...)

Am 26. Oktober 1976 bestätigte das Politbüro unter Mitwirkung der Angeschuldigten Mückenberger, Hager und Tisch als Mitglieder sowie bei Sitzungsteilnahme der Angeschuldigten Dohlus, Krenz und Kleiber als Kandidaten des Politbüros ein Fernschreiben Honeckers an die 1. Sekretäre der Bezirksleitungen der SED, in dem dieser ausführte, es sei erforderlich, daß die zuständigen Organe der DDR ›alle Anträge ablehnen, die unter Berufung auf die Schlußakte von Helsinki oder andere Begründungen den Antrag auf Entlassung aus der Staatsbürgerschaft und Ausreise in die BRD stellen‹. (...)

In mehreren Sitzungen des Jahres 1983 befaßte sich das Politbüro mit der Frage einer Veränderung der Sperranlagen im Sinne einer Humanisierung, wozu jeweils nach den Gesprächen Erich Honeckers mit dem damaligen bayerischen Ministerpräsidenten Franz Josef Strauß und einer Information des Politbüros über den Inhalt dieser Gespräche Erörterungen stattfanden. Mit dem Vorschlag Honeckers, eine Veränderung der Sperranlagen vorzunehmen, wobei als Geste gegenüber Strauß in der ›Bayerischen Ecke‹ angefangen werden sollte, bestand im Politbüro allgemeines Einverständnis.«

Der Tatzeitraum beginnt mit der Tötung des Berliner Mauerflüchtlings Horst Frank am 28. April 1962 und endet mit der Erschießung Chris Gueffroys 1989. Auch Fälle von Verletzungen und Tötungen durch Minen oder Selbstschußanlagen an der Grenze sind Teil der Anklage.

Fall 15 ist der Fall von Horst T.: Seit 1954 leitete Horst T. die Ingenieurschule für Chemie in Leipzig. Als sich die SED-Parteileitung 1960 zunehmend in den Lehrplan und die Anstellung von Lehrern einmischt, kommt es zu heftigen Auseinandersetzungen mit dem Schulleiter. Schließlich kündigt man Horst T. fristlos. Das Staatssekretariat für Bildung verhindert, daß der vierzigjährige Chemotechniker eine neue Beschäftigung findet.

Horst T. entschließt sich, mit Frau und Kindern nach West-Deutschland zu fliehen. Im Mai 1960 gelangt Frau T. mit der siebenjährigen Carla und der zweijährigen Monika per Eisenbahn von Leipzig nach West-Berlin. Horst T., der sich wenige Stunden später mit den Kindern Gerd und Hella (acht und neun Jahre) aufmacht, wird von der Bahnpolizei kontrolliert und festgenommen. Ein Spitzel hatte ihn verraten. Neun Monate Untersuchungshaft, dann wird Horst T. zu dreieinhalb Jahren Zuchthaus verurteilt, wovon er elf Monate in Bautzen verbüßt.

Nach der Entlassung stellt er für sich und die Kinder Hella und Gerd mehrere Anträge auf Ausreise nach Westfalen zu seiner Frau und den beiden anderen Kindern. Da die Anträge abgelehnt werden, versucht Horst T. erneut die Flucht: Am Morgen des 25. August 1964 fährt er mit seinen Kindern in die Nähe von Wurzbach in Thüringen. Von dort aus laufen sie durch den Wald bis zum ersten Grenzzaun, wo sie sich bis zur Dämmerung in dichtem Gestrüpp verstecken. Dann zerschneidet Horst T. den Stacheldraht mit einem Bolzenschneider und kriecht hindurch. Seine Kinder bleiben zunächst zurück. Als der Mann auf den zweiten Zaun zuläuft, tritt er

```
                                              00254
                     Geheime Verschlußsache!
                     GVS-Nr.: G 736 437./1  Ausf.,Bl. 3
   GR-33 BERLIN-TREPTOW           SIA-I BERLIN-TREPTOW
   Am 21. 11. 1986, 05.04 Uhr, erfolgte in Abschnitt KARPFENTEICH-
   STRASSE, Stadtbezirk BERLIN-TREPTOW, gegenüberliegender Verwal-
   tungsbezirk NEUKÖLLN, der Versuch eines gewaltsamen Grenzdurch-
   bruchs.
   Die Täter näherten sich mit Lkw W-50, KY 59-79, entlang der
   KARPFENTEICHSTRASSE, durchbrachen die Tore der HLSiM und des GSZ.
   Die in diesem Abschnitt eingesetzten Grenzposten eröffneten das
   Feuer, 49 Schuß und verletzten beide Täter. Die Grenzverletzer
   kamen mit dem Lkw etwa 50 cm vor der GM-75 zum Stehen. Die Täter
   wurden geborgen, die Erste Hilfe erwiesen und in das Krankenhaus
   der DVP übergeführt.
   Auf dem Weg in das Krankenhaus verstarben beide Personen infolge
   der erlittenen Verletzungen. Es handelt sich um
   1.    G r o ß, Rene
         geb. am 01. 06. 1964
         wohnhaft: BERLIN-MAHLSDORF , Membranstr. 65
   2.    M ä d e r, Manfred
         geb. am 23. 08. 1948
         wohnhaft: BERLIN-TREPTOW, Onkenstr. 10
   Der Lkw wurde 05.58 Uhr aus dem Grenzabschnitt geborgen. Kräfte
   der WB-Schupo und des GZD handeln seit 05.20 Uhr im grenznahen
   Gebiet von BERLIN(WEST). Das Vorkommnis wird durch den K-GKM
   in Zusammenarbeit mit der Spezialkommission der BV/MfS BERLIN
   untersucht.
```

Aus der Tagesmeldung der Grenztruppen Nummer 324/86. Erst 2004 wird der Angeklagte Dietmar Schlinger wegen Totschlags an Manfred Mäder zu einer Haftstrafe von acht Monaten auf Bewährung verurteilt. Von dem Vorwurf, auch den unter dem Lkw Schutz suchenden René Groß erschossen zu haben, spricht ihn das Berliner Landgericht frei.

gegen 20.45 Uhr auf eine Mine. Durch die Explosion wird ihm der linke Unterschenkel abgerissen und sein rechtes Bein durch Splitter verletzt. Er zerschneidet noch den zweiten Stacheldrahtzaun, läßt seine Kinder durchkriechen und folgt ihnen.

Während die Kinder nach Hilfe für den Vater suchen, hört Horst T. eine Viertelstunde nach der Detonation der Mine in der Dunkelheit Grenzsoldaten rufen: »Ist hier wer? Grenzverletzer, melden Sie sich, oder es wird auf Sie geschossen!« Der Schwerverletzte hält sich versteckt. Wenig später finden ihn die bayerischen Grenzpolizisten, die die Kinder alarmiert haben, und bringen ihn ins Krankenhaus Naila. Er überlebt.

2. Februar 1996
Grenztruppen-Prozeß
14. Verhandlungstag

René S., ein dreißigjähriger ehemaliger Postenführer, ist bereit auszusagen, obwohl die Ermittlungen in seinem Fall noch laufen: Am 21. November 1986 sei er als Soldat auf einem Beobachtungsturm an der Karpfenteichstraße in Berlin-Treptow eingesetzt gewesen. Von dort aus habe er gese-

René Groß

Manfred und
Gabi Mäder

hen, wie ein Lkw die Tore der Hinterlandmauer und die des Signalzauns durchbrach und rasch in Richtung »Mauer 1« fuhr. Im Lastwagen saßen der 22jährige René Groß und der 38jährige Manfred Mäder.

Nach einem Warnschuß habe er, wie sein Posten Dietmar Schlinger auch, mit Dauerfeuer auf den Lkw geschossen, etwa dreißig Schuß. Er habe die beiden Grenzverletzer nicht treffen wollen, nur verhindern, daß sie aus dem Lkw springen: »Sonst wären sie über die Mauer gesprungen.« Er hätte nie auf Menschen geschossen, aus Überzeugung nicht. Die beiden Grenzverletzer einfach zu erschießen, wäre zudem gegen den Befehl gewesen.

Wen er denn für den Tod der beiden Flüchtlinge zur Rechenschaft ziehen würde? fragt Richter Föhrig.

»Na, die Vorgesetzten, vom Grenztruppen-Chef bis unten alle. Grenzverletzer sind Verbrecher, haben die uns gesagt.«[13]

Eine Stunde lang wird der Zeuge Gisbert Greifzu gehört. Während des Studiums in Gotha wurde der Zeuge genötigt, in die SED einzutreten. Als er sich weigerte, drohte man, ihm den Studienplatz wegzunehmen. Gisbert Greifzu entschloß sich zur Flucht in den Westen. Der 26jährige wollte den Rest seines Lebens nicht in der DDR als »Mensch zweiter Klasse« verbringen.

Mit seinem Freund Klaus sei er am 4. September 1984 mit dem Auto zur Grenze gefahren. Eigentlich habe man durch eine vierzig Meter lange Entwässerungsleitung die Grenzanlagen unterkriechen wollen, an der Gisbert Greifzu kurz zuvor beruflich zu tun hatte. Dort entdeckte sie jedoch ein Volkspolizist, der als Hobbyjäger unterwegs war. Er schoß auf sie aus etwa fünfzehn Metern Entfernung, als sie mit dem Auto an ihm vorbeirasten.

Gegen Mitternacht seien sie zwischen Stedtlingen in Thüringen und Wilmars in Bayern unversehrt am letzten Grenzzaun angekommen, hätten sich aber über die daran installierten Apparate gewundert: Sie hätten – nach einer entsprechenden Ankündigung von Erich Honecker im Westfernsehen – gedacht, die Minen seien inzwischen alle von der Grenze abgebaut worden. Mit Stöcken stocherten sie an den Apparaten herum, es passierte nichts.

Klaus K. übersteigt den Zaun, ohne eine Splittermine auszulösen. Als

Das Fluchtauto mit den Schußspuren am Kotflügel

Gisbert Greifzu wurde von über sechzig Splittern aus einer Selbstschußanlage getroffen und mußte mehrfach operiert werden.

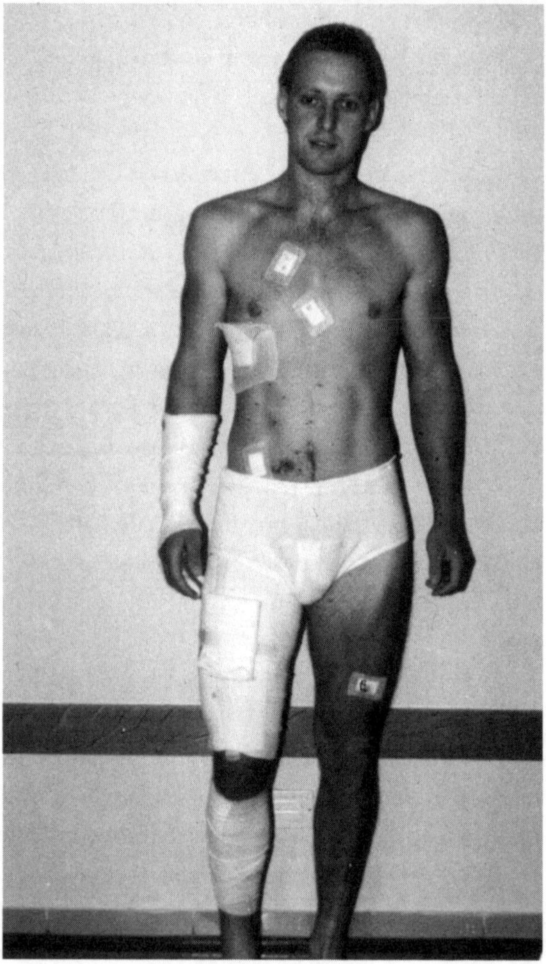

Gisbert Greifzu ihm folgen will, explodiert eine Mine und reißt ihm den rechten Oberschenkel auf. Er ist geblendet, hat ein Knalltrauma, kann nichts mehr sehen und hören. Verzweifelt und hilflos habe ihn sein Freund von jenseits der Selbstschußanlage immer wieder angerufen, er solle doch versuchen, über den Zaun zu kommen. Schließlich sei er auf den explodierten Automaten gestiegen. In dem Moment detonierte ein weiterer. Gisbert Greifzu verspürte noch einen Schlag in die rechte Seite und fiel über den Zaun. Er hatte Glück: Westdeutsche Zollbeamte brachten ihn rasch in ein Krankenhaus. Mehrfach wurde er operiert, am Schenkel, am Bauch, am Brustkorb. Sechzig bis achtzig Splitter befanden sich in seinem Körper.

Im Publikum wird während der Schilderungen des Zeugen Greifzu gelacht. Der Betroffene wehrt sich: Er könne daran nichts komisch finden. Der Vorsitzende Richter unterstützt das unmißverständlich.

Am 24. November 1986 stellt der Ost-Berliner Michael Bittner gegen 1.20 Uhr eine Holzleiter an die Hinterlandmauer in Glienicke (Nohlstraße). Nur fünfzehn Meter trennen ihn noch vom West-Berliner Bezirk Reinickendorf, als er den Signaldraht berührt und Alarm auslöst. Die Grenzsoldaten Hartmut Britzke und Olaf Nelde rufen den Flüchtling an, geben zunächst Warnschüsse, dann Zielschüsse ab – Postenführer Britzke mit Dauerfeuer aus etwa 170 Metern Entfernung. Michael Bittner, 25 Jahre alt, erreicht noch mit dem Oberkörper die Mauerkrone und ruft: »Lassen Sie mich rüber!« Da treffen ihn zwei Kugeln in den Rücken. Er fällt von der Leiter, zurück in die Deutsche Demokratische Republik.

Bis heute ist ungeklärt, was mit ihm weiter geschah, ob er verbrannt wurde oder auf welche Art sonst die Stasi ihn hat »verschwinden lassen«. Im Abschlußbericht der MfS-Kreisdienststelle Berlin-Pankow im Fall Bittner heißt es, daß »die politische Sensibilität der Staatsgrenze zu Berlin (West) die Verschleierung des Vorkommnisses notwendig macht; es mußte verhindert werden, daß Gerüchte über das Vorkommnis in Umlauf geraten bzw. daß Informationen dazu nach Westberlin oder in die Bundesrepublik Deutschland abfließen«.[14]

Nach der Sektion Nr. 177/86 in der Militärmedizinischen Akademie Bad Saarow schafften drei Stasi-Männer am 28. November 1986 die Leiche Michael Bittners mit einem gelbbraunen »Barkas« fort. Der damalige Sek-

Michael Bittner

tionsgehilfe Schiller sagt heute als Zeuge aus, er könne sich genau erinnern, daß der Name Michael Bittner aus dem »Leichen-Ausgangsbuch« entfernt worden sei. Ihm sei bedeutet worden, »diese Sektion habe es nie gegeben«.

»Das Schwein hab ich erwischt!« soll ein Grenzer nach den Todesschüssen gerufen haben. Das sagt am heutigen Verhandlungstag der 65jährige West-Berliner Rentner Wolfgang Vogt erneut aus. Er sei Musiker und seinerzeit spät nach Hause gekommen. Er habe die Schüsse gehört und durch einen Spalt in der Mauer sehen können, wie Grenzer eine Person an Händen und Füßen griffen und »wie Vieh« in einen »Trabant« warfen.

Die Schüsse auf den unbekannten Mauerflüchtling waren ein paar Tage darauf auch Thema im Kölner »Deutschlandfunk«. Dort erklärte der kurz zuvor geflüchtete Bataillonskommandeur der Grenztruppen Dietmar Mann den Menschen in Ost und West: »Dieser Posten dort hat sich gesagt, ehe ich vor den Richter gehe oder ehe ich persönliche Konsequenzen daraus ziehe, wende ich die Schußwaffe an.« Die Posten hätten aufgrund des geringen Kräfteeinsatzes und der großen Entfernung letztlich keine an-

Anfang November 1986 gelang zwischen Glienicke (rechts) und Berlin-Reinickendorf zwei jungen Männern die Flucht über die Mauer. Keine zwei Wochen später wurde nur siebenhundert Meter weiter der Flüchtling Michael Bittner erschossen.

dere Möglichkeit, als von der Schußwaffe Gebrauch zu machen, doch: »Wer es ablehnt, die Schußwaffe anzuwenden, kommt nicht zum Einsatz in den grenzsichernden Einheiten oder wird sofort abgezogen und in rückwärtigen Einheiten eingesetzt.«[15]

Am nächsten Verhandlungstag wird Hartmut Britzke von seinem Recht auf Aussageverweigerung gemäß Paragraph 55 Strafprozeßordnung Gebrauch machen. Auch Olaf Nelde läßt durch seinen Anwalt bestellen, daß er »mit Sicherheit vom Paragraphen 55 Gebrauch machen« werde, da das Verfahren im Fall Bittner noch laufe. Der Prozeß gegen die beiden ist Anfang 1993 beim ersten Anlauf gescheitert.

»Ein Kasperletheater«, sagt Irmgard Bittner, »während zwanzig Prozeßtagen kam nichts heraus. Am Schluß hatte ich das Gefühl, daß mein Sohn nicht das Opfer, sondern der Schuldige war. Ich weiß bis heute nicht, wo mein Sohn beerdigt ist.«*

15. Februar 1996
Politbüro-Prozeß
8. Verhandlungstag

Von heute an verlesen die Angeklagten persönliche Erklärungen, zunächst Kurt Hager. Er war von 1963 an Mitglied des Politbüros und seit 1979 Mitglied des Nationalen Verteidigungsrates. Als ZK-Sekretär für Kultur und Wissenschaft hatte Kurt Hager die Position des »SED-Chefideologen« inne. Er sagt, er sei kein Angeklagter, er habe sich nicht strafbar gemacht: »Mir wird der Tod von 62 Grenzverletzern angelastet. Ich weise diese ungeheuerliche Anklage mit Empörung zurück. Sie ist eine willkürliche Konstruktion, die weder durch das Völkerrecht noch durch das Recht der DDR oder das der Bundesrepublik begründet werden kann. Ihr Ziel ist es, mich und die anderen Angeklagten zu kriminalisieren und politisch zu diffamieren.«

Erich Mückenberger, 85 Jahre alt, gelernter Schlosser, war seit 1958 Mitglied des Politbüros. Von 1971 an war er Vorsitzender der Zentralen Parteikontrollkommission der SED. In dieser Funktion war Erich Mückenberger auch für Ausschlüsse von kritischen Parteimitgliedern verantwort-

---

*Am 27. November 1997 werden Hartmut Britzke und Olaf Nelde zu jeweils einem Jahr und drei Monaten Haft auf Bewährung verurteilt. (Az. 509 - 27/2 Js 52/90 KLs - 8/92)

Kurt Hager

lich. Die Beschuldigungen der Anklage weist Herr Mückenberger »mit aller Entschiedenheit zurück«: »Alles, was die Grenzsicherung betraf, war von Moskau vorgegeben worden. (...) Auf eine Abschaffung des Grenzregimes hinzuwirken, hatte ich keine Möglichkeit.« Die ums Leben gekommenen DDR-Flüchtlinge hätten »selbstmörderisch« gehandelt. Er, Mückenberger, habe sie nicht getötet.

19. Februar 1996
Politbüro-Prozeß
9. Verhandlungstag

Der Angeklagte Egon Krenz, 58 Jahre alt, ist von Beruf Lehrer. In der DDR wurde er 1974 Chef der FDJ, der Freien Deutschen Jugend. Seit 1983 war Egon Krenz Mitglied des Politbüros und des Nationalen Verteidigungsrates sowie ZK-Sekretär für Sicherheitsfragen. In seiner persönlichen Erklärung sagt er: »Zu keinem Zeitpunkt vor 1989 hatte das SED-Politbüro die Macht, das Grenzregime zwischen den beiden militärischen Blöcken zu bestimmen oder zu verändern. (...) Angeklagt bin ich, weil ich mich an einer antikapitalistischen Alternative auf deutschem Boden beteiligt habe. (...) Die Anklage (...) weise ich als rechtswidrig zurück.«

Horst Dohlus hat das Friseurhandwerk erlernt. Er war von 1980 an Mitglied des Politbüros. Auch Horst Dohlus bezeichnet das Verfahren als

Erich Mückenberger und Anwalt Blanke

»rechtsstaatswidrig«. Man wolle die DDR als einen Unrechtsstaat diskreditieren: »Ich kann mich nicht daran erinnern, je eine Tat oder Handlung begangen zu haben, die mit den Todesfällen an der Staatsgrenze (der) DDR im Zusammenhang stehen. (...) Meine politische Tätigkeit als Mitglied des Politbüros war stets darauf gerichtet, (...) die mir gestellten Aufgaben im Interesse unserer Bevölkerung zu erfüllen. (...) Das Grenzregime der DDR war kein Unrecht (...). Es diente (...) der Sicherung des Schutzes ihrer Bürger. (...) Ich stehe heute rückblickend voll zu meiner politischen Tätigkeit im Politbüro (...).«

26. Februar 1996
Politbüro-Prozeß
10. Verhandlungstag

Günther Kleiber, 64 Jahre, von Beruf Elektriker, war von 1971 an stellvertretender Vorsitzender des Ministerrats und seit 1984 Mitglied des Politbüros. Auch er weist die Anklage zurück, auch er fühlt sich nicht schuldig: »Durch meine Arbeit, mein Wissen und Können habe ich stets versucht, alles zu tun, um dieser Verantwortung im Interesse der DDR und ihrer Bürger gerecht zu werden und niemandem zu schaden. (...) Ich habe in keiner Form direkt oder indirekt den Tod oder die Verletzung von Menschen an der Grenze ›billigend in Kauf genommen‹. Der unnatürliche Tod oder

Horst Dohlus und
Günther Kleiber
(rechte Seite)

die Verletzung jedes Menschen an dieser Grenze ist zu beklagen und zu bedauern und hat mich immer zutiefst betroffen. Ich verstehe den Schmerz der Angehörigen.«

Günter Schabowski, 67 Jahre alt, leitete von 1978 bis 1985 das SED-Zentralorgan »Neues Deutschland« (ND); von 1984 an war er Mitglied des Politbüros, seit 1985 Erster Sekretär der SED-Bezirksleitung Berlin. Wie die anderen Angeklagten weist auch Günter Schabowski die Anklage zurück. Er fühle sich moralisch schuldig, verwahre sich aber gegen die »juristische Konstruktion«, sich wegen Totschlags strafbar gemacht zu haben. (Erich Honecker hat schon am 14. Februar 1990 verbreitet, er bekenne sich »zu der politischen Verantwortung für die Krise«, fühle sich aber »frei von jeder Schuld im strafrechtlichen Sinne«.)[16]

»Als einstiger Anhänger und Protagonist dieser Weltanschauung empfinde ich Schuld und Schmach bei dem Gedanken an die an der Mauer Getöteten«, sagt Günter Schabowski. »Ich bitte die Angehörigen der Opfer um Verzeihung, und ich muß es hinnehmen, wenn sie zurückgewiesen wird.« Die DDR sei an Ablehnung und Widerstand der Menschen zugrunde gegangen, das System habe vor dem Leben und vor der Wirklichkeit versagt. Keine Weltverbesserungsideologie könnte es rechtfertigen,

wenn ihretwegen auch nur ein Mensch mit dem Leben bezahlen muß. Das treffe für jeden zu, der an der Mauer starb, weil er nicht willens war, die Zwangsbeglückung der Parteiführer anzunehmen.

Jedoch: Während seiner Zeit als Kandidat und Mitglied des Politbüros, so Schabowski, hätten SED-Generalsekretär Honecker, Staatssicherheitsminister Mielke und der Verteidigungsminister sämtliche Entscheidungen, die das Grenzregime betrafen, allein getroffen. »Ich war bei keiner solchen Entscheidungsfindung dabei...«

Richtig ist, daß man am 3. März 1981 im Politbüro dem Entwurf eines Grenzgesetzes zustimmte und diesen der DDR-Volkskammer zur Beschlußfassung weiterleitete. Günter Schabowski nahm an dieser Sitzung als Chefredakteur des SED-Zentralorgans »Neues Deutschland« teil. Im Grenzgesetz vom März 1982 hieß es – im ND für jedermann nachlesbar –, die Anwendung der Schußwaffe an der DDR-Grenze sei gerechtfertigt, um Verbrechen zu verhindern. Als Verbrechen galt schon, wenn man zu zweit versuchte, über die Grenze zu flüchten. Laut Grenzgesetz war beim Einsatz der Schußwaffe gegen »Grenzverletzer« deren Leben »nach Möglichkeit zu schonen«. Daß mit dieser Formulierung die Tötung von DDR-Flüchtlingen ausdrücklich gebilligt wurde, war offensichtlich.

Günter Schabowski

Gleichwohl bescheinigt man Günter Schabowski nach seinem »Schuldbekenntnis« im Berliner »Tagesspiegel« unter der Überschrift »Aufrecht gehen« eine »untadelige Haltung«. Selbst seine Tätigkeit bei einem hessischen Anzeigenblatt wird ihm als Zeichen der Einsicht ausgelegt: Er habe sich »ohne Jammern ganz nach unten begeben«, ein »bescheidener beruflicher Neuanfang« sei das. (Vermutlich trägt das Gehalt von über 9000 Mark entscheidend dazu bei, daß der 68jährige Schabowski noch immer arbeitet.)[17]

Schon im Nürnberger Prozeß gegen die Hauptkriegsverbrecher verteidigte sich der Angeklagte Albert Speer erfolgreich, indem er sich zu politischer Mitverantwortung bekannte und gleichzeitig persönliche Beteiligung an den Verbrechen und damit strafrechtliche Schuld leugnete. Albert Speer, der mit der Inszenierung von Massenaufmärschen den Nazis den Weg geebnet hatte, der als Rüstungsminister die Kriegsmaschinerie am Laufen hielt und Herr über Millionen Zwangsarbeiter war, dozierte vor Gericht ausführlich über »das Scheitern des Nazismus, das Grundböse in Hitler« und »wie fähig er (Speer) seine Mammutaufgabe bewältigt hatte«, notierte der amerikanische Ankläger Telford Taylor. In seinem Schlußwort

Egon Krenz

warnte der Angeklagte Speer vor der Gefahr, in einer modernen Diktatur »von der Technik terrorisiert zu werden«, und empfahl »als Gegengewicht die Förderung der individuellen Freiheit«. So kam Albert Speer mit zwanzig Jahren Gefängnis davon. Danach bediente er mit seinen »Erinnerungen« (1969) den Mythos vom »guten Nazi«, zeigte stellvertretend Reue und wurde so zum »Lieblingsspätheimkehrer der westdeutschen Gesellschaft« (Eberhard Jäckel).[18]

7. März 1996
Politbüro-Prozeß
13. Verhandlungstag
Das Verfahren solle ausgesetzt werden, bis ein völkerrechtliches Gutachten vorliege, hat die Krenz-Verteidigung am 11. Prozeßtag noch einmal beantragt.

Das Gericht solle nach Moskau fahren und dort den ehemaligen sowjetischen Botschafter in der DDR, Pjotr Abrassimow, vernehmen zum Beweis, daß die DDR allein keine Möglichkeit gehabt habe, das Grenzregime abzuschaffen, so der Krenz-Antrag vom 12. Verhandlungstag. Die

Kammer stellt den Antrag zurück und liest innerhalb der Beweisaufnahme aus dem Vernehmungsprotokoll des Politbüro-Mitglieds Harry Tisch vor, geboren 1927, von 1961 bis 1975 SED-Chef im Grenzbezirk Rostock, von 1975 an Chef des Gewerkschaftsbundes (FDGB) und seither Mitglied des Politbüros.

Kurz vor seinem Tod im Juni 1995 hat der zunächst mit angeschuldigte Harry Tisch noch zu Protokoll gegeben, es sei im Politbüro nicht so gewesen, daß man allem habe zustimmen müssen. Man habe auch Meinungsdifferenzen in deutlicher Form kundtun können. Das Grenzgesetz sei im Politbüro behandelt worden. Aber wenn Herr Kleiber behaupte, daß man dort monatlich die Lage an der Grenze erörtert habe, dann sei er wohl in einem anderen Politbüro gewesen.

Er könne sich nicht erinnern, daß der Ausbau der Grenze mit Selbstschußanlagen im Politbüro besprochen worden ist, hat Harry Tisch ausgesagt. Andererseits hat er das Politbüro als »allumfassendes Führungsorgan« bezeichnet. Zur Zeit seiner Vernehmung sei Herr Tisch nicht mehr »sehr glücklich« darüber gewesen, im Politbüro gewesen zu sein.

Das Gericht verkündet einige Beschlüsse, das heißt, es lehnt Anträge der Verteidigung ab, darunter den Antrag auf Einholung eines völkerrechtlichen Gutachtens – die Klärung von Rechtsfragen sei Sache des Gerichts, das die dazu erforderliche Sachkunde besitze. Auch der Antrag auf Anhörung des ehemaligen sowjetischen Botschafters in der DDR wird abgelehnt.

Krenz-Verteidiger Robert Unger sieht sich daraufhin veranlaßt, eine halbe Stunde Unterbrechung zu beantragen. Man wolle einen Befangenheitsantrag gegen das Gericht prüfen. Nach der Pause wird kein Befangenheitsantrag gestellt, und zwar mit der Begründung, daß dieser ohnehin wieder abgelehnt würde. Aber Egon Krenz möchte eine Erklärung abgeben: »Sie werden Verständnis dafür haben, daß ich zu tun habe, meine Gefühle im Zaum zu halten. Ich habe den Eindruck, daß Sie verurteilen müssen. Wovor haben Sie eigentlich Angst, wenn Sie die Einholung eines völkerrechtlichen Gutachtens ablehnen?« Jedes deutsche Gericht sei in diesen Fragen überfordert, die Emotionen seien dabei zu groß. »Sie haben gegen meinen Willen für mich die Fürsorgepflicht übernommen. Meine Grundrechte werden hier verletzt. Staatsanwaltschaft und Gericht sind auf Verurteilungskurs. Es wäre angebracht, uns und dem Steuerzahler das Geld für diesen Prozeß zu ersparen. Sie könnten morgen schon Ihr Urteil sprechen.« Nun erklärt Kurt Hager: »Ich weiß nicht, wo irgendeine strafbare Handlung liegen soll.« Harry Tisch habe in seiner Vernehmung gesagt, das Politbüro sei für alles zuständig gewesen. »Na und, ist das strafbar?« fragt Herr Hager. Der CDU-Vorstand sei doch auch für alles zuständig. Hager-Anwalt Franke will »ausdrücklich einen Angriff auf das Gericht starten«: Daß man die Einholung eines völkerrechtlichen Gutachtens abgelehnt habe, zeige die »gnadenlose Selbstüberschätzung des Gerichts«.

Es handle sich um ein »außergewöhnliches Verfahren«, stellt die Verteidigung des Angeklagten Mückenberger fest. Die »Kernfrage« in diesem Prozeß sei die Frage nach der Souveränität der DDR. Die Dohlus-Verteidigung gibt bekannt, daß die Ablehnung der diversen Anträge bei ihrem Mandanten »das Gefühl von Unwohlsein hervorgerufen« habe, und Krenz-Anwalt Unger ergänzt: »Ich will nicht verhehlen, daß die Ablehnungen unserer Anträge frustrieren. Aber wir lassen uns nicht frustrieren. Wir werden mit aller Kraft die Verteidigung führen.«

Nebenklagevertreter Plöger empfiehlt den Verteidigern, die immer davon redeten, daß ihre Mandanten zu Unrecht vor Gericht gezerrt worden seien, das deutsche Recht zu nutzen und Strafanzeige wegen Verfolgung Unschuldiger zu stellen. Und für Egon Krenz, der noch immer von Vorverurteilung spreche und nicht das geringste Schuldbewußtsein zeige, solle man ernsthaft den Paragraphen 21 StGB prüfen (»verminderte Schuldfähigkeit wegen einer krankhaften seelischen Störung, wegen einer tiefgreifenden Bewußtseinsstörung oder wegen Schwachsinns«). Es folgt ein Proteststurm. Krenz-Anwalt Dieter Wissgott meint, nun ja, Herr Plöger habe ja unter den Berliner Anwälten das »Privileg für Unsinn«.

Der Vorsitzende schließt die Verhandlung; der für heute als Zeuge geladene Staatsanwalt Schneider kann nicht mehr gehört werden, er muß erneut erscheinen - mit dem Flugzeug aus München.

Am Nachmittag ist Egon Krenz beim »Fest Der Junggebliebenen« in der Kongreßhalle am Alexanderplatz zu finden. Dort feiert er zusammen mit Heinz Keßler und anderen Junggebliebenen den fünfzigsten Geburtstag der »Freien Deutschen Jugend«, kurz FDJ.

8. März 1996
Grenztruppen-Prozeß
16. Verhandlungstag

Der Zeuge Andreas Kühnpast hat am 5. Februar 1989 mit Dauerfeuer auf Chris Gueffroy und Christian Gaudian geschossen. Ob er sie dabei verletzte, hat sich im ersten Mauerschützen-Prozeß nicht nachweisen lassen. Herr Kühnpast ist heute 31 Jahre alt und arbeitet als Kraftfahrer. Wie denn die Flucht des Herrn Gueffroy abgelaufen sei, fragt Richter Föhrig. »Es gab eine Auslösung ..., ein Versuch, die Grenze zu durchbrechen. An Details kann ich mich nicht mehr erinnern, es ist schon zu lange her, ich hab's auch verdrängt.«

Hinter mir sitzt Karin Gueffroy. Auf die Barriere, die Publikumsreihen und Journalistenplätze trennt, haben Frau Baumgarten und Frau Teichmann ihre roten »Frauentagsnelken« gelegt. Karin Gueffroy wollte nicht zwischen diesen Leuten sitzen und hat sich in die letzte Reihe der Journalistenplätze verzogen. So kommt es, daß sie mit ihrem Hinterkopf beinahe die Kampfnelken berührt.

Ob Herr Kühnpast, als er in Richtung Metallgitterzaun schoß, keine Angst gehabt habe, Metallsplitter könnten die Flüchtenden ziellos treffen; ob so etwas nicht untersagt gewesen sei? »Nein, das wurde uns nicht gesagt.« (Er habe »höllische Angst« gehabt, selber von Querschlägern getroffen zu werden, hat Andreas Kühnpast einst zu Protokoll gegeben.) »Dann lagen sie auf dem Boden, ruhig. Ich hab sie angeschrien: ›Ihr Idioten, wie könnt ihr das machen?‹«

Der Postenführer des Nachbarpostens, Mike Schmidt, hat laut Vernehmungsprotokoll mit seiner Pistole auf den verletzten Christian Gaudian gezielt und gesagt: »Wenn du dich rührst, drücke ich ab.« Richter Föhrig zitiert diesen Satz. »Das hat der Herr Schmidt nicht gesagt, weil er ein brutaler Mensch ist«, sagt der Zeuge Kühnpast, »sondern weil er aufgeregt war.« Postenführer Schmidt habe den röchelnden Chris Gueffroy, der auf dem Rücken lag, nach Verletzungen abgesucht. »Hör auf, tu ihm nicht weh«, habe Andreas Kühnpast gesagt.

Nachdem Soldat Kühnpast und seine Kameraden aus dem Grenzabschnitt »herausgelöst worden« waren, hätten sie zunächst ihre Munition zählen müssen. Dann ging es zum Regimentskommandeur Schulze, dort

Immer im Zentrum: Ruth Keßler, die Frau des Verteidigungsministers, daneben Frau Baumgarten.

wurde die Munition noch einmal gezählt. »Der Regimentskommandeur hat uns keine Vorwürfe gemacht, es wäre alles genau richtig gewesen, genau, wie wir es gelernt haben. Dann konnten wir in unsere Unterkunft gehen.«

Im Grenzkommando Mitte habe man eine Urkunde und Geld bekommen. Erst Tage später hätten sie erfahren, daß der eine Grenzverletzer »seinen Verletzungen erlegen« sei. Herr Baumgarten meldet sich zu Wort: »Darf ich angesichts der Zeugenvernehmung des Herrn Kühnpast folgendes feststellen: Erstens, es gab in allen Fällen den Anruf und den Warnschuß. Zweitens haben Sie bestätigt, daß es keinen Schießbefehl gab.« (»Dann war es Mord«, flüstert Karin Gueffroy.) »Drittens ist hier bestätigt worden: Es gab keine Vergatterung, Menschen zu töten. Es hat keine Aufforderung zum Töten gegeben. Die medizinische Hilfe für verletzte Grenzverletzer entsprach allen Anforderungen. Hier wurde keiner ausgezeichnet, weil er einen Menschen erschossen hat.«

Richter Föhrig: »Herr Baumgarten, Sie können davon ausgehen, daß das Gericht auch hört, was hier gesagt wird.«

Am Nachmittag wird der Zeuge Peter Schmett vernommen. Teilnahmslos beschreibt er, wie es zur Tötung von Chris Gueffroy kam: »Mein zu sicherndes Feld hat ausgelöst. (...) Da hab ich geschossen, auf die Füße der Personen. (...) Es wurde eigentlich so lange geschossen, bis eine Person umgefallen ist. (...) Die eine Person hatte schon die Hände oben auf dem Grenzzaun gehabt. (...) Die eine Person hat noch ein Dokument übern Zaun geworfen. Es kam gleich ein Fahrzeug, da wurden die Personen reinverlegt.«

Richter Föhrig: »Herr Schmett, war es absolut zwingend gewesen, auf Flüchtlinge zu schießen?« – »Es lag an jedem selbst, wie er reagierte.«

Man habe dann die beiden Personen unter die Arme gefaßt, jeweils zwei Grenzer einen Verletzten, und weggeschleift durch den Kfz-Sperrgraben. Dann sei auch schon das Fahrzeug gekommen. Man habe sie »erstmal beglückwünscht« zum erfolgreich verhinderten Grenzdurchbruch. Später sei Peter Schmett dann nach Frankfurt (Oder) »verlegt« worden.

»Herr Schmett, haben Sie sich bei Ihrer Musterung gegen den Dienst an der Grenze ausgesprochen?« fragt Richter Föhrig. »Nein, ich hatte Familie und wollte so schnell wie möglich meinen Grundwehrdienst hinter mir haben. Hauptsache, man ist bald wieder zu Hause.«

Nebenklagevertreter Plöger fragt, ob es nicht die einfachste Lösung gewesen wäre, alle fünfzig Meter einen Posten aufzustellen, um im Fall einer Flucht den Flüchtling durch Hinterherrennen zu erwischen. »Waren Hunde zur Stellung von Flüchtlingen eingesetzt?« – »Nein.« Ob ihm die westliche Sicht bekannt gewesen sei, daß man an der DDR-Grenze auf Flüchtende schießt, fragt Anwalt Plöger den Zeugen Schmett. »Das hab ich nicht so genau genommen, hab mich nicht so dafür interessiert.«

»Kurz vor Feierabend hatten wir 'nen Grenzdurchbruch«, beginnt der Zeuge Mike Schmidt seine Aussage. Er war es, der dem Posten Heinrich den Befehl »Schieß doch!« gegeben hat. Dabei habe Postenführer Schmidt nicht nachweislich den Tod des Flüchtlings in Kauf genommen, stellte die 23. Strafkammer des Landgerichts Berlin fest. Gegen den Freispruch legte die Staatsanwaltschaft Revision ein. Der Bundesgerichtshof hob das Urteil auf und gab den Fall zur erneuten Entscheidung an die 27. Strafkammer zurück. Die erkannte erneut auf Freispruch.

Der ehemalige Postenführer Schmidt: »Der untere brach zusammen. Die ganze Handlung kam zum Erliegen. Wir haben die Festnahme getätigt.« Dann habe man die beiden »in den ›Trabbi-Kübel‹ eingeladen«. Ob er da schon gewußt habe, daß einer der beiden schwer verletzt war, fragt Richter Föhrig. »Beim Abtransport haben wir gemerkt, daß unsere Hände blutig waren, also muß er verletzt gewesen sein.«

Richter Föhrig: »Haben Sie tatsächlich zum verletzten Herrn Gaudian gesagt: ›Wenn du dich rührst, drücke ich ab.‹?«

Zeuge Schmidt: »Nein, auf keinen Fall. Ich war außer mir vor Wut ... Aber ich hab die beiden nur beschimpft: ›Ihr Schweine‹ und so.«

Richter Föhrig: »Warum denn?«

Zeuge Schmidt: »Ich war bestrebt, mit weißer Weste dort wegzukommen, ich stand kurz vor der Entlassung. Das hat mich so in Rage gebracht, daß ich diese Beschimpfungen in meiner Art vorgebracht habe.«

Richter Föhrig: »Und warum haben Sie selber nicht geschossen, als Postenführer?«

Zeuge Schmidt: »Weil ich zu feige war.«

Richter Föhrig: »Dann kann man Ihnen für den Rest Ihres Lebens nur wünschen, daß Sie feige bleiben. Wenn das alle gewesen wären, säßen wir heute nicht hier.«

Ob man als Grenzsoldat für schwere Verletzungen von Flüchtlingen ausgerüstet gewesen sei, fragt Anwalt Plöger. Nein, nur ein Verbandspäckchen hätten die Soldaten in der Hosentasche gehabt, aber eher für den eigenen Bedarf. »Hatten Sie denn die Möglichkeit, einen Arzt zu rufen?« – »Nein.«

Zum Hauptfeldwebel Kempin weiß Mike Schmidt auf Nachfrage noch zu sagen, daß er »einer von der straffen Sorte« gewesen sei: »Der war, wenn ich das so sagen darf, brutal. Der meinte: ›Grenzdurchbrüche verhindern, um jeden Preis!‹«

Am nächsten Verhandlungstag wird der Obduzent im Fall Gueffroy aussagen. Professor Dr. Helmut Schmechta, der ehemalige Leiter des NVA-Instituts für Gerichtliche Medizin in Bad Saarow, hat noch sechs weitere erschossene Mauerflüchtlinge obduziert, für deren Tod laut Staatsanwaltschaft die Angeklagten verantwortlich sind, darunter Lutz Schmidt.

Karin und Lutz Schmidt

Die Sperranlagen an der Rheingoldstraße: rechts die Hinterlandmauer, daneben der Signalzaun, dann zwischen zwei Zäunen eine Hundelaufanlage. Es folgt der Kolonnenweg, die Lichttrasse, der Kontrollstreifen und der Kfz-Sperrgraben. Alle Hindernisse hatte der Flüchtling Lutz Schmidt überwunden, als er von der Grenzmauer heruntergeschossen wurde. »Spuren vom Überstieg über die Grenzmauer 75 im Handlungsraum«, lautet die Beschriftung dieses Fotos im Untersuchungsbericht der Grenztruppen.

Der 24jährige Lutz Schmidt versuchte am Abend des 12. Februar 1987 gemeinsam mit seinem 34jährigen Freund Werner Schulze an der Rheingoldstraße in Berlin-Treptow zu flüchten. Die Soldaten Michael Jahr und Ekkehard Teschner hätten damals – nach Auslösung der Einsatzvariante »Friedhof« durch den Kommandeur – »blind in den Nebel geschossen«, wie einer der beiden im 24. Mauerschützen-Prozeß zu Protokoll gab. (Sie erhalten jeweils zwei Jahre Haft auf Bewährung.)

Am 18. Verhandlungstag gegen die Grenztruppen-Führung erzählt der Ex-Grenzer Michael Jahr vom Frühstück mit Bier und Schnaps am Morgen nach dem »Vorfall«. Daß er ziemlich mitgenommen gewesen sei, ja unter Schock gestanden habe, daß er schweigen mußte und Sonderurlaub bekommen habe.[19]

Am 19. Prozeßtag sagt der Zeuge Werner Behrend aus; er war Leiter der Arbeitsgruppe, die die Befehle 80 erarbeitet hat. »Das Wort Flüchtlinge ist mir unbekannt«, sagt Herr Behrend. Und der Zeuge Hans Peplinski, einst Sekretär des Grenztruppen-Militärrats, erklärt am 20. Verhandlungstag: »Die Beratungen im Militärrat waren Ausdruck von Demokratie. Wir haben immer gesagt, daß die kollektive Weisheit genutzt werden muß.«

21. März 1996
Politbüro-Prozeß
16. Verhandlungstag
Die DDR-Bürger haben das Grenzregime akzeptiert, hat Egon Krenz am vergangenen Prozeßtag behauptet. Dann wäre er am Tod seines Sohnes mitschuldig, erwidert Nebenkläger Horst Schmidt, der Vater des 1984 erschossenen Michael Schmidt.

Man befragt den Münchner Staatsanwalt Wilhelm Schneider, der von 1992 an einige Angeklagte im Ermittlungsverfahren vernommen hat und Verfasser der Anklageschrift ist.

Was er als einzelner gegen das Grenzregime hätte tun können, habe Erich Mückenberger bei seiner Vernehmung gefragt. Auf die Frage, ob Beschlüsse des Nationalen Verteidigungsrates ohne das Politbüro gefaßt werden konnten, habe Herr Mückenberger geantwortet, dies hätte im Politbüro »erheblichen Widerstand« ausgelöst. Und: »Möglichkeiten, Beschlußvorlagen zu ändern, haben bestanden – das Politbüro war kein Verein von Kopfnickern.« Auf die Frage nach der Macht des Politbüros habe der Angeklagte Mückenberger geantwortet, es sei das oberste Organ in der DDR gewesen.

»Im Grunde genommen bin ich ja eine ganz unmilitärische Person«, habe Erich Mückenberger ausgesagt. Als Chef der SED-Landesleitung Thüringen hat Genosse Mückenberger 1952 die Errichtung der Sperrzone und die Zwangsumsiedlungen entlang der Grenze mitorganisiert. Daß er an den Politbüro-Beschlüssen zur Verlegung von Minen und zur Installation von Selbstschußanlagen mitgewirkt hat, auch daran mochte er sich nicht mehr erinnern.

Herr Mückenberger habe erklärt, er sei von den Grenzsicherungsmaßnahmen »nicht begeistert« gewesen, erinnert sich der Zeuge Schneider am 18. Verhandlungstag. Ja, man hätte eventuell die Grenze anders sichern können, aber er sei ja »kein Spezialist« und nicht in der Lage gewesen, »dafür Vorschläge machen zu können«.

30. April 1996
Grenztruppen-Prozeß
21. Verhandlungstag
Im Gang vor dem Saal drückt sich Ingo Heinrich in eine Nische. Er soll heute gegen die Befehlsgeber aussagen, die ihn im Februar 1989 für die Erschießung von Chris Gueffroy auszeichnen ließen.

Zeuge Heinrich: »Wir waren auf Streife, als die Sicherungsanlagen auslösten. Da haben wir Posten bezogen. Dann fielen schon die ersten Schüsse. Das andere Postenpaar hat die Grenzverletzer in unsere Richtung getrieben. Dann hab auch ich geschossen. Als einer am Boden lag und sich der andere ergeben hat, haben wir das Schießen eingestellt.«

Richter Föhrig: »Wohin haben Sie denn gezielt?«

Zeuge Heinrich: »Auf die Füße. (...) Dem einen hat nichts gefehlt, der andere hat auf dem Boden gelegen.«

Richter Föhrig: »An welcher Stelle war er verletzt?«

Zeuge Heinrich: »Man hat ihm in die Brust geschossen.«

Richter Föhrig: »Wer denn?«

Zeuge Heinrich: »Ich jedenfalls nicht.«

Richter Föhrig: »Aber Sie haben doch ein paar Tage später zu Ihrem

Kameraden Andreas Kühnpast in der S-Bahn gesagt: ›Du brauchst keine Angst zu haben, ich glaube, ich war's.‹«

Zeuge Heinrich: »Der Herr Kühnpast hat sich die meisten Vorwürfe gemacht, deshalb hab ich das gesagt.«

Richter Föhrig: »Aber letztlich sind Sie doch vom Berliner Landgericht als derjenige verurteilt worden, der dem Herrn Gueffroy die tödlichen Verletzungen zugefügt hat.«

Zeuge Heinrich: »Das hat an der Voreingenommenheit der Medien gelegen.«

Richter Föhrig: »Und das Gericht ist darauf reingefallen.«

Zeuge Heinrich: »Ja. Ich habe gar nicht richtig verstanden, warum dieser Prozeß zustande gekommen ist. Es hat den Befehl gegeben, Fluchtversuche zu verhindern.«

Richter Föhrig: »Fanden Sie den Schießbefehl richtig?«

Zeuge Heinrich: »Das hab ich damals nicht zu entscheiden gehabt. Das hab ich so hingenommen.«

Richter Föhrig: »Und heute?«

Zeuge Heinrich: »Im nachhinein kann man immer sagen, es war falsch oder richtig. (...) Ich war damals ein ganz kleiner Soldat, was sollte ich da entscheiden? Was denken Sie, wenn ich anders entschieden hätte, was da mit mir passiert wäre?«

Der zweite Baumgarten-Verteidiger, Klaus Croissant, ist bisher äußerst zurückhaltend gewesen, nun hat er eine Frage: »Wie konnte man legal die Grenze überwinden?«

Zeuge Heinrich: »Na, einen Ausreiseantrag stellen.«

Anwalt Croissant: »Und sonst?«

Zeuge Heinrich: »Na, wenn man Spitzensportler war.«

Anwalt Croissant: »Also Leute, auf die sich die DDR verlassen konnte!«

Rechtsanwalt Croissant ist mehrfach vorbestraft. Noch im Mai 1996 muß er aus gesundheitlichen Gründen die Verteidigung des Grenztruppen-Chefs aufgeben.

»Helfer für die Sache«
Porträt Klaus Croissant

Bekannt wurde der Anwalt Croissant, als er Anfang der siebziger Jahre Andreas Baader, Mitbegründer der kommunistischen Roten Armee Fraktion (RAF) vertrat. Seitdem entwickelte sich die Stuttgarter Kanzlei Croissant zu einer Art Rekrutierungsbüro der RAF: Kanzleigehilfe Siegfried Hausner gehörte 1975 zum Kommando, das die deutsche Botschaft in Stockholm überfiel und dabei zwei Diplomaten erschoß. Kanzlei-Assistentin Elisabeth von Dyck war bei den Vorbereitungen des Stockholmer Attentats dabei. Hans-Joachim Klein, Chauffeur und Bote Croissants, war im selben Jahr am Überfall auf die Wiener OPEC-Konferenz beteiligt (drei Tote). Croissant-Gehilfin Brigitte Mohnhaupt half im April 1977 bei der Ermordung von Generalbundesanwalt Siegfried Buback und seiner beiden Begleiter; sie war auch – zusammen mit Croissant-Assistentin Susanne Albrecht – im Juli 1977 Mittäterin bei der Ermordung des Chefs der Dresdner Bank, Jürgen Ponto. Croissant-Mitarbeiter Willy Peter Stoll gehörte im Oktober 1977 zum Quartett, das bei der Entführung des Arbeitgeberpräsidenten Hanns Martin Schleyer dessen vier Begleiter kaltblütig niederstreckte. Auch Angelika und Volker Speitel sowie Silke Maier-Witt waren Mitarbeiter der Kanzlei Croissant, bevor sie Mordpläne der RAF umsetzen halfen. Selber zu schießen, konnte sich Klaus Croissant damals nicht vorstellen, was allerdings »nicht heißt, daß ich das bei anderen, stärkeren Typen nicht gutheißen würde«.

1979 wurde Klaus Croissant wegen Unterstützung der RAF zu einer zweieinhalbjährigen Gefängnisstrafe verurteilt. Der Anwalt hatte maßgeblich am Aufbau und Betrieb eines RAF-Informationssystems mitgearbeitet, mit dessen Hilfe Schulungsprogramme und Handlungsanweisungen sowie Warnungen vor Polizeiaktionen verbreitet wurden.[20]

Nach seiner Haftentlassung habe er, äußert Croissant, auf der Flucht vor erneuter Strafverfolgung kurz erwogen, in die DDR überzusiedeln, sich dann aber doch für Österreich entschieden. 1985 erhielt er in der Bundesrepublik wieder die Zulassung als Anwalt.

1992 kam Klaus Croissant erneut in Untersuchungshaft: Er hatte als IM »Taler« (71 000 Mark Spitzellohn) West-Linke wie Antje Vollmer und

Klaus Croissant

Petra Kelly beim Ministerium für Staatssicherheit denunziert. In den haßerfüllten Spitzelberichten Klaus Croissants über Redakteure der West-Berliner »Tageszeitung« heißt es unter anderem: G. sei eine »dubiose Type«. Dem »Karrieristen« W. wolle er, Croissant, gemeinsam mit seiner Lebensgefährtin »die Suppe versalzen«. Und der Redakteur M. sei »für die wütende DDR-Hetze verantwortlich«. Zu einem Jahr und neun Monaten Freiheitsentzug auf Bewährung verurteilte das Berliner Kammergericht den Stasi-Mitarbeiter Klaus Croissant. (»Ich bin vor den Europäischen Gerichtshof gegangen, weil das Urteil gegen die Menschenrechte verstößt!«)[21]

Nach weltanschaulichen Übereinstimmungen zwischen dem 65jährigen Anwalt Croissant und seinem Mandanten Klaus-Dieter Baumgarten braucht man nicht lange zu suchen: Klaus Croissant nannte die Bundesrepublik Deutschland in den siebziger Jahren öffentlich einen »Faschistenstaat«, die DDR noch 1992 »den besseren deutschen Staat«.[22] Für Grenztruppen-Chef Baumgarten war die DDR ein »antifaschistischer Staat« und ihre Westgrenze der »antifaschistische Schutzwall«. Die RAF-Terroristen bezeichnete Klaus Croissant als »Kämpfer der Widerstandsbewegung«, als »Helfer für die Sache«. Klaus-Dieter Baumgarten kämpfte im »Klassenkampf« für die »gerechte Sache des Sozialismus«, gegen die »imperialistischen Bestrebungen der BRD«.

Als er 1992 in einem »Spiegel«-Gespräch auf Mauer, Minen, Stacheldraht und Schießbefehl angesprochen wird, bezeichnet PDS-Mitglied Croissant den »aggressiven Alleinvertretungsanspruch der Bundesrepublik« als Ursache für den Mauerbau: »Wer so vorgeht, braucht sich nicht zu wundern, wenn der andere Staat, sozusagen an die Wand gedrückt, mit

Maßnahmen reagiert, die allein seine Existenz sichern können. Und das war die Mauer.« Die Stasi ist für Klaus Croissant eine »dringend notwendige Abwehrorganisation«, die Strafverfolgung einiger MfS-Schergen »schändlich«.

Klaus Croissant, seinerzeit ausgestattet mit West-Paß und DDR-Visum, sagt, er habe erst nach dem Überschreiten der Grenze in Richtung Ost-Berlin das Gefühl gehabt, in Freiheit zu sein.

17. Mai 1996
Grenztruppen-Prozeß
23. Verhandlungstag

Ein Ablehnungsantrag der Verteidigung gegen Richter Föhrig ist am 22. Verhandlungstag abgewiesen worden, der nächste Zeuge kann vernommen werden: Fritz Streletz, ehemals stellvertretender Verteidigungsminister der DDR, Stabschef der Nationalen Volksarmee und NVR-Sekretär. Er sagt, er kenne die Angeklagten aus »jahrelanger Zusammenarbeit«.

Richter Föhrig: »Herr Streletz, können Sie uns sagen, warum die Zaunkronen an der DDR-Grenze in Richtung DDR umgebogen waren?« – »Das Überwinden war in beiden Richtungen schwierig.« – »Ach so, ich bin lange nicht mehr geklettert.«

Staatsanwalt Klaus-Jochen Schmidt: »Stimmt es, Herr Streletz, daß Sie mehrfach den Chef der Grenztruppen um Rücksprache wegen der Schüsse an der Grenze gebeten haben?« – »Ich war nie gegen den Einsatz der Schußwaffe an der Grenze, ich habe nur gesagt, daß der Munitionsverbrauch nicht so hoch sein sollte. Wenn nachts der Anruf kam, habe ich gesagt: ›Mußte ein solches Dauerfeuer geschossen werden?‹«

Verteidiger Osterloh: »Hatte mein Mandant als Chef der Grenztruppen eine Chance, den Befehl 80 nicht zu erlassen?« – »Er mußte den Befehl erlassen.«

Richter Föhrig: »Es heißt hier immer wieder, die Angeklagten hätten keine Befehle erlassen können, die das Töten an der Grenze unterbunden hätten. Gibt es denn einen, der das gern getan hätte?«

Die sechs Ex-Generäle schweigen, der Vorsitzende schließt die Verhandlung. Fritz Streletz, der sich bis zur Entscheidung über seine Verfassungsbeschwerde frei bewegen darf, speist nach der Verhandlung gutgelaunt in der Kantine des Kriminalgerichts, gemeinsam mit Klaus-Dieter Baumgarten, Frank Osterloh und Jürgen Strahl. Ein paar Tische weiter sitzt Richter Föhrig.

23. Mai 1996
Politbüro-Prozeß

21. Verhandlungstag

Wochenlang war der Prozeß wegen der Erkrankung des Angeklagten Hager unterbrochen. Am 9. Mai hat das Gericht beschlossen, das Verfahren gegen Kurt Hager mit Rücksicht auf den Gesundheitszustand des Angeklagten vorläufig auszusetzen. An Beschlüsse des Politbüros zur Gestaltung des Grenzregimes könne er sich nicht erinnern, behauptete Herr Hager in seiner staatsanwaltschaftlichen Vernehmung, obwohl er doch 1961 beim Politbüro-Beschluß zum Mauerbau dabeigewesen war.

Mitte Mai kann man die Befragung des Staatsanwalts Schneider fortsetzen. Heute sagt er zur Vernehmung des Angeklagten Horst Dohlus aus: »Herr Dohlus mochte sich nicht erinnern, ob das Politbüro im allgemeinen mit Grenzfragen beschäftigt war.« Sicherheitsfragen seien in anderen Gremien behandelt worden. (1965 hat Horst Dohlus in seinem Buch »Der demokratische Zentralismus« stolz erklärt, daß das Politbüro »alle Grundsatzfragen« entscheidet.) Als man dem Angeschuldigten vorhielt, daß das Grenzgesetz (einschließlich Schießbefehl) 1981 im Politbüro besprochen wurde, habe Dohlus eingeräumt, daß dort »letzte Entscheidungen in Sicherheitsfragen« behandelt wurden. Daß er bei der Besprechung des Grenzgesetzes dabei war, daran hat er sich allerdings nicht erinnern wollen.

Ob es eine Möglichkeit gegeben habe, im Politbüro über Vorlagen zu diskutieren? »Ja, es kam auch vor, daß kontrovers diskutiert wurde; dies war aber die Ausnahme. Dann wurde auch mal die Vorlage zurückgenommen, oder der Generalsekretär entschied.« Ob das Politbüro ein »Verein von Kopfnickern« gewesen sei, wurde auch Herr Dohlus vom Staatsanwalt Schneider gefragt. »Vielleicht ist der Eindruck nach außen hin entstanden, aber nein, so war es nicht. Die Vorlagen waren so gut ...« Der Angeklagte Schabowski wackelt nervös mit den Beinen, Egon Krenz liest das »Neue Deutschland«, reibt sich die Augen.

Horst Dohlus: »Die Leute konnten einen Ausreiseantrag stellen, aber dem wurde oft nicht stattgegeben, sonst wäre ja die DDR bald leer gewesen.« Schon der Mauerbau sei ein Mittel gewesen, das »Ausbluten der DDR« zu verhindern.

24. Mai 1996
Grenztruppen-Prozeß
24. Verhandlungstag
Ob er ihn bisher richtig verstanden habe, fragt Richter Föhrig den Angeklagten Baumgarten, daß die Grenzsoldaten »das Recht, aber nicht die Pflicht zum Schießen auf Flüchtlinge hatten«? - »Ja.« Daraufhin werden Herrn Baumgarten die »Hinweise zur Klärung politisch-ideologischer Probleme des Schußwaffengebrauchs im Grenzdienst« aus dem Jahre 1982 vorgehalten. Darin heißt es unter anderem, der »richtige und wirksame Einsatz der Schußwaffe« gegen Grenzverletzer sei »eine gesetzliche Pflicht« und das »zutiefst moralische und humanistische Recht« jedes Grenzers.[23]

Klaus-Dieter Baumgarten: »Der richtige Einsatz ist eine Pflicht, der Einsatz selbst das Recht des Grenztruppen-Angehörigen.«

Staatsanwalt Wenzler: »Herr Baumgarten, Sie meinen, es habe in der Entscheidungsfreiheit des Grenzpostens gelegen, ob er die Schußwaffe anwendet?«

Klaus-Dieter Baumgarten: »Ja, so ist es gewesen.«

Richter Föhrig verliest ein Dokument aus dem Jahr 1983, in dem es heißt, daß man an der DDR-Grenze nicht auf Bürger aus dem Westen schießen dürfe, und fragt anschließend: »Ausjerechnet auf Finsterlinge aus dem Westen, die ja, wie Sie uns erklärt haben, vielleicht den dritten Weltkrieg auslösen wollten, ausjerechnet auf solche Halunken sollte nicht geschossen werden! Wie erklären Sie sich das, Herr Baumgarten?«

Die Soldaten hätten das Recht gehabt zu schießen, aber nicht die Pflicht.

Richter Föhrig: »War allen hier Angeklagten die Möglichkeit bewußt, daß Flüchtlinge beim Schußwaffengebrauch auch tödlich verletzt werden können?«

Klaus-Dieter Baumgarten: »Die Gefahr bestand.«

Der Berichterstatter, Richter Günther M. Sander, liest aus dem Proto-

Der Einsatz der Schußwaffe wurde als »humanistisches Recht« jedes Grenzers propagiert. Grenztruppen-Chef Baumgarten erteilte 1981 im Regiment 25 »wertvolle Ratschläge, wie die Grenzsicherung noch wirkungsvoller zu gestalten ist«.

koll eines Treffens im Grenzregiment Heiligenstadt am 9. Februar 1982, an dem die Angeklagten Baumgarten und Gabriel teilnahmen. Darin steht: »Zu Beginn der Beratung legte der Stellvertreter des Ministers und Chef Grenztruppen folgende wesentliche politische Aspekte dar: Die bisherige Konstruktion des Grenzsignalzaunes und der Sperranlagen 501/701 wurde so gestaltet, daß für jeden sichtbar diese Anlagen ausschließlich gegen Bürger der Deutschen Demokratischen Republik gerichtet sind (freundseitige Abweisung beim Grenzsignalzaun und freundseitige Anbringung der Minen vom Typ SM 70 am Grenzzaun).«[24] Herr Baumgarten bekommt einen roten Kopf.

Richter Föhrig: »Herr Baumgarten, sind Sie so nett und schildern Ihren beruflichen und persönlichen Werdegang?«

Nun, man beschuldige ihn, gegen die Achtung des Lebens und die Würde des Menschen verstoßen zu haben. »Das ist ein ungeheuerlicher Vorwurf, der darauf zielt, mich zu erniedrigen, mich zu diskreditieren, zu kriminalisieren, aus dem gesellschaftlichen Leben auszugrenzen und in das soziale Abseits zu stoßen. (...) Deshalb nehme ich heute erneut die Gelegenheit wahr, mit aller Entschiedenheit die absurden, verleumderischen

Anschuldigungen der Staatsanwaltschaft zurückzuweisen. (...) Ich erkläre erneut: Ich bin im Sinne der Anklage nicht schuldig!«

Herr Baumgarten schaut Staatsanwalt Hans-Jürgen Wenzler strafend an, dann fährt er fort mit der Verlesung seines vorbereiteten Textes: »Jeder Mensch hat den Wunsch, sein Leben nach seinen Vorstellungen zu gestalten. Andererseits hat er nur beschränkten Einfluß darauf, unter welchen gesellschaftlichen Bedingungen er lebt und welche Faktoren sein Leben beeinflussen. (...) So wurde mein Leben vor allem geprägt von der Liebe und Fürsorge meiner Mutter, einer einfachen, arbeitsamen Frau (...).« Sein Vater habe sich 1944 das Leben genommen, weil er glaubte, die Schuld am Leid, das der Krieg über Millionen Menschen gebracht hatte, nicht mittragen zu können. In seinem Heimatort Ellrich, an der späteren DDR-Westgrenze gelegen, habe er, Jahrgang 1931, noch selbst erlebt, wie man täglich Häftlinge durch die Stadt trieb, die dort in einem KZ-Außenlager unter mörderischen Bedingungen geschunden wurden. Das habe ihn geprägt. Er sei nach einer Lehre zum Zimmermann 1949 Volkspolizist und später Grenzpolizist geworden. 1965 sei er Vizechef und 1979 Chef der Grenztruppen geworden. Im Februar 1990 habe ihn der Minister für Nationale Verteidigung »ehrenvoll« aus dem Wehrdienst entlassen.

»In meiner 41jährigen militärischen Dienstzeit erhielt ich hohe staatliche Auszeichnungen (...). Sie sind – wie in allen Armeen dieser Welt – Ausdruck dafür, immer pflichtgemäß nach den Gesetzen gehandelt zu haben. (...) Mein Handeln als Soldat war immer bestimmt von der Verfassung der DDR, ihren Gesetzen, meinem geleisteten Fahneneid sowie den Befehlen meiner Vorgesetzten, deren Rechtmäßigkeit ich nie bezweifelt habe und ich als Soldat auch nicht berechtigt war zu prüfen.« »Der Gedanke, einen Befehl nicht auszuführen, kam einfach niemandem«, zitiert Telford Taylor die Zeugenaussage eines KZ-Kommandanten im Nürnberger Prozeß.[25]

»Ich war bemüht, die mir als Soldat meines Landes und der Koalition übertragenen Aufgaben exakt und verantwortungsbewußt zu erfüllen. (...) Die Verletzten und Toten auf beiden Seiten gehören zu den tragischen Folgen der Politik des Kalten Krieges. Ich bekunde erneut meine Betroffenheit und mein Mitgefühl mit jedem Verletzten oder Toten an dieser Grenze.« Aber nicht er habe den Tod dieser Menschen billigend in Kauf genommen, sondern »die Massenmedien in der BRD«, die mit »verlogenen Empfehlungen«, die Grenzen der DDR nicht zu respektieren, die Grenzverletzer immer wieder animiert hätten.

»Ich habe mich in den 41 Jahren meiner militärischen Laufbahn vom Soldaten bis zum Generaloberst bemüht, den Fahneneid nach besten Kräften und Gewissen in jeder Dienststellung, in die ich gestellt worden bin, zu erfüllen.«

Staatsanwalt Wenzler: »Eine Frage an Sie, Herr Baumgarten, aber auch an die anderen Angeklagten: Hatten Sie die Möglichkeit, sich von den Grenztruppen weg zu den Landstreitkräften versetzen zu lassen?«

Klaus-Dieter Baumgarten: »Die Möglichkeit bestand, aber warum hätten wir das tun sollen?«

Hanns-Ekkehard Plöger zitiert aus einem DDR-Dokument, in dem es heißt, man müsse das Feindbild der Grenzsoldaten stärken. Wie sich das denn mit einer »humanistischen Erziehung« vereinbare, die den Grenzern nach Aussagen von Herrn Baumgarten zuteil wurde. »Ich habe am Grab von Klaus-Peter Seidel gesprochen!« poltert Klaus-Dieter Baumgarten. »Dieser Grenzsoldat ist vom Verbrecher Weinhold kalt niedergemetzelt worden, als er ihn stellte. So einer war unser Feind!«*

Und er fährt fort: »Wenn wir gesagt haben, daß auf Westbürger, wenn sie über den Zaun kommen, nicht geschossen werden darf, dann war das auch Ausdruck humanistischer Erziehung! Und daß bei der Grenzöffnung am 9. November 1989 nicht ein Schuß gefallen ist, obwohl die Führungsstruktur funktioniert hat, ist das Ergebnis der humanistischen Erziehung!«

Anwalt Plöger: »Aber Sie haben doch zum Haß erzogen.«

Klaus-Dieter Baumgarten: »Welche Armee hat kein Feindbild?«

»Es bleibt bei unserem Feindbild!«, so hatte Generalleutnant Baumgarten einst die »Aufgabenstellung für das Ausbildungsjahr 1984/85« erklärt: »Wirkungsvoller muß es uns gelingen, Abscheu und Haß gegenüber den imperialistischen Söldnern, allen antisozialistischen Elementen und ihren Helfershelfern zu erzeugen. (...) Treffen mit dem ersten Schuß – das gilt auch für die tägliche Agitation.«[26]

---

*Herr Baumgarten verschweigt, daß der Soldat Seidel 1975 den Befehl hatte, den Deserteur Weinhold ohne Anruf und Warnschuß niederzuschießen (siehe R. Grafe: »Die Grenze durch Deutschland«, S. 235 ff.).

31. Mai 1996
Grenztruppen-Prozeß
25. Verhandlungstag

Man fährt fort mit der Anhörung zur Person: Dieter Teichmann, geboren 1930, zuletzt Generalmajor, von 1982 an Leiter der Abteilung Grenzsicherheit/Grenzüberwachung, seit 1986 Stabschef der Grenztruppen, sagt vorweg: »Ich stehe zu meiner Biographie.«

»Meinen Vater, er war Buchdrucker von Beruf, verlor ich frühzeitig. Als Soldat der Wehrmacht ist er in Rußland im August 1942 gefallen. Das war für mich der erste Schrecken eines erbitterten Krieges.« Von 1948 an habe er eine Lehre als Forstfacharbeiter absolviert, 1955 sei er zur Bereitschaftspolizei gegangen und 1961 zu den Grenztruppen. »Zu keinem Zeitpunkt meiner Dienstzeit habe ich einen Befehl zur Tötung auch nur eines Menschen erteilt, erhalten oder weitergegeben, erarbeitet, abgezeichnet, veranlaßt oder gebilligt.«

Dieter Teichmann kommt von sich aus auf seine Zusammenarbeit mit dem Ministerium für Staatssicherheit zu sprechen, jedoch nicht auf seine Spitzeltätigkeit: Die Zusammenarbeit mit den MfS-Hauptabteilungen I und VI habe sich aus seinen Dienstpflichten ergeben. Dabei sei es unter anderem um die »bauliche Sicherstellung an den Grenzübergangsstellen« gegangen.

»Sie haben doch eine Verpflichtungserklärung zur inoffiziellen Mitarbeit unterschrieben«, erinnert ihn der Vorsitzende Richter. »... aber nur, bis ich versetzt wurde«, entgegnet Herr Teichmann. »Immerhin ist das ein Teil Ihrer Vita, auf die Sie stolz sind«, sagt Richter Föhrig.

Abgesehen von »baulichen Sicherstellungen« bespitzelte Dieter Teichmann als IM »Wagner« Offiziere in der Grenztruppenführung. So berichtete er 1979, er habe im Auto eines ihm unterstellten Kollegen einen Kilometerzähler aus westlicher Produktion entdeckt. 1981 gab »Wagner« zu Protokoll, Stabschef Leonhardt habe gesagt, »daß der Genosse Oberst Gabriel zwar das Lieblingskind des Chefs Grenztruppen sei, aber ansonsten bis zur Gegenwart in seinem Verantwortungsbereich nicht ›durchsieht‹«. Stasi-Minister Mielke verlieh dem »IM in Schlüsselposition« Dieter Teichmann 1985 die »Medaille für Waffenbrüderschaft in Gold«.[27]

Ob er sich denn noch an einen Befehl des damaligen NVA-Stabschefs

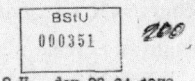

```
GRENZTRUPPEN
DER DEUTSCHEN DEMOKRATISCHEN REPUBLIK         O.U., den 29.04.1978
KOMMANDO DER GRENZTRUPPEN
       Oberst Teichmann


                         Meldung
                über Beschimpfung der Grenztruppen
                     in der Öffentlichkeit


       Am 28.04.1978, 18.25 Uhr, wurde ich auf dem Weg von der Dienst-
       stelle zur Wohnung in Berlin-Friedrichshagen, Bölschestraße 87,
       auf Höhe des Durchganges zur Albert-Schweitzer-Straße durch eine
       unbekannte männliche Person angepöbelt und beschimpft mit den
       Worten:
       "Du bist auch einer von dieser Knüppelgarde. Du bist von denen,
       die an der Grenze alles niederschießen.
       Meinen Jungen bekommst Du nicht, um ihn kaputt zu machen.
       Wenn Du auch ein paar Knöpfe drauf hast, meinen Jungen bekommst
       Du nicht, Du Schwein !"

       Als ich mich daraufhin sofort umdrehte, um in das im gleichen
       Hause liegende VP-Revier 242 zu gehen und die Person dingfest
       machen zu lassen, sagte die unbekannte Person noch:
       "Da loofste, wa ?"

       Vom VP-Revier habe ich mit 2 VP-Angehörigen nach etwa 1 1/2 bis
       2 Minuten die Verfolgung der Person aufgenommen. Dieser Zeitvor-
       sprung genügte jedoch dieser Person, unerkannt in der Bölschen
       Straße zu entkommen.

       Zum Sachverhalt habe ich eine Anzeige bei der Kriminalpolizei
       der VP-Inspektion Köpenick erstattet. Meine Ehefrau, die sich zum
       Zeitpunkt des Vorkommnisses in meiner Begleitung befand, wurde
       zum Sachverhalt als Zeuge vernommen.


                                        Teichmann
                                         Oberst
```

Auch dieses Dokument kam in die MfS-Akte des Spitzels Teichmann.

Streletz vom April 1989 erinnern könne, dem zufolge nicht mehr auf Flüchtlinge geschossen werden durfte, will Staatsanwalt Wenzler wissen.[28] »Das war kein Befehl, sondern eine Orientierung zur Anwendung der Schußwaffe.« Ob sich denn die Anwendung der Schußwaffe nach dem »orientierenden Gespräch« mit Herrn Streletz geändert habe? Man habe auf der Grundlage des Paragraphen 27 des Grenzgesetzes gehandelt...

Richter Föhrig: »Das ist aber eine tolle Neuigkeit! Nach dem Paragraphen 27 haben Sie jahrelang gehandelt, der Herr Staatsanwalt wollte wissen, ob es nach dem Gespräch mit Herrn Streletz eine Änderung des

Schußwaffengebrauches gegeben hat.« - »Eine Aufhebung des Paragraphen 27 hat es nie gegeben.«

Der Staatsanwalt verliest die Niederschrift des stellvertretenden Leiters der Hauptabteilung I beim Kommando der Grenztruppen, Oberst Nieter, vom 12. April 1989: »Seit dem 3. 4. 1989 wurden (...) alle unterstellten Verbände (...) mündlich angewiesen, die Schußwaffe im Grenzdienst Staatsgrenze zur BRD und zu Berlin (West) zur Verhinderung von Grenzdurchbrüchen nicht anzuwenden (...). Diese Befehlsgebung ist am 4. 4. 1989 bis zum Grenzposten bekanntgemacht worden und wird praktiziert.«[29] - »Können Sie sich erklären, was den Oberst Nieter dazu getrieben hat, eine solche Niederschrift zu formulieren?« - »Er hat seine Vorgesetzten informiert ...«, stammelt Dieter Teichmann. - »Zutreffend informiert?« - »Ja.«

Nebenklagevertreter Plöger greift noch einmal die Behauptung auf, die Grenzposten hätten das Recht, aber nicht die Pflicht gehabt, die Schußwaffe einzusetzen. Ob denn die entsprechenden Passagen der Befehle 80 nur freundliche Empfehlungen gewesen seien? »Befehl ist Befehl, das ist keine Laberei oder Empfehlung!«

Zum Schluß des Verhandlungstages gibt Teichmann-Verteidiger Jürgen Strahl eine »Erklärung« ab: Es seien »die Medien der BRD« gewesen, die bis 1961 eine Fluchteuphorie erzeugt hätten; in Scharen habe man die Menschen über die Grenze gelockt, »eine Panikmache, mit der man die Bevölkerung in Bewegung gesetzt hat«.

»Sie können Ihr Plädoyer um diese Passage verkürzen«, beendet Richter Föhrig den Vortrag.

31. Mai 1996
Kollegium-Prozeß
38. Verhandlungstag

Da der Angeklagte Helmut Borufka seit Anfang April wieder verhandlungsfähig ist, ist das Gericht mit dem Verlesen von weiteren Dokumenten ein gutes Stück vorangekommen.

Am 38. Verhandlungstag ist man beim Verlesen des Befehls 101 des Jahres 1984 angelangt. Noch sitzen sechs DDR-Generäle auf der Anklagebank; auch der schwerhörige Herr Borufka lauscht starr der verschnupften Stimme des Richters, der gerade eine Passage zitiert, in der von der »Unbesiegbarkeit des Sozialismus« die Rede ist. Zweimal pro Woche müssen sich die Angeklagten ihre alten Befehle anhören. Sie scheinen unter der Last der verlesenen Dokumente ein Stück kleiner geworden zu sein, vom Goldbach-Verteidiger Erich Buchholz ragt gerade noch der Kopf über die Tischkante. Verteidiger Häusler hat ungeniert die Augen geschlossen. »Herr Kollege, bitte aufwachen!« ruft Nebenklagevertreter Plöger in den Saal. Alle schrecken auf, Anwalt Häusler fühlt sich angesprochen und protestiert: »Unverschämtheit! Ich habe nur konzentriert die Augen geschlossen, um besser zuhören zu können.« Der Vorsitzende Richter sagt, er habe auch gerade mahnen wollen. »Bitte erlauben Sie mir, die Augen zu schließen«, sagt Bernd Häusler und klappt die Lider wieder runter. »Wir machen ja gleich eine Pause«, tröstet der sanfte Richter Ehestädt den Anwalt. »Aber nicht meinetwegen, ich kann weiter zuhören!« erwidert der energisch. Frau Anwältin Kossack führt die höchste Rechtsprechung zu diesem Problem an, wonach ein Prozeßbeteiligter die Augen schließen darf: »Er darf nur nicht schnarchen.«*

Man verliest weiter aus dem Befehl 101/84: »Die Anstrengungen zur Verhinderung von Grenzdurchbrüchen sind entscheidend zu verstärken.«

10. Juni 1996
Politbüro-Prozeß
23. Verhandlungstag

Günter Schabowski, von 1984 an Mitglied des Politbüros, nimmt Platz auf der Anklagebank; mit einer Hand verdeckt er seine den Richtern zugewandte Gesichtshälfte. Seine Verteidiger haben am 22. Prozeßtag erneut beantragt, sein Verfahren von dem der anderen Angeklagten abzutrennen: Herr Schabowski wolle sich seiner Verantwortung stellen, statt dessen müsse er sich ein »strafprozessuales Geplänkel auf niedrigstem Niveau« anhören.

*Bernd Häusler war Mitte der siebziger Jahre Verteidiger im »Schmücker-Prozeß«: der 22jährige Student Ulrich Schmücker wurde 1974 von einem Kommando »Schwarzer Juni« als »Verräter und Konterrevolutionär« im Berliner Grunewald durch einen Schuß in den Kopf »hingerichtet«.

»Guten Morgen, ich bitte Sie, Platz zu nehmen!« begrüßt der Vorsitzende Richter die Anwesenden. Staatsanwalt Wilhelm Schneider geht forschen Schrittes auf den Zeugenstand zu. Im Frühjahr 1992 seien die Ermittlungen gegen Günther Kleiber aufgenommen worden, beginnt er. Kleiber zähle sich, so der Staatsanwalt, zu den »fachlich ausgebildeten« Mitgliedern des Politbüros.

Herrn Kleiber seien keine Beschlüsse des Politbüros »zu Grenzfragen« erinnerlich gewesen. Über Grenzdurchbrüche seien Politbüro-Mitglieder nur in Formulierungen allgemeiner Art informiert worden, aber es sei mit Sicherheit nicht über die Grenze diskutiert worden. »Wenn es über Vorlagen zur Grenzsicherheit oder über Minen eine prinzipielle Diskussion gegeben hätte, wäre ich munter geworden.« Die Vorlagen seien einfach »im Politbüro durchmarschiert«, das habe »keine fünf Minuten gedauert«. Und: »Natürlich war mir klar, daß es an der Grenze durchaus zu Verletzungen und Tötungen kommen konnte.«

Daß an der Grenze Selbstschußapparate installiert worden seien, habe Herr Kleiber aus dem »Spiegel« erfahren. Aber er habe »keine Veranlassung gesehen, irgendwie dazwischenzureden«, das sei doch »Sache des Verteidigungsministers« gewesen. »Die Grenze war für mich tabu. Lediglich privat habe ich darüber gesprochen.« Außerhalb dieses intimen Kreises habe er sich zu dem Thema Grenze nicht geäußert, da er »Nachteile« befürchtete.

Außerhalb des privaten Kreises sprach Günther Kleiber über die Grenze zum Beispiel am 1. Mai 1968: Da rief er in seiner »immer wieder von Beifall unterbrochenen Festansprache« seinen »lieben Berlinerinnen und Berlinern«, die »festlich gekleidet mehr als vier Stunden lang an der Ehrentribüne auf dem Marx-Engels-Platz vorbeizogen«, zu: »Grenzenlos ist unser Haß gegen das verbrecherische Regime des Imperialismus, das seine Brutalität (...) in unserer unmittelbaren Nachbarschaft, in Westberlin, offenbart. (...) Die Besitzer der Meinungsfabriken im imperialistischen Westdeutschland (...) feiern ihre Diktatur über das Volk als Demokratie. Eine größere Lüge hat es in der Welt noch nicht gegeben. (...) Frieden und Sicherheit in Europa erfordern die Respektierung der bestehenden Grenzen (...).«[30] Einige Wochen zuvor wurden an der Mauer die flüchtenden Eheleute Elke und Dieter Weckeiser als »Grenzverletzer« erschossen (siehe Seite 281).

»Kampfdemonstration« in Ost-Berlin am 1. Mai 1968

11. Juni 1996
Grenztruppen-Prozeß
26. Verhandlungstag

Günter Gabriel, geboren 1930, Ingenieur, von 1980 bis 1989 »Chef Grenzsicherungsanlagen/Chef Technik und Bewaffnung«, zuletzt Generalmajor, verliest seine Angaben zur Person: Sein Vater sei »im Zweiten Weltkrieg geblieben«. Im September 1952 sei er für den Dienst in der Deutschen Grenzpolizei geworben worden. »Ich war zutiefst davon überzeugt, mit diesem Schritt einen Beitrag für eine bessere Zukunft des Landes sowie zur Erhaltung des Friedens leisten zu können. Nach mehr als 38 Dienstjahren wurde ich am 31. 12. 89 invalidisiert und in den Ruhestand versetzt. (…) Ich habe (…) auf der Grundlage des abgegebenen Fahneneids treu und ehrlich (…) gedient.«

Er habe »Achtung vor dem Leben« gehabt, sagt Herr Gabriel, der für das Funktionieren der Selbstschußanlagen an der Grenze verantwortlich war. An der »Legitimität der zum Schutze der Grenzen der DDR erlassenen Rechtsvorschriften« habe »ich nicht gezweifelt und hatte auch nicht zu zweifeln«. Schließlich: »Wir haben keine heimtückischen Anlagen errichtet, sie waren gekennzeichnet, ausreichend gesichert und für jedermann sichtbar beschildert.«

Richter Föhrig: »Ist es richtig, daß Sie unter dem Decknamen ›Hans Jäger‹ von 1965 bis 1989 als Inoffizieller Mitarbeiter der Staatssicherheit tätig waren?« – »Da gibt es gar nichts zu verheimlichen: Es gab einen regelmäßigen Austausch, wie man die Sicherheit der Militärtechnik erhöhen kann.«

Einen regelmäßigen Austausch zwischen Günter Gabriel und seinen Führungsoffizieren gab es auch über die »inoffizielle Aufklärung und Absicherung des Leitungskollektivs« der Grenztruppen: Aus einer »ausgeprägten inneren Bereitschaft« heraus lieferte er Spitzelberichte über Vorgesetzte und Unterstellte, stets »einsatzbereit und mit hoher Gewissenhaftigkeit«. Für seine »gute Zusammenarbeit« wurde »Hans Jäger« vom MfS »mehrfach prämiert«.[31]

Gabriel-Verteidiger Gerhard Scherf stellt den Antrag, das Verfahren gegen seinen Mandanten einzustellen: »An der Rechtmäßigkeit der Existenz von Grenzsicherungsanlagen und deren Ausgestaltung konnten beim Angeklagten Gabriel keinerlei Zweifel entstehen. (...) Das Grenzregime war Gesetz, an dem es nichts zu rütteln gab. (...) Der Aufenthalt im Grenzgebiet war gesetzlich geregelt. Die zu Schaden gekommenen Grenzverletzer hielten sich rechtswidrig im Grenzgebiet auf und setzten sich im Wissen um die Gefahren des rechtswidrigen Handelns diesen Gefahren bewußt aus. Der Angeklagte Gabriel sorgte lediglich dafür, daß die zur Grenzsicherung und Versorgung der Grenztruppen erforderlichen Mittel zur Verfügung gestellt wurden.«

Richter Föhrig: »Unschuldige Angeklagte werden nach deutschem Strafrecht freigesprochen. Auf eine Einstellung des Verfahrens kann ich Ihnen jedoch keine Hoffnung machen.«

Heinz-Ottomar Thieme, Jahrgang 1926, gelernter Tischler, von 1971 bis 1986 Chef Ausbildung, zuletzt Generalmajor, führt zur Person aus: »Meinen leiblichen Vater habe ich nie kennengelernt. Mein Stiefvater war Arbeiter, meine Mutter Hausfrau. (...) Mein Stiefvater wurde 1933 wegen Vorbereitung zum Hochverrat zu zwei Jahren Gefängnis – die er im KZ Oranienburg verbüßte – verurteilt. 1936 wurde, da meine Eltern sich wei-

Antrittsbesuch Günter Schabowskis im Grenzkommando Mitte (Berlin) anläßlich seiner Amtseinführung als Erster Sekretär der SED-Bezirksleitung 1985. Erste Reihe (von links): Günter Gabriel, Karl Leonhardt, Klaus-Dieter Baumgarten, Günter Schabowski, Erich Wöllner, (Kommandeur des Grenzkommandos Mitte) und Heinz-Ottomar Thieme. Zweite Reihe (von links): Günter Bazyli (Stabschef des Grenzkommandos Mitte), Günter Strobel (Kaderchef), Werner Michael (Politchef des Grenzkommandos Mitte), Gerhard Lorenz und Dieter Mühlmann (Chef Rückwärtige Dienste). Hinter der zweiten Reihe steht Oberst Stöhr, Chef der Abteilung Sicherheit in der SED-Bezirksleitung Berlin. Er wird als einziger aus dieser Runde nicht wegen Totschlags an Flüchtlingen oder der Beihilfe dazu verurteilt.

gerten, den Hausbesitzer mit dem Hitlergruß zu grüßen, uns die Wohnung ›wegen Nichteinfügen in die nationalsozialistische Hausgemeinschaft‹ fristlos gekündigt. (...)

Die Erfahrungen und Erlebnisse, die ich während meiner Kindheit und vor allem während des Zweiten Weltkriegs als Soldat der deutschen Wehrmacht hatte, haben sehr früh meine Überzeugung geprägt, alles in meiner Kraft Stehende zu tun, damit Krieg, Tod und Vernichtung niemals wieder in Deutschland Wirklichkeit werden können. Das war auch meine Motivation dafür, daß ich (...) im Februar 1948 Angehöriger der Deutschen Volkspolizei wurde. (...) Zu keiner Zeit hatte ich Zweifel an (...) der Rechtmäßigkeit gegebener Befehle und Weisungen (...). Achtung der Menschenwürde und der Menschenrechte, wie sie in der UN-Charta festgeschrieben

Gerhard Lorenz und Klaus-Dieter Baumgarten am kalten Büffet (1979): »Die Macht in der Tasche, vor Augen den Herzinfarkt, so sehn wir dich die umkämpfte Stellung halten hinter den Bankett-Barrikaden«, schrieb Wolf Biermann 1966 über die Bonzen der SED.

wurden, war für mich stets Richtschnur meines Handelns.« »Nicht einen Augenblick zweifelte ich an der Rechtmäßigkeit und Zulässigkeit meiner Aufgabe, denn ich hielt einen Völkerrechtsbruch durch die deutsche Regierung für ausgeschlossen«, verteidigte sich Fritz Sauckel im Nürnberger Prozeß, der Mann, der für Albert Speer die Zwangsarbeiter zusammentreiben ließ.[32]

»Unter den Grenzverletzern gab es eine Vielzahl von kriminellen Elementen, die sich der Strafverfolgung in der DDR entziehen wollten und dabei auch bereit waren, sich notfalls den Weg über die Grenze freizuschießen. (...) Ich maße mir in keiner Weise an, Tote gegeneinander aufzurechnen. Jeder Tote an der Grenze war ein Toter zuviel. Ich teile den Schmerz, den die Angehörigen der über zwanzig toten Grenzsoldaten ebenso wie die der zu Tode gekommenen Grenzverletzer erleiden mußten und noch erleiden. Auch wenn sich diese Menschen gegen die Gesetze der DDR vergangen hatten und sich des Risikos der illegalen Grenzübertritte bewußt waren, erweise ich ihnen mein tiefes Mitgefühl. Sie alle waren Opfer der Teilung Deutschlands und des Kalten Krieges.«

Gerhard Lorenz, geboren 1930, gelernter Maurer, zuletzt Generalleutnant, war seit 1968 Chef der Politischen Verwaltung der Grenztruppen. Ihm unterstanden die berüchtigten Politoffiziere, die ideologischen Einpeitscher, vor deren Macht sich selbst hochrangige Grenzoffiziere fürchteten.

»Im Elternhaus herrschte ein harmonisches Verhältnis, das auch meinen Charakter prägte. Ich wurde zu ehrlichem Handeln, zu Pflichtbewußtsein, Bescheidenheit und zur Achtung meiner Mitmenschen erzogen. (...)

Die Erlebnisse, die ich während des Zweiten Weltkrieges und in den Jahren meiner Kindheit hatte und andere tragische persönliche Ereignisse haben meine Achtung vor dem Leben besonders geprägt. (...) Vom 17. September 1948 bis 31. Mai 1990 diente ich in den bewaffneten Organen der DDR. (...) Gesetzesverletzungen habe ich niemals begangen und niemanden meiner Unterstellten zu Gesetzesverletzungen veranlaßt. (...) Herr Vorsitzender, ich möchte hier heute nochmals mein tiefes Mitgefühl für alle Opfer zum Ausdruck bringen, die es bei den tragischen Ereignissen an der Grenze auf beiden Seiten gegeben hat. (...) Ich habe immer aus fester Überzeugung gehandelt. (...) Der Erhaltung des Friedens zu dienen, war meine Lebensmaxime. Dafür heute kriminalisiert zu werden, ist bitter und ungerecht.«

Nebenklagevertreter Plöger zitiert aus dem »Salzgitter-Report«. Dort ist ein Gedicht aus der SED-Bezirkszeitung »Freiheit« wiedergegeben, das sich an die Soldaten der NVA wendet und in dem es heißt: »Haß! Tragt ihn hinein in die stillen Gassen, lehrt auch die Blumen, heiß zu hassen. (...) Haß! Sei jetzt mein Freund, sei mein Gefährte, führe die Hand an meinem Schwerte.«[33] Herr Lorenz: »Dazu kann ich nichts sagen.«

Hanns-Ekkehard Plöger zitiert aus einer Rede des Politbüro-Mitglieds Albert Norden vor Berliner Grenzsoldaten 1963: »Ihr schießt nicht auf Bruder und Schwester, wenn ihr mit der Waffe den Grenzverletzer zum Halten bringt. Wie kann der euer Bruder sein, der die Republik verrät (...). Verrätern gegenüber menschliche Gnade zu üben, heißt unmenschlich am ganzen Volke handeln.«[34]

Gerhard Lorenz: »An ein solches Zitat kann ich mich nicht erinnern.«

Richter Föhrig: »Haben Sie denn in der Tendenz dieses Zitates Ihren Politunterricht geleitet?«

Gerhard Lorenz: »Nein, ich kann mich nicht an eine solche Unterrichtspraxis erinnern.«

Die Politorgane erziehen die NVA-Angehörigen zu »unversöhnlichem Haß« gegen die Feinde des Staates, beschloß das Politbüro 1957. Und noch 1985 war in der Dienstvorschrift die Aufgabe der politischen Arbeit so formuliert: »Die Erziehung der Angehörigen der Grenzkompanie zum tiefen Klassenhaß gegen die Feinde des Sozialismus«.[35]

Der Angeklagte Karl Leonhardt, von 1979 bis 1986 Stabschef, danach Chef Ausbildung, zuletzt Generalleutnant, sagt zur Person aus: Er sei 1929 als Kind eines Fleischergehilfen und einer Arbeiterin geboren worden und bei der Großmutter aufgewachsen. Seine Mutter starb, als er zwölf Jahre alt war. In der Kriegsgefangenschaft habe er im Lager erlebt, wie US-Soldaten ohne Anruf deutsche Soldaten erschossen, die auf der Suche nach Zigarettenkippen dem Lagerzaun zu nahe kamen. Nach dem Krieg habe er seine kaufmännische Lehre abschließen können, 1949 sei er zur Grenzpolizei gegangen.

Auch Herr Leonhardt drückt sein »tiefempfundenes Bedauern« aus und sein »aufrichtiges Mitgefühl für die Menschen, die an der Staatsgrenze der DDR zur BRD und zu Berlin (West) zu Schaden kamen«. Auch Herr Leonhardt sagt, er sei »ohne einen Rest von Zweifeln überzeugt« gewesen.

Karl Leonhardt ist verheiratet und hat Kinder, wie die anderen Angeklagten auch. »Ich stehe zu meiner Biographie als Offizier der Grenztruppen. Ich bin stolz darauf, daß ich in den bewaffneten Kräften der DDR gedient habe«, sagt er. »Ich bin glücklich zu wissen, daß ich meine Pflicht getan habe«, sagte Hitler-Stellvertreter Rudolf Heß vor Gericht in Nürnberg. »Ich bereue nichts. Stünde ich wieder am Anfang, würde ich wieder handeln, wie ich handelte.«[36]

17. Juni 1996
Politbüro-Prozeß
24. Verhandlungstag
Diesen Verhandlungstag besetzt der junge Schabowski-Anwalt Ferdinand von Schirach. Zunächst hält er einen Vortrag: Die Mitglieder des Politbüros hätten doch gar nicht einen so weitreichenden Beschluß wie den zur Abschaffung des Grenzregimes und damit vermutlich zur Abschaffung der DDR (sic!) fällen können ... Dann stellt Herr von Schirach Fragen an den Zeugen Schneider: Ob ihm der Name Max Fechner etwas sage?* »Ist das hier ein Geschichtskolloquium?« fragt Staatsanwalt Schneider freundlich. »Ist Ihnen bekannt, daß Honecker 1984 in Moskau gewesen ist?« – »Ich gehe davon aus, daß Herr Honecker öfter in Moskau gewesen ist.«

Schließlich »enthüllt« der Staatschef a. D. Egon Krenz, daß Bundes-

---

*Justizminister der DDR, nach dem Volksaufstand 1953 abgesetzt und inhaftiert

kanzler Helmut Kohl in einem vertraulichen Gespräch im September 1987 gegenüber Erich Honecker die »großzügigen Reisegenehmigungen« gelobt habe sowie die »ruhige Lage an der Grenze« einschließlich der »korrekten Abfertigungen«. (Das ist, als würde ein Geiselnehmer sein Handeln im nachhinein damit rechtfertigen, daß der Polizeipsychologe bei den Verhandlungen so freundlich war.) Was der Bundeskanzler noch gesagt hat, verschweigt Egon Krenz, nämlich: »Die Menschen in Deutschland leiden unter der Trennung. Sie leiden an einer Mauer, die ihnen buchstäblich im Wege steht und sie abstößt.«[37]

Berichte über Grenzzwischenfälle seien für Honecker »besonders belastend« gewesen, zitiert Staatsanwalt Schneider am nächsten Verhandlungstag aus der Vernehmung Günter Schabowskis. Wenn jemand beim Versuch, die Sperranlagen zu überwinden, umgekommen sei, habe man das abgebucht unter der Rubrik »Opfer des Klassenkampfes«, so der Beschuldigte Schabowski 1994. Das allgemeine Bewußtsein in der DDR in bezug auf die Grenze zur BRD sei so gewesen, daß diese Grenze notwendig und schützenswert sei.

24. Juni 1996
Politbüro-Prozeß
26. Verhandlungstag
Fritz Streletz, Stabschef der Volksarmee und NVR-Sekretär, soll wieder als Zeuge aussagen. »Meine Aufgabe und Pflicht bestand darin, alle Dokumente des Nationalen Verteidigungsrates durchzuarbeiten«, referiert Herr Streletz. Egon Krenz schaut gelangweilt. Ein Anwalt fragt leise: »Wo hat der denn den Stop-Knopf?« Jeden Satz führt Herr Streletz korrekt und unbeirrt zu Ende.

Ob Herr Streletz noch zu seiner Aussage stehe, der Nationale Verteidigungsrat sei dem Politbüro untergeordnet gewesen? »Jawoll! Ich stehe zu meiner Aussage.« Wie er denn die Arbeit des Politbüros im allgemeinen einschätze? Der Ex-Generaloberst sagt, er sehe sich als »Mann der zweiten Reihe«, das höchste politische Führungsorgan einzuschätzen, gehöre nicht zu seinen Aufgaben.

Abschließend sagt Herr Streletz noch über Wolfgang Herger, den Leiter der ZK-Abteilung für Sicherheit, der sei ein »zweckmäßiger, zuverlässiger Stellvertreter« von Egon Krenz gewesen.

25. Juni 1996
Grenztruppen-Prozeß
28. Verhandlungstag
Nur eine Viertelstunde ist am 27. Prozeßtag verhandelt worden: Ein Vertreter der Staatsanwaltschaft hat erläutert, wie in seiner Behörde Kopien gezogen werden, da ein Verteidiger Fälschungen in den Beweisstücken vermutete.

Heute sagt der brandenburgische Justizminister Hans-Otto Bräutigam aus, von 1982 bis 1988 Ständiger Vertreter der Bundesrepublik Deutschland in der DDR und 1989/90 westdeutscher UN-Botschafter. Er soll auf Antrag der Verteidigung bezeugen, daß die DDR niemals von den Vereinten Nationen für ihr Grenzregime verurteilt worden ist, weil es nicht gegen völkerrechtliche Bestimmungen wie die Menschenrechtskonvention verstoßen habe.

Als brandenburgischer Justizminister hat Hans-Otto Bräutigam 1994 für die Regierung von Ministerpräsident Manfred Stolpe (IM »Sekretär«) Pläne erarbeitet, die sich mit einem Amnestiegesetz für SED-Unrecht (ausgenommen Kapitalverbrechen) befassen. Begründet hat Hans-Otto Bräutigam seine Amnestiebestrebungen mit dem Satz: »Es muß deutlich werden, daß Loyalität auch in einem Unrechtssystem nicht grundsätzlich als verwerflich angesehen werden kann.«[38] Die Verteidigung scheint auf eine entsprechende Aussage vom Zeugen Bräutigam zu hoffen.*

Ja, nach seiner Erinnerung sei die DDR tatsächlich seit 1974 von der UNO nicht für ihre Art der Grenzsicherung verurteilt worden, sagt Herr Bräutigam. Das habe vor allem einen Grund gehabt: »Die Bundesregierung hat möglichst darauf verzichtet, Konflikte zu internationalisieren. Sie wollte die deutsche Frage auf bilateralem Wege lösen. Zum anderen war nicht klar gewesen, ob der Versuch einer solchen Verurteilung die Mehrheit in der UNO gefunden hätte. Außerdem ändert man durch UN-Resolutionen herzlich wenig.« Die Bundesregierung sei durchaus gegen die

---

*Im brandenburgischen Justizministerium konnte unter Hans-Otto Bräutigam auch der stellvertretende Justizminister der DDR, Wolfgang Peller, seine Karriere fortsetzen, als Referatsleiter. Herr Peller war in der DDR unter anderem zuständig für die Anleitung der Gerichte in Verfahren gegen Republikflüchtlinge (»Deutschland-Archiv« 1997, S. 47).

DDR-Grenzsicherung gewesen, nur habe man Regelungen nicht über die UNO angestrebt.

Die Aussage widerspricht dem Konzept der Verteidigung: Sie wollte den Beweis führen, daß bei den Angeklagten keine Zweifel an der Rechtmäßigkeit des Grenzregimes hätten entstehen können, weil es keine Verurteilung durch die UNO gab und somit die Bundesregierung ihr stilles Einverständnis zur DDR-Grenze bekundet habe. Nun stellt Leonhardt-Verteidiger Benno Bleiberg dem Diplomaten Bräutigam weitere Fragen, die dieser höflich beantwortet: Ob denn die DDR ohne Abriegelung lebensfähig gewesen wäre?»Nein, ohne eine solche Abriegelung wäre sie wohl nicht lebensfähig gewesen.« Ob dann nicht zur Verhinderung eines Staatsnotstandes die Abriegelung notwendig gewesen sei?»Es sind noch ganz andere Maßnahmen vorstellbar, um den Bestand eines Staates zu sichern. Man muß nicht so eine Mauer und solche Sperren errichten...«

Die Verteidigung des Angeklagten Lorenz will wissen, ob die DDR-Regierung überhaupt eine Chance gehabt habe, ohne die Sowjetunion das Grenzregime zu ändern? Hans-Otto Bräutigam:»Nein, die DDR-Regierung hatte keinen Spielraum in diesem Bereich. Den wollte sie auch gar nicht haben. Es wäre der DDR-Regierung durch eine Politik der Öffnung möglich gewesen, schon früher dieses menschenfeindliche Regime zu entschärfen und zu überwinden.«

Nebenklagevertreterin Susann Westphal (sie vertritt die Schwester Michael Bittners) fragt noch einmal nach: Ob die DDR-Regierung mit der Haltung der Sowjetunion zum Grenzregime einverstanden gewesen sei? »Natürlich. Da gab es überhaupt keine Meinungsverschiedenheiten. Es gab eine ideologische Loyalität der DDR zur sowjetischen Führungsmacht.«

1977 und 1984 sind Vertreter der DDR im Menschenrechtsausschuß der Vereinten Nationen kritisch zum Schußwaffengebrauch an ihrer Westgrenze befragt worden. 1983 hieß es im DDR-Bericht an den UN-Ausschuß über die Verwirklichung der Menschenrechte, man habe den Bürgern ermöglicht,»die zivilen und politischen Rechte voll zu genießen«. 1984 behauptete der Vertreter der DDR, Professor Erich Buchholz, in der mündlichen Befragung zur der Handhabung des Schießbefehls, die Grenzsoldaten würden nur im äußersten Notfall schießen, wenn andere Mittel nicht ausreichen, um ein Verbrechen – erwähnt wurde die Gewalttat – zu verhindern.[39]

27. Juni 1996
Politbüro-Prozeß
27. Verhandlungstag
Die Anträge der Verteidigung des Angeklagten Mückenberger auf Freispruch oder Schließung der Beweisaufnahme werden zu Beginn des Verhandlungstages abgelehnt. Die Aufklärungspflicht des Gerichts verbiete den Abbruch der Beweisaufnahme – und ohne Beweisaufnahme kein Freispruch.

Der Zeuge Streletz wird weiter befragt: Wie es denn zur Aussetzung des Schießbefehls anläßlich von »politischen Höhepunkten« in der DDR gekommen sei? Herr Streletz blättert kurz in seinen Unterlagen und liest dann, wortgleich wie im Prozeß gegen die Grenztruppen-Generäle vor ein paar Wochen, seine Sicht der Dinge vor: Damit es den feindlichen Kräften aus dem Westen nicht gelinge, »durch bezahlte Provokationen an der Grenze der DDR zu schaden«, habe der Verteidigungsminister oder der NVA-Stabschef, also er, an solchen Tagen dem Grenztruppen-Chef telefonisch die »verstärkte Grenzsicherung« befohlen. Das sei genauso wie in der Bundesrepublik, erst neulich wieder, als der Papst da war.

Schabowski-Verteidiger Dirk Lammer fragt, ob der Herr Zeuge seine Aussagen »mehr oder weniger abgelesen« habe? »Nein, ich habe mir nur Notizen gemacht.« Ob er denn immer dasselbe aussage? »Ja, denn ich sage immer die Wahrheit, dazu bin ich durch den Richter verpflichtet worden.«

1. Juli 1996
Politbüro-Prozeß
28. Verhandlungstag
Der Zeuge Streletz holt wieder seine Skizze vom Aufbau des Grenzgebiets und der Sperranlagen hervor: »Die Skizze soll veranschaulichen, daß jeder, der ins militärische Sperrgebiet eingedrungen ist, sich wissentlich in Gefahr begeben hat.« Er zeigt auf den Grenzturm: »Hier befanden sich die Grenzposten in Friedenszeiten«, und was die Splitterminen betrifft: »Wenn

einer von Westen gekommen wäre, wäre er auch in Mitleidenschaft gezogen worden. Die Hauptaufgabe der Minenfelder war, ein Eindringen in die DDR vom Westen aus nicht zuzulassen. (...) Die Verletzungen konnten im Ausnahmefall auch tödlich sein.«

Staatsanwalt Jahntz hält dem Zeugen Streletz daraufhin das Arbeitsprotokoll des Grenztruppen-Chefs Baumgarten aus dem Jahr 1982 vor, in dem es heißt, die Selbstschußanlagen seien »für jeden sichtbar ausschließlich gegen Bürger der DDR« gerichtet. Schabowski-Verteidiger Ferdinand von Schirach reagiert blitzschnell: »Darauf brauchen Sie nicht zu antworten, Herr Streletz!« – »Ich brauche keine Bevormundung!« gibt der zurück. Dann fordert er vom Staatsanwalt: »Geben Sie mir das Dokument! Reißen Sie nichts aus dem Zusammenhang! Stellen Sie mir Fragen! Locken Sie mich nicht mit irgendwelchen Fangfragen irgendwohin!« Staatsanwalt Jahntz verschiebt die weitere Befragung des Zeugen Streletz zu diesem Dokument.

Nicht ohne Begeisterung und unter Zuhilfenahme eines Projektors erläutert Fritz Streletz die Beschilderung der Grenze. Der Zeuge beendet die Lektion über die ordnungsgemäße Ausschilderung des Grenzgebietes mit der Meldung: »Herr Vorsitzender, wir haben die Schilder durchgenommen.«

Krenz-Verteidiger Robert Unger will es noch einmal hören: Ob mit der Standortwahl der Splitterminen als letztes Hindernis quasi »alles getan worden ist, um zu verhindern, daß jemand in den lebensgefährlichen Bereich kommt«? Herr Streletz bestätigt das: »Wir haben alles getan, daß die Grenzverletzer ohne Anwendung der Schußwaffe und Auslösung der Minen festgenommen werden.« So gesehen, hat man den ersten Stacheldrahtzaun aus Fürsorge um die Flüchtlinge errichtet.

8. Juli 1996
Politbüro-Prozeß
30. Verhandlungstag

Nachdem die Verteidigung am 29. Verhandlungstag erneut der Frage nachgegangen ist, ob die Staatsanwaltschaft »den Einfluß Moskaus auf das DDR-Grenzregime« genügend untersucht habe, kann heute zum vierten Mal der Zeuge Streletz gehört werden.

Der Streifen zwischen der eigentlichen Grenze und dem »vorderen Sperrelement« sei »immer sauber gehalten und mit Unkrautvertilgungsmitteln besprüht« worden, führt dieser aus. Ob er von den Plänen wisse, die Splitterminen Mitte der achtziger Jahre nicht, wie dem Westen zugesagt, abzubauen, sondern nur vom »vorderen Sperrelement« zu entfernen und im Hinterland neu zu installieren – weiter weg von der Grenze, raus aus dem westlichen Beobachtungsraum? Ja, erinnert sich Herr Streletz, es habe einen solchen Versuch gegeben, im Raum Meiningen: »Aber Aufwand und Nutzen standen in keinem Verhältnis, deshalb wurde davon Abstand genommen.«

Dann erzählt der ehemalige NVR-Sekretär, daß auf der 67. Sitzung des Verteidigungsrates, am 1. Juli 1983, eine Modernisierung der Grenze zu West-Berlin beschlossen worden sei: Zur 750-Jahr-Feier der Stadt habe die Grenze »ein freundliches Bild« abgeben sollen. Verwitterte Mauerteile und verrostete Zaunplatten sowie überflüssige, weil überholte Sperrelemente hätten »ein Licht auf das Grenzgebiet geworfen, das für die DDR nicht freundlich war. Was von West-Berlin immer ausgenutzt wurde zu sagen: Guckt mal her, was die da alles haben. Was also nicht dazu beigetragen hat, den Sozialismus attraktiver zu machen.«

Die Modernisierung sollte dann »verwirklicht werden, soweit es die finanziellen und ökonomischen Gegebenheiten zuließen«, durch Instandsetzung, Ausbau und Neubau des Grenzzauns und der Mauer, also hier eine »Grenzmauer 83«, da ein Chrom-Nickel-Stacheldraht, dort verzinkte Streckmetallplatten. »Der normale Draht war ja schon immer nach zwei Jahren rostig, Herr Kleiber wird das bestätigen können, er war ja Spezialist auf diesem Gebiet. Der neue Draht mußte ja immer wieder eingeplant werden, denn wir hatten ja eine Planwirtschaft; was nicht in den Plan kam, konnte nicht produziert werden.« Was war das? Will Fritz Streletz den Angeklagten Kleiber belasten? Spezialist für Stacheldraht! Will der als Totschläger verurteilte Ex-Militär nicht hinnehmen, daß er für Jahre ins Gefängnis soll, während die Mitglieder des Politbüros von nichts gewußt haben wollen?

11. Juli 1996
Politbüro-Prozeß
31. Verhandlungstag
Fritz Streletz schildert, wie es 1984/85 schließlich doch zum Abbau der Minen und Selbstschußanlagen an der Grenze kam: Honecker habe gefordert, die Grenze kurzfristig minenfrei zu machen. Das habe ihm, Streletz, der damalige Verteidigungsminister Heinz Hoffmann nach einer Sitzung des Politbüros im Mai 1984 mitgeteilt. Für den Verteidigungsminister sei der Wunsch Honeckers, die Minen abzubauen, offenbar überraschend gekommen. Heinz Hoffmann habe nicht gewußt, ob diese Absichten »mit den Freunden abgesprochen« seien. So habe er zu ihm, Streletz, gesagt: »Du fliegst nach Moskau!« Dort habe er im Juni 1984 mit dem Oberkommandierenden der Streitkräfte des Warschauer Vertrages, Marschall Kulikow, gesprochen und ihm gesagt: »Es war eine politische Entscheidung und nicht die des Ministers für Nationale Verteidigung.« Marschall Kulikow habe zu ihm, Streletz, gesagt, seine Vorgesetzten seien erstaunt über die Absicht der DDR-Führung, die Minen an der Grenze abzubauen, aber unter der Bedingung, keine Abstriche bei der militärischen Grenzsicherung zuzulassen, habe die Moskauer Führung ihre Zustimmung gegeben.

Der Antrag Günter Schabowskis, das Verfahren gegen ihn von dem gegen die übrigen Angeklagten abzutrennen, wird abgelehnt. Für alle Angeklagten sei eine identische Beweiserhebung notwendig. Dann bittet Richter Hoch die Prozeßbeteiligten darüber nachzudenken, wie es wäre, wenn man das Verfahren gegen den 86jährigen Erich Mückenberger eventuell abtrennen und zeitweilig aussetzen würde. So könnte man, nach der vierwöchigen Sommerpause, länger als zwei Stunden täglich verhandeln.

12. Juli 1996
Grenztruppen-Prozeß
30. Verhandlungstag
Nachdem Richter Föhrig am 29. Prozeßtag die Aussage des Flüchtlings Mario B. (1981 durch Splitterminen verletzt) verlesen hat, will der Vorsitzende heute die Beweisaufnahme schließen. Diese Ankündigung habe bei ihm »große Verwunderung hervorgerufen«, erklärt Klaus-Dieter Baumgar-

ten, zudem habe er den Eindruck, die Staatsanwaltschaft wolle »die Wahrheitsfindung verhindern«. Er spricht von der »völkerrechtswidrigen Position der Staatsanwaltschaft«.

Die Beweisaufnahme kann noch nicht geschlossen werden, denn Verteidiger Osterloh hat noch ein paar Anträge: Erstens will er einen Brief des sowjetischen Marschalls Konjew von 1961 verlesen. Zweitens soll der Beschluß des DDR-Ministerrats vom Vorabend des 13. August 1961 verlesen werden, zum Beweis, daß das Passieren der Staatsgrenze verboten war. Drittens soll man einen Brief von Pjotr Abrassimow an das Landgericht Berlin verlesen. Herr Osterloh ist in Fahrt gekommen: »Was besonders wichtig ist, das muß immer wieder betont werden: Die Kernwaffen auf dem Gebiet der DDR sind durch das Grenzregime geschützt worden.« Viertens soll der Brief des sowjetischen Armeegenerals Luschew an das Landgericht Berlin verlesen werden. Fünftens soll bewiesen werden, daß »Grenzzwischenfälle immer nach der DDR-Strafprozeßordnung untersucht« wurden. Und sechstens soll mit der Europäischen Menschenrechtskonvention bewiesen werden, daß es keine Verletzung des Rechts auf Leben bedeutet, wenn jemand »bei einer ordnungsgemäßen Festnahme« getötet wird.

Richter Föhrig fragt: »Herr Baumgarten, diese Anträge, wenn es denn welche sind, schließen die Ihre Ausführungen ein, oder soll darüber extra beschieden werden?« Herr Baumgarten: »Das Gericht hat von Amts wegen die Pflicht, alle Tatsachen zum Sachverhalt zu ermitteln.« – »Wir sind, Herr Baumgarten, über unsere Amtspflichten einigermaßen aufgeklärt« – Lachen im Fan-Block –, »eine davon ist, alberne Lacher rauszuschmeißen, das geht wahnsinnig schnell.«

Nebenklagevertreter Plöger möchte anhand einer Geheimen Verschlußsache der Grenztruppen aus dem Jahr 1976 nachweisen, daß mit dem Wort »Vernichten« in der Sprache der DDR-Militärs Töten gemeint war: In einer Ansprache des damaligen Grenztruppen-Chefs Erich Peter an die »Genossen Generale und Offiziere« ist von der Bergung »festgenommener, verletzter oder vernichteter Kräfte« die Rede. Vernichtet ist demnach, wer nicht festgenommen wurde und auch nicht verletzt ist, also getötet.[40]

Die Anträge der Baumgarten-Verteidigung werden am Nachmittag sämtlich abgelehnt. So sei es unter anderem für diesen Prozeß ohne Bedeutung, ob die DDR-Führung »von Moskau abhängig« war: Die DDR-Führung sei hier nicht angeklagt. »Die Beweisaufnahme ist hiermit geschlossen.«

22. Juli 1996
Kollegium-Prozeß
44. Verhandlungstag

Der Prozeß wird nach vierwöchiger Verhandlungspause fortgesetzt. Aus gesundheitlichen Gründen stellt das Gericht das Verfahren gegen den Angeklagten Helmut Borufka, 77 Jahre, vorläufig ein. Sein Allgemeinzustand, so Doktor Rossel, sei zunehmend schlechter geworden; die letzten Verhandlungen hätten dem Angeklagten Herzschmerzen bereitet, das Hören mit dem Kopfhörer Kopfschmerzen.

Helmut Borufka war von 1974 bis 1982 als NVA-Hauptinspekteur auch für die Überprüfung der Gefechtsbereitschaft der Grenztruppen verantwortlich. 1953 ist der ehemalige Wehrmachtsleutnant belobigt worden, weil er sich als Generalmajor der Kasernierten Volkspolizei »besondere Verdienste« beim Niederschlagen des Volksaufstandes – von der SED »faschistischer Putschversuch« genannt – erworben habe. 1958 erhielt Helmut Borufka als Stabschef der Deutschen Grenzpolizei die »Medaille für vorbildlichen Grenzdienst«, zwanzig Jahre später den »Vaterländischen Verdienstorden« in Gold. 1994 bekam er die Anklageschrift der Berliner Staatsanwaltschaft: Beihilfe zum Totschlag und versuchten Totschlag in zwölf Fällen.

In der staatsanwaltschaftlichen Vernehmung hat Herr Borufka erklärt, er sei an keinen Tötungen beteiligt gewesen. Doktor Rossel hat ihm bis zuletzt eine uneingeschränkte Urteilsfähigkeit bescheinigt. Nach dem Ausscheiden Borufkas aus dem Verfahren spottet man in der »Welt am Sonntag«: »Da waren's nur noch fünf!« Staatsanwalt Klaus-Jochen Schmidt wird regelmäßig gefragt, wieviel Angeklagte denn noch im »Zehn-kleine-Negerlein-Prozeß« dabei seien.

Nach fast einjähriger Prozeßdauer beginnt das Gericht Ende Juli 1996 mit der Anhörung von Zeugen. Gut ein Dutzend werden in den nächsten Wochen gehört, zunächst zu allgemeinen Fragen. Ex-Minister Keßler erklärt, die Angeklagten seien zu Unrecht vor Gericht gestellt worden, sie hätten der Sicherung des Friedens und dem Schutz der DDR gedient. NVA-Stabschef Fritz Streletz bezeugt im August 1996 die »preußischen Tugenden« der Angeklagten; sie hätten »wie Preußen ihre Pflicht und Schuldigkeit getan«. »Ich habe nur meine Pflicht als Sicherheitsorgan getan«, sagte der Leiter des Reichssicherheitshauptamtes, Ernst Kaltenbrunner, dem Gericht in Nürnberg.[41]

23. Juli 1996
Grenztruppen-Prozeß
31. Verhandlungstag

»In welcher Reihenfolge plädieren Sie?« fragt Richter Föhrig die Verteidiger. Leonhardt-Verteidiger Kurt Niehoff beantragt, die Tagesmeldungen der Grenztruppen im Original verlesen zu lassen. Es gebe »erhebliche Zweifel« an der Übereinstimmung zu den bereits verlesenen Kopien: Am 26. Verhandlungstag habe der Herr Berichterstatter, für alle deutlich vernehmbar, Dokumente nur durch Erraten unkenntlicher Textstellen verlesen können, und bei den »Befehlen 80« habe man nicht den Anhang lesen können.

Verteidiger Osterloh beantragt, Professor Erich Buchholz (der als langjähriger Leiter des Bereichs Strafrecht an der Ost-Berliner Humboldt-Universität »besonders geeignet« sei) durch ein Gutachten »kraft seiner Wissenschaft« belegen zu lassen, daß das Tun der hier Angeklagten nach DDR-Strafrecht nicht verurteilbar gewesen sei: »Das DDR-Strafrecht sieht keine Bestrafung Vorgesetzter vor, wenn der Unterstellte schon verurteilt ist. Es gab in der DDR keine Straftäter mafioser Strukturen!«

Ferner solle man die UN-Minenkonvention von 1980 verlesen. Damit werde man belegen, daß die Minen an der DDR-Staatsgrenze »völkerrechtlich vorbildlich angebracht« wurden. Dann beantragt Anwalt Osterloh noch die Verlesung des Schreibens von Sowjetmarschall Viktor Kulikow an das Landgericht Berlin. »Es ist eine absurde Vorstellung, die Angeklagten hätten anders handeln können, als sie es den Befehlen aus Moskau gemäß taten.« Schließlich verlangt er noch ein völkerrechtliches Gutachten zum Beweis, daß die DDR ein Recht auf Minen- und Schußwaffeneinsatz gegen »Grenzverletzer« hatte.

»Das war schon alles?« fragt Richter Föhrig.

»Ja, wir können weitermachen.«
Staatsanwalt Wenzler: »Herr Osterloh, ich habe den Eindruck, Sie verlesen einige Anträge heute zum zweiten oder dritten Mal. Wenn ja, bitte ersparen Sie mir das.« – »Dann haben Sie nicht richtig zugehört!« entgegnet Frank Osterloh. Der Vorsitzende Richter schaltet sich ein: »Die Kammer wird sich bemühen, in den Anträgen Neues zu finden.«

Die Kammer findet in den Anträgen so wenig Neues, daß Richter Föhrig sie nach der Verhandlungspause mit der Ankündigung ablehnt, man werde, wenn erneut bereits gestellte Anträge wiederholt würden, den Tatbestand der Prozeßverschleppung prüfen. »Die Beweisaufnahme ist erneut geschlossen, und nun, bitte, Herr Staatsanwalt.«

Hans-Jürgen Wenzler, der ein Jahr nach dem Mauerbau geboren wurde, beginnt mit dem Plädoyer der Staatsanwaltschaft. Er faßt zunächst das Ergebnis der achtmonatigen Beweisaufnahme zusammen, schildert nochmals die angeklagten Fälle. Die Journalistenbänke sind heute wieder besetzt, auch ARD und ZDF sind gekommen.

Der Staatsanwalt zitiert die Behauptung der Angeklagten, die Minensperren an der Grenze seien zur Abwehr westlicher Eindringlinge errichtet worden. Hans-Jürgen Wenzler nennt eine solche Einlassung von ehemaligen Generälen »erstaunlich« und erinnert an die Aussage des Grenztruppen-Chefs von 1982, »daß für jeden sichtbar diese Anlagen ausschließlich gegen Bürger der Deutschen Demokratischen Republik gerichtet sind«. Er zitiert noch einmal den Satz vom »zutiefst moralischen und humanistischen Recht«, auf »Grenzverletzer« zu schießen.

Nach zwei Stunden ist der erste Teil des staatsanwaltschaftlichen Plädoyers vorgetragen: die einundzwanzig Toten und Verletzten an der DDR-Grenze, das Handeln der Angeklagten. Am nächsten Verhandlungstag will die Staatsanwaltschaft die »rechtliche Würdigung« vortragen und den Strafantrag stellen. Doch Anwalt Osterloh wird neue Beweisanträge stellen: Ein Offizier soll bestätigen, daß Holger Weck 1980 den Signalzaun »gewaltsam zerschnitten« habe und »damit selbst verhinderte, ihn am Auslösen der Minen zu hindern«. Ein Generalmajor aus Strausberg soll – »gestützt auf seine militärischen Kenntnisse« – bestätigen, daß durch die DDR-Grenzsicherung ein Krieg verhindert worden sei. Ein Mann aus Suhl soll bestätigen, daß auf Seite 6 der Anklageschrift eine »böswillige Unterstellung« stehe nämlich, daß es die Hauptaufgabe der Grenztruppen gewesen sei, mit Minenfeldern und Schußwaffen die Grenze für fluchtwillige DDR-Bürger undurchlässig zu machen.

Richter Föhrig stellt fest, daß die neuen Anträge des Verteidigers Osterloh »in außergewöhnlichem Ausmaß Wiederholungen« enthalten, die Kammer werde so etwas nicht länger hinnehmen. Weitere Anträge dieser Art würden allein auf dem Schriftweg verhandelt.

»Konkrete Maßnahmen«
Porträt Frank Osterloh

»Die Zulassung zur Rechtsanwaltschaft ist zu versagen, (...) wenn der Bewerber sich eines Verhaltens schuldig gemacht hat, das ihn unwürdig erscheinen läßt, den Beruf eines Rechtsanwalts auszuüben (...).« (Paragraph 7 der Bundesrechtsanwaltsordnung)[42]

Seit 1971 war Frank Osterloh hauptamtlicher Mitarbeiter des DDR-Staatssicherheitsdienstes: »Ich verpflichte mich, alle meine Kräfte und Fähigkeiten einzusetzen, um die ehrenvollen Pflichten und Aufgaben eines Angehörigen des Ministeriums für Staatssicherheit zu erfüllen ...« In der Hauptabteilung IX, als Untersuchungsorgan auch für die Strafverfolgung von DDR-Flüchtlingen zuständig, kümmerte sich Frank Osterloh um grundsätzliche »Rechtsfragen«, zunächst als »Operativer Mitarbeiter«, später als »Offizier für Sonderaufgaben«, von 1982 an als Gruppenleiter. »Oberstleutnant Osterloh ist ein der Partei der Arbeiterklasse treu ergebener, mit dem MfS eng verbundener Genosse«, bestätigte ihm sein Chef zwei Jahre vor dem Mauerfall.[43]

Kurz vor dem Ende der DDR konnte Frank Osterloh die Zulassung zum Rechtsanwalt ergattern. In den neunziger Jahren ist er einer von rund siebenhundert (!) in der Bundesrepublik zugelassenen DDR-Anwälten, die Stasi-Mitarbeiter waren.[44] Er vertritt unter anderen:
- ehemalige MfS-Offiziere vor dem Potsdamer Untersuchungsausschuß zur Aufklärung der Stasi-Mitarbeit von Ministerpräsident Stolpe
- Ex-Generalleutnant Manfred Hummitzsch, ehemals Leiter der MfS-

Frank Osterloh

Bezirksverwaltung Leipzig, vor dem Untersuchungsausschuß des Sächsischen Landtags, wo man den Vorbereitungen zur Internierung oppositioneller DDR-Bürger nachgeht
- die »Kleine-Dienstleistungs-Service GmbH« (ein Familienbetrieb des Stasi-Generals Alfred Kleine) in Prozessen gegen aufmüpfige Arbeitnehmer
- MfS-General Albert Schubert, der als Leiter der Hauptabteilung VIII Killerkommandos beauftragte, die 1975 einen West-Berliner »Grenzprovokateur« und 1981 einen Hamburger Fluchthelfer ermorden sollten
- den DDR-Anwalt Wolfgang Schnur, der Mandanten an den Staatssicherheitsdienst verraten hat
- Harry Dahl, einen Stasi-Oberst, der für das Untertauchen von zehn RAF-Terroristen in die DDR mitverantwortlich war, darunter Susanne Albrecht (Ponto-Mord) und Silke Maier-Witt (Schleyer-Entführung)
- Mielke-Stellvertreter Gerhard Neiber im selben Verfahren
- Herbert Hellwig, der als Stasi-Mitarbeiter an der Entführung des geflüchteten ehemaligen Volkspolizei-Generalinspekteurs Robert Bialek aus West-Berlin beteiligt war
- den DDR-Schwimmtrainer Dieter Lindemann, der angeklagt war, Minderjährigen, die ihm anvertraut waren, heimlich gesundheitsschädigende Dopingmittel verabreicht zu haben.[45]

Nach einem Bundesgesetz ist es seit 1992 möglich, DDR-Juristen die Zulassung wegen »Unwürdigkeit« zu entziehen, wenn sie gegen »Grundsätze der Menschlichkeit oder Rechtsstaatlichkeit« verstoßen haben. Doch die Stasi-Juristen verlieren dann nicht selbstverständlich die Zulassung: Es muß nachzuweisen sein, daß der abgelehnte Anwalt einem einzelnen konkret geschadet hat – etwa durch illegale Methoden bei Vernehmungen oder ein Unrechtsurteil – oder eine Schädigung zumindest in Kauf genommen hat.

Ausweislich seiner Personalakte hat Frank Osterloh in der Stasi-Untersuchungsabteilung »wesentlich dazu beigetragen (...), im Kampf gegen den Feind und feindliche negative Kräfte rechtlich zulässige und politisch wirksame Lösungen zu finden«. Damit habe er die Untersuchungsarbeit der HA IX »kontinuierlich und wirksam« unterstützt und erfolgreich »an der Vorbereitung politisch und juristisch überzeugender Einzelentscheidungen« mitgearbeitet: »Genosse Osterloh hat hohen persönlichen Anteil an der einheitlichen Durchsetzung des sozialistischen Rechts in den vom MfS bearbeiteten Strafverfahren«,[46] konkret bedeutet das: Frank Osterloh hat sich während seiner Dienstzeit bei der Stasi einen »hohen persönlichen Anteil« erworben an der Bearbeitung von

- mehr als 18 000 MfS-Ermittlungsverfahren wegen »Republikflucht«
- mehr als 7000 Verfahren wegen »Staatsverbrechen«
- mehr als 3600 Verfahren wegen »Beeinträchtigung staatlicher oder gesellschaftlicher Tätigkeit«
- mehr als 2200 Verfahren wegen »Staatsverleumdung« oder »Öffentlicher Herabwürdigung«
- mehr als 3000 Verfahren wegen sonstiger »Straftaten gegen die staatliche Ordnung«.[47]

In den meisten Fällen wurde man für diese Delikte zu (teilweise mehrjährigen) Haftstrafen verurteilt.

Laut einem BGH-Urteil von 1995 darf einem Anwalt die Zulassung entzogen werden, wenn er als Stasi-Mitarbeiter gegen Grundsätze der Menschlichkeit verstoßen hat, indem er sich »bewußt und schuldhaft über Persönlichkeitsrechte anderer, den Schutz der Privatsphäre und dem Freiheitsanspruch, das eigene Land verlassen zu wollen, hinweggesetzt« hat. Nach einer Entscheidung des Bundesverfassungsgerichts aus demselben Jahr darf die Zulassung einem MfS-Mitarbeiter und Anwalt entzogen werden, wenn für diesen absehbar war, daß dem Opfer seiner Zuarbeit unmenschliche und rechtsstaatswidrige Folgen drohten. Das Vertrauen in die Zuverlässigkeit und in die persönliche Integrität der Rechtsanwälte sei ein wichtiges Gemeinschaftsgut, so die Karlsruher Richter.

Frank Osterloh verfaßte 1980 an der MfS-Hochschule gemeinsam mit zwei weiteren Stasi-Offizieren eine sogenannte Kollektiv-Dissertation zum Thema »Politische und völkerrechtliche Aspekte der Arbeit des MfS zur offensiven Zurückweisung der von Staatsorganen bzw. Feindzentren der BRD ausgehenden Einmischung in innere Angelegenheiten der DDR«.

Diese »Untersuchung zur Bekämpfung politischer Untergrundtätigkeit« wurde von den Autoren als »Orientierung politisch-operativer Diensteinheiten« empfohlen und als Stasi-Schulungsmaterial genutzt. Ganze Kapitel der »Forschungsarbeit« sind den Menschenrechten gewidmet: »Die Menschenrechte im revolutionären Weltprozeß«, »Das Klassenwesen der Menschenrechte«, »Menschenrechte im Sozialismus und Kommunismus« und schließlich »Der Imperialismus – Feind der Menschenrechte«.

Was die Doktoranden unter dem »komplexen Charakter der sozialistischen Menschenrechte« verstanden, haben sie in ihrer Dissertation stolz präsentiert: Man habe »im Verlauf des Forschungsprozesses eine Reihe von Einzelvorschlägen für konkrete Maßnahmen erarbeitet, unterbreitet und z. T. auch erfolgreich realisiert«. Dazu zählen drei »von den Verfassern im Forschungsprozeß vorgeschlagene und unter ihrer Mitwirkung vorbereitete und öffentlichkeitswirksam ausgewertete gerichtliche Verfahren«:

Von Major Osterloh »vorgeschlagen und vorbereitet« wurde unter anderem das Verfahren gegen den Ost-Berliner Wehrdienstverweigerer Nico Hübner.[48] Im März 1978 war in der »Welt« unter der Überschrift »Studie des Regimekritikers Nico Hübner« ein Text erschienen, der mit dem Satz endete: »Ich will mich nicht einem System beugen, das sich nur durch totalitäre Bewußtseinsmanipulation, durch Bespitzelung von (Anders-)Denkenden, durch Erpressung und Verleumdung an der Macht halten kann.« Im Juli 1978 wurde Nico Hübner wegen »Nachrichtensammlung«, »staatsfeindlicher Hetze« und »Wehrpflichtverletzung« zu einer fünfjährigen Haftstrafe verurteilt.[49] Ein »Terrorurteil außerhalb der Rechtsordnung zivilisierter Staaten«, kommentierte ein Berliner Senatssprecher.[50] Dennoch will man nach 1989 bei der Senatsverwaltung für Justiz keine Beweise für die Mitarbeit Frank Osterlohs an »überzeugenden Einzelentscheidungen« im Kampf gegen »negative Kräfte« gefunden haben, die zum Entzug der Anwaltszulassung des 57jährigen führen würden.

Unter Mitarbeit von Frank Osterloh wurden auch die westdeutschen Fluchthelfer Günter H. und Horst S. – jeder zu zwölf Jahren Freiheitsstrafe – verurteilt. Im April 1978 hatten die beiden versucht, elf DDR-Bürger mit einem präparierten Lkw in die Bundesrepublik auszuschleusen. Die Verurteilung der Fluchthelfer »zu langjährigen Freiheitsstrafen« war in Osterlohs Abteilung, schon bevor die gerichtliche Hauptverhandlung überhaupt begonnen hatte, beschlossene Sache.*

Zu den von Major Osterloh »vorgeschlagenen und vorbereiteten« Verfahren gehört ferner der Fall Wolfram und Walter B. Die beiden Thüringer wurden im Sommer 1978 wegen Sammlung von Nachrichten und staatsfeindlicher Hetze ebenfalls zu mehrjährigen Haftstrafen verurteilt. Wolfram B. hatte sich wegen der Ablehnung seines Ausreiseantrags an bundesdeutsche Behörden gewandt, sein Vater Walter hatte ihn dabei unterstützt.

Das 1992 gegen Anwalt Osterloh eingeleitete Überprüfungsverfahren wird 1998 »vorläufig abgeschlossen«; ein Antrag auf Entzug der Zulassung wird nicht gestellt. Von den DDR-Anwälten, die Stasi-Mitarbeiter waren, hat man in der Bundesrepublik nur etwa jedem vierzigsten die Zulassung entzogen.[51]

Frank Osterlohs Hauptabteilungsleiter beim MfS, Ex-Generalmajor Rolf Fister, wird im August 1996 von der Berliner Staatsanwaltschaft wegen Anstiftung zur Rechtsbeugung und Freiheitsberaubung angeklagt. Rolf Fister hat von 1973 bis 1990 die Stasi-Untersuchungsabteilung geleitet. Das Verfahren gegen ihn wird beim Berliner Landgericht rund zwei Jahre lang nicht terminiert, dann stellt man es wegen Verhandlungsunfähigkeit des 69jährigen Angeklagten ein.

Wäre es zur Verurteilung Rolf Fisters gekommen, hätten sich unter

---

*Im Januar 1999 beantragt Horst S. in einem Schreiben an die Berliner Senatsverwaltung für Justiz, Frank Osterloh die Anwaltszulassung wegen Unwürdigkeit abzuerkennen. Die Antwort der Senatsjuristen: Ein Verstoß gegen Grundsätze der Menschlichkeit und Rechtsstaatlichkeit sei Herrn Osterloh nicht nachzuweisen, da er die Dissertation nicht allein verfaßt habe und somit sein Tatbeitrag zum Verfahren gegen Horst S. nicht erkennbar sei.

Umständen weitere Möglichkeiten ergeben, gegen den ihm einst unterstellten Juristen Osterloh vorzugehen. Auf einen Verbotsirrtum hätte sich Frank Osterloh nicht berufen können: Im Quellenverzeichnis der Dissertation sind unter der Rubrik »Bürgerliche Literatur« diverse westliche Schriften zum Thema Menschen- und Völkerrecht aufgeführt, darunter Standardwerke wie das »Lehrbuch des Völkerrechts« aus dem Verlag C. H. Beck.

8. August 1996
Politbüro-Prozeß
32. Verhandlungstag

Der medizinische Sachverständige, Dr. Bodo Schmock, soll etwas zum Gesundheitszustand des Angeklagten Mückenberger sagen.

Vor drei Wochen, am letzten Sitzungstag, sei Herr Mückenberger zwar verhandlungsfähig gewesen, aber die umfangreichen Materialien, die seitdem im Selbstleseverfahren durchzuarbeiten waren, die habe er »nur andeutungsweise gelesen und schließlich zur Seite gelegt. Er wollte sich damit gar nicht mehr befassen.« Doktor Schmock habe Herrn Mückenberger vor der heutigen Verhandlung gefragt, wie es ihm gehe. »Na, es geht schon so, ich werde schon durchhalten.«

Die übrigen Prozeßbeteiligten sollen sich äußern, was sie von einer Abtrennung des Verfahrens gegen Erich Mückenberger halten. Zunächst Staatsanwalt Jahntz: Verhandlungsunfähig sei Herr Mückenberger derzeit nicht, aber das Verfahren ziehe sich wegen seiner eingeschränkten Verhandlungsfähigkeit hin. Andererseits würden mit dem Angeklagten auch die beiden Nebenkläger Leopold und Malear ausscheiden, da die sie betreffenden Fälle allein im Tatzeitraum Mückenbergers liegen, dennoch: Um das Verfahren überhaupt demnächst zu einem Ende zu führen, beantrage die Staatsanwaltschaft, das Verfahren abzutrennen.

Rechtsanwalt Heinz-Joachim Hentschke vertritt den Nebenkläger Malear. Der 23jährige Adolf Malear trat 1964 an der Autobahnbrücke Hirschberg-Rudolphstein auf eine Mine und erlag wenig später seinen Verletzungen; sein jüngerer Bruder hat ihn beim Fluchtversuch begleitet und ist nun Nebenkläger. Der Rechtsanwalt widerspricht dem Vorhaben der Staatsanwaltschaft: Man habe bisher nur die Täter gehört, aber keine Opfer. Was das Beschleunigungsgebot betreffe, so weist Herr Hentschke darauf hin, daß seitens der Verteidigung bisher viele zeitraubende Anträge gestellt worden seien, die neben der Sache gelegen hätten und dazu noch provozierend gewesen seien. Anwalt Hentschke: »Die Opfer haben ein Recht auf Genugtuung. Sollte das Verfahren gegen Erich Mückenberger abgetrennt werden, heißt das, Herr Malear wird niemals zu seinem Recht kommen.« In anderen Verfahren würde man auch nur zwei Stunden täglich verhandeln.

Nebenklagevertreter Rhode widerspricht ebenfalls der Abtrennung des Verfahrens, »damit Frau Leopold Genugtuung erfahren kann«. Eine einfache Lösung für das Problem hat Mückenberger-Verteidiger Erich Buchholz: »Es hätte schon längst einen Freispruch geben können.«

Es geht weiter mit dem Zeugen Streletz. Der soll noch einmal etwas zur Besprechung vom 3. April 1989 sagen, also zur Aussetzung der Schießbefehle. Herr Streletz zögert, doch dann berichtet er: »Egon Krenz als amtierender Generalsekretär hat mich als amtierenden Minister im Zusammenhang mit dem tragischen Vorkommnis mit Herrn Gueffroy angerufen und gesagt: ›Was wir an der Grenze brauchen, ist Ruhe, Ordnung und Besonnenheit.‹« Im Westen habe man »das tragische Vorkommnis mit Herrn Gueffroy« zum Anlaß genommen, eine breite Hetzkampagne zu führen. Egon Krenz zu Fritz Streletz im Frühjahr 1989: »Sorge dafür, daß an der Grenze nach Möglichkeit nicht geschossen wird.« Das habe er, Streletz, mündlich weitergegeben, nicht jedoch in Form eines schriftlichen Befehls.

Richter Hoch hält dem Zeugen Streletz ein paar Zitate aus dem Protokoll der Rücksprache mit der Grenztruppen-Führung vom 3. April 1989 vor. Darin heißt es, Herr Streletz habe folgendes ausgeführt: »Wenn der Minister für Nationale Verteidigung sagt, daß kein Schießbefehl existiert, dann darf man auch an der Staatsgrenze nicht schießen, oder der Verteidigungsminister verliert an Glaubwürdigkeit. Es darf nicht auf fliehende Menschen geschossen werden, wenn es keinen Schießbefehl gibt. Es muß durchgesetzt werden, daß nur dann geschossen wird, wenn Leib und Leben der Grenzsoldaten gefährdet werden. (...) Es gilt zu beachten: Lieber einen Menschen abhauen lassen, als in der jetzigen politischen Situation die Schußwaffe anzuwenden.«

»So, wie das da steht, habe ich das nie gesagt, das ist nicht mein Sprachgebrauch!« protestiert Fritz Streletz. »Ich habe mich immer klar, deutlich, unmißverständlich ausgedrückt, wie ich es vor Gericht auch immer versuche. Ich habe nur gesagt: ›Es wäre gut, wenn wir überhaupt nicht mehr schießen müssen. Und denkt daran: Es hat in der DDR nie einen Schießbefehl gegeben.‹« Die Aussetzung der Schießbefehle im April 1989, nach vier Jahrzehnten Todesschüssen an der Grenze, nennt Fritz Streletz »keine große Besonderheit«.

Am nächsten Verhandlungstag wird der Zeuge Streletz behaupten, Krenz habe als SED-Generalsekretär 1989 dafür gesorgt, daß in der Zeit der Wende »kein einziger Schuß gefallen ist«. Und in der darauffolgenden Verhandlung sagt er, die DDR-Führung habe zu keiner Zeit erwogen, das Schießen an der Grenze zu verbieten. Richtig ist, daß das Politbüro schon einmal, am 24. Februar 1959, beschlossen hatte, daß die Angehörigen der Grenzpolizei »nur bei Angriff auf Leib und Leben von der Schußwaffe Gebrauch machen dürfen«. Am 15. Juni 1960 hob der vom Politbüro neu installierte NVR diese Einschränkung wieder auf.[52]

9. August 1996
Grenztruppen-Prozeß
33. Verhandlungstag

Staatsanwalt Klaus-Jochen Schmidt beginnt mit der rechtlichen Würdigung dessen, was in der Beweisaufnahme zur Sprache kam. Er zitiert zunächst aus den Befehlen und Anordnungen der Grenztruppen-Führung: »… illusionsloses Feindbild … Grenzverletzer festnehmen … kompromißlos die Schußwaffe anwenden … Ziele mit dem ersten Schuß bekämpfen …«

Der Angeklagte Günter Gabriel schafft Ordnung auf der Anklagebank: die Tasche, die Brille, das Papier, der Stift. Herr Teichmann schreibt eifrig mit, ebenso Herr Lorenz, Herr Leonhardt, Herr Baumgarten und Herr Osterloh. Herr Thieme schaut auf den Staatsanwalt, als hörte er das alles heute zum ersten Mal.

Staatsanwalt Schmidt: »(Es) wird der Vorwurf erhoben, es handele sich hier um ein politisches Strafverfahren. Jedoch ist nicht dieses Verfahren politisch motiviert, sondern die begangenen Taten wurden politisch motiviert begangen. Es kann die Angeklagten nicht entlasten, daß sie sich auf die Politik berufen und politische Verantwortung für die Handlungen übernehmen. Dies ist nur die Verdrängung rechtlicher Kategorien, um sich der strafrechtlichen Verantwortung zu entziehen. Dieses ist im übrigen auch nicht neu. Bei jeglichem staatlichen Unrecht, sei es im ehemaligen Jugoslawien oder im NS-Unrechtsstaat, sind die gleichen Verdrängungsmechanismen wirksam (...). (...)

Die in Prozessen dieser Art leider gängige Verdrängungsargumentation geht so weit, daß die Verantwortung für Tötungen auf den sogenannten Kalten Krieg geschoben wird. Hierzu ist aber in aller Deutlichkeit zu sagen: Der ›Kalte Krieg‹ tötete keine flüchtenden DDR-Bürger. Sie wurden von Menschen getötet, von Angehörigen der Grenztruppen, die durch politische Erziehung, Propaganda und eine von den Angeklagten mitzuverantwortende Befehlslage handelten. (...)

Die Angeklagten handelten (...) schuldhaft. (...) Die Tötung bzw. versuchte Tötung eines unbewaffneten Flüchtlings ist ein nach ihnen bekannten Umständen offensichtliches, schreckliches und jeder vernünftigen Rechtfertigung entzogenes Tun.« Es liege kein Fall von Befehlsnotstand vor und kein Verbotsirrtum. Staatsanwalt Schmidt erinnert daran, daß es in der DDR ein »kollektives schlechtes Gewissen bezüglich der Toten an Mauer und Stacheldraht« gegeben habe.

Nach DDR-Strafrecht sei das Tun der Angeklagten als Anstiftung zum Mord oder versuchten Mord (Herr Baumgarten) oder als Beihilfe dazu (die übrigen Angeklagten) zu werten. Demzufolge müßte der Angeklagte Baumgarten zu einer Mindeststrafe von zehn Jahren verurteilt werden. (Herr Baumgarten grinst, als er das hört.) Doch sei, laut Einigungsvertrag, das Strafgesetzbuch der Bundesrepublik anzuwenden, da es in diesem Fall die milderen Strafen vorsieht.

Zugunsten der Angeklagten sei, so der Vertreter der Staatsanwaltschaft, zu berücksichtigen, daß keiner von ihnen Initiator des Grenzregimes war. Ihre Motive seien nicht ausschließlich eigennützig gewesen. Alle seien sie selber politisch indoktriniert gewesen. Es liege zudem kein typischer Fall von Totschlag vor. Die Angeklagten hätten nur bedingt vorsätzlich gehandelt, primär ohne Tötungsabsicht. Sie seien nicht vorbestraft und hätten aufgrund ihres vorgerückten Alters eine höhere Strafempfindlichkeit.

Bei der Strafzumessung sei die herausragende Stellung der Angeklagten Leonhardt und Teichmann als einstige Stabschefs zu berücksichtigen. Der Angeklagte Gabriel habe eine besondere Schuld hinsichtlich der Minenopfer. Der Angeklagte Lorenz sei für die Schaffung eines Feindbildes zuständig gewesen. Der Angeklagte Thieme habe die mangelhafte Schießausbildung (kein Training von Beinschüssen) zu verantworten.

Das Strafmaß nach Bundesrecht liege für den Angeklagten Baumgarten zwischen fünf und fünfzehn Jahren Freiheitsentzug, für die anderen Angeklagten zwischen zwei Jahren und elf Jahren und drei Monaten. Bevor Staatsanwalt Schmidt seinen Strafantrag stellt, sagt er: »Schließlich ist an Chris Gueffroy zu denken, der erst im Februar 1989 von Grenzsoldaten vorsätzlich erschossen wurde (...).«

Der Strafantrag lautet: Für den Angeklagten Baumgarten eine Freiheitsstrafe von sieben Jahren und sechs Monaten. Für den Angeklagten Leonhardt eine Haftstrafe von sechs Jahren. Für die Angeklagten Teichmann und Gabriel jeweils fünf Jahre und sechs Monate Haft. Je fünf Jahre Freiheitsstrafe für die Angeklagten Lorenz und Thieme.

13. August 1996
Grenztruppen-Prozeß
34. Verhandlungstag

Richter Föhrig: »Wir setzen das Verfahren fort mit den Plädoyers der Verteidigung, haben Sie sich auf die Reihenfolge geeinigt?«

Herr Baumgarten: »Ich habe Ihnen versichert, daß ich mich nochmals zur Sache äußern möchte.« – »Die Beweisaufnahme ist vor längerer Zeit geschlossen worden. Sie können sich im Schlußwort zur Sache äußern.« – »Meine Ausführungen sind für die Plädoyers von Wichtigkeit ...« – »Darüber würde die Kammer gern einen Moment nachdenken.«

Nach der Beratungspause verkündet der Vorsitzende Richter: »Die Beratung hat ergeben, daß die Strafprozeßordnung keine Möglichkeit vorsieht, Ihre bewußte Verzögerung aufzuhalten.« – »Ich protestiere entschieden, daß Sie das als bewußte Verzögerung ...« – »Zur Kenntnis genommen.«

Die Staatsanwaltschaft solle endlich ihre Voreingenommenheit und Ignoranz korrigieren und sich auf den Boden der Wahrheit begeben, fordert Klaus-Dieter Baumgarten. Der Bundesgrenzschutz habe nach Minendetonationen nicht oder nur sehr oberflächlich nach verletzten Grenzverletzern gesucht. »Uns drängte sich die Vermutung auf, daß dahinter die Absicht steckte: ›Tote schaden der DDR mehr als Verletzte.‹« Auch Peter Fechter sei 1962 nur deshalb zu Tode gekommen, »weil die Grenzpolizei durch Androhung von Waffengewalt von Westberliner Seite an einer Bergung längere Zeit gehindert wurde, damit medizinische Hilfe mit großer Sicherheit nicht mehr möglich war. Der so bewirkte Tod Peter Fechters wurde dann politisch gegen die DDR ausgeschlachtet.« Schließlich endet er mit der Forderung: Die Staatsanwaltschaft möge »nach einem bitteren Erkenntnisprozeß die Strafrechtsordnung der DDR akzeptieren«.

Um 12 Uhr wendet Richter Föhrig sich erneut an die Verteidiger: »In welcher Reihenfolge plädieren Sie?« Jürgen Strahl: »Das kommt darauf an, wieviel Zeitfonds Sie zur Verfügung stellen.« – »Bis sechs Uhr.«

Anwalt Strahl beginnt mit dem Plädoyer für Stabschef Teichmann. Die Staatsanwaltschaft der BRD verfolge alles, was sich in der DDR bewegt habe und sich in politisches Strafrecht umdeuten lasse, sagt der Stasi-Anwalt. Er lobt die besondere Fachkompetenz des Herrn Doktor Osterloh in Fragen des MfS, zitiert Karl Marx, Goethe und Platon. »Mit den Befehlen 80 wurde keines der Opfer erschlagen oder verletzt. (...) Es gab in der DDR keinen Schießbefehl.« Die mit krimineller Energie betriebenen Grenzverletzungen erfolgten aus egoistischen Motiven. »Jeder Grenzverletzer hatte die Möglichkeit, von seiner Absicht Abstand zu nehmen und sich in Gewahrsam zu begeben. (...) Der Grenzverletzer nahm seinen Tod billigend in Kauf.« Jürgen Strahl beantragt, seinen Mandanten freizusprechen.

Auch der Anwalt des Angeklagten Thieme plädiert auf Freispruch: »Die Achtung der Menschenwürde war stets Richtschnur seines Handelns...«

23. August 1996
Grenztruppen-Prozeß
35. Verhandlungstag
»Mit der Minenverlegung und dem Einsatz von Splitterminen hatte er nichts zu tun.« Das sagt Gudrun Koziolek, die den Chef Grenzsicherungsanlagen, Günter Gabriel, verteidigt, in ihrem Plädoyer. Herr Gabriel habe

»nicht gezweifelt« und »treu gedient«. Der Prozeß habe ihn »in der Überzeugung gestärkt, in keinem Fall gegen das Völkerrecht verstoßen zu haben«. Und sie fügt an: »Gäbe es die Minen an der DDR-Grenze heute noch, wären sie noch immer völkerrechtsgemäß.«
Gudrun Koziolek vergleicht den obersten DDR-Minenleger mit einem Arzt, »der kunstgerecht operiert«: Da sterbe ja auch mal ein Patient, ohne daß man deswegen den Arzt verfolge. »Auch das Menschenrecht auf Leben besteht nicht uneingeschränkt.« Die Grenzverletzer seien »bewußt ein lebensgefährliches Risiko« eingegangen, ein »selbstmörderisches Risiko«. Sie beantragt, ihren Mandanten freizusprechen.

Mark Schippert, Verteidiger des Angeklagten Lorenz, führt aus: »Meinem Mandanten wurde vorgeworfen, er hat zu einer Feindbilderziehung beigetragen: ›Grenzverletzer sind Verbrecher!‹ Das war nach DDR-Recht richtig. (...) Jeder Staat darf sich vor seinem drohenden Untergang schützen. (...) Die DDR hatte gute Gründe, ihre Grenzen zu schließen und militärisch zu sichern. (...) Das Grenzregime der DDR hat ihr Ausbluten verhindern sollen.« West-Anwalt Schippert stellt die Frage, »ob es so verwerflich ist, das Primat der Politik vor das Recht des einzelnen zu setzen«, und beantragt für den ehemaligen Politchef Freispruch.

26. August 1996
Politbüro-Prozeß
35. Verhandlungstag
Es ergeht folgender Beschluß: Das Verfahren gegen Erich Mückenberger wird abgetrennt und vorläufig ausgesetzt. Begründet wird das mit dem Gesundheitszustand des Angeklagten und der Prozeßökonomie.
Mit dem Ausscheiden Mückenbergers aus dem Prozeß wird nur noch über die Todesfälle nach dem 22. Mai 1980 verhandelt, dem Tag, als Horst Dohlus ins Politbüro kam. Das kann fortan ganztägig geschehen. Krenz-Verteidiger Dieter Wissgott ersucht den Vorsitzenden Richter jedoch, jeweils schon um 15 Uhr die Verhandlungen zu beenden: »Ich komme sonst in den dichtesten Feierabendverkehr.« Richter Hoch lehnt ab.
Staatsanwalt Jahntz möchte den Zeugen Streletz befragen. Der sträubt sich: »Ich muß ja bei Ihnen wachsam sein«, sagt Herr Streletz. »Sie müssen

den Zeugen danach fragen, was er auch beantworten kann. (...) Wir kennen uns ja beide, ich weiß, worauf Sie hinauswollen.« Schließlich: »Ich möchte, daß wir jetzt mal mit der SM 70 aufhören!« Bernhard Jahntz hört nicht auf: »Herr Streletz, hatten Sie Zweifel an der Berechtigung, solche Selbstschußanlagen zu installieren?« – »Ich hatte nie Zweifel daran gehabt.« Die Zweifel des Stabschefs lagen anderswo: beim »Schußwaffengebrauch mit nicht vertretbar hohem Munitionsaufwand«. Der Zeuge berichtet erneut, was in solchen Fällen Egon Krenz zu ihm gesagt hat: »Wann wollt Ihr mit der Schießerei an der Grenze aufhören?«

Leise betritt Ilse Leopold den Saal: 1965 hat sie, als 23jährige Studentin, bei Kleinmachnow die Flucht nach West-Berlin versucht und ist durch einen Schuß ins Bein verletzt worden, ihr 21jähriger Verlobter wurde erschossen. Nun schaut die Nebenklägerin Leopold dorthin, wo eben noch Herr Mückenberger gesessen hat, das letzte Politbüro-Mitglied, das sich für ihren Lebensriß verantworten sollte. Der Platz ist leer. Ilse Leopold stutzt kurz und setzt sich dann auf ihren Nebenklagestuhl. Vermutlich darf sie das, streng gesehen, schon nicht mehr. Doch nicht einmal die Verteidiger bestehen in diesem Augenblick auf dem formellen Recht.

27. August 1996
Grenztruppen-Prozeß
36. Verhandlungstag

Anwalt Osterloh: »Ich habe einen Beweisantrag zu stellen.« Die Richter ziehen sich kurz zur Beratung zurück und verkünden dann, daß Herr Osterloh keinen Beweisantrag zu stellen habe, es sei denn, auf dem Schriftweg. Das Verhalten der Verteidigung, »repräsentiert durch Dr. Osterloh, läßt keinen anderen Schluß zu, als daß sie vorsätzlich mißbräuchlich das Verfahren zu behindern trachtet«. Professor Buchholz, den Herr Osterloh als Sachverständigen hören lassen wollte, steht auf und geht.

Benno Bleiberg, Verteidiger des Angeklagten Leonhardt, plädiert auf Freispruch: Das »wirtschaftliche und personelle Ausbluten der DDR« habe diese »zur hermetischen Abriegelung« gezwungen. Die Opfer hätten sich freiwillig in das militärische Sperrgebiet begeben...

Kurt Niehoff, der zweite Verteidiger des Chef Ausbildung, sagt: »Es gab zu keiner Zeit eine innerdeutsche Grenze«, und die Grenzsoldaten hätten nicht sehen können, ob es sich bei den Grenzverletzern um »Spione, Diebe, Fahnenflüchtige« gehandelt habe.

Es folgt das letzte Plädoyer der Verteidigung in diesem Prozeß, der letzte Auftritt Frank Osterlohs: »Die Staatsanwaltschaft stillt den Durst nach Rache. (...) Den Angeklagten wäre es lieber gewesen, wenn die Grenzverletzer unverletzt festgenommen worden wären. (...) Die Bemühungen der BRD, möglichst viele Tote an der Staatsgrenze zu haben, die man der DDR zur Last legen kann ...«. Stasi-Anwalt Osterloh spricht von »massenhaften und systematischen Menschenrechtsverletzungen«, die in der BRD – heute – begangen würden, und endet nach einer Dreiviertelstunde: »Ich beantrage, Klaus-Dieter Baumgarten freizusprechen.«

30. August 1996
Grenztruppen-Prozeß
37. Verhandlungstag

»Man lebte auch in der DDR nicht im rechtsfreien Raum«, erinnert Nebenklagevertreter Plöger am Anfang seines Plädoyers. »Wir haben es bei den Angeklagten mit Überzeugungstätern zu tun«, sagt er und schaut die Ex-Generäle dabei fest an. »Wir werden sie mit unseren Worten und Urteilen nicht erreichen. Sie haben, bis auf Lippenbekenntnisse, nichts bereut. (...) Sie haben durch das Schüren von Haß Grenzsoldaten dazu gebracht, den Schießbefehl nicht zu verweigern. (...) Sie haben eben nicht gegen Todesschützen ermittelt, sondern diese Grenzsoldaten unmittelbar nach der Tat belobigt, ohne daß ihre Staatsanwaltschaft da schon abschließend hätte ermittelt haben können.«

Rechtsanwalt Plöger zitiert den Paragraphen 119 des DDR-Strafgesetzbuches, wonach bestraft wird, »wer bei Unglücksfällen oder Gemeingefahr für das Leben oder die Gesundheit von Menschen nicht die erforderliche und ihm mögliche Hilfe leistet«, und zu den Angeklagten gewandt, sagt er: »Ihnen war es wichtiger, die verletzten Flüchtlinge aus dem westlichen Sichtfeld zu holen, als vor Ort zu helfen. Auch das ist nicht durch die UdSSR angeordnet worden. (...) Leute, die nicht zu ihrem ›Glück‹ gezwungen werden können, waren für Sie Reste der Ausbeuterklasse. Und die mußten eben vernichtet werden. Diese Sicht setzte Ihr Unrechtsbewußtsein herab. Andererseits sind Sie durch Ihre eigenen Gesetze verpflichtet gewesen, das Leben Ihrer Mitmenschen zu schützen. Aber Sie hatten Ihren Verstand bei der Partei abgegeben und nur noch gehorcht.«

Hanns-Ekkehard Plöger verliest einen Text seiner Mandantin Irmgard Bittner, der 1991 in der Dokumentation »Opfer der Mauer« veröffentlicht wurde. »Frau Bittner kann es nicht ertragen, hier teilzunehmen, also lassen wir sie so sprechen.« Wie diese Mutter ihren Sohn Michael und die Umstände seines Todes an der Berliner Mauer beschreibt, wie sie das ihr zugefügte Leid schildert, das läßt es für ein paar Minuten still werden im Saal B 129 des Berliner Kriminalgerichts.

Die Angeklagten und ihre Verteidiger haben den Blick gesenkt, als Anwalt Plöger die letzten Worte von Irmgard Bittner verliest: »Letztlich hoffe ich, daß Michaels Mörder – und die der anderen Opfer – zur Rechenschaft gezogen werden. Ich schreibe mit Absicht ›Mörder‹, womit ich alle Beteiligten meine, auch die im Hintergrund, das ganze System. Jedem dieser machthungrigen SED-Bonzen, die ihr Süppchen im stillen gekocht haben, sollte man empfindlich auf die schmutzigen Finger klopfen. Wenn das geschehen ist, dann endlich werde ich Ruhe finden. Was irgend ging, habe ich für meinen Sohn getan.« Hanns-Ekkehard Plöger, der große Mann mit der Löwenmähne, spricht am Schluß mit dünner Stimme, es gelingt ihm nicht mehr, die Tränen zurückzuhalten. Der Nebenklagevertreter beschließt sein Plädoyer mit den Worten: »Die Angeklagten haben sich im Sinne der Anklage schuldig gemacht, auch wenn sie das nicht einsehen. Vielleicht wird es in den Gesprächen mit ihren Enkeln ein Aufwachen geben. Vielleicht begreifen sie dann: Es macht sich nicht nur der strafbar, der jemanden erschießt, sondern auch der, der einen erschießen läßt.«

Als Hanns-Ekkehard Plöger aufsteht, geht eine ältere Frau mit einem Blumenstrauß auf ihn zu: »Ich bedanke mich, Herr Plöger, im Namen der Opfer.«

Die Schlußworte der Angeklagten sind angesetzt. Den Anfang macht Heinz-Ottomar Thieme, einst Chef Ausbildung: »Ich hatte zu keiner Zeit auch nur den geringsten Zweifel an der Rechtmäßigkeit meines Handelns.

(...) Die Unversehrtheit des Lebens der Grenzverletzer stand stets im Mittelpunkt der Ausbildung. (...) Eine strafrechtliche Verantwortung kann ich nicht erkennen.« Günter Gabriel, früher Chef Grenzsicherungsanlagen, sagt, er wurde »vor Gericht gestellt, nur weil ich in der DDR gelebt habe und gewissenhaft meine Pflicht erfüllt habe. (...) Ich bin nach wie vor davon überzeugt, einen aktiven Beitrag für die Erhaltung des Friedens geleistet zu haben.« Dieter Teichmann, zuletzt Stabschef: »Unser Sinnen und Trachten galt der Verhinderung dieses Opferganges von Menschen an die Grenze. (...) Wir haben aktiv daran gearbeitet, den Tod zu verhindern. (...) So, wie für den Juristen gilt: ›Gesetz ist Gesetz‹, so heißt es für den Soldaten: ›Befehl ist Befehl‹. (...) Befehlsverweigerung stand mir wie jedem anderen Soldaten nur zu, wenn schwerwiegende und für mich offensichtlich erkennbare Völkerrechtsverletzungen vorliegen. (...) Ich weiß, daß ich kein Totschläger bin und mich niemals an irgendeiner kriminellen Handlung beteiligt habe. Ich habe als ein deutscher Offizier im Rahmen mir vorgegebener Befehle meine Pflicht erfüllt.« »Wenn ein Befehl aber gegeben war, handelte ich nach meiner Auffassung pflichtgemäß, ohne mich durch die möglichen, aber nicht immer erkennbaren Auswirkungen beirren zu lassen«, sagte Wehrmachtschef Wilhelm Keitel in seinem Schlußwort vor dem Nürnberger Gerichtshof.[53]

Auch Karl Leonhardt, zuletzt Chef Ausbildung bei den Grenztruppen, meint, er habe »stets gewissenhaft und verantwortungsbewußt« seine »staatsbürgerlichen und militärischen Pflichten erfüllt«. Er will sich nicht dafür entschuldigen oder »schämen«. Er verweist auf die »lernunfähige oder bösartige« Staatsanwaltschaft, ihre »Arroganz und Siegermentalität«, »Heuchelei und Irreführung«...

Gerhard Lorenz, der Politchef, führt aus: »Das Grenzregime und die Beschränkung der Reisefreiheit waren ein Akt der Selbstverteidigung der DDR. Für mich als General bestand nie ein Zweifel daran, daß der Staat, dem ich als Soldat diente, das Recht für sich in Anspruch nehmen konnte, die für seine Fortexistenz notwendigen Regeln (...) durchzusetzen. (...) Die Gefährdung der Existenz der DDR durch ein systematisches Ausbluten konnte aufgrund der damit verbundenen Folgen für den Bürger, den Staat und für die anderen Staaten des Warschauer Paktes nicht hingenommen werden.« Erst in diesem Prozeß habe er erfahren, daß im Fall Michael Bittner »statt aufzuklären verschleiert« worden sei. Hätte er, Lorenz, damals so etwas erfahren, hätte er »rückhaltlose Aufklärung« gefordert. Wäre man dem nicht nachgekommen, hätte er um Versetzung oder Entlassung gebeten. »Vielleicht hätte ich mich mehr bemühen müssen, um Kenntnis von den Untersuchungsberichten zu erlangen (...). Dieses, aber auch nur dieses, habe ich mir heute vorzuwerfen, und dieser Vorwurf trifft mich schwer.«

Dem ehemaligen Grenztruppen-Chef Baumgarten lassen seine damals Unterstellten auch heute das letzte Wort. Herr Baumgarten zitiert zunächst eine Mitteilung des Generalstaatsanwalts Schaefgen, wonach weitere Verfahren gegen Grenztruppen-Angehörige eingeleitet werden sollen. »Waidmanns Heil, Herr Schaefgen!, würde ich sagen, wäre er ein Jäger«, sagt Klaus-Dieter Baumgarten, der oberste Menschenjäger der Grenztruppen, und spricht dann von der »hemmungslosen Jagd der Staatsanwaltschaft II auf Angehörige der Grenztruppen«. Die Erschießungen an der Grenze nennt er »diese bedauerlichen Vorfälle«, und zum Staatsanwalt Schmidt gewandt schließt er: »Ich gestehe, es ist mir sehr schwer gefallen, Ihren Vergleich der DDR und unser Handeln mit dem Nazi-Reich zu ertragen. (...) Ich bekenne, ich habe Tausende von jungen Bürgern der DDR im Sinne des Antifaschismus erzogen. (...) Ich bin mit sauberen Händen durchs Leben gegangen und habe das Beste gegeben.«

Richter Föhrig gibt bekannt, daß am 10. September 1996, um 10 Uhr, das Urteil in der Strafsache gegen Baumgarten und andere verkündet wird.

10. September 1996
Grenztruppen-Prozeß
38. Verhandlungstag
»Im Namen des Volkes: Die Angeklagten sind schuldig!« Sechseinhalb Jahre Freiheitsentzug für den ehemaligen Grenztruppen-Chef Klaus-Dieter Baumgarten wegen elffachen Totschlags und fünffachen versuchten Totschlags. Wegen Beihilfe dazu werden verurteilt: Karl Leonhardt zu drei Jahren und neun Monaten Haft, Günter Gabriel zu drei Jahren und sechs Monaten sowie Gerhard Lorenz, Dieter Teichmann und Heinz-Ottomar

Thieme zu jeweils drei Jahren und drei Monaten. Die Verurteilten zeigen keine äußere Regung.

Eine knappe Stunde dauert die mündliche Urteilsbegründung des Vorsitzenden Richters (siehe Anhang Seite 322). Zu Beginn wird Friedrich-Karl Föhrig durch »Siegerjustiz«-Rufe aus dem vollbesetzten Saal unterbrochen. »Ich werde Ausbrüche spontaner Freude nur begrenzt zulassen«, sagt er und fährt fort: »Täter wie Opfer des hier zu verhandelnden Geschehens waren Bürger der ehemaligen DDR. Die Täter trugen diesen Staat, die Opfer erlitten ihn. (...)

Wer in einem solchen Staat, wo auch immer, dem Unrecht dient, macht sich mitschuldig. Ob er deshalb verfolgt werden kann, ist keine Frage des Rechts, sondern allein eine Frage des Willens derjenigen, die es setzen und über seine Anwendung gebieten. Die Machthaber der DDR vor März 1990 wollten die Verfolgung nicht. Die Machthaber der DDR danach – legitimiert durch Wahlen – wollten sie.

Die Angeklagten, dem folgt die Kammer, hätten die Mauertoten und -verletzten nicht verhindern können. Sie wollten das indes auch nicht. Sie wollten vielmehr die Teilschritte mitgehen, die ihrer Teilverantwortung entsprachen. Sie bejahten das System, in dem sie Rädchen, wenn nicht schon Räder waren. Ohne diese Hunderte, Tausende, aber Tausende mitlaufenden teilverantwortlichen Rädchen funktioniert kein System...«[54]

Kaum sind die letzten Worte des Richters verklungen, beginnt im Publikum die Pöbelei: »Drecksker!!« ruft ein älterer Mann, »Klassenjustiz!« ein anderer. »Hast du überhaupt ein Gewissen?« Und: »Hoffentlich können Sie ruhig schlafen heute Nacht!« Richter Föhrig steht auf und geht.

Auch Klaus-Dieter Baumgarten verläßt den Saal. »Ein politisches Urteil!«, sagt er in die Fernsehkameras und will weiter, wird bedrängt, ja beinahe erdrückt im Ring der Fotografen und Kameramänner. Eine Bank kippt um, Klaus-Dieter Baumgarten steht die Angst ins Gesicht geschrieben. Zwei Wachtmeister versuchen, dem verurteilten Ex-General einen Weg zu bahnen. Eine Fotografin geht zu Boden, ein junger Mann schlägt um sich. Frau Baumgarten schreit: »Soll es erst Tote geben!?« Herr Baumgarten entkommt.

Grenztruppen-Prozeß
Epilog

Das Urteil und dessen mündliche Begründung werden in der Presse anerkennend kommentiert: »Die einfache, in dieser Deutlichkeit seit langem fällige Botschaft des Berliner Landgerichts«, heißt es in der »Frankfurter Allgemeinen Zeitung«, wo man auf einer ganzen Seite die Urteilsbegründung auszugsweise abdruckt. Andere Urteile lauten: »Gerechte Strafe für Grenztruppen-Generäle« (»Die Zeit«, Hamburg), »Logisches Urteil« (»Sächsische Zeitung«, Dresden), »Gerechte Strafe« (»Thüringische Landeszeitung«, Erfurt), »Gesunder Menschenverstand« (»Berliner Zeitung«), »... das Gericht hat eindrucksvoll dargelegt, wie hoch die Meßlatte liegt: Menschenrechte gehen über alles ...« (»Der Tagesspiegel«, Berlin)
»Richter Föhrig hat das Urteil deutlich begründet. Manche seiner Bemerkungen, etwa zum Unrechtsstaat, zu Menschenrechten, zur Delegitimierung jeder Diktatur im westlichen Kulturkreis, auch zur Siegerjustiz, sollten in juristischen Handbüchern stehen.« (»Frankfurter Rundschau«)
»Es gibt noch einen Richter in Berlin«, sagte der Müller von Sanssouci (in der Legende), als er gegen seinen König recht bekam. Es gibt ihn offenbar immer noch.« (»Die Welt«, Berlin)

Auch nach der Verurteilung bleibt es bei der Haftverschonung der Ex-Generäle. So kann Klaus-Dieter Baumgarten am 20. Oktober 1996 am Landesparteitag der brandenburgischen PDS teilnehmen - als Delegierter der Arbeitsgruppe »Frieden und Sicherheit«. PDS-Bundeschef Lothar Bisky versichert dem verurteilten Totschläger öffentlich seinen Respekt und seine Solidarität. Die PDS werde es nicht hinnehmen, daß die Verantwortungsträger der DDR durch Strafgerichte kriminalisiert würden, denn »das kriminalisiert letztendlich uns alle, jeden loyalen ehemaligen Bürger der DDR«.[55]

Am 12. November 1996, um 13 Uhr, wird die Grundsatzentscheidung des Bundesverfassungsgerichts veröffentlicht, wonach die strafrechtliche Verfolgung der DDR-Grenzschützen und ihrer Vorgesetzten durch die gesamtdeutsche Justiz verfassungsgemäß ist.

Klaus-Dieter Baumgarten flüchtet durch einen Seitenausgang.

Die von den NVR-Mitgliedern Keßler, Streletz und Albrecht sowie vom ehemaligen Grenzsoldaten Karl-Heinz Winkler angefochtenen Urteile verstießen nicht gegen den Verfassungsgrundsatz, wonach nur jene Taten strafrechtlich verfolgt werden dürfen, die zum Zeitpunkt der Tat per Gesetz unter Strafe standen, haben die Karlsruher Richter entschieden. Auf dieses sogenannte Rückwirkungsverbot könne sich berufen, wer darauf vertrauen konnte, daß die für ihn geltenden Strafgesetze von einem an die Grundrechte gebundenen demokratischen Gesetzgeber erlassen wurden. Eine solche Vertrauensgrundlage fehle, wenn die Staatsmacht die Strafbarkeit »schwersten kriminellen Unrechts« ausschließe, indem sie zu solchem Unrecht auffordere und so die in der Völkerrechtsgemeinschaft allgemein anerkannten Menschenrechte in schwerwiegender Weise mißachte. Die Unterordnung des Lebensrechts von DDR-Flüchtlingen unter staatliche Interessen war, so die Verfassungsrichter, offensichtlich »schwerstes Unrecht«.[56]

Heinz Keßler und Fritz Streletz müssen noch im November 1996 in der Justizvollzugsanstalt Berlin-Hakenfelde ihre Haftstrafen antreten. Von siebeneinhalb Jahren Haft verbüßt Heinz Keßler viereinviertel, Fritz Streletz von fünfeinhalb Jahren knapp dreieinviertel. Die 28 Monate Untersuchungshaft werden beiden angerechnet. Den Rest der Strafe verbringen sie im Offenen Vollzug, das heißt: tagsüber Ausgang, insgesamt sechzig Stunden pro Monat. Im Oktober 1997 wird Fritz Streletz vorzeitig entlassen. In Fällen gewöhnlicher Kriminalität ist es üblich, nach Verbüßung von zwei Dritteln der Haft die Reststrafe zur Bewährung auszusetzen. Dem Schreibtischtäter Streletz erläßt man darüber hinaus fünf weitere Monate Gefängnis. Die zuständige Strafvollstreckungskammer des Berliner Landgerichts begründet diese Entscheidung damit, daß für Herrn Streletz eine »günstige Sozialprognose« zutreffe, das heißt, daß von ihm keine weiteren Straftaten zu erwarten seien. Dazu komme das fortgeschrittene Alter des Verurteilten, sein »freiwilliger Strafantritt«, sein ordentliches Verhalten im Strafvollzug und daß er als Angeklagter und Zeuge umfangreich ausgesagt hat.

Heinz Keßler wird im Oktober 1998 entlassen, acht Monate, bevor er die üblichen zwei Drittel der Haft verbüßt hat. Auch Hans Albrecht kommt vorzeitig frei.

Für den Angeklagten Klaus-Dieter Baumgarten beantragt Staatsanwalt Klaus-Jochen Schmidt zwei Minuten nach Bekanntgabe des Verfassungsgerichtsurteils wegen Fluchtgefahr einen Haftbefehl. Richter Föhrig erläßt ihn unverzüglich, zunächst handschriftlich: »Der Angeklagte Baumgarten ist zur Untersuchungshaft zu bringen. (...) Die Möglichkeit des Absetzens ins Ausland liegt angesichts zahlreicher dort befindlicher Gruppen, die ihm diesbezüglich Hilfe zuteil werden lassen könnten, nahe.« (Kommunistische Parteien und Vereinigungen aus dem Ausland forderten in etlichen Schreiben an die Berliner Justiz »das Ende der Strafverfolgung von DDR-Hoheitsträgern«.)

Klaus-Dieter Baumgarten wird am nächsten Morgen, dem 13. November 1996, um 9.15 Uhr in seinem Haus in Zeuthen bei Berlin von zwölf Polizisten festgenommen und in die Haftanstalt Moabit gefahren. Seit Tagen hat die Polizei sein Haus bewacht. Den anderen verurteilten Grenztruppen-Generälen stellt man im Juni 1997 die »Ladungen zum Strafantritt« zu, nachdem der Bundesgerichtshof die Revisionsanträge im April als »offensichtlich unbegründet« verworfen hat. Die Beschwerden der Verurteilten gegen den BGH-Beschluß werden im Juli 1997 vom Bundesverfassungsgericht nicht angenommen: Die entscheidungserheblichen Fragen seien bereits entschieden, und die Beschwerden hätten keine hinreichende Aussicht auf Erfolg, lautet die Begründung der Karlsruher Richter.

Während die Grenztruppen-Generäle ins Gefängnis sollen, verurteilt das Landgericht Potsdam Fritz Rothe, von 1965 bis 1970 Stabschef der Grenztruppen, im Dezember 1997 zu zwei Jahren Haft auf Bewährung: wegen Beihilfe zum Totschlag an Klaus-Gerhard Schaper, Karl-Heinz Fischer und Klaus Seifert durch Erdminen sowie wegen Beihilfe zum versuchten Totschlag an weiteren Flüchtlingen. Zudem wird dem Verurteilten auferlegt, »den durch die Tat verursachten Schaden nach Kräften wiedergutzumachen«: Ex-Generalmajor Rothe soll an drei seiner schwerverletzt überlebenden Minenopfer insgesamt 3300 Mark zahlen, in Raten von 50 bis 100 Mark.

Die Staatsanwaltschaft, die eine Gefängnisstrafe von zwei Jahren und sechs Monaten beantragt hat, verzichtet auf eine Revision und läßt somit das Urteil nach einer Woche rechtskräftig werden.[57] Rudi Schütz, Rothes Nachfolger als Stabschef (1970-1978), wird vom Berliner Landgericht wegen Beihilfe zum Totschlag in vier Fällen zu zwanzig Monaten Haft auf Bewährung verurteilt und nach Hause geschickt.[58]

Schließlich verurteilt selbst die Kammer von Friedrich-Karl Föhrig den Angeklagten Gerhard Worbs, Leiter der Abteilung Pionierwesen im Kommando der Grenztruppen (1971-1980), sowie vier seiner engsten Mitarbeiter wegen Beihilfe zum Totschlag an Uwe Siemann und Wolfgang Bothe nur zu Bewährungsstrafen (die Staatsanwaltschaft hat unbedingte Haftstrafen gefordert). Dabei waren die Offiziere direkt verantwortlich für die Entwicklung und Installation von Selbstschußanlagen an der Grenze.

Oberst Worbs - vertreten durch Anwalt Jürgen Strahl - hat 1971 die Einführung der Splitterminen empfohlen mit der Begründung, sie seien geeignet, »die Grenzverletzerbewegung im gesperrten Abschnitt zu unterbinden bzw. herauszudrängen«. Die Splitterwirkung lasse »den sicheren Schluß zu, daß durch SM 70 verletzte Grenzverletzer tödliche bzw. so schwere Verletzungen erhalten, daß sie nicht mehr in der Lage sind, den Sperrzaun zu überwinden«.[59]

»Der Einsatz blinder Tötungsmaschinen unterdrückte gezielt jedes menschliche Element, jedes Mitleid und jede Hemmung vor der Vernichtung menschlichen Lebens«, sagt Richter Föhrig in seiner mündlichen Urteilsbegründung.[60]

Günter Gabriel, der von 1980 an für die Selbstschußanlagen zuständig war, muß seine Strafe nicht antreten, da er als dauernd haftunfähig gilt. Heinz-Ottomar Thieme wird 1999, nach knapp der Hälfte der Haftzeit, entlassen. Auch Gerhard Lorenz braucht in Berlin-Hakenfelde nur die Hälfte der Strafe im Offenen Vollzug abzusitzen, genau wie Karl Leonhardt. Dagegen kommt Dieter Teichmann erst nach zwei Dritteln der Haft im Gefängnis Brandenburg im September 1999 frei – für ihn war eine Strafvollstreckungskammer des Potsdamer Landgerichts zuständig.

Bei »normalen Totschlägern« kommt es nur ganz selten vor, daß die Hälfte der Haftstrafe erlassen wird. Für die Staatskriminellen der DDR ist das die Regel. Dabei heißt es im Paragraphen 57 des Strafgesetzbuches, das Gericht könne den Strafrest zur Bewährung aussetzen, wenn die Gesamtwürdigung von Tat und Persönlichkeit des Verurteilten das Vorliegen besonderer Umstände ergebe. Dies hat das Potsdamer Gericht im Fall Teichmann abgelehnt mit Verweis auf »die besondere Verwerflichkeit der Tat und die erhebliche kriminelle Energie«. Und weiter: »In Anbetracht der zahlreichen Tode unschuldiger Menschen, deren einziges ›Verbrechen‹ darin lag, das Land verlassen zu wollen, erscheint es für das allgemeine Rechtsempfinden unverständlich, die damaligen Befehlshaber durch eine Aussetzung zur Bewährung nach Verbüßung der Hälfte zu begünstigen. Insbesondere für die Angehörigen der Opfer wäre eine solche Entscheidung unverständlich und würde ihr Vertrauen in die Unverbrüchlichkeit des Rechts sicherlich erschüttern.«

Klaus-Dieter Baumgarten wird im Dezember 1999 begnadigt. Nachdem er die Hälfte der Haftstrafe verbüßt hat, entläßt man ihn am 15. März 2000 aus dem Gefängnis. Berlins Justizsenator Ehrhart Körting (SPD) hat (kurz vor dem Ausscheiden aus dem Amt) dem Senat (kurz vor dessen Abtreten nach der Wahl) den Gnadenakt empfohlen – gegen diverse Widerstände: Dagegen ausgesprochen haben sich die Staatsanwaltschaft und der Gnadenausschuß des Berliner Abgeordnetenhauses. »Selbstverständlich« dagegen ist auch das Tatgericht unter Richter Föhrig.

Die Auswahl des Begnadeten frappiere, so Föhrig im Mitteilungsblatt des Berliner Richterbundes: Baumgarten sei »in seiner Hartleibigkeit und Uneinsichtigkeit (...) von keinem mir einschlägig bekannten Angeklagten (...) auch nur annähernd erreicht«.

Nach der Inhaftierung hat Genosse Baumgarten an verschiedene PDS-Blättchen »Briefe aus dem Kerker« geschickt, in denen beispielsweise zu lesen ist: »Das deutsche Volk wird sich nie dieser Armee (der NVA) schämen müssen (...). Das erkennen jetzt schon immer mehr Menschen, und wir sollten alles tun, politische Zusammenhänge deutlich zu machen, um diesen Prozeß zu beschleunigen. (...) Unsere Partei kann dabei vieles positiv bewirken.« Dennoch hat die Leitung der Justizvollzugsanstalt Berlin-Düppel das Gnadengesuch für ihren prominenten Gefangenen unter anderem mit dem Argument befürwortet: »Politische Agitation ist ihm fremd.«

Noch Ende 1998 hat sich Klaus-Dieter Baumgarten als Zeuge in einem Prozeß vor dem Erfurter Landgericht gänzlich ungeläutert gezeigt: »Es gibt von mir nicht einen Befehl, keine Weisung, wofür ich mich heute vor mir oder der Geschichte schämen müßte.« Seine Inhaftierung hat er als Rechtsbeugung und Freiheitsberaubung bezeichnet. Dabei ist Klaus-Dieter Baumgarten als »Freigänger« nach Erfurt gekommen: Nach knapp einem Jahr im Haftkrankenhaus hat auch er in den Offenen Vollzug wechseln dürfen.

Bei der Mehrheit der Straftäter wird also das letzte Drittel der Haftzeit zur Bewährung ausgesetzt, in der Regel auf justitiellem Weg. Nach Verbüßen der Hälfte der Strafe hätte auch für Klaus-Dieter Baumgarten ein Richter der zuständigen Vollstreckungskammer des Berliner Landgerichts einen Straferlaß beschließen können. Daß ein solcher Antrag in diesem Fall nicht einmal gestellt wurde, ist außergewöhnlich. Gnade vor Recht bedeutet auch, daß man zuerst den üblichen Rechtsweg ausprobiert. Dies ist hier bewußt nicht getan worden, so meinen Juristen, und zwar aus der Befürchtung heraus, das Gericht würde die vorzeitige Entlassung des Verurteilten Baumgarten ablehnen.

Ist es böswillig, die politische Entscheidung des damaligen Berliner Senats zugunsten Klaus-Dieter Baumgartens zu begreifen als eine »grobe, nahezu zynische Mißachtung der dritten durch die zweite Gewalt«, wie

Richter Föhrig schreibt? Von einer »Korrektur der Gerichtsentscheidung« durch den Senat spricht Christoph Schaefgen, der bis Oktober 1999 in Berlin die Strafverfolgung von SED-Unrecht geleitet hat.

Ein Indiz dafür, daß die Gnade für den »herzlosen Apparatschik« (»Die Welt«) den Verantwortlichen selber zweifelhaft und brisant erscheint, ist das beinahe konspirative Verhalten der Beteiligten: Fast ein Monat vergeht, bis die Nachricht an die Berliner Presse durchsickert.

Die Föhrig-Kammer hat kurz vor der Begnadigung noch einen Stellvertreter des Grenztruppen-Chefs für 33 Monate ins Gefängnis geschickt.[61] Nach der Entlassung Baumgartens erklärt Richter Föhrig: Mit Empörung habe das Gericht zur Kenntnis genommen, daß einer der Hauptschuldigen nach Hause gehen dürfe und man gleichzeitig einen angeschuldigten Kompaniechef vor die Kammer gestellt habe. Mit Verweis darauf spricht das Gericht den Angeklagten Ronald Fabian zwar schuldig der Anstiftung zum Totschlag an Chris Gueffroy, verzichtet jedoch gleich gänzlich auf eine Strafe.[62]

Im Frühling 2000 sitzen Klaus-Dieter Baumgarten und Karl Leonhardt wieder in Berlin-Moabit im Gerichtssaal, beim zweiten Politbüro-Prozeß, als Zuschauer.

12. September 1996
Politbüro-Prozeß
39. Verhandlungstag
Fritz Streletz soll zum zwölften und letzten Mal als Zeuge gehört werden. »Ohne Befehl hat sich in dieser Armee gar nichts bewegt, Herr Oberstaatsanwalt«, hat er am 36. Prozeßtag betont. Doch heute behauptet er wieder, was er in der vergangenen Verhandlung und davor gesagt hat: »Es hat nie einen Schießbefehl gegeben!«

Staatsanwalt Jahntz hat ihm ein Dokument aus dem Stasi-Archiv vorgehalten, wonach Minister Mielke am 24. Juli 1973 über die Sicherheitsmaßnahmen während der Weltfestspiele der Jugend in Ost-Berlin intern gesagt hat: »Der Schießbefehl wird natürlich nicht aufgehoben.« Fritz Streletz war dabei, als Erich Mielke dies sagte. 23 Jahre danach weiß er nur noch: »Es gab Schußwaffengebrauchsbestimmungen.«

Egon Krenz verliest eine Erklärung: »Nach der Rechtslogik müßte sich das Gericht jetzt für Freispruch entscheiden.« Das Urteil gegen Baumgarten und andere nennt der ehemalige ZK-Sekretär für Sicherheitsfragen »grundgesetz- und völkerrechtswidrig«, es beruhe auf »Rechtsbeugung«. Schon die Strafverfolgung von DDR-Hoheitsträgern verstoße gegen das Völkerrecht, behauptet am nächsten Verhandlungstag auch Dohlus-Anwalt Karl Pfannenschwarz und fordert eine »politische Amnestie«.

16. September 1996
Kollegium-Prozeß
52. Verhandlungstag

Günter Bazyli ist selber angeklagt wegen Totschlags an Flüchtlingen. Obgleich ihm demzufolge ein »Auskunftsverweigerungsrecht« zusteht, erklärt sich Günter Bazyli zur Zeugenaussage bereit.

1955 ist er in die NVA eingetreten, seit 1982 war er Stabschef des Grenzkommandos Mitte. Er habe immer geglaubt, alles für das Wohl des Volkes zu tun. Aber das Volk habe 1989 weggeworfen, wofür er eingestanden sei. Diese Niederlage habe ihn zum Nachdenken gebracht.

Grenzverletzer sind Verbrecher, sagte man dem Stabschef der Berliner Grenztruppen Günter Bazyli (links), als er Zweifel am Schußwaffeneinsatz äußerte. Rechts neben ihm der Chef des Grenzkommandos Mitte, Erich Wöllner.

Offiziell habe es geheißen, man müsse Grenzverletzungen aus dem Westen verhindern. Dabei habe jeder gewußt, daß die meisten Grenzverletzer keine »Banditen«, sondern junge Menschen aus der DDR waren, die »einfach nur weg« wollten. Er habe, so der Zeuge Bazyli, einmal in einer Dienstbesprechung geäußert, daß die Grenzverletzer »unsere Menschen« sind, auf die man nicht schießen darf. Ein Politoffizier habe ihn »zur Seite genommen« und gemeint, er solle so etwas nicht noch einmal sagen, er wisse doch, daß Grenzverletzer Verbrecher seien.

Der Einsatz der Schußwaffe an der Grenze sei »ein Politikum« gewesen. Deshalb sei Mitte der siebziger Jahre die Forderung ergangen, die Kräfte und Mittel so einzusetzen, daß der Schußwaffengebrauch an der Grenze unnötig würde. Weil im schmalen Berliner Grenzstreifen kaum noch Zeit blieb, die Grenzverletzer ohne Anwendung der Schußwaffe zu stellen, sollte man sie schon im Hinterland festnehmen. Das sei aber eine nicht zu lösende Aufgabe gewesen: »Wir hatten einfach zu wenig Leute.«

Kommandeure von Grenzregimentern hätten bei der politischen und militärischen Führung der DDR um Hilfe gebeten, seien aber »im Stich gelassen worden«. Sein eigner Versuch, so Günter Bazyli, in Berlin eine mehr in die Tiefe des Hinterlands ausgerichtete Sicherung einzuführen, sei bei den Kommandeuren der Grenzregimenter auf Begeisterung gestoßen. Man habe sich aber nicht durchsetzen können.

Nach vier Jahren Dienstzeit als Stabschef des Grenzkommandos Mitte habe ihm Grenztruppen-Chef Baumgarten in einem »Kadergespräch« gesagt, daß er als »nicht mehr politisch zuverlässig eingeschätzt« werde. (Bazylis eigner Sohn wollte damals fliehen.) Man versetzte Günter Bazyli in das Kommando der Grenztruppen, wo er als Abteilungsleiter für die »Auffüllung« der Truppe mit Soldaten und Unteroffizieren zuständig war.

Viele von denen, die heute im Zuschauerraum sitzen, kenne er aus seiner Dienstzeit, sagt der Zeuge Bazyli. Er wolle nicht als Verräter beschimpft werden, er wolle sich »vor seine Soldaten stellen«, die vieles nicht hätten erkennen können. Die Grenzsoldaten hätten große Angst davor gehabt, schießen zu müssen. Er könne nicht verstehen, warum sich die hier angeklagten Generäle nicht vor *ihn* stellen – er habe doch *ihre* Befehle ausgeführt.

Einige Generäle hätten ihm anvertraut, sie hätten vor Gericht »gern ehrlich ausgesagt«, aber sie könnten sich, seiner Ansicht nach, nicht aus dem Umfeld »der Kampfgefährten von damals« lösen.

Die DDR bezeichnet Günter Bazyli als »Unrechtsstaat«. Jeder habe sehen können, daß man die Bevölkerung einsperrte. Und: »Ich schäme mich vor den Opfern der Grenze.« Er sagt, er hätte konsequenter sein sollen.

26. September 1996
Politbüro-Prozeß

43. Verhandlungstag

An den vergangenen zwei Prozeßtagen hat man einige Dokumente verlesen, darunter einen Vermerk über ein Gespräch des Politbüro-Mitglieds Axen mit dem sowjetischen Botschafter Kotschemassow vom 10. Juni 1988: Acht Monate vor der Erschießung des Flüchtlings Chris Gueffroy ist dem Politbüro die Haltung des sowjetischen Staats- und Parteichefs Gorbatschow zum Grenzregime übermittelt worden: »Nur die DDR als souveräner Staat habe zu entscheiden, wie sie ihre Grenzen sichert.«[63]

Ein alter Mann humpelt zum Zeugenstand. Sein »Morgen!« ist kaum hörbar und klingt wie ein unterdrückter Protest. Richter Hoch belehrt ihn, daß eine vorsätzliche Falschaussage ein Verbrechen sei. Staatsanwalt Jahntz weist darauf hin, daß man Herrn Keßler gestatten sollte, sein krankes Bein auf einen Stuhl zu legen. Er kenne ihn ja schon von früher, da habe man das auch so gehandhabt. Heinz Keßler legt sein Bein hoch.

Welche Funktion er in der DDR zuletzt gehabt habe, fragt Josef Hoch den Zeugen Keßler. »Ich setze als bekannt voraus, daß ich während der Herrschaft des Hitler-Regimes gegen die Nazis gekämpft habe ...« Schließlich gibt Herr Keßler doch noch zu Protokoll, Verteidigungsminister gewesen zu sein. Während er auf Nachfrage etwas zur Funktion des Verteidigungsrates sagt, packt er in einen Satz dreimal die Wortgruppe »Deutsche Demokratische Republik«. Das wird während der ganzen Vernehmung so bleiben. Niemals kürzt Heinz Keßler die Bezeichnung seines Staates ab. Die DDR wird bei ihm gar zum Subjekt: »Aus der Sicht der Deutschen Demokratischen Republik ...«

Richter Hoch zitiert aus der Wochenzeitung »Die Zeit« vom September 1988. Damals hat der Verteidigungsminister gesagt, daß es in der DDR nie einen Schießbefehl gegeben habe. »Ich kann diese Aussage auch heute nur bestätigen«, sagt Heinz Keßler acht Jahre später: »Es hat nie einen Schießbefehl, wie er zu allen Zeiten von allen möglichen Publikationen verbreitet wurde, gegeben. (...) Der Einsatz der Schußwaffe war eindeutig und klar festgelegt.« – »Wie denn?« fragt Richter Hoch. – »Das kann ich jetzt nicht sagen.«

Angesprochen auf die Niederschrift der 45. Sitzung des Nationalen Verteidigungsrates vom Mai 1974 (»von der Schußwaffe rücksichtslos Gebrauch« machen), sagt Herr Keßler: »Die sogenannte Niederschrift meines Kollegen Streletz kenne ich nicht.« Wenn Herr Keßler nicht sagen möchte, daß er etwas nicht kennt, sagt er: »Ich kann mich daran nicht erinnern.« Wenn er auch das nicht sagen möchte, sagt er: »Ich weiß es nicht.«

Spätestens nach einer halben Stunde Verhandlung dürfte jedem Beteiligten klar sein, daß vom Zeugen Keßler nichts Neues zu erwarten ist. Wie denn die Formulierung »von der Schußwaffe rücksichtslos Gebrauch« machen in die Niederschrift gekommen sein könne, wenn Herr Honecker so etwas nicht gesagt habe? »Das weiß ich nicht. Es gab niemals eine solche Auffassung beim Kollegen Honecker und bei mir schon gar nicht. Unser Ziel war, die Schußwaffe nicht zu gebrauchen.« Wie bitte? Herr Keßler wiederholt: »Im Politbüro gab es einen Konsens, die Schußwaffe nicht zu gebrauchen.«

Welche Verbindungslinien es zwischen dem Politbüro und dem Verteidigungsrat in bezug auf die Grenzsicherung gegeben habe? »Ich kenne keine Vorgaben für die Tätigkeit des NVR in diesen Fragen. (...) Konkrete Fragen der Grenzsicherung wurden im Politbüro nicht behandelt.« Auf Nachfrage antwortet Keßler: »Das Politbüro gab politische Orientierungen«, diese hätten jedoch »keinerlei Verbindlichkeit« gehabt. Der Berichterstatter, Richter Carsten Kessel, fragt den Zeugen, welche Verbindlichkeit die Beschlüsse des Politbüros für die SED-Mitglieder hatten. »Sie waren verbindlich ...« Wer im NVR denn nicht in der SED gewesen sei? »Keiner.«

1986 – wenige Tage nach der Erschießung der Mauerflüchtlinge Manfred Mäder, René Groß und Michael Bittner – sagte Heinz Keßler in seiner Rede auf der Berliner »Festveranstaltung zum 40. Jahrestag der Grenztruppen«, jeder Grenzer wisse, daß der bisherige Erfolg nur möglich gewesen sei, weil die Partei »immer die jeweils erforderliche Methode der Grenzsicherung organisiert hat«.[64]

In der Mittagspause liest der Angeklagte Dohlus im »Tagesspiegel«. Herr Krenz versucht, heftig gestikulierend, den Mitangeklagten Kleiber zum Lachen zu bringen. Der hat ihn vor kurzem noch einen »Demagogen« genannt.

Warum denn die Minen an der DDR-Grenze abgebaut worden seien? »Das stand im Zusammenhang mit der Einsparung materieller Mittel.« Gewisse Anlagen – Herr Keßler meint die Selbstschußanlagen – hätten »nicht mehr den Bedürfnissen und Notwendigkeiten der Sicherung der Staatsgrenze entsprochen«. Richter Hoch fragt noch einmal: »Warum wurden die Selbstschußanlagen abgebaut?« – »Weil die Effektivität nicht mehr den absoluten Notwendigkeiten entsprach.«

Der Vorsitzende Richter will vom Zeugen Keßler etwas über einen Test zur Wirkungsweise der Selbstschußanlagen wissen. Ob er sich noch erinnern könne, wie dieser Test ausgegangen sei? »Ich kann mich daran nicht mehr erinnern.« Richter Hoch hilft nach: 75 Prozent des Wildes, das Splitterminen ausgelöst hatte, erlitt tödliche Verletzungen. Warum man dennoch die SM 70 an der DDR-Grenze eingeführt habe? »Es gab Überlegungen, wie man die Grenzsicherung effektiver gestalten kann.« Der Richter zitiert aus einem Dokument, wonach als Erfolg der Selbstschußanlagen gewertet wurde, daß DDR-Flüchtlinge versucht hätten, derart gesicherte Bereiche zu meiden. Herr Keßler gibt zu, daß man mit der SM 70 – neben den Provokateuren aus dem Westen – auch Grenzverletzer aus der DDR habe abschrecken wollen.

Bei der Beratung im Kollegium des Verteidigungsministeriums über die Einführung der Splitterminen hat Heinz Keßler »die Frage der Effektivität in den Vordergrund gestellt« und gefragt, ob »der Einsatz einer Mine, die tödliche Verletzungen hervorruft, unbedingt erforderlich« sei. Minister Hoffmann, so Keßler, habe das damals lediglich »zur Kenntnis genommen«. Hoffmann habe sich mit den sowjetischen Partnern und dem Generalsekretär beraten – und dann die Einführung der SM 70 angeordnet.

Laut Heinz Keßler war die politische und militärische Führung der UdSSR »nicht sehr erbaut« vom Abbau der Minen seit 1984. Es habe geheißen, man setze »leichtfertig die Sicherheit der Staaten des Warschauer Vertrages aufs Spiel«. Nun, das sei damals eine Initiative der staatlichen

Führung der DDR gewesen. Wer denn damit gemeint sei, fragt Richter Hoch. »Honecker.« Jedenfalls habe das Politbüro keinen Einfluß auf diese Entscheidung gehabt.

»Wir wollen Ihre Konzentrationsfähigkeit nicht über die Maßen beanspruchen«, sagt Richter Hoch zum Zeugen Keßler, worauf dieser wissen will: »Verzeihen Sie, Herr Vorsitzender, bleibt das mit dem Taxi so erhalten?« Selbstverständlich.

7. Oktober 1996
Politbüro-Prozeß
44. Verhandlungstag

Heute wäre die DDR 47 Jahre alt geworden. Wer hat schuld an ihrem Ende? Die sowjetische Führung unter Michail Gorbatschow, meint der Zeuge Keßler.

Was die Verbindlichkeit der Politbüro-Beschlüsse für die Mitglieder in militärischen Führungsgremien betrifft, so seien dort ja auch Nicht-Genossen vertreten gewesen, zum Beispiel KVP-Generalmajor Arno von Lenski. Ihn nennt Herr Keßler, um die untergeordnete Rolle der SED-Führung zu belegen! Arno von Lenski war schon bei der Wehrmacht Generalmajor. Von 1939 bis 1942 war er als Beisitzer am Volksgerichtshof tätig und hat während dieser Zeit auch an Todesurteilen mitgewirkt. Danach kommandierte er eine Panzerdivision auf dem Schlachtfeld von Stalingrad. Auf Nachfrage des Staatsanwalts bestätigt Heinz Keßler seine Freundschaft zu Herrn von Lenski. (»Antifaschistischer Schutzwall« hieß die Mauer im vom Politbüro verordneten offiziellen Sprachgebrauch der DDR.)[65]

Staatsanwalt Jahntz hält dem Zeugen Auszüge aus den Führungsgrundsätzen der Grenztruppen vor. Darin ist von der führenden Rolle der SED, des Zentralkomitees und seines Politbüros die Rede.

10. Oktober 1996
Politbüro-Prozeß
45. Verhandlungstag

Am Abend zuvor hat das Erste Deutsche Fernsehen zur besten Sendezeit einen Film über das Politbüro-Mitglied Günter Schabowski gesendet: »Angeklagt: Der Maueröffner«, so der Titel. Die TV-Chefredakteurin des Hessischen Rundfunks, Luc Jochimsen, und ihr Kollege Holger Weinert zeigen in ihrer 45-Minuten-Dokumentation den »Reformer und Maueröffner« Schabowski als »Verlierer einer juristischen Abrechnung«, die gar nicht ihm, sondern dem politischen System der DDR gelte, wie es in der Rezension der »Frankfurter Rundschau« anerkennend heißt. Den alljährlichen Marsch von Berliner PDS-Anhängern zum Ehrenfriedhof der Sozialisten, im Schabowski-Film »mutig eingeblendet«, nimmt man bei der »Frankfurter Rundschau« als Beweis für »die Sehnsucht nach dem Sozialismus«.

In der Filmkritik des Berliner »Tagesspiegel« heißt es: »Der Eindruck, hier werde Politik im Sinne des Angeklagten betrieben, läßt sich (...) nicht vermeiden. (...) Die schuldhafte Verstrickung eines integren Jedermanns? Wie es scheint, ist ihm bereits verziehen.«

Richter Hoch beginnt die Verhandlung korrekt mit den Worten: »Guten Morgen! Ich eröffne die Sitzung der 27. Strafkammer des Schwurgerichts bei dem Landgericht Berlin. Bitte nehmen Sie Platz.« Krenz-Verteidiger Robert Unger beantragt, das Gericht möge beim Generalstaatsanwalt Schaefgen die Ablösung des ständigen Sitzungsvertreters beantragen, denn Oberstaatsanwalt Jahntz komme »seinem gesetzlichen Auftrag nicht nach«. Egon Krenz habe kein Vertrauen mehr, daß Herr Jahntz auch entlastendes Material in die Beweisaufnahme einführe: »Herr Jahntz ist nur an einer Verurteilung und nicht an einer Sachaufklärung interessiert.«

Krenz-Verteidiger Dieter Wissgott beantragt »die Sicherstellung bzw. - bei Weigerung - die Beschlagnahme« sämtlicher bei der Staatsanwaltschaft II befindlichen beweisrelevanten Dokumente. Dazu will er die Diensträume der Staatsanwaltschaft durchsuchen lassen. Er habe die Befürchtung, daß »die Staatsanwaltschaft im Besitz umfangreicher Unterlagen ist, die sie bislang zurückgehalten hat und jetzt von Fall zu Fall nachschiebt, je nachdem, wann es ihr opportun erscheint«.

Staatsanwalt Jahntz nennt den Antrag absurd und kündigt an, man werde auch künftig verfahren wie bisher. Die Kammer lehnt alle an diesem Tag gestellten Anträge ab.

Es geht weiter mit der Zeugenaussage Keßler: »Ich kann mich nicht erinnern. (...) Ich weiß es nicht. (...) Der Vorhalt bestätigt, was ich schon gesagt habe ...« Als Staatsanwalt Jahntz vom »sogenannten antifaschistischen

Schutzwall« spricht, widerspricht der Zeuge Keßler: »Er wurde nicht bloß antifaschistischer Schutzwall genannt, es war einer!«

Bernhard Jahntz zitiert noch einmal aus dem »Zeit«-Interview mit Verteidigungsminister Keßler vom 30. September 1988: »Es hat nie - nie - einen Schießbefehl gegeben.« Das Schießen sei nur erlaubt »beim gewaltsamen Überwinden der Grenze von beiden Seiten« und beim Angriff auf Grenzsoldaten. Ob das so gewesen sei oder ob er das damals nur so gesagt habe, will der Staatsanwalt vom Zeugen wissen. »Das war in den Schußwaffengebrauchsbestimmungen geregelt.« Wie denn? »Ich kann die Schußwaffengebrauchsbestimmungen nicht zitieren.«

Bernhard Jahntz läßt nicht locker: »War das Schießen auf Personen, die weder gewaltsam noch die bewaffneten Organe angreifend die Grenze überwinden wollten, nach den am 30.9.88 geltenden Schußwaffengebrauchsbestimmungen erlaubt?« Verteidiger Unger rügt »die unzulässige Wiederholungsfrage«. Was sich der Herr Jahntz denn davon verspreche? »Der Zeuge wird erneut sagen ...« - »Woher wissen Sie denn, was der Zeuge sagen wird, Herr Kollege?« wirft Nebenklagevertreter Plöger ein. »Ich habe hellseherische Fähigkeiten«, entgegnet dieser. Staatsanwalt Jahntz vermutet, daß die Fähigkeit eher aus einer Absprache mit dem Zeugen Keßler resultiert.

»Es galten die Schußwaffengebrauchsbestimmungen«, sagt Heinz Keßler nach der Pause auf die zulässige Frage des Staatsanwalts. Warum denn ein halbes Jahr nach dem »Zeit«-Interview an der Mauer ein gewaltloser Flüchtling (Chris Gueffroy) erschossen worden sei? Anwalt Unger rügt auch diese Frage. Heinz Keßler antwortet nicht.

In der Pause wird wieder gescherzt und gelacht, und man ist noch nicht zum Ernst zurückgekehrt, als die nächste Verhandlungsstunde beginnt. »Diese Heiterkeit ist nicht angebracht«, stellt Richter Hoch fest.

Hanns-Ekkehard Plöger fragt den Zeugen Keßler, ob ihm bekannt gewesen sei, daß einer seiner Stellvertreter ein Informant des Staatssicherheitsdienstes war, IM »Birnbaum«. (Herr Streletz grinst.) Nein, das habe er nicht gewußt.

Als Krenz-Verteidiger Unger den Zeugen Keßler befragt, sprudelt es aus dem nur so heraus. Herr Plöger steht auf: »Ich wundere mich, wie gut

Herr Keßler sich jetzt erinnern kann. Gut abgesprochen! Ich gehe jetzt.« Anwalt Unger fragt: »Politbüro-Beschlüsse konnten gar nicht Gesetzeskraft erreichen?« Heinz Keßler antwortet: »Das ist richtig.« Und so weiter.

14. Oktober 1996
Politbüro-Prozeß

46. Verhandlungstag

»Das Politbüro hat sich nie konkret mit militärischen Bestimmungen beschäftigt, auch nicht mit den Schußwaffengebrauchsbestimmungen«, sagt der Zeuge Keßler. Ob der Schußwaffengebrauch stets »die letzte Rettung« gewesen sei, fragt Krenz-Verteidiger Dieter Wissgott. »Ja.«

Warum denn die »Schußwaffengebrauchsbestimmungen« eigentlich geheimgehalten worden seien, obwohl sie doch, nach Ansicht der DDR-Führung, mit dem Völkerrecht übereinstimmten, möchte Richter Carsten Kessel von Heinz Keßler wissen. »Das wurde eben so gehandhabt.«

Richter Hoch hält dem Zeugen ein Lenin-Zitat vor: »Keine einzige wichtige politische oder organisatorische Frage wird in unserer Republik von irgendeiner staatlichen Institution ohne Direktiven des Zentralkomitees unserer Partei entschieden.« (Egon Krenz hat dieses Zitat im Sommer 1995 in einem Brief an das Landgericht Berlin verwendet und darüber nachgedacht, ob es verfehlt gewesen sei, einen Staat nach dieser Theorie zu leiten.) Ob das in der DDR tatsächlich so gewesen sei, fragt der Richter. »Das war bei uns nicht so«, sagt Herr Keßler.

Ein weiterer Vorhalt: Bundeskanzler Helmut Schmidt habe Erich Honecker im Dezember 1981 bei seinem Besuch in der DDR gefragt, wer die eigentliche Macht im Staate ausübt. Darauf habe Erich Honecker ausweislich des Gesprächsprotokolls geantwortet: »Alle entscheidenden Fragen der Innen- und Außenpolitik werden im Politbüro des ZK der SED behandelt und entschieden.« Der Zeuge Keßler: »So falsch ist das nicht.« Weiter habe Helmut Schmidt damals gefragt, ob es im Politbüro Abstimmungen gibt. Honecker habe gemeint, nur ausnahmsweise, weil meistens Übereinstimmung festgestellt werden kann. Wie denn? Na, keiner sage etwas...

Ein Verteidiger des Angeklagten Dohlus, Anwalt Rudnicki, fragt den Zeugen, ob sich im Politbüro auch Positionen durchgesetzt hätten, die nicht im Einklang mit denen Honeckers standen. Herr Keßler meint, er verstehe die Frage nicht. »Wenn Herr Dohlus einen Beschluß beantragt hätte, der Schußwaffengebrauch gegen Flüchtlinge soll abgeschafft werden ...« – »Das wäre sicherlich diskutiert worden.« – »Mit welchen Erfolgsaussichten?« – »Ich kann Ihren Sprachgebrauch nicht teilen: Grenzübertritte wurden nicht mit der Schußwaffe verhindert. Das ist nicht wahr und das wird es nie sein! Herr Dohlus hat sich keiner Unterlassungssünde schuldig gemacht, er hat seiner Pflicht als DDR-Bürger entsprochen.«

Staatsanwalt Jahntz zitiert einen Politbüro-Beschluß über die Deckung des Bedarfs an Badewannen. Ob denn womöglich alles in der DDR vom Politbüro geregelt worden sei? »Herr Jahntz, ich glaube, Sie machen einen Fehler, wenn Sie uns mit dem Reich des Bösen gleichsetzen!« schimpft Heinz Keßler, die Staatsanwaltschaft bringe alles durcheinander. Anwalt Wissgott bescheinigt Herrn Jahntz einen »miesen Stil«.

17. Oktober 1996
Politbüro-Prozeß
47. Verhandlungstag

Bald ein Jahr sitzt man zusammen. Nebenklagevertreter Plöger beanstandet die lange Dauer des Verfahrens, man solle sich an Richter Föhrig ein Beispiel nehmen. Richter Kessel verliest ein Dokument aus dem Jahr 1954, ein Schreiben des Hohen Kommissars der UdSSR an den Ministerpräsidenten der DDR, Otto Grotewohl. Egon Krenz plaudert mit Günther Kleiber und trommelt dabei ungeduldig mit den Fingern auf die Tischplatte, Herr Kleiber ordnet nebenbei Papiere, und Günter Schabowski schreibt. Nur Horst Dohlus scheint zuzuhören und schaut wie gebannt auf den Richter. Die Wachtmeister lesen einen Schmöker oder im »Stern«.

Am nächsten Prozeßtag wird Edwin Schwertner aussagen, der letzte Leiter des Büros des Politbüros: Er wisse nicht, was die Mitglieder des Politbüros über die Toten an der Grenze wußten. Die Meldungen über Grenzzwischenfälle habe er »so gut wie nicht zur Kenntnis genommen«. Herr Schwertner sei im Büro des Politbüros »voll mit der Organisation« beschäftigt gewesen: »Grenze war nicht mein Thema.«

28. Oktober 1996
Politbüro-Prozeß
50. Verhandlungstag

Am letzten Prozeßtag haben die Politbüro-Mitglieder Siegfried Lorenz und Hans-Joachim Böhme die Aussage verweigert. Ebenso das NVR-Mitglied Alois Pisnik und der Leiter der ZK-Abteilung für Sicherheitsfragen, Wolfgang Herger. Dieser fordert für die Angeklagten Freispruch als »ein Zeichen der Vernunft«. 1992 hat Wolfgang Herger in einer Vernehmung geäußert, daß der politische Rahmen durch das Politbüro gezogen worden und die konkrete Ausgestaltung durch den Verteidigungsrat erfolgt sei.

Elli Kelm, von 1956 bis 1989 die Sekretärin Erich Honeckers, sagt heute aus. Die Post ihres Chefs sei immer mit Verspätung eingetroffen, was wohl an der Kontrolle durchs MfS gelegen habe. Und Mielke habe sie über Honecker aushorchen wollen! Als Zeugin im Ermittlungsverfahren hat Frau Kelm 1994 ausgesagt, Meldungen über versuchte Grenzdurchbrüche seien »zumindest mehrere Male im Jahr an das Politbüro« gegangen.

Am Nachmittag wird der Zeuge Frank-Joachim Herrmann vernommen. Er war über zwanzig Jahre lang im Rang eines Staatssekretärs persönlicher Mitarbeiter von Erich Honecker und hat dessen Reden geschrieben. Der Zeuge sagt, es sei unvorstellbar, daß die Politbüro-Angehörigen nicht über das informiert waren, was an der Grenze passierte. Von seinem früheren Chef spricht Herr Herrmann immer nur in der dritten Person: »Ich bekam das Material von ihm. (...) Alle waren ihm gegenüber verantwortlich. (...) Meine Tätigkeit bei ihm. (...) Gespräche, die er führte oder die mit ihm geführt wurden..., äh, ich spreche von Erich Honecker...«

Schabowski-Verteidiger Dirk Lammer fragt: »Wie war Erich Honecker zu seinen Mitarbeitern? (...) Hatte er ein gutes Verhältnis zu ihnen? (...) War er loyal?« Anwalt von Schirach will wissen: »Mit wem hat sich Erich Honecker nach den Politbüro-Sitzungen öfter getroffen? (...) Können Sie uns berichten über das Verhältnis, das Erich Honecker zu Mielke hatte? (...) Hat Mielke mal versucht, Sie über Honecker auszuhorchen? (...) Hat sich Honecker mal geäußert, daß ihm Briefe geöffnet wurden?«

Die nächsten fünf Verhandlungstage bringen kaum etwas Neues: Gisela Glende, von 1968 bis 1986 Leiterin des Büros des Politbüros, verweigert weinend die Aussage: Als langjähriges ZK-Mitglied werde sie womöglich noch selbst angeklagt werden. Margarete Müller – in der DDR Traktoristin, Vorsitzende der Landwirtschaftlichen Produktionsgenossenschaft in Kotelow und 25 Jahre lang Kandidatin des Politbüros – sagt, sie habe nur mit der Landwirtschaft zu tun gehabt, von den Grenztoten habe sie nichts gewußt. Nicht mal aus dem Fernseher? fragt Nebenkläger Horst Schmidt nach, dessen Sohn Michael 1984 erschossen wurde. Nein, in Neubrandenburg habe es kein Westfernsehen gegeben...

15. November 1996
Kollegium-Prozeß
53. Verhandlungstag

Acht Wochen lang war der Prozeß infolge des schlechten Gesundheitszustandes des Angeklagten Reinhold unterbrochen. Das Gericht hat Reinhold gestattet, sich im Krankenhaus seines Heimatortes behandeln zu lassen. Dorthin zu fahren und am Krankenbett zu verhandeln, haben die Richter angesichts einer fünfstündigen Fahrzeit abgelehnt. Am 53. Verhandlungstag scheidet der 73jährige Wolfgang Reinhold aus – nach Hüftoperation und Herzinfarkt, wenig später wird das Verfahren gegen ihn vorläufig eingestellt.

Mit dem Begriff »SM 70« könne er nichts anfangen, hat auch Wolfgang Reinhold in seiner staatsanwaltschaftlichen Vernehmung behauptet. Er habe in der Tageszeitung »Die Welt«, die er als Stellvertretender Verteidigungsminister bekam, von Selbstschußanlagen an der DDR-Grenze gelesen, dies jedoch für eine Übertreibung gehalten, sagt Herr Reinhold, der von 1972 bis 1989 Chef der Luftstreitkräfte war und angeklagt ist der Beihilfe zum Totschlag und versuchten Totschlag in neunzehn Fällen. Reinhold ist Träger der »Medaille für vorbildlichen Grenzdienst«.

Suzanne Kossack, die Verteidigerin des 66jährigen Angeklagten Harald Ludwig, läßt wissen, daß ihr Mandant an schweren Kreislaufstörungen leidet.

Am Nachmittag wird der Zeuge Bazyli, Stabschef im Grenzkommando Mitte, noch einmal eine Stunde lang gehört. Er sagt, daß bei der Ausarbeitung der Befehle 40 teilweise auch Politbüro-Beschlüsse vorgelegen hätten. Diese seien »absolut bindend« gewesen. In den Politbüro-Beschlüssen habe man die Grenzverletzer als »schädlich« angesehen – getreu dem Motto: »Wer nicht für uns ist, ist gegen uns.« Durch die Formulierung in den Grundsatzbefehlen »Grenzdurchbrüche sind nicht zuzulassen« habe man den Einsatz der Schußwaffe vorgegeben. Der Angeklagte Ludwig, der sich in der Mittagspause von seinen Kreislaufstörungen ein wenig erholt hat, protestiert heftig: Wo denn so etwas stehe! Günter Bazyli bekräftigt: An der Grenze im Berliner Stadtgebiet sei die Schußwaffe oftmals allein wegen des großen Abstandes zwischen den einzelnen Posten eingesetzt worden. Soldaten hätten auf FDJ-Versammlungen gesagt: »Wir müssen ja schießen ...«

18. November 1996
Politbüro-Prozeß
56. Verhandlungstag
Der Angeklagte Günther Kleiber sagt zur Sache aus, »rückhaltlos« und »nach bestem Wissen«, aber nichts Neues: Er sei nie auf die Idee gekommen, im Politbüro darüber zu diskutieren, ob an der Grenze geschossen werden dürfe oder nicht. Er könne sich nicht entsinnen, daß das Politbüro über einen Todesfall an der Grenze informiert wurde. Von Grenzzwischenfällen habe er eigentlich nur aus der Westpresse erfahren. Ja, dem Politbüro sei 1981 das Grenzgesetz vorgelegt worden, und von diesem sei es mit Zustimmung an die Volkskammer weitergeleitet worden.

2. Dezember 1996
Kollegium-Prozeß
56. Verhandlungstag
Von heute an befaßt man sich mit den sogenannten Einzelfällen, das heißt, mit den Opfern der Angeklagten, als erstes mit dem Fall Mater.
Der zwanzigjährige Frank Mater, Hilfsarbeiter in der Landwirtschaftlichen Produktionsgenossenschaft »Freundschaft« in Mihla, Kreis Eisenach, verläßt am Morgen des 22. März 1984 seine Arbeitsstätte ohne Begründung und geht in der Nähe seines Heimatortes an die Grenze. Als er mittags den Signalzaun überwindet, löst er Alarm aus. Dennoch gelingt es

Frank Mater starb 1984 im Alter von zwanzig Jahren an einer Selbstschußanlage in Thüringen. Der Mutter sagte die Kripo, er sei »bei der Begehung eines Verbrechens tödlich verunglückt«. Um ein Bild ihres Sohnes gebeten, schickt sie zwanzig Jahre darauf ein Foto aus der Kindheit.

ihm in der nächsten Stunde, durch den Wald bis zum letzten Zaun zu flüchten. Mit einem Ast berührt Frank Mater um 13.37 Uhr den Draht einer Splittermine. Getroffen von acht Metallsplittern in der Brust, im Bauch sowie im linken Ober- und Unterschenkel fällt er zu Boden und bleibt mit starken Schmerzen liegen. Nach sechs Minuten finden ihn die Grenzposten P. und H. und transportieren ihn ab. Eine halbe Stunde später stellt der herbeigerufene Regimentsarzt den Tod des jungen Mannes fest.

»Verletzung auf nicht näher bezeichnete Art und Weise bei gesetzlichen Maßnahmen«, schreibt er auf den Totenschein als Todesursache. Nach innen verblutet, lautet das Ergebnis der Leichenöffnung in der Medizinischen Akademie Erfurt. Die Splitter im Körper des Toten stammen aus einer im Grenzgebiet installierten Mine, hat man der Obduzentin mitgeteilt.

Zur Mutter sagt ein Kripo-Mann, ihr Sohn sei »bei der Begehung eines Verbrechens tödlich verunglückt«. Als sie Franks Haushalt auflöst, findet sie einen Zettel mit seiner Handschrift: »Hiermit möchte ich wegen Ungerechtigkeiten in der DDR die Ausreise aus der DDR beantragen.« Frank Mater sei »an der Grenze erschossen« worden, sagen die Leute in Mihla. Er sei leicht zu beeinflussen gewesen, habe allein und zurückgezogen gelebt.

Am Todestag Frank Maters hat der nun angeklagte Joachim Goldbach in seiner Funktion als amtierender Verteidigungsminister dem »werten

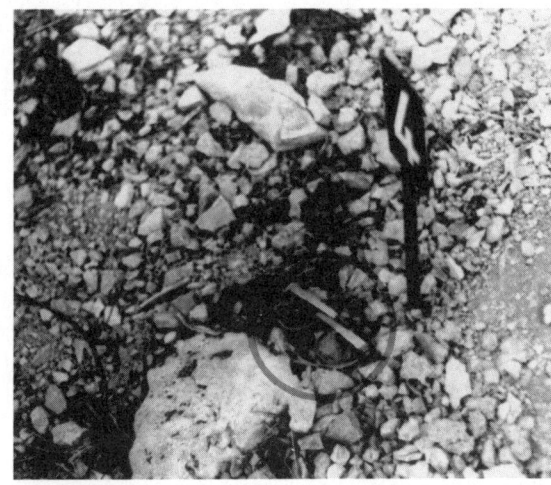

Die Stasi untersuchte den Tatort gründlich und fand unter anderem die Brille Frank Maters.

»Nach der Aufforderung durch den Sicherungsposten, den Gefahrenbereich zu verlassen, rollte sich der Täter auf diesem Hang nach freundwärts ab.« So die Bildunterschrift im Untersuchungsbericht.

Genossen Honecker« den »Versuch des Grenzdurchbruchs in Richtung der BRD« gemeldet: Es sei nicht auszuschließen, daß »Kräfte des Gegners die Auslösung der Minensperranlage« beobachten.

Frank Mater starb durch die Selbstschußanlage, vier Monate nachdem in der DDR eine UN-Konvention in Kraft trat, die den Einsatz von Minen als Repressalie gegen Zivilpersonen verbietet.

2. Dezember 1996
Politbüro-Prozeß
60. Verhandlungstag
Bundeskanzler Kohl soll vor Gericht aussagen, fordert Egon Krenz. Helmut Kohl brauche nicht zu erscheinen, sagen die Richter am nächsten Prozeßtag und werden prompt für befangen erklärt – ohne Erfolg.

Der Angeklagte Krenz widerspricht am 63. Verhandlungstag Günther Kleiber. Der hat erklärt, zumindest in der Ära Gorbatschow wäre es möglich gewesen, den Schußwaffengebrauch an der Grenze zu ändern, ohne für die DDR Konsequenzen von seiten der Sowjetunion fürchten zu müssen.

Frau Glende sagt am 65. Prozeßtag schließlich doch aus: Sie könne sich nicht erinnern, daß im Politbüro über das Grenzregime und den Tod von Flüchtlingen gesprochen wurde. Im Ermittlungsverfahren hat Gisela Glende bestätigt, daß es Meldungen über Grenzverletzungen in den Umlaufmappen des Politbüros gab.

2. Januar 1997
Politbüro-Prozeß
66. Verhandlungstag
Werner Walde, einst SED-Chef im Bezirk Cottbus, sagt als Zeuge, in den Sitzungen des Politbüros, an denen er als Kandidat teilgenommen hat, sei nicht über Zwischenfälle an der Grenze diskutiert worden. Stasi-General Werner Irmler wird am 68. Verhandlungstag aussagen, er habe Honecker über bestimmte Grenzzwischenfälle berichtet. Staatsanwalt Jahntz wird fragen, ob die Hauptaufgabe der Grenztruppen, Grenzdurchbrüche zu verhindern, dort Gegenstand des sozialistischen Wettbewerbs gewesen sei. Krenz-Verteidiger Dieter Wissgott findet diese Frage infam.

Der Zeuge Helmut Küken, von 1976 bis 1990 Mitarbeiter im Führungsstab der Grenztruppen, zitiert Ende Januar Verteidigungsminister Hoffmann: »Die Politbüro-Beschlüsse werden unverzüglich in die entsprechenden Weisungen und Befehle umgesetzt.« Den Soldaten sei der »Schwarze Peter« zugeschoben worden, die Befehle zur Grenzsicherung zu erfüllen und keine Grenzdurchbrüche zuzulassen, sagt ein Politoffizier am nächsten Prozeßtag aus. Am folgenden Verhandlungstag erklärt der

Zeuge Küken, weil es in der DDR kein Recht auf Freizügigkeit gab, seien Flüchtlinge regelrecht vor die Waffen der Grenzsoldaten getrieben worden.

10. Januar 1997
Kollegium-Prozeß
62. Verhandlungstag
An den vergangenen Prozeßtagen sind einige Überlebende der Selbstschußanlagen als Zeugen gehört worden; von heute an verliest das Gericht Dokumente über erschossene Flüchtlinge, zunächst im Fall Proksch.

Am Abend des ersten Weihnachtsfeiertages 1983 versucht der 21jährige Maurer Silvio Proksch am Ost-Berliner Bürgerpark (Pankow) in den Westteil der Stadt zu flüchten. Sein Bruder Carlo hat bis zuletzt vergeblich versucht, ihn von dem Vorhaben abzubringen. »Mich kotzt hier alles an, ich will meine Freiheit haben«, sagt Silvio. Er glaubt, daß man nicht schießen wird, es ist doch Weihnachten.

Silvio Proksch glaubte, am Weihnachtsfeiertag wird nicht geschossen.

Man ließ ihn hier, am Pankower Friedhof, verbluten.

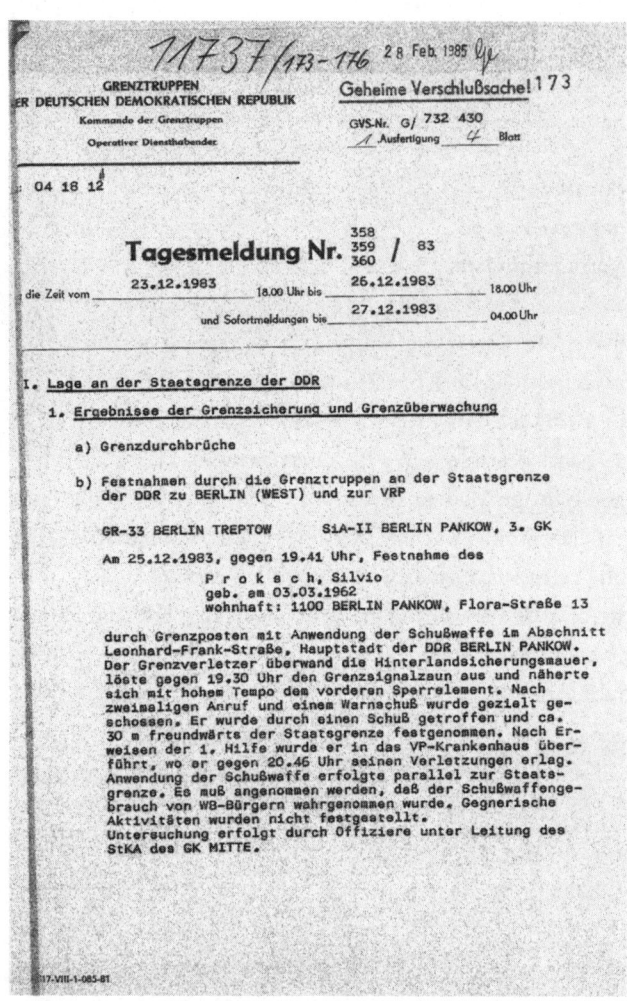

Als Silvio Proksch die erste Mauer überwunden hat, steht er im grellen Scheinwerferlicht. Sein Bruder, der zurückgeblieben ist, hört einen Grenzsoldaten »Halt, stehenbleiben!« rufen und kurz darauf Schüsse. Dann ist es ruhig, kein Stöhnen, kein Wimmern dringt durch die Mauer. Carlo Proksch rennt weg, versteckt sich.

Sechsmal hat der Grenzsoldat Steffen Scholz mit seiner Maschinenpistole auf den Flüchtenden geschossen, vom Turm herunter, aus rund hundert Metern Entfernung. Silvio Proksch blutet stark, die rechte Hüftschlagader ist durchschossen. Nach wenigen Minuten trifft ein ziviler

Krankenwagen im Grenzbereich ein – und wird von einem Offizier zurückgewiesen. Den Krankenwagen des Grenzregiments weist man ebenfalls zurück. Langsam verliert Silvio Proksch das Bewußtsein. Eine halbe Stunde vergeht, bis er ins Krankenhaus der Volkspolizei abtransportiert wird, noch einmal eine Dreiviertelstunde, bis er dort eintrifft. Da ist es zu spät, er ist verblutet. Silvio Proksch hätte überlebt, wenn ihm ein Notarzt schnell hätte helfen dürfen.

Steffen Scholz, 24 Jahre, wird ausgezeichnet für sein »mutiges und entschlossenes Handeln bei der Festnahme eines Grenzverletzers«, erhält die »Verdienstmedaille der Grenztruppen« und eine Geldprämie von 250 Mark. Er habe »wirklich vorbildlich« gehandelt, sagt sein Regimentskommandeur, Oberst Leo. (Die »Medaille für vorbildlichen Grenzdienst« hatte Steffen Scholz schon zuvor bekommen »für die Verhinderung eines Grenzdurchbruchs ohne Anwendung der Schußwaffe«.)

Es gebe keinen toten Grenzverletzer Silvio Proksch, teilt man der Familie vier Wochen später auf Nachfrage bei der Kriminalpolizei mit. Die Leiche des Erschossenen lassen Stasi-Mitarbeiter nahezu spurlos verschwinden. Vielleicht sei ihm der Grenzübertritt unbemerkt gelungen und er sei in Kanada, sagt man den Angehörigen. Auf den Einwand von Carlo Proksch, er habe doch bei dem Fluchtversuch Schüsse gehört, antworten sie mit der Drohung, sie würden ihn wegen Staatsverleumdung einsperren. Mehr als sechs Jahre vergehen, bis die Familie nach dem Ende der SED-Diktatur Gewißheit über das Schicksal von Silvio Proksch erhält. Seine Eltern erleben den Fall der Mauer nicht mehr.

»Ich war 24 Jahre lang ein guter DDR-Bürger und habe hinter dem Arbeiter- und Bauernstaat gestanden«, sagt Todesschütze Steffen Scholz im Prozeß vor dem Berliner Landgericht. Für ihn habe es beim Griff zur Waffe keinerlei Zweifel gegeben. Grenzverletzer seien Straftäter, habe man ihm beigebracht. Er habe damals gedacht: »Niemand konnte einen Grund haben wegzugehen. Es war doch schön in der DDR.« Am fünften Jahrestag des Mauerfalls wird Steffen Scholz wegen Totschlags zu einer Bewährungsstrafe von einem Jahr und neun Monaten Haft verurteilt. Die Kammer hält ihm zugute, daß er im DDR-System großgeworden ist und »nichts anderes kennengelernt« habe. Die Hauptschuld liege bei den DDR-Politikern, sagt Richter Wolfgang Hüller. Ein »Werkzeug der Führungsclique« sei Steffen

Scholz gewesen. »Er und Proksch sind beide letzten Endes Opfer der deutschen Teilung.«

War Steffen Scholz die staatstragende Verlogenheit in der DDR völlig entgangen, die politische Heuchelei, die in der Schule begann? Die Widersprüche zwischen der behaupteten Legitimation des Staates und der alltäglichen Realität hat er nicht gesehen? Hat er die Lobgesänge der Parteipropaganda nicht gehört, die der Lebenswirklichkeit in der DDR grotesk widersprachen? Waren diese Widersprüche nicht genauso offensichtlich wie die scheinheilige Rechtfertigung des menschenrechtswidrigen Schießbefehls?[66]

5. Februar 1997
Kollegium-Prozeß
68. Verhandlungstag

Der Angeklagte Fritz Peter hat Ende Januar erklärt, ihm sei aus seiner Tätigkeit als Stabschef der Stadtkommandantur Berlin (1962–1964) bekannt gewesen, daß mit Dauerfeuer und aus großen Entfernungen auf Flüchtende geschossen wurde sowie aus der Hüfte und im Laufen. »Bei voller geistiger Anstrengung hätte ich erkennen müssen, daß in solchen Fällen ein lebensschonender Gebrauch der Waffe in Zweifel gezogen werden konnte. Es wäre daher meine militärische Pflicht gewesen, hiergegen vorzugehen. Daß ich dies nicht getan habe, bedaure ich.« Fragen nach der Verhältnismäßigkeit des Schußwaffeneinsatzes seien in ihm erst Ende der achtziger Jahre aufgekommen, behauptet Fritz Peter.

Die Kammer lehnt heute einige Beweisanträge der Verteidigung ab. Daraufhin lehnen die Angeklagten Ludwig und Goldbach das Gericht erneut wegen Befangenheit ab: Herr Goldbach befürchtet, daß sich die Richter »um die Erörterung historisch relevanter Fakten« drücken, da sie »nur noch in engsten, voreingenommenen Schemata zu denken vermögen«. Joachim Goldbach mutmaßt, das Gericht wolle das Verfahren nur so schnell wie möglich beenden und sei entschlossen, ihn zu verurteilen.

Von der 38. Strafkammer werden die Befangenheitsanträge abgelehnt. In der Begründung heißt es unter anderem, ein Täter dürfe nicht darauf vertrauen, daß sein Tun rechtmäßig sei, weil ein Gehilfe eines anderen Täters ihm versichert, daß das gemeinsame Verhalten rechtens sei.

Anfang März bezeichnet die Kammer einen Antrag der Angeklagten Goldbach, Ludwig und Handke – vorgebracht durch Anwalt Buchholz – als »zurückhaltend ausgedrückt: unseriös«. In dem abgelehnten Antrag hat Professor Buchholz ausgeführt, diejenigen, die die DDR haben verlassen wollen, hätten doch zu den Grenzübergängen gehen und dort ihren Personalausweis demonstrativ vorlegen können. Dann wären sie zunächst inhaftiert und später vom »Westen freigekauft« worden...

Der Vorwurf, so die Richter weiter, die Opfer seien selber schuld an ihren Verletzungen oder an ihrem Tod, weil sie ja die möglichen Folgen kannten, laufe auf eine völlige Umkehrung jeglicher gesellschaftlicher Sanktionsvereinbarungen hinaus: Demnach wäre auch das Opfer eines Raubüberfalls an erlittenen Verletzungen selber schuld, wenn es vom Täter vorher auf die Folgen einer Nichtherausgabe von Geld hingewiesen wurde.

27. Februar 1997
Politbüro-Prozeß
80. Verhandlungstag

Der Zeuge Günter Bazyli erklärt erneut, daß es bei den Grenztruppen Reformvorschläge gegeben habe, wie man durch zusätzliches Personal den Einsatz der Schußwaffe verhindern könne. Man habe sich im Politbüro jedoch gegen derartige Veränderungen gesperrt, um an der Macht zu bleiben. Das Schießen an der Grenze sei nicht in Moskau festgelegt worden, so der Zeuge Bazyli. Die Schüsse seien vom Politbüro gewollt gewesen, jeder Grenzübertritt sollte verhindert werden, »aus Angst vor einer Massenflucht«.

Am nächsten Prozeßtag sagt der Zeuge Gisbert Greifzu, der 1984 von Splitterminen schwer verletzt wurde: »Die Leute, die das zu verantworten haben, sitzen hier auf der Anklagebank.«

4. April 1997
Kollegium-Prozeß
73. Verhandlungstag

Nach vier Wochen Osterferien gibt der Vorsitzende Richter – sein Kinn auf den Handballen gestützt – »das Programm des heutigen Tages« bekannt. Zunächst wird nochmals ein Dokument verlesen: der Befehl 40/79 des

Kommandeurs des Grenzkommandos Nord. Man liest inzwischen, anderthalb Jahre nach Prozeßbeginn, etwas flüchtiger und gleichzeitig betonter, als wolle man sich die dröge Pflicht durch Nuancen im Vortrag erleichtern. Als Richter Ehestädt jedoch zum dritten Mal hintereinander die Wortfolge »Deutsche Demokratische Republik« verlesen muß, klingt der Tonfall gereizt. Nach einer halben Stunde liest der Herr Berichterstatter weiter. Er betont nicht ganz so gut wie Richter Ehestädt. Ex-General Ludwig hämmert mit seinem Kugelschreiber auf die Tischplatte, der Angeklagte Goldbach liest in einem Büchlein.

Nach einer Stunde Lesezeit ist Mittagspause.

Am Nachmittag lehnt das Gericht einen Antrag des Angeklagten Goldbach mit der Begründung ab, das beantragte Beweismittel sei völlig ungeeignet. Ein weiterer Antrag, die Herren Keßler, Streletz und Baumgarten zu hören, ziele auf die Wiederholung einer Beweiserhebung ab, weshalb der Antrag ebenfalls abgelehnt wird. Zum Schluß verkündet Richter Ehestädt: »Wir sind am Ende des gerichtlichen Verhandlungsprogramms.« Demnächst könne man plädieren.

9. April 1997
Kollegium-Prozeß
74. Verhandlungstag

Die Herren Gorbatschow und Kulikow als Zeugen zu hören, lehnt die Kammer ab. Für den Fall, daß weiter bereits gestellte Anträge wiederholt werden, kündigen die Richter an, eventuell eine Verschleppungsabsicht der Verteidigung zu prüfen.

Verteidiger Buchholz beantragt, den Herrn Krumbiegel von der Rechtsabteilung des Verteidigungsministeriums und zwei weitere DDR-Juristen als Zeugen zu hören. Im übrigen finde es Herr Buchholz unerhört, daß man es ablehne, die »Absicherung« des Handelns seines Mandanten durch die Rechtsabteilung anzuerkennen und dies damit begründe, ein Täter dürfe nicht darauf vertrauen, daß ein anderer Mittäter keine Bedenken habe. Die Rechtsabteilung als Mittäter! Nein, von dort seien keine »willfährigen Äußerungen« gekommen, das seien »kompetente Erkenntnisquellen« gewesen. Alle Verteidiger schließen sich dem Antrag an.

Für den Angeklagten Peter stellt Anwalt Wachtel den Antrag, den

Funktionsplan der Chefs der Zivilverteidigung zu verlesen zum Beweis, daß Herr Peter nichts mit Grenzsicherung zu tun hatte, sondern für den Schutz der Bevölkerung und der Volkswirtschaft und der kulturellen Werte zuständig gewesen sei. Herr Peter sei »ausschließlich auf dem Gebiet der humanitären Hilfe tätig« gewesen.

Das Gericht lehnt die Anträge ab, gegen 11.30 Uhr wird die Beweisaufnahme geschlossen. Ob denn die Staatsanwaltschaft nun plädieren könne, fragt Richter Ehestädt. Nein, protestiert Anwalt Venedey, sein Mandant sei nur jeweils drei Stunden verhandlungsfähig, und die seien gleich um. Herr Ludwig setzt eine Leidensmiene auf und führt die Hand zur Stirn. Drei bis vier Stunden Verhandlungsfähigkeit habe Doktor Rossel dem Herrn Ludwig bescheinigt, entgegnet Richter Ehestädt. Man solle doch beim nächsten Mal pünktlich beginnen, wirft Anwalt Panka ein, dann schaffe man die Plädoyers auch. Ralph Ehestädt gibt nach: »Wir alle geben uns Mühe, daß wir um zehn Uhr hier sind.«

14. April 1997
Politbüro-Prozeß
87. Verhandlungstag
Dreimal hat man wegen einer Erkrankung des Angeklagten Schabowski nicht verhandeln können. Davor hat Egon Krenz beantragt, Michail Gorbatschow, Erich Mielke und Brandenburgs Ministerpräsidenten Manfred Stolpe als Zeugen zu laden, und das Gericht hat erklärt, es wolle prüfen, wie man das Verfahren beschleunigen könne.

Heute nun kommt man zum Fall Lutz Schmidt, erschossen an der Berliner Mauer 1987. Soldaten hätten damals gefragt, was mit ihnen geschehe, wenn sie einen Grenzverletzer töteten, sagt Ekkehard Teschner, der Todesschütze. »Macht euch keine Gedanken«, hätten die Politoffiziere geantwortet. Die Witwe Lutz Schmidts ist Nebenklägerin im Politbüro-Prozeß.

16. April 1997
Kollegium-Prozeß
75. Verhandlungstag
Ein Anwalt kommt zwanzig Minuten später, dann kann Staatsanwalt Wolfgang Jordan mit dem Plädoyer beginnen. Die Mitglieder des Fan-

Blocks sind wieder so zahlreich erschienen, daß der Saal gefüllt ist. Auch die DDR-Staatsanwältin Gudrun Benser ist gekommen. (Sie hat mehrfach politische Gegner ins Gefängnis gebracht, darunter einen Mann, der ohne Visum die Grenze passieren wollte, um zu seiner kranken Mutter nach West-Berlin zu kommen.)*

Die lange Prozeßdauer beruhe, so Staatsanwalt Jordan, unter anderem darauf, daß die Angeklagten über weite Strecken selbst das Offensichtliche, das Allgemeinkundige und Naheliegende in Abrede gestellt hätten. Dann charakterisiert Wolfgang Jordan die Verantwortung der Ex-Generäle für das DDR-Grenzregime: »Die Angeklagten waren keine Kommandeure der Grenztruppen. Sie waren nicht (…) im Grenzgebiet tätig. Die Schreibtische der Angeklagten standen weit von Stacheldraht und Mauer entfernt. (…) Die Angeklagten waren Teile einer gut funktionierenden Maschinerie, die die politischen Vorgaben zum Grenzregime militärisch umsetzte. In Ausübung ihrer hohen Dienststellungen unterstützten sie den Minister bei der Aufrechterhaltung des Grenzregimes. Sie förderten die Befehle Nr. 101, die unmenschlich und grausam waren. Unmenschlich und grausam, weil unbewaffnete Flüchtlinge getötet wurden. Die beschriebenen Tathandlungen hatten mit soldatischer Pflichterfüllung nichts zu tun, vielmehr begingen die Angeklagten im Auftrag des SED-Regimes kriminelles Unrecht.«

17. April 1997
Politbüro-Prozeß
88. Verhandlungstag

Der einstige Grenztruppen-Chef Baumgarten, derzeit Häftling in der benachbarten Untersuchungshaftanstalt, sagt aus, er habe zu den Angeklagten keinen dienstlichen Kontakt gehabt. Herr Schabowski sei als Berliner SED-Bezirkschef vom Kommandeur des Grenzkommandos Mitte über alle Vorkommnisse an der Grenze zu West-Berlin informiert worden. Das Politbüro habe die Grenzsicherung nicht ändern können.

*Das Landgericht Berlin hat Gudrun Benser 1994 wegen Rechtsbeugung und Freiheitsberaubung zu drei Jahren Haft verurteilt, der Bundesgerichtshof hob die Strafe auf, in letzter Instanz erhielt Frau Benser eine Bewährungsstrafe.

»... keinen dienstlichen Kontakt gehabt.« Grenztruppen-Chef Baumgarten und Egon Krenz 1980 in der Grenzkompanie Hirschberg. In der Wandgalerie ist das SED-Politbüro ausgestellt.

Das Gericht gibt bekannt, das Verfahren in elf weiteren Fällen der Anklage einzustellen. Nur so sei in angemessener Frist ein Urteil zu erreichen. Die Staatsanwaltschaft hat diese Reduzierung auf vier Fälle von Totschlag auf Anregung des Gerichts beantragt.

Am nächsten Prozeßtag wird ein Bericht an SED-Chef Honecker verlesen über die Fahnenflucht des stellvertretenden Stabschefs eines Grenzbataillons im Jahr 1987. Demnach hatte der Offizier zuvor um die Entlassung aus den Grenztruppen gebeten mit der Begründung, es sei »moralisch unter keinen Umständen gerechtfertigt, auf Unbewaffnete zu schießen«.

Die Mauerschützen Ingo Heinrich, Andreas Kühnpast, Mike Schmidt und Peter Schmett sagen an den folgenden Tagen zum Fall Chris Gueffroy aus, Uwe Hapke und Udo Walther zum Fall Michael Schmidt.

18. April 1997
Kollegium-Prozeß
76. Verhandlungstag
Staatsanwalt Klaus-Jochen Schmidt hält den zweiten Teil des Plädoyers. »Die Sicherheitsinteressen der DDR und des Warschauer Vertrages recht-

fertigen nicht die Tötung von unbewaffneten Flüchtlingen. Das Grenzregime der DDR richtete sich im Frieden überwiegend gegen die eigene Bevölkerung. Die Flüchtenden wurden Opfer, weil das Grenzregime der DDR der Durchsetzung des Verbots, die DDR zu verlassen, Vorrang vor dem Lebensrecht von Menschen einräumte, die nichts weiter wollten, als die innerdeutsche Grenze überschreiten. (...) Die Flüchtenden wollten sich nicht selbst schädigen, handelten nicht, wie hier leider mehrfach behauptet, ›selbstmörderisch‹. In welcher Verzweiflung und dem Gefühl der Aussichtslosigkeit die Menschen die Flucht gewagt haben, läßt sich heute nur noch erahnen.«

Der Strafantrag wegen Beihilfe zum Totschlag und versuchten Totschlag in mehreren Fällen lautet: vier Jahre Freiheitsentzug für den Angeklagten Goldbach. Er war als Chef der Rückwärtigen Dienste der NVA (1979–1986) und als Chef Technik und Bewaffnung (1986–1990) auch für die entsprechenden Bereiche bei den Grenztruppen mitverantwortlich; dazu verfaßte er Teilbeiträge zum Befehl 101.

Drei Jahre und acht Monate Haft beantragt die Staatsanwaltschaft für Harald Ludwig. Als Chef der NVA-Verwaltung Kader (seit 1979) habe er sich in seiner Zuarbeit zum Befehl 101 auch befaßt »mit der Entwicklung eines linientreuen, der SED ergebenen Offizierskorps, das die Aufgaben zur Grenzsicherung kritiklos umsetzte«.

Drei Jahre und sechs Monate Haft für Heinz Handke. In seinem Teilbeitrag zum Befehl 101 als Hauptinspekteur der NVA (1982–1988) hat er auch Aufgaben zur Grund- und Gefechtsausbildung bei den Grenztruppen behandelt sowie die Erfüllung der Befehle 101 kontrolliert.

Zwei Jahre Freiheitsentzug, ausgesetzt zur Bewährung, für Fritz Peter, seit 1976 Leiter der Zivilverteidigung.

23. April 1997
Kollegium-Prozeß
77. Verhandlungstag
Es folgt das Plädoyer des Goldbach-Verteidigers Buchholz. Erich Buchholz, 70 Jahre alt, seit 1946 in der SED, war als Professor an der Berliner Humboldt-Universität Leiter des Bereichs Strafrecht. Er war Mitautor des offiziellen Kommentars zum DDR-Strafgesetzbuch. Darin hieß es: »Die in-

haltliche Charakterisierung der Straftaten ist eine Konsequenz aus der marxistisch-leninistischen Auffassung vom Wesen der Kriminalität.« Getreu diesem Leitsatz wurden tausendfach DDR-Bürger – gescheiterte Flüchtlinge, Oppositionelle, Unangepaßte – kriminalisiert und abgeurteilt. 1977 überreichte man Herrn Buchholz die (Gold-)»Medaille für Verdienste in der Rechtspflege«. Als er 1984 vor dem UN-Menschenrechtsausschuß als der Vertreter der DDR nach der Zahl der politischen Häftlinge gefragt wurde, bestritt er, daß es in der DDR überhaupt politische Gefangene gab. Anderer Meinung zu sein, sei nicht strafbar. Zu diesem Zeitpunkt waren in den Gefängnissen des SED-Staates rund dreitausend Menschen aus politischen Gründen eingesperrt. Ein paar Jahre später werden einige der von Professor Buchholz ausgebildeten Juristen verurteilt wegen Rechtsbeugung in politischen Verfahren.[67]

Zudem legt eine Veröffentlichung von Erich Buchholz eine Strafverfolgung des Rechtsanwalts wegen (psychischer) Beihilfe nahe: 1977 bescheinigte der Professor in der maßgeblichen DDR-Rechtszeitschrift »Neue Justiz« (herausgegeben vom Justizministerium) den Angehörigen der Grenztruppen »rechtmäßiges Handeln«, ja, die »Schußwaffengebrauchsvorschriften« der DDR stünden im Einklang mit dem Völkerrecht und dienten dem Schutz der nationalen Sicherheit und öffentlichen Ordnung. 1992 hat Anwalt Buchholz für seinen Mandanten Ingo Heinrich, den Todesschützen Chris Gueffroys, Freispruch verlangt.[68]

Im Plädoyer für den Angeklagten Goldbach doziert Erich Buchholz, der sich noch immer Professor nennen darf, über »die Persönlichkeit von Grenzverletzern« und referiert über »kriminologische Forschungsergebnisse dieser Population«, womit die DDR-Flüchtlinge gemeint sind. Das seien »fast durchweg junge Männer« gewesen, »typische Singles«, die keine Vorsorge haben treffen müssen. Diese »Population junger Männer« sei stärker als andere »zu riskanten Verhaltensweisen bereit« und hätte ein »geringeres Risikobewußtsein entwickelt«. Die zu Tode gekommenen Grenzverletzer hätten sich »selbstmörderisch« verhalten. Freispruch für Joachim Goldbach.

25. April 1997
Kollegium-Prozeß
78. Verhandlungstag
Heute plädiert der Goldbach-Verteidiger Wolfgang Panka. Sein Vortrag ist pathetisch, seine Artikulation betont deutlich, die Satzgebilde sind verschlungen: Sein Mandant habe »kein Interesse« an den Grenzzwischenfällen gehabt. Der Verteidiger spricht vom »Risikobereich des Opfers«, von der »Qualität des Risikos, das die Opfer eingegangen sind«, von der »Mitwirkung des Opfers«, vom »Prinzip der eigenverantwortlich gewollten Selbstgefährdung« des Opfers, davon, daß sich das »mit der Gefährdung bewußt eingegangene Risiko« realisiert habe, und kommt dann zur »Subsumption des Opferverhaltens« ... Heinz Germerodt, 1981 durch Selbstschußanlagen schwer verletzt, habe doch die Verbotsschilder an der Grenze gesehen. Lutz Schmidt, 1987 an der Berliner Mauer erschossen, habe es unterlassen, die ihm bekannten legalen Möglichkeiten zur Ausreise auszuschöpfen.

»Chris Gueffroy hätte – wie alle anderen Opfer – überlebt, hätte er sein Vorhaben aufgegeben. (...) Meine Damen und Herren Richter! Ich prüfe nicht Fragen des Einverständnisses der Opfer ...« So geht das fort und fort. Kollege Buchholz lutscht versonnen an den Bügeln seiner Brille. Schließlich endet Wolfgang Panka, der auf der West-Berliner Seite der Mauer gelebt hat, beschwörend: »Keinesfalls hätte ich mich eigenverantwortlich so stark gefährdet...!« Joachim Goldbach sei freizusprechen.

»Organ der Rechtspflege«
Porträt Panka & Venedey

»Der Rechtsanwalt darf sich bei seiner Berufsausübung nicht unsachlich verhalten. Unsachlich ist insbesondere ein Verhalten, bei dem es sich um die bewußte Verbreitung von Unwahrheiten oder solche herabsetzenden Äußerungen handelt, zu denen andere Beteiligte oder der Verfahrensverlauf keinen Anlaß gegeben haben.« (Paragraph 43 a der Bundesrechtsanwaltsordnung)[69]

Anwalt Wolfgang Panka:
»Mitwirkung des Opfers«

Wolfgang Panka ist ein bekannter West-Berliner Anwalt mit »wohlorganisiertem Ruf«. Schon häufig ist er in spektakulären Verfahren aufgetreten, unter anderem im sogenannten Mykonos-Prozeß. Im Verfahren um den Anschlag auf das französische Kulturzentrum Maison de France in West-Berlin verteidigte Anwalt Panka 1994 einen ehemaligen Stasi-Offizier, der wegen Beihilfe zum Mord verurteilt wurde.

1991 unterstellte Wolfgang Panka im 2. Mauerschützenprozeß der Staatsanwaltschaft »Siegermentalität«. Zu Beginn des Prozesses beantragte er in einem dreistündigen Vortrag, das Verfahren gegen seinen Mandanten Udo Walther, den Todesschützen, einzustellen: Die Tötung des Flüchtlings Michael Schmidt sei nicht den Angeklagten, sondern der DDR als »staatliches Handeln« zur Last zu legen. Die Grenztruppen-Angehörigen hätten ihre staatsbürgerlichen Pflichten erfüllt; die Bundesrepublik verletze das Völkerrecht, wenn sie Hoheitsakte der DDR als kriminelle Handlungen darstelle, so Anwalt Panka. Horst Schmidt, der Vater des Opfers, nannte den Vortrag »eine Zumutung für jeden, der hinter der Mauer gelebt hat«.[70]

1978/79 agierte Wolfgang Panka im Lorenz-Drenkmann-Prozeß als Vertrauensanwalt des Links-Terroristen Till Meyer, den man wegen der Entführung des Berliner CDU-Politikers Peter Lorenz und anderer Straftaten zu insgesamt fünfzehn Jahren Haft verurteilte. Ordnungsmaßnahmen der Saalpolizei, die er als »Bullen« beschimpft, brachte der Rechtsanwalt mit Naziterror in Verbindung. Bundesanwalt Völz forderte ihn daraufhin auf, sich doch einmal zu fragen, ob er sich noch als Organ der

Walter Venedey

Rechtspflege verstehe. Wenig später belegte das Ehrengericht der Berliner Rechtsanwaltskammer Wolfgang Panka mit einer Geldbuße und einem Verweis wegen standeswidrigen Verhaltens. Das Urteil erging unter anderem wegen eines Schreibens des Anwalts, in dem er Zweifel am Selbstmord der Stammheimer RAF-Häftlinge und die Befürchtung geäußert hatte, auch sein Mandant würde eine Kontaktsperre in der Untersuchungshaft nicht überleben.[71]

Anwalt Venedey betreibt gemeinsam mit Wolfgang Panka und anderen eine Kanzlei in Berlin-Charlottenburg. Im Lorenz-Drenkmann-Prozeß war Walter Venedey Vertrauensanwalt des Angeklagten Ralf Reinders, der wegen der Lorenz-Entführung und der Ermordung des Berliner Kammergerichtspräsidenten Günter von Drenkmann angeklagt war und zu fünfzehn Jahren Gefängnis verurteilt wurde. Vom Herbst 1990 an vertrat Anwalt Venedey den ehemaligen Vize-Vorsitzenden der PDS Wolfgang Pohl im Verfahren um die Verschiebung von SED-Millionen ins Ausland. Danach trat er im sogenannten Tunnelgangster-Prozeß sowie im ersten DDR-Doping-Prozeß ins Licht der Öffentlichkeit.[72]

Der Publizist Falco Werkentin schrieb im Oktober 1995 in der alternativen »Tageszeitung« unter der Überschrift »68er im Dienste der Diktatoren«: Juristen der 68er Generation argumentierten heute wie die Altersgruppe ihrer Eltern, man könne Täter eines diktatorischen Regimes nicht zur Verantwortung ziehen, da diese sich doch nur an die Gesetze gehalten, nur ihre Pflicht erfüllt hätten. Solcherart Argumentation bezeichnet Falco Werkentin als ein Nachplappern von Erklärungen, »mit denen seit den Nürnberger Prozessen Staatskriminelle verteidigt werden«.[73]

9. Mai 1997
Kollegium-Prozeß
80. Verhandlungstag

Am 79. Prozeßtag haben die beiden Handke-Anwälte plädiert: Heinz Handke habe in der DDR gelebt, ohne die Gesetze zu verletzen, »ein Leben voller Einsatzbereitschaft, Leidenschaft, Pflichtbewußtsein, Ordnung, Pünktlichkeit – ein erfülltes Leben«. Verantwortlich für das Grenzregime der DDR sei die Sowjetunion. Die Verurteilung des Angeklagten Handke habe in diesem »politischen Prozeß« von vornherein festgestanden: »Insoweit hätte man sich diesen ganzen Aufwand sparen können und nach der Anklageverlesung zur Urteilsverkündung übergehen können.«

Heute hat Verteidiger Venedey seinen Auftritt. Sein Plädoyer für den NVA-General Harald Ludwig spricht Walter Venedey frei. Er redet im Stehen, im Gehen, während er sich um sich selbst dreht und aus dem Fenster schaut. Dennoch wünscht er, daß seine Worte von den Richtern verstanden werden. Sein Redefluß ist demonstrativ ruhig, fast wohlklingend. Doch dann zieht er die rechte Hand aus der Hosentasche, reckt sie in die Luft und weist darauf hin, daß von Fluchtverhinderung um jeden Preis in der DDR nirgendwo die Rede gewesen sei – immerhin habe man ja in der Regel mit Einzelfeuer schießen sollen. »Der Grundsatz der Verhältnismäßigkeit fand also Anwendung. (...) Es bestand also in der Tat kein Schießbefehl.« Am Ende sagt er wie ein Naturwissenschaftler, der einen Beweis geführt hat: »Die Annahme eines Schießbefehls wird sich als nicht resistent erweisen.«

Die Splitterminen seien nicht zur Verhinderung von Fluchten aus der DDR errichtet worden. »Der Angeklagte Ludwig hatte keinerlei Zugang zu den Informationen über besondere Vorkommnisse an der Staatsgrenze. Er gehörte auch nicht zu dem Teil der Nomenklatura, der Zugang zu westlichen Medien gehabt hatte.« Herr Ludwig habe die Befehlslage an der Grenze für rechtmäßig halten dürfen und sei deshalb freizusprechen.

14. Mai 1997
Kollegium-Prozeß
81. Verhandlungstag
Für den Angeklagten Fritz Peter plädiert Verteidiger Nikolaus Wachtel. Herr Peter sei im Kollegium ausschließlich für die Belange der Zivilverteidigung zuständig gewesen, für den Katastrophenschutz. Sein Platz im Kollegium sei »ganz hinten« gewesen, »am weitesten vom Minister entfernt«.

Die überaus bedauerlichen Vorkommnisse an der Grenze könnten seinem Mandanten nicht zugerechnet werden. Ein Soldat, der nicht mehr auf die Rechtmäßigkeit der gegebenen Befehle vertrauen könne, sei handlungsunfähig. Was das Opferverhalten betreffe, verweist Herr Wachtel auf das »qualitativ hochstehende Plädoyer« seines »geschätzten Kollegen Panka«. Verteidiger Wachtel beantragt Freispruch.

In seinem Plädoyer für die Nebenklägerin Irmgard Bittner nennt Rechtsanwalt Plöger die Angeklagten Schreibtischtäter. Sie könnten sich nicht auf die Rechtsabteilung des Ministeriums für Nationale Verteidigung berufen: »Stellen Sie sich vor, Mafiosi hätten im italienischen Parlament die Mehrheit und würden ein Gesetz verabschieden, wonach alle, die nicht Mitglied in der ehrenwerten Gesellschaft sein wollen, getötet werden. Wäre das Recht? (...) Wenn man das Spinnennetz des Terrors in der DDR gesehen hat, mußte man zu dem Schluß kommen: ›Ich kann mich nicht auf die Rechtmäßigkeit der Befehle verlassen.‹«

Hanns-Ekkehard Plöger fährt fort: »Heute machen die hier angeklagten Militärs in ihren ordentlichen Anzügen einen friedliebenden Eindruck. Ich könnte mir vorstellen, mit Herrn Goldbach einen zünftigen Skat zu spielen. Aber wenn er sagt: Es tut mir leid, jeder Tote an der Grenze ist ein Toter zuviel, dann sage ich: Das können Sie sich sparen, Herr Goldbach, das ist aufgesetzt, weil sich die Zeiten geändert haben. – Ich hätte nichts dagegen gehabt, wenn Sie allesamt in Uniform erschienen wären, das wäre angemessen gewesen.«

Der Vorsitzende Richter unterbricht das Plädoyer des Nebenklagevertreters: »Wir sind im Drei-Stunden-Bereich, ich will mich nach dem Befinden des Herrn Ludwig erkundigen.« Der sitzt in sich zusammengesunken da, eine Gesichtshälfte mit der Hand verdeckt. Zum Richter gewandt sagt er: »Ich halte auch das noch aus.«

Anwalt Plöger setzt sein Plädoyer fort, erinnert an die Aussage des Angeklagten Ludwig, er habe in der DDR keinen Zugang zu Westmedien gehabt. Ob er denn bei sich zu Hause ein Radio hatte, bei dem jeder, der einen Westsender einstellte, sofort einen elektrischen Schlag bekam, fragt Herr Plöger. »Es hat sich rumgesprochen, daß an der Mauer bewaffnete Grenzer standen. Und daß sie scharfe Munition hatten, war auch bekannt...«
Als Beleg dafür verliest Anwalt Plöger einige Texte von DDR-Bürgern. (Ich habe ihm die Zitate auf seine Bitte hin herausgesucht.) Zunächst das »Berlin-Lied« von Stephan Krawczyk, entstanden 1987 zur 750-Jahr-Feier der Stadt, gesungen in Ost-Berliner Kirchen. Nach seiner Ausbürgerung im Jahr darauf sang es Stephan Krawczyk im ZDF, wodurch es wiederum in die DDR ausgestrahlt wurde: Von den »scharfen Bestien, die am Grenzwall wiederkäun«, den »Jungs vom Schießkommando«, vom Riß durch Berlin...
Dann zitiert Anwalt Plöger die »Ballade vom preußischen Ikarus« von Wolf Biermann. Nach zwei Strophen bittet Ex-General Ludwig um eine Pause.

Die letzte Runde für heute eröffnet Richter Ehestädt mit den Worten: »Herr Plöger, Sie waren beim ›Ikarus‹.«

»Der Stacheldraht wächst langsam ein/Tief in die Haut, in Brust und Bein/ins Hirn, in graue Zelln/Umgürtet mit dem Drahtverband/Ist unser Land ein Inselland/umbrandet von bleiernen Welln (...) Und wenn du wegwillst, mußt du gehn/Ich hab schon viele abhaun sehn/aus unserm halben Land (...)« Hanns-Ekkehard Plöger verweist darauf, daß auch der Autor dieser Ballade 1976 aus der DDR ausgebürgert wurde: »So wie man früher unliebsame Häftlinge in Schiffen nach Australien verbannte.«

Es folgen drei Texte aus Reiner Kunzes »Die wunderbaren Jahre«. Vom Elfjährigen, der in der Schule Manöver vorbereitet. Vom Zwölfjährigen, den ein Offizier fragt, ob er gern Pistole schießen möchte. Von der Mutter, deren Sohn über die Grenze wollte – man könne nur noch seine Urne aushändigen, sagt man ihr. »Schießbefehl«, heißt der authentische Text, entstanden in der DDR. Es ist still geworden im Saal. Sogar im Publikum verstummt das Getuschel, das bis eben den Vortrag des Nebenklagevertreters begleitet hat. »Beim Vorlesen des Textes ›Schießbefehl‹ habe ich an Frau

Bittner gedacht«, sagt Anwalt Plöger: »Das ist alles Prosa aus der Sicht eines DDR-Bürgers. Reiner Kunze mußte 1976, kurz nach der Veröffentlichung der Buches ›Die wunderbaren Jahre‹ in der Bundesrepublik, die DDR verlassen.«

Das letzte Zitat stammt aus Thomas Braschs Geschichte »Fliegen im Gesicht«, aus dem Buch »Vor den Vätern sterben die Söhne«, entstanden in der DDR, kurz vor der Ausreise des Autors 1977 »wegen zu erwartender Konsequenzen« bei der Veröffentlichung des Werkes im Westen. Erzählt wird von dem jungen Mann, der sagt, morgen werde er drüben sein. »Oder ich bin tot.« Vier ehemalige DDR-Generäle starren auf ihre Tischplatten.

Es sind nur 32 Buchzeilen, die Hanns-Ekkehard Plöger vorliest, doch scheint man im Saal 500 für einen Moment zurückversetzt in die DDR der siebziger Jahre, als man dort sagte: »Ich werde drüben studieren ... Ich werde alles vorbereiten. Oder ich bin tot.« An die fünf Richter gewandt sagt Anwalt Plöger: »Wenn das ein Schriftsteller aus der DDR schreibt, ohne daß er General war, dann können Sie mir glauben, daß das gängiges Alltagswissen war. Ich denke, daß Sie das mit in Ihre Urteilsfindung aufnehmen sollten.«

15. Mai 1997
Politbüro-Prozeß
93. Verhandlungstag

»Der Schießbefehl war eine Existenzgrundlage der DDR«, sagt der ehemalige Bundesminister Egon Bahr (SPD) als Zeuge. Er ist ohne Ladung, auf Wunsch der Verteidigung im Gerichtssaal erschienen. Das Gericht hat beschlossen, ihn dennoch zu vernehmen. Befehlsempfänger Moskaus sei die SED-Führung gewesen, auch wenn die Führungen in Ost-Berlin und Moskau ein »gemeinsames politisches Interesse« hatten, so der Zeuge Bahr. Er sei nicht gekommen, um die Angeklagten zu entlasten, sagt er vor Journalisten. Er wolle vielmehr dem Gericht helfen, eine gerechte Entscheidung zu finden.

Nach der Aussage Egon Bahrs müßten die Angeklagten freigesprochen werden, fordert die Verteidigung am nächsten Prozeßtag, auch im Interesse des Steuerzahlers, ergänzt Egon Krenz.

16. Mai 1997
Kollegium-Prozeß
82. Verhandlungstag
Man kommt zum Schlußwort des Angeklagten Harald Ludwig: »Ich hab' nichts anderes gemacht, als meinem Staat, der Deutschen Demokratischen Republik, verfassungsgemäß, gesetzestreu und loyal gedient und ihm gegenüber meine soldatische Pflicht exakt erfüllt. (...) Mir war eine persönliche Inaugenscheinnahme der Grenzsicherungsanlagen nicht gestattet. (...) Die Tötung eines Menschen war nicht das eigentliche Ziel des Grenzsicherungssystems. (...) Ich bin persönlich nicht dafür verantwortlich zu machen, (...) daß Personen auch durch Minenfelder hindurch den Weg zum Verlassen der DDR suchten. (...) Wir haben die Sicherheit der Deutschen Demokratischen Republik gewährleistet. (...) Meine Ehre und Würde als Soldat gebietet es mir, die hier verbreiteten Unwahrheiten und Ungeheuerlichkeiten (...) zurückzuweisen. (...) Ich habe mich nicht schuldig gemacht!« Doktor Rossel mißt den Blutdruck des Angeklagten.

Nach der Pause sagt Joachim Goldbach in seinem Schlußwort, die bundesdeutsche Justiz wolle ihn als Sündenbock »zur Strecke bringen«: politische Prozesse, Rache, Siegerjustiz.[74]

Die Grenzverletzer hätten »bewußt das eigene Leben riskiert«, vergleichbar mit jugendlichen S-Bahn-Surfern, sagt Herr Goldbach. Er fragt, ob er sich denn hätte umbringen sollen, um im Kollegium nicht die Befehle 101 mittragen zu müssen. Es folgt ein weiterer Schreibtischtätersatz: »Hätte ich diese Meldung (...) nicht unterzeichnet, hätte es gewiß ein anderer getan.« Gemeint ist das Schreiben des Generalleutnants Goldbach an Generalsekretär Honecker über den Tod Frank Maters 1984 an einer Selbstschußanlage. (Hermann Göring 1945: »Nehmen wir an, ich wäre zurückgetreten... Glauben Sie, das hätte was verändert?«)[75]

21. Mai 1997
Kollegium-Prozeß
83. Verhandlungstag
Die Beweisaufnahme soll erneut eröffnet werden, sagt Verteidiger Buchholz, damit er einen Beweisantrag stellen kann: Man müsse noch Herrn Egon Bahr als Zeugen hören. Zur Unterstützung seines Antrags verliest

Erich Buchholz den Text, den Egon Bahr ein paar Tage zuvor im Politbüro-Prozeß vorgelesen hat: »Der Schießbefehl, das war die DDR ...« Sämtliche Angeklagte schließen sich diesem Antrag an.

Wolfgang Jordan, um eine Stellungnahme gebeten, bemerkt: »Die Staatsanwaltschaft hat mit Interesse und Verwunderung vernommen, daß inzwischen auch Herr Goldbach und Herr Buchholz von der Existenz eines Schießbefehls ausgehen.« Der Antrag des Verteidigers Buchholz wird abgelehnt: Die im Antrag verlesenen Ansichten des Herrn Bahr seien als Meinungsäußerungen nicht von Relevanz.

In seinem Schlußwort spricht der siebzigjährige Heinz Handke vom »angeblichen Unrecht an der Mauer« und betont: »Ich habe meine Arbeit bewußt und nach den Gesetzen der DDR geleistet und bin mir keiner Schuld bewußt. Für das, was ich getan habe, brauche ich mich nicht zu schämen.«

Fritz Peter, 69 Jahre, schließt sich den Plädoyers seiner Verteidiger an. Dieser »aufwühlende Prozeß« sei an ihm »nicht spurlos vorübergegangen«, sagt er. »Ich glaube, daß die emotionslose, vielleicht auch objektive Betrachtung der Geschehnisse der Geschichte vorbehalten bleibt.«

30. Mai 1997
Kollegium-Prozeß
84. Verhandlungstag

Der 30. Mai 1997 ist ein sonniger Freitagmorgen. Im Moabiter Kriminalgericht wird um 10 Uhr das Urteil im Verfahren gegen ehemalige Kollegiumsmitglieder des Verteidigungsministeriums verkündet – nach über zwanzig Monaten Prozeßdauer. Die Zuschauerbänke sind wieder voll besetzt. Ganz am Rand, in der vierten Reihe, sitzt Egon Krenz, heute nicht der Staatsmann mit Schlips, sondern der Genosse in schwarzer Lederjacke.

Im Namen des Volkes wird verkündet: Die Angeklagten sind schuldig der Beihilfe zum Totschlag und versuchten Totschlag in insgesamt zwölf Fällen – acht Tote, vier Verletzte. Es werden verurteilt: Joachim Goldbach und Harald Ludwig zu jeweils drei Jahren und drei Monaten Freiheitsentzug. Heinz Handke zu zwei Jahren und zehn Monaten Haft. Die Strafe für Fritz Peter – ein Jahr und zehn Monate – wird zur Bewährung ausgesetzt.

In seiner mündlichen Urteilsbegründung sagt der Vorsitzende Richter, Ralph Ehestädt, die Angeklagten hätten in staatstragender und staatserhaltender Funktion gehandelt. Soziale Abläufe seien immer das Resultat menschlicher Initiative. Die Behauptung, man habe nichts von den Zwischenfällen an der Grenze gewußt, sei etwa so, als würde der Vorstand eines Unternehmens sagen, er wisse nicht, was die Firma produziere. Bemerkenswerterweise hätten die Angeklagten im Verfahren gleichzeitig wiederholt unterstellt, ein jeder DDR-Bürger habe gewußt, daß er sich an der Grenze in Lebensgefahr begebe. »Die Frage eines Verbotsirrtums zu diskutieren, hatte die Kammer keinen Anlaß«, stellt Richter Ehestädt klar. (»Die Angeklagten wußten, daß die Tötung von Flüchtlingen an der Grenze Unrecht war«, steht im schriftlichen Urteil.)

Grotesk und zynisch sei die Behauptung, seitens der BRD hätte man das Sterben an der Grenze verhindern können, indem man die Flüchtlinge zur Abschreckung zurückgeschickt hätte. Die Ansicht, die Opfer seien selbst schuld an ihrem Tod, stelle eine Ignoranz gegenüber menschlichen Schicksalen dar, wie sie die Kammer bisher nicht kennengelernt habe. Mit solchen Argumenten sei die Grenze seriöser Verteidigung zumindest erreicht.

Zugunsten der Angeklagten habe man die historischen Zusammenhänge, in denen sie handelten, gewertet. Die Angeklagten hätten nur bedingt vorsätzlich und nicht aus Eigennutz gehandelt. Sie seien nicht vorbestraft. Seit Begehung der Taten sei eine lange Zeit vergangen. Auch das fortgeschrittene Alter der Angeklagten und die Prozeßdauer habe man berücksichtigt ... Strafverschärfend habe man die lange Dauer der Handlungen und die Vielzahl der Opfer gewertet.

Richter Ehestädt: »Wie war es möglich, daß Menschen, die die Methoden des totalitären NS-Systems kennen- und verabscheuen gelernt hatten, dieselben Methoden später gutgeheißen, den Tod Andersdenkender oder schlichter Woanders-wohnen-Wollender in Kauf genommen haben? Auf diese Frage haben die Angeklagten im Verfahren gegen sie keine Antwort gegeben.«[76]

Kollegium-Prozeß
Epilog

Die Verurteilten Joachim Goldbach, Harald Ludwig und Heinz Handke werden im Gefängnis Berlin-Hakenfelde die Vorzüge des Offenen Vollzugs genießen. Fritz Peter wird sich »bewähren«. Alfred Leibner ist noch während des Prozesses verstorben. Auch gegen die anderen fünf Angeklagten, deren Verfahren aus Rücksicht auf ihren gesundheitlichen Zustand vorläufig eingestellt wurden, wird nicht mehr verhandelt.
Der Arzt als Fluchthelfer? Hier wird kein Schwerkranker in den Gerichtssaal gezerrt. Als verhandlungsfähig gilt, wer in der Lage ist, seine Interessen im Verfahren vernünftig wahrzunehmen, wer seine Verteidigung in verständlicher Weise führen kann, wer im Prozeß die Fähigkeit besitzt, Erklärungen abzugeben oder entgegenzunehmen. Ulrich Rossel, der Sachverständige vom Gerichtsmedizinischen Landesinstitut Berlin, steht bei Richtern und Staatsanwälten weit außerhalb des Verdachts, die angeklagten Militärs vorschnell verhandlungsunfähig geschrieben zu haben.

Von April 1998 an verhandelt man im Berliner Landgericht noch einmal gegen vier Kollegiumsmitglieder: Wolfgang Herger, 62 Jahre alt, half seit 1985 als Leiter der Abteilung Sicherheit beim ZK der SED die Vorgaben der Parteiführung bei den Grenztruppen durchzusetzen. Er weist die Anklage »als völlig unbegründet und haltlos« zurück: »Sie kann meine Ehre und Würde in keiner Weise berühren.« Bei Gelegenheit erzählt Wolfgang Herger dann vor Gericht, wie er sich nach dem Fall der Mauer »frohgemut« mit seinem Sohn Frank auf den Weg nach Tansania gemacht habe, wo er auf dem Gipfel des Kilimandscharo das genossen habe, »was man die beinahe grenzenlose Freiheit nennen könnte«.
Ex-Generaloberst Horst Brünner, 69 Jahre alt, von 1965 bis 1968 als Politchef Stellvertreter des Grenztruppen-Chefs, war seit 1985 Chef der Politischen Hauptverwaltung der NVA, deren Aufgabe ebenfalls die »Durchsetzung der führenden Rolle der Partei« war sowie die Erziehung der Armeeangehörigen zum Haß auf die Feinde und zur »bedingungslosen Erfüllung der Befehle«. Er meint, die Anklage sei Ausdruck von »politischem Wahnwitz«: »Ich habe niemals jemandem durch mein persönliches Handeln Ver-

Wolfgang Herger war als Leiter der Sicherheitsabteilung im Parteiapparat maßgeblich verantwortlich für »den Schutz der Staatsgrenze«. Er wird schuldig gesprochen der Beihilfe zum Totschlag an Chris Gueffroy und Lutz Schmidt - und kann mit einer Bewährungsstrafe nach Hause gehen.

letzungen oder gar den Tod zugefügt oder vom Schreibtisch aus so etwas angestrebt noch einer anderen Person für eine solche Handlung Beihilfe geleistet. (...) Leider konnte auch ich den Tod von Menschen an der Grenze (...) nicht verhindern.«

Manfred Grätz, seit 1986 Chef der Rückwärtigen Dienste der NVA, verteidigt von Stasi-Offizier Osterloh, bezeichnet die Tatvorwürfe als »ungeheuerlich« und »beleidigend« und weist sie »mit aller Entschiedenheit« zurück. Die Grenzsoldaten seien zu besonnenem Handeln »im Interesse von Ruhe und Sicherheit an der Staatsgrenze« erzogen worden. »Ich habe mein bewußtes Leben lang militärischen Dienst für den Frieden geleistet«, sagt der Angeklagte Grätz. »Dafür schäme ich mich nicht, darauf bin ich stolz.«

Heinz Tappert, Chef der Verwaltung Finanzen im Verteidigungsministerium, sagt: »Die Grenzposten hatten ihren Klassenauftrag. (...) Und dann kam es im äußersten Fall dazu, daß Grenzverletzer angeschossen worden sind.«

Der Verteidiger des Angeklagten Brünner, Stasi-Offizier Strahl, fordert wie die anderen Anwälte Freispruch: »Die Arbeitsproduktivität beim Töten war in der Bundesrepublik stets höher als in der DDR. (...) Ohne Verletzung der Staatsgrenze (...) hätte es keine Schußwaffenanwendung gegeben. Sie wurde durch den Grenzverletzer regelrecht provoziert, so wie ein Bankräuber, der sich der Festnahme entzieht, mit der polizeilichen Schußwaffenanwendung rechnen muß.«

Für die Angeklagten Herger und Brünner beantragt Staatsanwalt Klaus-Jochen Schmidt jeweils drei Jahre Gefängnis, für Manfred Grätz und Heinz Tappert Haftstrafen auf Bewährung. Am 24. Juli 1998 verkünden die Richter der 28. Strafkammer – nach nur elf Verhandlungstagen – Freiheitsstrafen, die durchweg zur Bewährung ausgesetzt werden: wegen Beihilfe zum Totschlag an Lutz Schmidt und Chris Gueffroy für Wolfgang Herger 22 Monate und für Horst Brünner 24 Monate. Manfred Grätz und Heinz Tappert erhalten wegen Beihilfe zum Totschlag in je einem Fall fünfzehn und zwölf Monate Haft auf Bewährung. Dabei ist den Angeklagten – anders als den bereits verurteilten Kollegiumsmitgliedern – strafmildernd ein Verbotsirrtum zugestanden worden. Die Staatsanwaltschaft nimmt das Urteil hin.

Die Vorsitzende Richterin, Renate Möcke, sagt in der mündlichen Urteilsbegründung zu den eben verurteilten Totschlägern, sie sollten »nicht kriminalisiert« werden: »Wir wollen aus Ihnen keine Verbrecher machen.« Dafür schickt ihr der Verurteilte Manfred Grätz tags darauf »anerkennende Worte«, für die sich Richterin Möcke schriftlich bei ihm bedankt: Eine »bemerkenswerte Geste« sei das gewesen, über die sie sich sehr gefreut habe. Ihr Schreiben endet mit dem Satz: »Ich wünsche Ihnen und Ihrer Familie alles Gute und viel Glück für die von der Justiz befreite Zukunft. Mit herzlichen Grüßen – Ihre Dr. Möcke«[77]

5. Juni 1997
Politbüro-Prozeß
95. Verhandlungstag

Das Verfahren gegen den Angeklagten Horst Dohlus trennt das Gericht aus Rücksicht auf dessen Gesundheit ab und stellt es auf Antrag der Staatsanwaltschaft und nach Auswertung mehrerer medizinischer Gutachten vorläufig ein.

Noch einmal wird der Zeuge Baumgarten gehört. Er fordert, die »politische Strafverfolgung« zu beenden, »diese Akte der Demütigung, der Kriminalisierung und der Freiheitsberaubung«. Nebenkläger Horst Schmidt wendet sich direkt an den ehemaligen Grenztruppen-Chef: »Ich bin der Vater eines Jungen, der am 1. Dezember 1984 an der Mauer zwischen Pankow und Wedding erschossen wurde.« Die Grenzposten hätten auf seinen Sohn Michael mit Dauerfeuer mehr als fünfzig Schüsse abgegeben. Es habe Stunden gedauert, bis der Schwerverletzte ärztlich versorgt worden sei. Drei Straßen weiter sei ein Krankenhaus gewesen. »Der Junge hätte überleben können«, sagt Horst Schmidt und fragt: »Wer ist für diesen gesetzlosen Zustand an der Grenze verantwortlich?«

Klaus-Dieter Baumgarten windet sich: Er habe schon mehrfach sein tiefes Mitgefühl bei allen Todesfällen an der Grenze ausgedrückt. Im übrigen liege kein Gesetzesverstoß vor, denn das Schießen mit Dauerfeuer sei durch das Grenzgesetz nicht verboten gewesen. Und die Verzögerung beim Abtransport sei auf menschliches Versagen zurückzuführen, behauptet der Zeuge.

Tatsächlich hatten die verantwortlichen Grenzoffiziere auf einem Militärkrankenwagen bestanden, der aus dem über dreißig Kilometer entfernten Regimentsstützpunkt in Berlin-Treptow angefordert wurde und laut Anweisung nicht mit Blaulicht und Sirene fahren durfte. Eine weitere Stunde verging, bis der Schwerverletzte im Krankenhaus der Volkspolizei ankam. Herr Baumgarten: »Ich kann das Geschehen nicht mehr rückgängig machen, auch nicht, daß Ihr Sohn sich in das Grenzgebiet begeben hat, dessen Betreten ausdrücklich verboten war.«

Horst Schmidt kämpft mit den Tränen der Wut.

17. Juli 1997
Politbüro-Prozeß
101. Verhandlungstag

Egon Krenz wollte noch einmal Helmut Kohl hören sowie den früheren Bundespräsidenten von Weizsäcker und den ehemaligen Bundesaußenminister Genscher. Die Richter lehnten das ab und erklärten, nach der vierwöchigen Unterbrechung die Beweisaufnahme schließen zu wollen. Nun meldet sich, nach langem Schweigen, der Angeklagte Schabowski wieder zu Wort.

Grenztruppen erfüllen ihren Klassenauftrag vorbildlich

Dank des Zentralkomitees der SED zum 38. Jahrestag

Berlin (ADN). Das Zentralkomitee der SED hat folgende von seinem Generalsekretär, Erich Honecker, unterzeichnete Grußadresse an die Soldaten und Matrosen, Unteroffiziere und Maate, Fähnriche, Offiziere und Generale, Zivilbeschäftigten und freiwilligen Helfer der Grenztruppen der DDR gerichtet:

Zum 38. Jahrestag der Grenztruppen der Deutschen Demokratischen Republik übermittelt Ihnen das Zentralkomitee der Sozialistischen Einheitspartei Deutschlands herzliche Grüße und Glückwünsche.

Mit Freude können wir feststellen, daß die Grenztruppen in fester Verbundenheit mit dem werktätigen Volk und in enger Zusammenarbeit mit der Nationalen Volksarmee sowie den anderen Schutz- und Sicherheitsorganen auch im Jubiläumsjahr unseres Arbeiter-und-Bauern-Staates ihren Klassenauftrag vorbildlich erfüllt haben. Der Schutz der Grenzen unseres sozialistischen Vaterlandes liegt in guten Händen. Mit hohem politischem Verantwortungsbewußtsein haben die Grenztruppen die Provokationen der Feinde des Friedens und des Sozialismus gegen unsere Staatsgrenze besonnen, standhaft und entschlossen vereitelt.

Das Zentralkomitee der Sozialistischen Einheitspartei Deutschlands spricht allen Angehörigen der Grenztruppen, den Zivilbeschäftigten und freiwilligen Helfern für die unermüdliche Einsatzbereitschaft und ausgezeichnete Pflichterfüllung herzlichen Dank und Anerkennung aus.

Angesichts der vom Imperialismus ausgehenden Gefahren für den Frieden sind hohe revolutionäre Wachsamkeit und zuverlässige Verteidigungsbereitschaft heute notwendiger denn je.

Das Zentralkomitee der SED ist fest überzeugt, daß die Grenztruppen der DDR auch in Vorbereitung des XI. Parteitages ihrer Verantwortung für die Stärkung des Sozialismus und damit für die Erhaltung des Friedens gerecht werden und alles tun, um gemeinsam mit der Nationalen Volksarmee sowie Schulter an Schulter mit den Klassen- und Waffenbrüdern der UdSSR und der anderen sozialistischen Bruderländer dem imperialistischen Feind keine Chance zu lassen. Zu Recht nehmen die Angehörigen der Grenztruppen den bevorstehenden 40. Jahrestag des Sieges des heldenhaften Sowjetvolkes und seiner ruhmreichen Roten Armee über den Hitlerfaschismus zum Anlaß, um mit schöpferischen Initiativen und Leistungen in der politischen und militärischen Arbeit die auf der 9. Tagung des ZK der SED gestellten Aufgaben zu erfüllen.

Die enge und vertrauensvolle Zusammenarbeit mit den örtlichen Partei- und Staatsorganen, den gesellschaftlichen Kräften und den Schutz- und Sicherheitsorganen sowie das feste Vertrauen in die Kraft und Bereitschaft der Grenzbevölkerung sind und bleiben die Grundlagen für den zuverlässigen Schutz der Staatsgrenze.

Das Zentralkomitee der SED wünscht allen Angehörigen der Grenztruppen der DDR, den Zivilbeschäftigten und freiwilligen Helfern viel Erfolg, Schaffenskraft und persönliches Wohlergehen.

Die Grenztruppen haben »die Provokationen der Feinde des Friedens und des Sozialismus gegen unsere Staatsgrenze besonnen, standhaft und entschlossen vereitelt«, hieß es im »Neuen Deutschland« am Todestag von Michael Schmidt.

Mauer-Mord: Flüchtling starb im Kugelhagel

BM Berlin. 2. Dez. Mit Empörung haben gestern Bundesregierung, Berliner Senat und die Alliierten in Berlin auf die Schüsse an der Mauer in Wedding reagiert, durch die am frühen Sonnabendmorgen der Fluchtversuch eines „DDR"-Bewohners verhindert worden ist. Der Flüchtling wurde dabei wahrscheinlich tiert. Sein Körper war mit einer Plane zugedeckt.

Regierungssprecher Peter Boenisch verurteilte die Schüsse gestern „auf das schärfste". Er wies darauf hin, daß Bonn die „DDR"-Regierung erst am Vortage dazu aufgefordert habe, „endlich auch den Schußwaffengebrauch gegen diejenigen einzustellen, die nur ihr wieder einmal die Unmenschlichkeit der Mauer in Berlin vor Augen geführt. „Unsere Trauer gilt den Angehörigen des Flüchtlings", betonte Dieppen.

Im Namen der drei westlichen Alliierten äußerte sich der französische Stadtkommandant, in dessen unmittelbarem Zuständigkeitsbe-

In seiner Erklärung räumt Günter Schabowski erneut politische und moralische Mitschuld daran ein, daß »Flüchtlinge generell dem Risiko ausgesetzt gewesen waren, ihr Leben zu verlieren und es verloren haben«. Strafrechtliche Verantwortung zu übernehmen, lehnt Günter Schabowski nochmals ab. 1992 hat er während eines Auftritts im Berliner Mauermuseum noch bekannt, er trage Verantwortung dafür, daß er keine Gelegenheit des Einspruchs wahrgenommen habe, als Menschen an der Mauer erschossen wurden. Er habe »es nicht zur Kenntnis nehmen wollen«.

Heute behauptet der Angeklagte Schabowski, er sei als Politbüro-Mitglied nicht über Tötungen an der Grenze informiert worden. Er habe davon gewöhnlich aus Nachrichten des Deutschlandfunks oder aus Tageszeitungen der Bundesrepublik erfahren. Er habe sich immer einreden können, daß der Grenzsoldat »vielleicht aus Notwehr gehandelt« habe oder daß die Tötung eines DDR-Flüchtlings »ein unglücklicher Zufall war«, etwa durch »unpräzisen Umgang mit der Waffe«. Er sei kein Militär gewesen, er habe »andere Aufgaben« gehabt.

Zu den Aufgaben des Berliner SED-Chefs Schabowski gehörte der Vorsitz in der Bezirkseinsatzleitung (BEL). In diesem Gremium saßen neben ihm die Chefs der Berliner Einheiten der Stasi, der Armee und der Volkspolizei. Im März 1987 berichtete Genosse Schabowski dem Verteidigungsrat, die Hauptanstrengungen der Bezirkseinsatzleitung seien unter anderem gerichtet auf die Unterstützung der Grenztruppen. Ausweislich dieses Dokuments war Günter Schabowski über die »Risikobereitschaft bei versuchten Grenzdurchbrüchen« informiert und hat an konkreten »Maßnahmen zur Gewährleistung der Unverletzlichkeit der Staatsgrenze« mitgewirkt.

Von der Führung des Grenzkommandos Mitte wurde Günter Schabowski regelmäßig über Fluchtversuche an der Mauer und Maßnahmen zu ihrer Verhinderung informiert, auch über getötete und verletzte Flüchtlinge, hat der Zeuge Günter Bazyli ausgesagt. Die Informierung des Berliner SED-Chefs Schabowski erfolgte »zeitgerecht, sachlich und exakt«, stellt Grenztruppen-Chef Baumgarten im Juli 1997 noch einmal klar. »Daß an der Mauer Menschen erschossen wurden, (...) wußte jedes Kind in Deutschland und darüber hinaus«, sagte Erich Honecker 1992 vor dem Berliner Landgericht.[78]

In der Münchner »Süddeutschen Zeitung« war nach der Tötung von Michael Schmidt 1984 zu lesen: »Was den jüngsten Grenzzwischenfall in besonders grellem Licht erscheinen läßt, ist die gleichzeitig veröffentlichte ›Grußadresse‹ des DDR-Staatsratsvorsitzenden Erich Honecker, in welcher dieser den Ostberliner Grenztruppen für deren ›vorbildliche Erfüllung des Klassenauftrages‹ dankt. Das SED-Regime mag, wie diese Formulierung ausweist, in anderen Kategorien denken, das Erschießen eines Flüchtlings ist allemal ein Mord.« Nebenkläger Horst Schmidt fragt den Angeklagten Schabowski, warum er denn nicht als Chefredakteur des »Neuen Deutschland« die »üble Propaganda« der Westpresse zu den Tötungen an der Grenze »richtiggestellt« habe?[79]

»Schabowski bekennt sich im Politbüro-Prozeß zu politischer und moralischer Mitschuld«, lautet am Morgen nach der »Erklärung« die Schlagzeile der »Frankfurter Allgemeinen Zeitung« ganz oben auf der Titelseite.

21. Juli 1997
Politbüro-Prozeß
102. Verhandlungstag
Die Sowjetunion hätte sich niemals reinreden lassen, was Veränderungen an der Grenze oder ihre Öffnung betrifft, sagt Günter Schabowski auf Befragen des Gerichts. Er erklärt, »wie gering die Bewegungsfreiheit der DDR in diesen Dingen« gewesen sei. »Es wäre unmöglich gewesen zu verfügen, daß an der Grenze nicht mehr geschossen wird.« (Ganz offensichtlich war es der SED-Führung aber möglich, das Grenzregime Mitte der achtziger Jahre zu »humanisieren«, die Minen abzubauen und die Führung der

UdSSR darüber erst im nachhinein zu informieren sowie schließlich im Frühjahr 1989 den Schießbefehl aufzuheben.)

Herr Schabowski spricht vom »Unbehagen, das sich anmeldete, wenn an der Grenze ein Vorfall passierte«, jedoch: »Die Bestimmungen haben nicht vorgesehen, daß Flüchtlinge auch um den Preis des Tötens gehindert werden sollten. Wenn solche Dinge passierten, hat das nicht dem gesetzlichen Rahmen entsprochen.«

Richterin Julia Meunier-Schwab, 35 Jahre, fragt nach: »Was dachten Sie denn, auf welche Weise Flüchtlinge getötet worden sind?« – »Ich dachte, man habe nur versucht, gezielt zu schießen, ohne daß es lebensgefährlich geworden wäre oder weiß der Teufel was ...« – »Also eine Verkettung unglücklicher Umstände?« – »Ja, es konnte sich nur um ein Verhalten handeln, das nicht mit dem Rahmen übereinstimmt.« Er sei ja nicht so lang »Mitglied« der Berliner Bezirkseinsatzleitung gewesen (vier Jahre lang war er deren Vorsitzender).

Wann er denn von den Selbstschußanlagen an der Grenze erfahren habe? »Davon habe ich erst erfahren, als sie abgebaut worden sind.« – »Woher?« – »Aus den Medien der Bundesrepublik. Solche Dinge sind nie im Politbüro behandelt worden. Den Begriff ›SM 70‹ habe ich erst durch Herrn Jahntz kennengelernt.« Der SED-Propagandist, der spätestens mit Beginn seiner Tätigkeit als ND-Chefredakteur 1978 Zugang zur Westpresse hatte, lügt mit Betonung. »Der Boden soll sich unter ihm öffnen«, flüstert die »Tagesspiegel«-Reporterin neben mir.

»Schabowski lügt nicht, sondern er verdrängt«, stand 1991 in einer Rezension seiner Autobiographie. »Er hat dies so lange getan, daß es nicht mehr anders geht. So wie er beispielsweise als ›Tribüne‹-Redakteur nach Stalins Tod 1953 verdrängt hat, daß zwei seiner Kollegen wegen eines Satzfehlers zu jeweils fünfeinhalb Jahren Zuchthaus verurteilt wurden. Man muß schon schwer ideologieleidend (oder machtbesessen) sein, um etwas folgenlos wegzustecken.«[80]

Der Angeklagte Schabowski spricht von seinen guten Taten: »Ich habe Anträge auf Ausreise, die mich als Ersten Sekretär der SED-Bezirksleitung Berlin erreichten, ausnahmslos weitergeleitet. Die sind dann genehmigt worden. Ich treff heute noch Leute in Berlin, die mir dafür ihren Zuspruch aussprechen. Die wußten, daß das durch die Hände von Schabowski gegangen ist.« Noch 1987 nannte er als weitere »Hauptanstrengung« seiner Bezirkseinsatzleitung: »Zurückdrängung von rechtswidrigen Ersuchen auf Übersiedlung von Bürgern der Hauptstadt in nichtsozialistische Staaten und Berlin (West).«[81]

Heute sagt Schabowski: »Die drei, die Honecker gestürzt haben – Krenz, Lorenz, ich«, sagt: »Als wir die Grenze geöffnet haben ...« Geöffnet? »Bis heute wird das ja so dargestellt, als ob das ein Versehen war. (...) Es ist merkwürdig, daß man immer Legenden haben will. Es ist nicht so, daß die Grenzöffnung ein Irrtum war. Es ist ja ein Auftrag ergangen an die Regierung ...«

Kleiber-Verteidiger Manfred Studier fragt: »Sie sagen, man habe im Politbüro keine Grenzfragen besprochen. Können Sie mir sagen, warum man das nicht getan hat, obwohl es sich doch dabei für die DDR um eine sehr wichtige Frage gehandelt hat?« Herr Schabowski hat auch darauf eine Antwort: »Das hängt einfach damit zusammen ..., das war keine Frage, die irgendwie veränderbar war. Das war eine Frage von äußerster Größe ...«

Krenz-Verteidiger Robert Unger will wissen: »War die DDR souverän?« – »Die DDR war zu jeder Zeit abhängig von der Siegermacht.«

Schabowski-Anwalt von Schirach gibt bekannt, daß Herr Plöger nicht das Recht habe, seinen Mandanten zu befragen, da er diesen öffentlich beleidigt habe. Darauf erwidert Nebenklagevertreter Plöger: »Ich stelle fest, daß Sie die Opfer wieder mal übergehen.«

Dann gibt Egon Krenz noch eine Erklärung ab: »Daß Tote an der Grenze nicht zu vermeiden waren, habe ich immer als eine Negativseite meines Lebens erklärt.«

24. Juli 1997
Politbüro-Prozeß
103. Verhandlungstag

Egon Krenz will nun auch auf Fragen von Prozeßbeteiligten antworten, aber zunächst verliest er eine weitere »Erklärung«, fast eine Stunde lang (»Man muß in diesem Prozeß so viel erklären, weil die politische Bildung in der Bundesrepublik nicht die beste war.«): »Die BRD hatte ein Interesse an den Grenztoten, sie hat solche Fälle organisiert. (...) Der DDR haben diese Toten geschadet, jeder Tote war einer zuviel.« Und so weiter.

Was er über die Tötungen an der Grenze gewußt habe, fragt Richter Josef Hoch den Angeklagten Krenz. »Es ist doch uninteressant, was ich weiß, es ist interessant, was ich ändern kann. Und das Grenzregime konnte nicht verändert werden. (...) Ich muß sagen, daß mich das sehr bedrückt, wenn ich dem Vater eines Opfers gegenüberstehe und ihm nur sagen kann, daß wir nichts haben machen können. (...) Ich habe das mir Mögliche getan. Mehr konnte ich nicht tun. (...) Ich habe zu Grenztruppen-Angehörigen gesagt: ›Jeder Grenzzwischenfall ist einer zuviel, und freuen können wir uns erst, wenn es keine mehr gibt.‹«

Der Vorsitzende Richter zitiert aus der Niederschrift über die NVR-Sitzung vom Mai 1974, als Erich Honecker forderte, an der Grenze von der Schußwaffe rücksichtslos Gebrauch zu machen. Diese Äußerung Honeckers stehe, so Richter Hoch, im Widerspruch zum DDR-Grenzgesetz. Darauf meint Egon Krenz: »Ich traue Erich Honecker eine solche Äußerung nicht zu; mir ist eine solche Einstellung auch von keinem Politbüro-Mitglied bekannt. (...) Es gab in der DDR keinen Befehl zu töten, es gab Schußwaffengebrauchsbestimmungen. (...) Es hat keinen Beschluß im Politbüro gegeben, der auch nur andeutungsweise ein Befehl zum Töten gewesen wäre. So etwas widersprach unserer Weltanschauung, das widersprach meiner Weltanschauung.«

Egon Krenz sagt, man habe an der Grenze nur die »territoriale Integrität der DDR« wahren wollen. Richter Hoch fragt nach: »Flüchtlinge gefährdeten die territoriale Integrität?« – »Ich kann Ihre Frage nicht nachvollziehen. Hier ging es um die Frage von Krieg und Frieden.« Und weiter: »Wer am Grenzregime rüttelte, mußte damit rechnen, sein Land in einen Weltkrieg zu ziehen. (...) Was die Justiz jetzt von uns verlangt, ist, daß wir riskieren sollten, die Bürger der DDR in einen Krieg zu verwickeln.« (»So sind die wehrlosen Flüchtlinge im Niemandsland für den Weltfrieden gestorben«, notiert Regina Mönch für den »Tagesspiegel«.)

»Sind Ihnen aus Ihrer Tätigkeit im Politbüro die Namen der Opfer, die Umstände der Einzelfälle bekannt?« fragt der Vorsitzende. – »Ich habe die Politbüro-Informationen dazu immer gelesen. Ich habe einen Sohn – ich habe mir so oft die Frage gestellt: Wie würde ich reagieren, wenn ich betroffen wäre. Ich zucke immer zusammen, wenn ich das Wort ›Fall‹ höre – für mich ist das ein Mensch«, sagt Krenz. Darauf Richter Hoch: »Was hätten

Sie einem Grenzsoldaten gesagt, der Sie gefragt hätte: ›Soll ich noch schießen, selbst wenn ich riskiere, daß der Grenzverletzer getötet wird?‹« – »Ich will darauf keine Antwort geben.«

Nach der Pause fährt Egon Krenz fort: »Wir wollten Grenzzwischenfälle von vornherein verhindern. (…) Ich bin 1984 dafür eingetreten, daß in Berlin die Anzahl von Schutzpolizisten erhöht wird, so daß erst gar keiner in den Raum kommt, wo geschossen wird. (…) Ich war aktiver Täter zur Verhinderung der Anwendung der Schußwaffe.«

»Durfte ein Grenzsoldat Ihrer Meinung nach Dauerfeuer schießen?« fragt Richter Hoch. »Die Handhabung der Schußwaffe ist sehr kompliziert, zumal, wenn man auf Menschen schießen muß. Die Anwendung der Schußwaffe war das letzte Mittel…«

Richterin Julia Meunier-Schwab: »Wann war es Ihrer Meinung nach gerechtfertigt, auf Flüchtlinge zu schießen?« – »Ich bin kein Militärexperte, ich bin Politiker…«

»Seit wann haben Sie die Meldungen über Grenzzwischenfälle bekommen?« fragt die Richterin. »Seitdem ich Kandidat des Politbüros gewesen bin. Diese Meldungen sind in der Regel in die Umlaufmappen gekommen. Auch die Jahresberichte über die Lage an der Grenze wurden regelmäßig in Umlauf gegeben.«

Ob in diesen Berichten auch Angaben zum Schußwaffengebrauch gestanden hätten? »Kann ich nicht sagen. Ich kann mich nicht an jedes Detail erinnern. (…) Die Meldungen des Ministers für Nationale Verteidigung an Erich Honecker über Grenzzwischenfälle legte Honecker regelmäßig in die Umlaufmappen oder manchmal auch in die Vorlagemappen. Diese Meldungen waren immer so etwa eine Dreiviertelseite lang und enthielten auch Angaben über den Tod oder die Verletzung von Grenzverletzern. (…) Ich denke, es hat in Deutschland niemanden gegeben, der nicht gewußt hat, daß es Tote und Verletzte an der DDR-Grenze gegeben hat, wenn er es wissen wollte.«

Als nach der Mittagspause die Verhandlung um 13.30 Uhr wieder aufgenommen wird, befragt Nebenklagevertreter Plöger den Angeklagten Krenz. Zunächst bedankt er sich, daß er – anders als Herr Schabowski – bereit sei, auf die Fragen der Nebenklage zu antworten. Zunächst will er wissen: »Ist Ihnen irgend etwas zum Verbleib der Leiche Michael Bittners bekanntgeworden?« – »Mir ist nichts zum Verbleib der, äh ... Leiche bekannt ... Ich gehe davon aus, daß seitens der DDR keine Unkorrektheiten vorliegen.« Warum man die Grenze nicht anders gesichert habe, mit mehr Personal, ohne den Einsatz von Schußwaffen? »Ein weiterer Einsatz von mehr Personal wäre nicht möglich gewesen.« Warum man Michael Schmidt medizinische Hilfe verweigert habe? »Ich bin kein medizinischer Sachverständiger ..., entsprechend den Bestimmungen war das Leben zu schonen.« Kurz darauf: »Ich bin kein Totschläger.«

Ob denn Chris Gueffroy auch »in Übereinstimmung mit den Schußwaffengebrauchsbestimmungen« erschossen worden sei? »Die Achtung vor dem Opfer gebietet mir, darüber nichts zu sagen.«

Warum er nach dem Massaker auf dem »Platz des Himmlischen Friedens« im Sommer 1989 zu einem »Freundschaftsbesuch« nach Peking gereist sei, zur Staats- und Parteiführung? »Ich war damals in guter Gesellschaft dort. Das, was sich dort ereignet hat, war nicht im Sinne der Führung Chinas. Man hat das eigentlich auch bedauert. Aber es ging um die Stabilität Chinas ...«

In der Pause geht Egon Krenz zu Claus Dümde hinüber, dem Reporter des SED/PDS-Blattes »Neues Deutschland«, und fragt ihn: »Wolltest du was von mir?« – »Nein.« So ändern sich die Zeiten.

Nach der Pause beantwortet er weitere Fragen: »Wenn ich einem Gremium angehört hätte, wo man sich pausenlos überlegt, wie man die Leute totschießen kann – aus diesem Gremium wäre ich ausgetreten.«

Manfred Studier, ein Anwalt des Angeklagten Kleiber, bittet in ungewohnt gereiztem Ton darum, erst einmal die Verteidiger »die eigentlichen Prozeßfragen« stellen zu lassen. Richter Hoch bittet Herrn Plöger, sich bei der Befragung auf den Anklagevorwurf zu konzentrieren. Gelassen stellt Rechtsanwalt Plöger eine »Zensur des Fragerechts« fest. Der Vorsitzende findet das »ungebührlich« und droht mit Konsequenzen. »Ich weiß gar nicht, warum ich hier immer unterbrochen werde«, verteidigt sich Hanns-Ekkehard Plöger. Darauf meint Schabowski-Verteidiger Ferdinand von Schirach: »Weil Sie Blödsinn reden.« Herr Plöger besteht darauf, daß dies ins Protokoll aufgenommen wird. Der Vorsitzende unterbricht die Sitzung. Danach appelliert Josef Hoch an die Kollegialität der Anwälte.

Egon Krenz fährt fort: »Ich habe nicht die Ordnung der Bundesrepublik Deutschland gewollt, ich habe eine ordentliche DDR gewollt. (...) Ich habe gewollt, daß der Sozialismus in der DDR weiterbesteht. (...) Mein Ideal war nie, Menschen totzuschießen, mein Ideal war nie, Menschen zu quälen, mein Ideal war nie, Menschen zu unterdrücken. (...) Mir waren gesellschaftliche Verhältnisse gesetzt, unter denen ich Politik zu machen hatte. Die Macht hatte ja nicht ich.«

»Mußten Sie Angst davor haben auszusteigen?« fragt Nebenklagevertreter Plöger. »Diese Frage hat sich für mich nicht gestellt.« – »Entsprach der Menschenhandel mit politischen Häftlingen der DDR, die man in den Westen verkaufte, Ihrer sozialistischen Einstellung?« – »Zum Handel gehören immer zwei ...« (Genau betrachtet handelte es sich um den Verkauf von Geiseln.)

Als Egon Krenz sagt, er könne sich nicht daran erinnern, daß man im Politbüro informiert worden sei, wenn es durch die Minenanlagen zu Verletzten kam, verliest Richterin Meunier-Schwab die Meldung des Verteidigungsministers an Erich Honecker über die Verletzung des Flüchtlings Gisbert Greifzu durch Splitterminen 1984: Blut sei am Grenzzaun festgestellt worden. Für Egon Krenz ist das kein Beweis: »Da ist nichts über Verletzungen festgestellt.« Als die Meldung in den Umlauf kam, sei er vermutlich im Urlaub gewesen. Auch Herr Kleiber vermutet auf Nachfrage, im Urlaub gewesen zu sein.

28. Juli 1997
Politbüro-Prozeß
104. Verhandlungstag
Heute soll die Staatsanwaltschaft plädieren. ARD und ZDF sind wieder vertreten, auch RTL, die »Berliner Zeitung«, die »Frankfurter Allgemeine« und die »Süddeutsche«.

Der Angeklagte Kleiber gibt eine Erklärung ab: Er habe durch das Umlaufverfahren im Politbüro keine Kenntnis von den Todesfällen an der Grenze erhalten. Nur, daß einmal eine Ballonflucht geglückt sei, habe er auf diesem Wege erfahren. Die Jahresberichte der Grenztruppen habe er im

Rahmen seiner Politbüro-Tätigkeit zu lesen bekommen, darin seien jedoch keine Zahlenangaben über Schußwaffengebrauch und Tötungen gewesen. (Die Zahl der »tödlich verletzten Grenzverletzer« stand in den Berichten.) Egon Krenz reagiert auf die Erklärung Günther Kleibers: »Meldungen über Todesfälle wurden den Umlaufmappen des Politbüros beigelegt. Es hat ja auch keinen Grund zur Geheimhaltung gegeben. Man hätte es ja ohnehin später aus der Westpresse erfahren. Wenn ich der einzige sein soll, der davon gewußt hat – damit kann ich leben.«

Günter Schabowski: »In der Zeit meiner Zugehörigkeit zum Politbüro hat es keine Beratung über Grenzzwischenfälle und Todesfälle an der Grenze gegeben. Ich wurde nur unregelmäßig über gelungene Fluchten oder verhinderte Fluchtversuche informiert, nicht aber über den Ausgang für den Flüchtling.« (Doch.)

Egon Krenz: »Ich bleibe dabei: Von den Todesfällen an der Grenze wußte ich. Ansonsten hätten ja die Leute recht, die sagen: ›Die Grenzer haben's gewußt, die Führung der Grenztruppen hat's gewußt, der Verteidigungsminister hat's gewußt, nur die Pfeifen im Politbüro wollen's nicht gewußt haben.‹ Ich verteidige mich nicht auf Kosten derer, denen ich verpflichtet war.«

Günter Schabowski: »Es ist nicht mehr mit anzuhören, wie sich Herr Krenz als Bewahrer des Guten und Schönen der DDR aufspielt.« Teile des Politbüros seien für Erich Honecker »nicht vertrauenswürdig« gewesen, die hätten eben keine Information über »diesen Fragenkomplex« bekommen (gemeint sind die »Grenzzwischenfälle«). Die seien aus der Informierung des Politbüros »herausgelöst« worden. Sich selber zählt Günter Schabowski dazu. Er bestreitet erneut »die Kollektivität des Politbüros«. Er atmet schwer, während er das sagt, und schaut gequält.

Noch ein paar weitere Fragen und Antworten, dann sagt der Vorsitzende Richter: »Die Beweisaufnahme kann im allseitigen Einverständnis geschlossen werden.« Staatsanwalt Bernhard Jahntz beginnt mit seinem Plädoyer. Ein paar Männer aus dem Fanatiker-Block stören durch lautes Murren, bis Richter Hoch Ordnungsgeld und Ordnungshaft androht.

Es gehe in diesem Verfahren nicht um »schicksalhafte Verstrickung«, so Staatsanwalt Jahntz, sondern »um die Verletzung des Lebensrechts von DDR-Bürgern«. Es gehe auch nicht um Siegerjustiz – lediglich die Herrschenden in der DDR seien besiegt worden, »friedlich hinweggefegt«.

Staatsanwalt Jahntz und seine Münchner Kollegin beschreiben die Geschichte des DDR-Grenzregimes und die Verantwortlichkeiten detailliert. Ein Fernsehreporter – jung, forsch und doof – unterstellt daraufhin dem Staatsanwalt im Pauseninterview »Fußnotenverliebtheit«.

Es sind zuletzt allein noch zwei Politbüro-Beschlüsse, für die alle drei Angeklagten zur Verantwortung gezogen werden sollen: Am 11. Juni 1985 hat das Politbüro einen Bericht der Politischen Hauptverwaltung der NVA bestätigt, in dem es heißt, die Grenzsoldaten werden auch künftig »den Klassenauftrag ehrenvoll erfüllen«. Was der Inhalt des »Klassenauftrags« sei, hat der Chef Ausbildung den Soldaten 1983 so erklären lassen: »Notwendigkeit und Rechtmäßigkeit der Anwendung der Schußwaffe im Grenzdienst liegen im zutiefst revolutionären und humanistischen Inhalt unseres Klassenauftrages begründet.«[82] Generaloberst Fritz Streletz schrieb damals im »Neuen Deutschland«, mit dem Beschluß vom 11. Juni 1985 habe das Politbüro die entscheidende Orientierung zur Entwicklung der Grenztruppen gegeben.[83]

Am 11. März 1986 hat man im Politbüro den Entwurf des ZK-Berichts an den XI. Parteitag der SED bestätigt, in dem es heißt, es bleibe Auftrag der Grenztruppen, die Unverletzlichkeit der Grenzen der DDR zu gewährleisten. Diesem »Klassenauftrag« der Grenztruppen, auf dem Parteitag verkündet von Generalsekretär Honecker, schloß sich Günter Schabowski in seinem »Diskussionsbeitrag« begeistert an mit den Worten: »Wir sind gepackt von den Zielmarken des weiteren Vormarsches, die Erich Honecker gewiesen hat.« (rund hundertfünfzig andere ZK-Mitglieder, die dem Auftrag an die Grenztruppen ebenfalls zugestimmt haben, werden deswegen nicht strafrechtlich verfolgt.)

31. Juli 1997
Politbüro-Prozeß
105. Verhandlungstag
Staatsanwalt Jahntz fährt in seinem Plädoyer fort: »Die Angeklagten sind bislang nicht bestraft, was besagt: Sie sind im Grunde anständige Men-

schen. Ist es aber nicht erschreckend, daß sozial sonst völlig angepaßte Menschen ohne jede kriminelle Neigung durch ›Bürokratisierung‹ letztlich nicht davon abgehalten werden, Verbrechen zu begehen, weil ihnen Werte wie Teilhabe an der Macht, messianische Überzeugung wichtiger sind als der Respekt vor den Menschenrechten, dem Lebensrecht anderer? Sind die Angeklagten doch in den Jahren der ersten Diktatur auf deutschem Boden großgeworden, deren Perversionen doch gerade in der DDR Allgemeingut des Bewußtseins waren. (...)

Strafverschärfend muß sich auswirken, daß sie nicht Rädchen oder auch nur Räder im Getriebe der Partei- und Staatsstruktur DDR waren, sondern kraft ihrer Mitgliedschaft im Politbüro Schwungräder und Motor dieses Getriebes. (...)

In der Gesamtstrafe müssen die Opfer bzw. deren Angehörige das ihnen zugefügte Leid wiedererkennen. Menschlichkeit, Rücksicht, Verständnis für die Opfer, mehr muß es nicht sein – Rache will niemand –, weniger darf es aber auch nicht sein.«

Staatsanwalt Bernhard Jahntz beantragt für den Angeklagten Egon Krenz wegen Totschlags an Michael Schmidt, Michael Bittner, Lutz Schmidt und Chris Gueffroy eine Gesamtfreiheitsstrafe von elf Jahren. Für den Angeklagten Günter Schabowski wegen Totschlags in den drei letztgenannten Fällen eine Haftstrafe von neun Jahren. Wegen derselben Taten für den Angeklagten Günther Kleiber eine Haftstrafe von siebeneinhalb Jahren.

4. August 1997
Politbüro-Prozeß
106. Verhandlungstag

Anwalt Robert Unger wirft in seinem Plädoyer für Egon Krenz den bundesdeutschen Richtern vor, daß sie sich nicht »kollektiv für befangen erklärt haben«. Gleichzeitig bescheinigt er ihnen, »daß sie in der Form stets korrekt waren«. Dann bekräftigt er noch einmal: »Der sogenannte Schießbefehl hat nicht existiert.« Zwar sei das Politbüro wahrscheinlich die mächtigste Institution in der DDR gewesen, im militärpolitischen Bereich sei die DDR jedoch nicht souverän gewesen: »Alle grundlegenden Entscheidungen in Sicherheitsfragen (...) wurden allein von der Sowjetunion getroffen. Eigene, abweichende Entscheidungen der DDR waren nicht möglich. (...) In der Zeit der Mitgliedschaft der hiesigen Angeklagten im Politbüro bzw. im Nationalen Verteidigungsrat sind jedenfalls keine grundlegenden Entscheidungen zum Grenzregime getroffen worden – mit Ausnahme der im Herbst 1989 verfügten Öffnung der Mauer. (...) Ich beantrage Freispruch.«

Nebenklägerin Karin Schmidt, deren Mann 1987 an der Mauer erschossen wurde, begehrt auf: »Was hier passiert, ist haarsträubend! Sie haben in Ihrem Plädoyer die Opfer völlig außer acht gelassen.«

Ebenfalls auf Freispruch plädiert Anwalt Dieter Wissgott: »Es wird immer das Verdienst von Herrn Krenz bleiben, beim Fall der Mauer (...) ein Blutvergießen unvorstellbaren Ausmaßes verhindert zu haben. (...) Meine Damen und Herren, ich vergleiche diesen Mann mit dem, was er damals getan hat, mit den Männern des 20. Juli 1944. (...) Egon Krenz steht meiner Meinung nach in dieser nationalen Tradition, ist ein Nationalheld dieser Dimension. (...) Mit dem Untergang der DDR ist auch das gesamte Lebenswerk, ja die Lebensidee meines Mandanten zerbrochen. (...) Ich hoffe, daß es Richter gibt, die das Ausmaß des Schmerzes verstehen, den derjenige erleidet, der sein Leben der Verwirklichung dieses Traumes gewidmet hat.«

Dann sagt Verteidiger Robert Unger zu der Nebenklägerin Karin Schmidt: »Es ist meine feste Überzeugung, daß es persönliche Schuld für das, was dort passiert ist, nicht gibt. Die Menschen in der DDR hatten keine andere Möglichkeit, als die Grenze zu sichern, die DDR mußte erhalten bleiben ...« Karin Schmidt ist erregt und wendet sich in ihrer Antwort direkt an Egon Krenz: »Nicht die Sowjetunion hat meinen Mann erschossen. Nicht die Sowjetunion hat mich danach zwangsweise umgesiedelt. Nicht die Sowjetunion hat gedroht, meine Kinder ins Heim zu stecken – das können Sie sich zuschreiben!«

7. August 1997
Politbüro-Prozeß
107. Verhandlungstag
Für Günther Kleiber plädiert Anwalt Manfred Studier auf Freispruch: Sein Mandant habe einen Lebensweg hinter sich, »der von Redlichkeit, Gewaltlosigkeit und idealistischer Weltanschauung gekennzeichnet war«. Er sei

»seit frühesten Jahren technikinteressiert und -orientiert« gewesen. Durch einen »biographischen Zufall« sei Günther Kleiber Kandidat des Politbüros geworden, als »Kenner seines Faches«, sagt Anwalt Studier und unterstreicht: »So spielen Zufälle für ein Leben eine Rolle.« Weiter führt er aus: »Er war persönlich niemals an der Grenze. Es gibt keine einzige Rede oder Äußerung von ihm zu diesem Thema.« Später sagt der Verteidiger: »Kleiber wußte, was alle wußten, daß nämlich Flüchtlinge an der Grenze erschossen wurden«, die konkrete Befehlslage an der Grenze habe sein Mandant jedoch nicht gekannt, und er sei nicht in der Lage gewesen, das Grenzregime zu verändern.

11. August 1997
Politbüro-Prozeß
108. Verhandlungstag

Schabowski-Verteidiger Dirk Lammer, ein junger Charlottenburger Rechtsanwalt, ist im »Tagesspiegel« zu dem »knappen Dutzend renommierter Anwälte« gezählt worden, die bei den »großen Prozessen« zusammenkommen. Neben seiner Tätigkeit in Verfahren »gewöhnlicher Kriminalität«, etwa beim »Tunnelgangster-Prozeß«, ist Anwalt Lammer auch in einigen Mauerschützen-Prozessen aufgetreten, darunter im Fall Peter Fechter.

Im Plädoyer für Günter Schabowski räumt Anwalt Lammer ein, daß das Politbüro »das höchste und unkontrollierte Machtorgan der DDR war«. Gleichzeitig meint er, man habe sich dort mit Fragen der »Grenzsicherung« überhaupt nicht beschäftigt. Die Politbüro-Beschlüsse vom 11. Juni 1985 und vom 11. März 1986 (durch deren Umsetzung drei Mauerflüchtlinge erschossen wurden) hätten nur »Appell-Charakter« gehabt und »keinerlei konkrete Handlungsanweisungen« enthalten. Die Bestätigung des Berichts der Politischen Hauptverwaltung sei nicht in das Sachgebiet seines Mandanten gefallen. Herr Schabowski habe keine Erinnerung mehr an diesen Bericht, er habe ihn vermutlich nicht einmal gelesen. Er habe andere Probleme gehabt, die seine Aufmerksamkeit beansprucht hätten. Albert Speer ließ sich im Nürnberger Prozeß damit verteidigen, er habe »im Parteiapparat lediglich architektonisch-künstlerische Funktionen ausgeübt« und im übrigen »rein technische Aufgaben« gehabt.

Schließlich behauptet Dirk Lammer, an der DDR-Grenze habe es keine Befehlslage gegeben, nach der auf unbewaffnete Flüchtlinge geschossen und dabei ihre Tötung billigend in Kauf genommen werden durfte. Herr Schabowski sei kein Totschläger. Die dem Berliner SED-Chef zur Last gelegten Tötungen an der Mauer bezeichnet Verteidiger Lammer als »exzessive Abweichungen« von einer Befehlslage, mit der man eine Lebensgefährdung von Fluchtwilligen nicht in Kauf genommen habe. Man habe »nur in die Beine« schießen dürfen, mit Einzelfeuer.

Der Staatsanwaltschaft wirft Anwalt Lammer »die Unterordnung des Rechts unter politische Zwecke« vor. Es gehe ihr um eine »Verurteilung um jeden Preis«. Die Strafanträge der Staatsanwaltschaft ließen »jedes Maß vermissen«. Er beantrage einen Freispruch.

Den 34jährigen Schabowski-Verteidiger Ferdinand von Schirach sieht man im »Tagesspiegel« auf dem besten Weg zum »Star-Anwalt«. Herr von Schirach attestiert in seinem Plädoyer der Staatsanwaltschaft »Verurteilungswut« und eine »lächerliche Taktik«. Aus den absurd hohen Strafanträgen spreche nur ein Motiv: Rache. Anwalt von Schirach fragt, ob es politisch fair sei, das Unrecht der DDR-Funktionäre zu verfolgen. Es gebe keinen Politbüro-Beschluß, der Tötungen an der Grenze gebilligt habe. »Es gibt ihn nicht, es gibt ihn nicht, es gibt ihn nicht. Das ist die Wahrheit.« Günter Schabowski sei freizusprechen.

Richter Hansgeorg Bräutigam hat bei dem schon erwähnten Vortrag, den er 1993 in Erfurt hielt – weswegen Anwalt von Schirach ihn als befangen ablehnen ließ –, auch vom »Mißbrauch der Rechtsordnung durch viele Strafverteidiger« gesprochen. Das Grundverständnis vom Organ der Rechtspflege sei bei der Rechtsanwaltschaft überwiegend verlorengegangen. Hansgeorg Bräutigam sprach von Strafverteidigern, die jedes Mittel, auch das der Unfairneß, der Provokation und der Unverschämtheit, einsetzten, um ein rechtsstaatliches Verfahren zu torpedieren. »Sie sind es, die den Rechtsstaat dann auch ad absurdum vorführen.«

14. August 1997
Politbüro-Prozeß
109. Verhandlungstag
Am Tag zuvor, dem 36. Jahrestag des Mauerbaus, hat die Nebenklägerin Ilse Leopold vor Beginn der offiziellen Gedenkzeremonie des Senats am Peter-Fechter-Kreuz einen dort vom Berliner PDS-Landesvorstand niedergelegten Kranz entfernt. Sie nahm ihn und warf ihn einfach fort. Nach der gescheiterten Flucht 1965, bei der sie ihren niedergeschossenen Verlobten hatte sterben sehen, nach der Zeit im Gefängnis hat sie bis zum Ende der DDR unauffällig gelebt, hat mit niemandem über das Trauma jener Fluchtnacht gesprochen, hat ihre Wahlzettel gefaltet und eingeworfen, hat ihre Tochter zum Stillhalten erzogen, aber gestern hat sie selber nicht mehr stillgehalten.[84]

Heute plädiert Nebenklagevertreter Hanns-Ekkehard Plöger. Er sagt, die Angeklagten hätten sich kollektiv schuldig gemacht, auch wenn sie »keine Waffen, sondern Schlipse« trugen. Das Töten unbewaffneter Flüchtlinge sei nur ein Teil des Unrechts dieses Systems gewesen. Er wünsche sich auch die DDR-Bildungsministerin Margot Honecker auf die Anklagebank, weil ihr Erziehungssystem den Boden für Unmenschlichkeit bereitet habe. Die Flüchtlinge hätten die Verlogenheit der DDR nicht mehr ertragen können. Schließlich verliest Hanns-Ekkehard Plöger einen Text seines Mandanten Horst Schmidt (veröffentlicht in »Opfer der Mauer«), in dem dieser die Umstände der Erschießung seines Sohnes Michael beschreibt (siehe Anhang S. 331).

18. August 1997
Politbüro-Prozeß
110. Verhandlungstag
Man kommt zu den Schlußworten der Angeklagten. Günther Kleiber faßt sich kurz, ein paar Minuten: »Ich habe den Tod der jungen Menschen nie verursacht und nicht gewollt.«

Egon Krenz verliest seine letzte Erklärung, beinahe eine Stunde lang. »Es ist die größte Niederlage in meinem Leben, daß ich den Tod von Menschen an der Grenze nicht verhindern konnte«, sagt er.

Günter Schabowski bezeichnet in seinem Schlußwort die Erinnerungen des Nebenklägers Horst Schmidt als das »niederdrückendste Dokument des Prozesses«: »Ich habe das Gehörte neben meine Erinnerungen an die letzten Jahre der DDR gehalten. Es läßt nur einen Schluß zu: Wenn man spürt, daß das Gefühl für die individuellen, menschenwidrigen Auswirkungen einer Politik verlorengeht, muß man sich dagegenstellen oder den Hut nehmen.«

25. August 1997
Politbüro-Prozeß
111. Verhandlungstag
11 Uhr, der Saal ist brechend voll, im Parkett sitzen und stehen etwa achtzig Journalisten. Zu den Fans von Egon Krenz im Zuschauerbereich haben sich heute auch einige junge Menschen gesetzt. Auf dem Rang über den Besucherplätzen sind noch einmal etwa fünfzig Medienvertreter versammelt. Gekommen sind auch Klaus-Peter Eich (1961 wurde er an der Mauer angeschossen, seitdem sitzt er im Rollstuhl), die Nebenkläger Ilse Leopold, Karin Schmidt, Karin Gueffroy und Horst Schmidt.

Drei Schuldsprüche wegen Totschlags verkündet Richter Hoch: sechseinhalb Jahre Haft für Egon Krenz, drei Jahre Freiheitsentzug für Günter Schabowski. Günther Kleiber soll ebenfalls für drei Jahre ins Gefängnis.

Die mündliche Urteilsbegründung beginnt der Vorsitzende Richter mit einer Klarstellung: Man fordere von Verfahren wie diesem immer wieder, sie sollten zur »Aufarbeitung der Geschichte« beitragen. Dabei sei es eine Illusion anzunehmen, man könne restfrei bewältigen, was nicht zu bewältigen sei. Das ginge schon allein deshalb nicht, weil die Schicksale der Opfer nicht rückgängig gemacht werden könnten.

Richter Hoch geht kurz auf die Biographien der Verurteilten ein. Dann skizziert er den geschichtlichen Hintergrund der verhandelten Taten. Der Richter erinnert daran, daß die hier angeklagten Fälle nur wenige Grenztote betreffen; insgesamt gehe die Staatsanwaltschaft von über zweihundertsechzig Getöteten aus. Günter Schabowski hat die Arme verschränkt, seine Mundwinkel sind wie gewöhnlich weit nach unten gezogen.

Josef Hoch weist darauf hin, daß die Verurteilten noch zur Tötung von Flüchtlingen beigetragen hätten, als Michail Gorbatschow längst erklärt hatte, jedes Land des Warschauer Vertrages müsse selbst entscheiden, wie es den Sozialismus gestalten will. Der zunächst mitangeklagte Kurt Hager habe daraufhin öffentlich gefragt, ob man tapezieren müsse, nur weil der Nachbar dies tue. Bis zuletzt, so Hoch, seien Flüchtlinge erschossen worden, weil die SED-Führung am Grenzregime festgehalten habe.

Die Kammer bestreite mit ihrem Urteil nicht, daß die DDR nicht souverän in ihren Entscheidungen gewesen sei. Das strenge Grenzregime habe jedoch stets im Interesse der DDR-Führung gelegen. Auch Egon Krenz hat die Arme verschränkt.

Das Politbüro sei faktisch die Organisationsspitze des Staates gewesen und habe somit auch die Verantwortung für das Grenzregime gehabt. Nur mit Rückhalt im Politbüro habe der Generalsekretär des ZK der SED seine Politik durchsetzen können. Der Richter zitiert Egon Bahr, der die DDR als ein merkwürdiges Gebilde beschrieben hat, in dem sich die Partei einen Staat gehalten habe. Sämtliche Staatsorgane hätten sich dem Willen der SED-Führung zu beugen gehabt.

Richter Hoch zitiert aus den »Hinweisen zur Klärung politisch-ideologischer Probleme des Schußwaffengebrauchs im Grenzdienst« vom 10. März 1983. Darin heißt es, die Politoffiziere würden die Angehörigen der Grenztruppen zu unversöhnlichem Haß gegen die Feinde des Staates erziehen. Diese Formulierung gehe auf einen Politbüro-Beschluß von 1957 zurück.

Das Grenzgesetz habe die menschenrechtswidrige Praxis mit dem Mantel des Rechts verhüllen sollen. Die Politbüro-Mitglieder hätten gewußt, daß in Salzgitter Daten über die Tötungen an der DDR-Grenze gesammelt wurden zum Zwecke der Strafverfolgung.

Der Vorsitzende erinnert daran, daß die Errichtung der Sperrzone 1952 und der Mauerbau 1961 im Politbüro beschlossen wurden, daß man 1971 im Politbüro entschied, die Grenzsicherheit zu erhöhen, woraufhin weitere Minen verlegt wurden. In der Äußerung Erich Honeckers während der NVR-Sitzung am 3. Mai 1974 komme die menschenverachtende Grundhaltung der Führungsspitze zum Grenzregime unverhüllt zum Ausdruck.

Der Klassenauftrag der SED-Führung an die Grenztruppen sei tatsächlich ein ideologischer Schießbefehl gewesen. Wer die Herrschaft über Tötungen habe, sei als Täter dafür verantwortlich. Wenn die Tötungen an der Grenze auch nicht das Ziel der Angeklagten gewesen seien, so hätten sie die

Todesfälle billigend in Kauf genommen, weil es ihnen darauf angekommen sei, die Grenze undurchlässig zu machen.

Die Beschlüsse des Politbüros zur Grenzsicherung hätten sich in den für die Tötungen maßgeblichen Befehlen 101, 80, 40 und 20 wiedergefunden, teilweise seien sie darin ausdrücklich erwähnt worden. So finde man zum Beispiel das Feindbild aus dem Politbüro-Beschluß vom 11. Juni 1985 (»unversöhnlicher Haß«) im Befehl 40/85 wieder, in dem es heißt, ein »illusionsloses Feindbild« sei zu vermitteln, die Soldaten seien zum »Haß auf den Feind« zu erziehen. Und auf der »15. Delegiertenkonferenz der Parteiorganisationen der SED der Grenztruppen der DDR« am 13. Januar 1986 habe Egon Krenz gesagt: »Bei den Grenztruppen muß der Feind immer klar im Visier sein und bleiben.«[85]

Die Behauptung des Angeklagten Schabowski, er habe nur durch Westmedien von den Grenztoten erfahren, sei widerlegt: Er sei vom Kommandeur des Grenzkommandos Mitte, Erich Wöllner, nachweislich über die Umstände der Erschießung von Lutz Schmidt und Chris Gueffroy informiert worden.

Richter Hoch sagt, er wolle noch auf einige Argumente der Verteidigung eingehen: Zum Vorwurf der Siegerjustiz sei zu sagen, daß die DDR-Seite bei den Verhandlungen zum Einigungsvertrag die Verfolgung von politisch motivierten Straftaten gefordert habe. Der Vorsitzende widerspricht denjenigen, die glaubten, für eine Weltverbesserungsidee grausame Opfer fordern zu dürfen. Und: Keine Straftat sei durch Befehl gerechtfertigt. Zu den Angeklagten sagt er: »Sie wollten die Grenzsicherung, auch um den Preis von Toten. Ohne die Politbüro-Beschlüsse hätte es die Toten nicht gegeben.«

Egon Krenz habe sich durch seine Mitwirkung am NVR-Beschluß vom 2. Februar 1984 des Totschlags an Michael Schmidt schuldig gemacht. Durch seine Mitwirkung am NVR-Beschluß vom 25. Januar 1985 und an den Politbüro-Beschlüssen vom 11. Juni 1985 und vom 11. März 1986 habe er sich (wie Günter Schabowski und Günther Kleiber) des Totschlags an Michael Bittner, Lutz Schmidt und Chris Gueffroy schuldig gemacht. Nach DDR-Recht sei das Anstiftung zum Mord und mit einer Freiheitsstrafe von zehn bis fünfzehn Jahren zu bestrafen. Nach bundesdeutschem Recht mit seiner milderen Strafnorm sind die Angeklagten mittelbare Täter des Totschlags.

Für die Tötung des Michael Schmidt sei Egon Krenz zu einer Strafe von zwei Jahren verurteilt worden. Wegen der Tötungen in den letzten drei Fällen der Anklage zu einer Strafe von sechs Jahren, woraus das Gericht eine Gesamtfreiheitsstrafe von sechs Jahren und sechs Monaten gebildet habe.

Bei den Angeklagten Kleiber und Schabowski sei ein (vermeidbarer) Verbotsirrtum angenommen worden. Bei der Strafzumessung sei man bei ihnen vom Paragraphen 213 ausgegangen, vom minderschweren Fall des Totschlags. Dabei habe das Gericht unter anderem berücksichtigt, daß ihre Handlungsspielräume begrenzt waren, daß sie aufgrund ihres fortgeschrittenen Alters besonders strafempfindlich sind, daß die Taten lange zurückliegen, daß sie den Opfern oder deren Angehörigen ihr Bedauern ausgesprochen haben. Beim Angeklagten Krenz habe man keinen Verbotsirrtum angenommen: Er sei detailliert über das Grenzregime informiert gewesen.

Strafmildernd habe das Gericht bei allen Angeklagten die lange Dauer des Verfahrens gewertet, daß sie nur das Grenzregime fortgeschrieben hätten, das sie beim Eintritt ins Politbüro vorfanden, und daß sie nur mit bedingtem Tötungsvorsatz gehandelt hätten. Generalpräventive Erwägungen seien kaum von Bedeutung, da solche Bestrafungen nicht abschreckend auf Herrscher anderer Diktaturen wirken.

Die Verurteilten Schabowski und Kleiber würden nicht sofort inhaftiert, da sie die Meldeauflagen stets erfüllt hätten und keine Fluchtgefahr bestehe. Bei Egon Krenz bestehe jedoch auf Grund der Strafhöhe Fluchtgefahr. »Herr Krenz, Sie sind damit verhaftet. Die Sitzung ist geschlossen.«

Pfui-Rufe erschallen aus dem Publikum. Frau Keßler empört sich: »Ungeheuerlich!« Egon Krenz hebt die gefalteten Hände gen Himmel, aus dem Fan-Block schallt's: »Egon, alles Gute!« – »Ich beuge mich nicht!« antwortet Egon Krenz mit tränenerfüllter Stimme. »Raus, aber alle!« ruft eine Wachtmeisterin energisch in den Block.

Egon Krenz wird abgeführt. (Nach achtzehn Tagen Haft darf er nach einem Beschluß des Kammergerichts das Gefängnis wieder verlassen, bis das Urteil gegen ihn rechtskräftig ist.) Ein Wachtmeister lotst Günter Schabowski und Günther Kleiber in Richtung Seitenausgang. Doch dann erkennt Herr Kleiber seine Chance, kommt zurück und läßt sich fotografieren, filmen und fragen.

Nebenkläger Horst Schmidt verläßt das Gericht, ohne Aufmerksamkeit zu erregen. Auf meine Frage, ob er das Urteil als gerecht empfinde, sagt er, man habe wieder einmal »mit väterlicher Milde« geurteilt. Karin Gueffroy nimmt die nachsichtigen Bestrafungen schließlich hin: »Mein Sohn wird nicht lebendig, wenn sie länger im Gefängnis sitzen. Wir haben erreicht, was wir wollten. Wir wollten diesen Prozeß, vor allem diesen. Und sie sollten uns ansehen müssen und vielleicht endlich begreifen, was es heißt, daß an der Mauer Menschen erschossen wurden.«[86]

Die Pressekommentare am Tag nach dem Urteil lauten:
»Das Urteil ist ein verhaltener Triumph der Menschenrechte über staatlich organisiertes Unrecht.« (»Berliner Zeitung«)
»Kein Siegerrecht – ein Sieg des Rechts« (»Der Tagesspiegel«, Berlin)
»Ein gerechtes Urteil« (»Frankfurter Allgemeine Zeitung«)
»Die Richter sind eindeutig unter den gesetzlichen Möglichkeiten geblieben. Dies läßt den Schluß zu, daß es ihnen auch auf einen symbolischen Akt ankam, nicht auf Härte im Gestus desjenigen, der zur Gewinnerseite im jahrelangen Kampf der Systeme gehörte.« (»Frankfurter Rundschau«)

Ein symbolischer Akt, eindeutig unter den gesetzlichen Möglichkeiten? Die Annahme einer minderschweren Tat im Fall Günter Schabowski und Günther Kleiber haben die Richter im schriftlichen Urteil mit fragwürdigen Argumenten begründet. Dort heißt es, die beiden Politbüro-Mitglieder seien »in einen totalitären Machtapparat eingebunden« gewesen. Eingebunden? »Über ihre mit der Mitgliedschaft im Politbüro verbundene Beteiligung hinaus ist den Angeklagten Kleiber und Schabowski eine Mitwirkung an der im Einzelfall tödlichen DDR-Grenzsicherung nicht vorzuwerfen.« Das ist, als würde man einen Mörder mild bestrafen, weil er kein Dieb ist.

Günter Schabowski sei neben seiner Tätigkeit im Politbüro nicht für Sicherheitsfragen zuständig gewesen, sondern »für die Belange der Stadt Berlin«. Hinter dieser Formulierung verbirgt sich die Tatsache, daß er als Chef der Bezirkseinsatzleitung Vorgesetzter der Berliner »Sicherheitsorgane« war und sich regelmäßig für die Erledigung von »Sicherheitsfragen« einsetzte.

Die Behauptung, selbst die Politbüro-Mitglieder Schabowski und

»Für die Belange der Stadt Berlin«: SED-Bezirkschef Schabowski 1985 mit Stasi-Minister Mielke und dem Leiter der Berliner MfS-Bezirksverwaltung Wolfgang Schwanitz (von rechts)

Kleiber hätten sich in einem Verbotsirrtum befunden, hat das Gericht damit begründet, ihr Wissen »über die Verhältnisse an der Grenze« sei »nicht detailliert« gewesen. Welche Details hätten sie noch wissen müssen, damit ihnen das Unrecht des weltweit angeprangerten DDR-Grenzregimes bewußt wird? Die Tatsache, daß an dieser Grenze wehrlose Menschen verletzt oder getötet wurden, die »nichts weiter wollten, als von Deutschland nach Deutschland zu gehen«, haben in vierzig Jahren DDR westliche Medien (»Meinungsfabriken« nannte sie Kleiber 1968) unzählige Male verbreitet. Wenn dort einzelne Gewalttaten detailliert geschildert wurden, bezeichnete man das in der SED-Presse regelmäßig als »maßlose Hetze gegen die DDR und ihre Grenzsicherungsorgane« und wies die Berichte empört als Lüge zurück. Günter Schabowski hat daran mitgewirkt, unter anderem (seit 1968) als (stellvertretender) Chefredakteur des SED-Zentralorgans »Neues Deutschland«.

Schließlich habe sich zugunsten aller drei Angeklagten ausgewirkt, daß sie nicht aus eigennützigen Motiven handelten, sondern im staatlichen Interesse. Abgesehen davon, daß die »Teilhabe an der Macht« motivierend gewesen sein dürfte, wie Staatsanwalt Jahntz in seinem Plädoyer gesagt hat, sei an folgendes erinnert: Nach Ermittlungen eines Untersuchungsausschusses der DDR-Volkskammer kaufte die Familie Schabowski in der Wandlitzer »Sonderverkaufsstelle« für jährlich rund 100 000 Mark ein. Günther Kleiber hat sich nicht nur persönlich bereichert, sondern auch seinem Sohn Thomas zu einem aufwendigen Heim verholfen. Während nichtprivilegierte DDR-Bürger in der Regel Jahre warten mußten, bis sie ein Auto kaufen konnten, standen Thomas Kleiber gleich reihenweise Testautos von »Wartburg« und »Skoda« zur Verfügung. Von Egon Krenz ist nicht überliefert, daß er in Wandlitz auffallend bescheiden gelebt hat.

Während die SED-Führung auf Menschen schießen ließ, die von Ost-Berlin in den Westteil der Stadt wollten, war Egon Krenz schon in den siebziger Jahren als FDJ-Chef in West-Berlin. Herr Schabowski reiste – teils dienstlich, teils privat – nach China, Syrien, Griechenland, Italien, Frankreich und so weiter. (Auf seinen Westreisen ist er übrigens regelmäßig auf das DDR-Grenzregime kritisch angesprochen worden.) Günther Kleiber war weltweit für die DDR-Wirtschaft unterwegs.[87]

Strafmildernd wird gewertet, daß Egon Krenz als ZK-Sekretär Presseinformationen über gewaltsam verhinderte Fluchtversuche veranlaßt hat, »um die Bevölkerung der DDR nachdrücklich auf die Gefahren ungenehmigter Grenzübertritte aufmerksam zu machen. Bis dahin hatte es in der DDR keine Pressemitteilungen über solche Vorkommnisse gegeben.« Diese Behauptungen sind so grotesk wie falsch: Die Menschen in der DDR waren durch westliche Fernseh- und Radiosender genau über getötete oder verletzte Flüchtlinge an der Grenze informiert, und schon bevor Egon Krenz 1983 ZK-Sekretär wurde, hat es darüber in den DDR-Medien (mehr oder weniger verlogene) Mitteilungen gegeben. Dagegen wurde noch 1989 die Erschießung Chris Gueffroys eine Woche darauf unter ZK-Sekretär Krenz in der DDR-Presse bestritten: Das innerdeutsche Ministerium der BRD habe ein »gängiges Negativklischee in die Welt« gesetzt und »aus einer roten Signalkugel ›Schüsse an der Grenze‹« gemacht. »Offensichtlich besteht die einzige Aufgabe dieses Ministeriums darin, Lügen über die DDR zu verbreiten.«[88]

Strafmildernd hat die Kammer die Aussage von Egon Krenz »als wahr unterstellt«, er sei dafür eingetreten, daß man 1984 die Zahl der Berliner Schutzpolizisten, die im Bereich der Grenze eingesetzt waren, wesentlich erhöhte, »um durch eine verstärkte Tiefensicherung die Festnahme von ›Grenzverletzern‹ möglichst frühzeitig zu ermöglichen und hierdurch den Einsatz der Schußwaffe an der Grenze möglichst auszuschließen«. So ist die naheliegende Frage, ob es dem Genossen Krenz damals darum ging, tote

Flüchtlinge zu vermeiden, oder vielmehr darum, zu verhindern, daß Fluchten gelingen, von den Richtern ohne weitere Begründung zugunsten des Angeklagten beantwortet worden.

»Die Kammer hat das an Gewaltlosigkeit und politischer Lösung orientierte Verhalten des Angeklagten Krenz in den Monaten Oktober und November 1989 erheblich strafmildernd berücksichtigt.« Die Richter werten strafmildernd, daß nicht auf friedliche Demonstranten geschossen wurde – was eine Selbstverständlichkeit ist –, bei einem Angeklagten, der bis zuletzt, nämlich bis zum 8. Oktober 1989, auf diese Demonstranten einprügeln ließ. Daß der Polizeichef von Leipzig am folgenden Tag kapitulierte mit der Begründung, die »vorbereiteten Maßnahmen« (zur Verhinderung beziehungsweise Auflösung der Demonstration) seien angesichts dieser Menschenmassen nicht durchführbar, hat Egon Krenz erst im nachhinein gebilligt.[89]

Hat Egon Krenz eine »politische Lösung« herbeigeführt? Die Tötung und Verletzung Tausender oppositioneller Studenten bei dem Massaker in Peking im Juni 1989 kommentierte er damals im Fernsehen mit den Worten, dort sei etwas getan worden, »um Ordnung wiederherzustellen«. Von da an hatten viele Demonstranten in der DDR Angst vor einer »chinesischen Lösung«. Und nach der Absetzung Erich Honeckers stellte Egon Krenz als dessen Nachfolger am 18. Oktober 1989 klar, die SED halte die

»Friedlicher Verlauf der Wende«: Festnahme am »Tag der Republik« in der Berliner Mollstraße

Macht fest und werde sie »von den Kräften der Vergangenheit nicht antasten lassen«.[90]

Auch zu Günter Schabowski wird strafmildernd angemerkt, er habe »an dem friedlichen Verlauf der ›Wende‹ (...) wesentlichen Anteil« gehabt. Friedlicher Verlauf? Sind die Männer, Frauen und Halbwüchsigen, die im Herbst 1989 bei Demonstrationen krankenhausreif geschlagen wurden, schon vergessen? Nach dem Polizeieinsatz zum »Republikgeburtstag« hat Genosse Schabowski seinem »lieben Genossen Erich Honecker« in einem Lagebericht vom 8. Oktober 1989 mitgeteilt: Die Sicherungsmaßnahmen zum Nationalfeiertag seien von der Bezirkseinsatzleitung (unter Vorsitz Schabowskis) eingeleitet worden. Eine »größere Anzahl von Personen« einer »feindlich-negativen Zusammenrottung« auf dem Alexanderplatz, die »sich zu einer Art Demonstration« habe formieren wollen, sei nach einem »konzentrierten Einsatz von Sicherheitskräften« zugeführt worden. (»Insgesamt wurden 568 Personen zugeführt.«)

Schabowskis Empfehlung an Honecker hatte gelautet: »In der taktischen Konzeption der Sicherheitsorgane sollten Festlegungen enthalten sein, die ein frühzeitiges Eingreifen mit Zwangsmitteln vorsehen.« Als er Anfang 1990 vor eine Untersuchungskommission bestellt wird, behauptet Günter Schabowski, erst am 9. Oktober spätabends durch den Anruf einer Betroffenen »von den massenhaften Verhaftungen erfahren« zu haben.[91]

Strafmildernd habe man dem Angeklagten Schabowski des weiteren zugute gehalten, daß er gemeinsam mit Egon Krenz den Sturz Erich Honeckers herbeigeführt habe »unter Gefährdung seiner eigenen Person«. Richtig ist, daß Genosse Krenz den kranken Genossen Honecker ablöste, um die politische Krise in der DDR zu entschärfen und die SED-Herrschaft zu sichern. Diese »Verschwörung« haben die (gefährlichen) sowjetischen Machthaber vorher ebenso gebilligt wie jene, durch die Erich Honecker 1971 den greisen Genossen Ulbricht ablöste.

Noch ein weiterer Grund für die Milde des Urteils im Fall Schabowski wird angeführt: »Er wirkte maßgeblich an der Öffnung der Mauer am 9. November 1989 mit.« Die Mauer ist schon am 3. November 1989 gefallen, als die SED-Führung unter dem Druck der Massenflucht ihren Bürgern gestattete, fortan über tschechische Grenzübergänge ohne DDR-Visum in die Bundesrepublik auszureisen. Am 9. November gab dann ZK-Sekretär Schabowski eine abgemilderte Variante des kontrollierten Reiseverkehrs an der DDR-Grenze bekannt, »weil wir es, äh, für einen unmöglichen Zustand halten, daß sich diese Bewegung vollzieht, äh, über einen befreundeten Staat«. Daraufhin wurde nicht »die Mauer geöffnet«, sondern Tausende Berliner überrannten die Durchlässe an der Grenze, weil sie nicht bereit waren, wie angeordnet erst auf Ausreisevisa zu warten. Mit der »Maueröffnung« wollte sich Günter Schabowski nach eigener Aussage »als künftiger verläßlicher Partner der Bundesregierung empfehlen«.[92]

Weitaus höher als die Politbüro-Mitglieder Schabowski und Kleiber und fast genauso hoch wie NVR-Sekretär Streletz wird 1997 ein siebzigjähriger Mann verurteilt, der 1970 – nach zehn Jahren DDR-Haft wegen antikommunistischen Widerstandes – von West-Berlin aus auf Grenzsoldaten geschossen hat, ohne sie zu verletzen. Fünf Jahre Haft hat das Berliner Landgericht in diesem Fall für schuldangemessen gehalten.[93]

»Die Politbüro-Beschlüsse waren Bedingungen der tödlichen Schüsse.«
Revisionsverhandlung im Politbüro-Verfahren

Die Revisionsbegründung der Staatsanwaltschaft im Politbüro-Prozeß umfaßt 34 Seiten. Das Tun der Verurteilten sei nicht als minder schwerer Fall zu werten, da sie die Befehlslagen in Gang setzten. Der Annahme eines Verbotsirrtums wird widersprochen. Selbst bei Bestätigung eines Verbotsirrtums sei zu beachten: Die Strafe *kann* gemildert werden, hätte in diesem Fall jedoch nicht gemildert werden *dürfen*.

Eine Vielzahl vermeintlicher Verfahrensfehler rügt die Verteidigung in ihren Revisionsanträgen und wirft dem Gericht mehrfach eine fehlerhafte Rechtsanwendung vor. Neben zumindest nachvollziehbaren Einwänden der Verteidiger gegen das Urteil enthalten deren Revisionsbegründungen teilweise äußerst fragwürdige Passagen: So begründet Anwalt Robert Unger den Antrag auf Aufhebung des Urteils und Freispruch seines Mandanten Egon Krenz unter anderem damit, daß das Landgericht die Vorschriften über die Öffentlichkeit des Verfahrens verletzt habe, weil an einem Prozeßtag der Besuchereingang zum Verhandlungssaal verschlossen gewesen sei.

Die Benutzung der neben dieser Eingangstür angebrachten Klingel stelle, so Verteidiger Unger wörtlich, für den durchschnittlichen Besucher eine psychische Hemmschwelle dar, die von vielen nicht überwunden werde. Zum Beleg seiner Verfahrensrüge hat Robert Unger den Bundesrichtern eine mehrseitige Fotodokumentation von Tür und Klingel übersandt.

Anwalt Ferdinand von Schirach begründet auch den Revisionsantrag noch damit, daß Günter Schabowski die Einzelheiten und konkreten Umstände der Tötungen an der Grenze nicht bekannt gewesen seien. Er habe nicht erkannt, daß sich der Schußwaffeneinsatz »auch auf unbewaffnete, einzelne Flüchtlinge erstreckte, die niemanden gefährdeten«. In einer vom ARD-Fernsehen übertragenen Gesprächsrunde beim Bundespräsidenten hat Herr Schabowski 1998 Karin Gueffroy ins Gesicht gelogen: Diese Dinge – gemeint waren die Todesschüsse an der Grenze – seien im Politbüro nicht behandelt worden, es gebe darüber auch keine Belege, und schließlich hocherregt und hastig: »Ich möchte das jetzt beenden, weil unsere Zeit sehr knapp ist ... Ich lüge Sie nicht an.«

Wenige Wochen vor der BGH-Verhandlung schreibt »Spiegel«-Autor Thomas Darnstädt: »Egon Krenz, der sich rühmen kann, zumindest geholfen zu haben, daß bei der Wende kein Blut floß, soll ins Gefängnis.« Dabei sei er »natürlich« kein Totschläger. Nur »komplizierteste Westjuristerei« mache es möglich, Egon Krenz die Schuld für wenigstens ein paar Grenztote »in die Schuhe zu schieben«. Die Rechtsprechung bis hin zum Bundesgerichtshof, wonach Grenzschützen und Befehlsgeber auch gegen DDR-Recht verstoßen haben, nennt der Autor eine »irrsinnige Konstruktion« und meint schließlich sogar: »Vielleicht kann gegen solche Juristerei wirklich nur noch eine Amnestie helfen, wie sie zum zehnten Jahrestag der Krenzschen Heldentaten erneut im Gespräch ist.«

Das hätte so auch im »Neuen Deutschland« stehen können. Dort schreibt ein paar Tage vor dem BGH-Urteil Redakteur Claus Dümde (der als Mitarbeiter des Blattes schon vor dem Mauerfall unter anderem nach Paris fahren durfte): Egon Krenz solle nach dem Willen des Generalbundesanwalts dafür büßen, daß die Kommunisten die DDR 45 Jahre lang weitgehend vor den Profitgelüsten des deutschen Kapitals abgegrenzt haben. Die Richter »erfüllen einen ›Klassenauftrag‹ wie jede politische Justiz«.[94]

Der 5. Strafsenat des Bundesgerichtshofs prägte die Rechtsprechung in den Verfahren wegen der Tötungen an der DDR-Grenze: Er hob die Haftstrafe für den Todesschützen im Fall Gueffroy auf und bestätigte die milden Strafen im NVR-Verfahren sowie im Politbüro-Prozeß. Hier die Besetzung vom November 1999 (von links): Ingeborg Tepperwien, Joachim Häger, Monika Harms, Armin Nack und Rolf Raum.

Auf dem Weg vom Leipziger Hauptbahnhof zum Landgericht Leipzig überquert man zunächst eine Straße, die Teil des Innenstadtrings ist, auf dem vor zehn Jahren jeden Montag Tausende demonstrierten. Vorbei an der Nikolaikirche, wo die Demonstrationen ihren Ausgang nahmen, gelangt man zum ehemaligen Reichsgericht, das gegenüber dem Landgericht Leipzig liegt, wo am 27. Oktober 1999 die Revisionsverhandlung des Bundesgerichtshofs in der Strafsache »Schabowski u. a.« stattfindet (der Verhandlungssaal des BGH ist zu klein gewesen für den Andrang).

Der Saal des Landgerichts ist mit edlen Hölzern getäfelt und wirkt eher wie ein Konzertsaal. Pausenlos knipsen die Fotografen Egon Krenz. Herr Schabowski hat nicht kommen wollen, Herr Kleiber ist auch nicht da. Kurz nach 9 Uhr kann man beginnen.

Der Berichterstatter, Richter Joachim Häger, zitiert einige wesentliche Passagen aus dem Urteil des Berliner Landgerichts. Anschließend beantragt Anwalt Dirk Lammer die Aufhebung des Urteils und einen Freispruch: Die Günter Schabowski vorgeworfenen Tötungen seien Exzeßfälle gewesen ... Ferdinand von Schirach meint, Herr Schabowski sei für Sicherheitsfragen nicht zuständig gewesen. Von einem »mitläuferähnlichen Tatbeitrag Schabowskis« spricht der Verteidiger. Rechtsanwalt Manfred Studier begründet seinen Antrag auf Freispruch unter anderem mit dem Satz: »Bei Kleiber fragt man sich: Was hat der eigentlich mit der Sache zu tun?«

Gegen 11.45 Uhr verliest Anwalt Dieter Wissgott, wie Karl Marx den Klassenauftrag definiert habe: »Die freie Entwicklung eines jeden ...« Richter Nack zitiert aus dem Urteil des Landgerichts die Aussage eines Politoffiziers. Dieser habe seinen Grenzern beigebracht, daß der Schußwaffengebrauch aus dem Klassenauftrag der Grenztruppen folge. »Und da sind wir uns wohl alle einig«, sagt Armin Nack, »Karl Marx hätte seinen Klassenauftrag sicher nicht so verstanden.« Lachen im Saal, Egon Krenz braust auf: »Der Klassenauftrag muß herhalten, weil ein Schießbefehl nicht gefunden wurde.« Robert Unger beantragt Freispruch für Egon Krenz: Die Zeugen hätten bekundet, daß die DDR nicht anders hätte handeln können.

Der Vertreter der Bundesanwaltschaft Wilhelm Schmidt beantragt, das Urteil, soweit es Egon Krenz betrifft, aufzuheben und zur neuen Verhandlung und Entscheidung über ein höheres Strafmaß zurück ans Landgericht zu verweisen. Die anderen Revisionen, einschließlich der weiterführenden Anträge der Berliner Staatsanwaltschaft, seien zu verwerfen. Egon Krenz wendet sich wütend zum Staatsanwalt: »Sie wollen mich an Stelle von Erich Honecker verurteilen. Wenn Sie das wollen, steh ich auch dafür ein.«

Nach der Pause spricht von 16.00 Uhr an Nebenklagevertreter Plöger: »Nicht die DDR ist angeklagt: Wir hatten es dort mit drei Prozent Opfern und drei Prozent Tätern zu tun, die anderen haben sich arrangiert. (...) Wenn es zu einem Freispruch kommt, dann sollten wir uns vom Strafgesetzbuch verabschieden. (...) Wenn einer seine Frau umgebracht hat, und er würde vor Gericht noch anfangen, das zu rechtfertigen – der hätte keine Chance. (...) Daß hier vier Leute umgebracht wurden, das verflüchtigt sich bei den Revisionsanträgen der Verteidigung. (...) Bei den schrecklich verniedlichenden Ausführungen der Verteidigung läuft einem der kalte Schauer den Rücken runter. (...)

Warum hat man die Mauer nicht einen Meter höher gebaut – da hätte man nicht mehr versucht, mit 'ner Räuberleiter rüberzukommen?! Warum

DDR-Verteidigungsminister Keßler mit Gattin als Zuschauer in der Verhandlung des Bundesgerichtshofs im Politbüro-Prozeß (hinter ihm Staatsanwalt Jahntz)

hat man den Grenzsoldaten nicht Turnschuhe angezogen und mehr Hunde gegeben, damit sie die Flüchtlinge lebend fangen können? Man wollte die Toten an der Grenze. (...)
Der Pate in Italien verteilt auch nicht das Rauschgift, der hat auch seine Strukturen und Leute. (...) Was heißt denn hier, die Angeklagten waren eingebunden in ein totalitäres System? Sie haben sich freiwillig einbinden lassen. Sie haben doch keine Gestellungsbefehle bekommen: ›Jetzt werden Sie Politbüro-Mitglied!‹ Sie sind wegen ihrer Leistungen dort reingewählt worden. (...)
Was heißt denn hier Verbotsirrtum? Bei ein bis zwei Toten – nun ja. Aber wir haben es mit über achthundert Toten zu tun. Die Angeklagten haben sich nicht geirrt, sie wollten das Verbotene tun. (...) Bei einem normalen Straftäter würde eine solche Argumentation sofort als Schutzbehauptung zurückgewiesen. (...)
Die Nebenkläger sind nicht hergekommen, die Angehörigen der Opfer wollen sich nicht mehr verhöhnen lassen. (...) Das Gericht urteilt im Namen des Volkes, da muß doch das Ergebnis dem einfachen Volk verständlich bleiben. Sonst braucht man sich über eine Justizverdrossenheit nicht zu wundern. (...) Ich habe als Sinn des Strafens gelernt: Prävention, Abschreckung, Genugtuung, aber doch nicht eine solche Selbstdarstellung. (...)

Ich hoffe, daß das Urteil des Landgerichts Bestand haben wird oder daß es Zuschläge geben wird.«

»Wir werden Ihre Ausführungen bei unserer Beratung berücksichtigen«, sagt Richterin Harms zu Hanns-Ekkehard Plöger.

Um 17 Uhr dämmert es draußen. Anwalt Wissgott weist noch einmal darauf hin, daß Egon Krenz »so viel und so unendlich viel Gutes getan hat«. Egon Krenz hat das letzte Wort: »Ich bekenne, daß ich kein Mitläufer war. (...) Ich hatte meinen Anteil daran, daß vierzig Jahre Frieden war in der DDR. (...) Ich habe keinen Grund, mein Leben, das ich in der DDR gelebt habe, für falsch zu erklären.« Das Publikum applaudiert.

Am Montag, dem 8. November 1999, steht ein junger Mann mit einem Transparent vor dem Landgericht in Leipzig: »Kommunisten sind Mörder.« Um 13 Uhr wird das Urteil verkündet: Der 5. Strafsenat des Bundesgerichtshofes bestätigt das Urteil des Berliner Landgerichts im Politbüro-Prozeß.

Monika Harms, die Vorsitzende Richterin, erinnert in der mündlichen Urteilsbegründung daran, daß die Angeklagten volles Stimmrecht im höchsten Machtorgan der DDR hatten. Als Politbüro-Mitglieder hätten sie ein ureigenes Interesse daran gehabt, das Grenzregime aufrechtzuerhalten: »Den – wie die Geschichte gezeigt hat – mit der Öffnung der Grenze zwangsläufig verbundenen Verfall der DDR und der SED-Herrschaft wollten sie in ihrem eigenen Interesse verhindern; deshalb nahmen sie die Tötung der Flüchtlinge in Kauf.«

Zur Verantwortung der Angeklagten führt Richterin Harms aus: »Die Politbüro-Beschlüsse waren Bedingungen der tödlichen Schüsse.« Die UdSSR habe es der DDR überlassen, wie sie das Grenzregime ausgestalte. »Eine Grenzsicherung war möglich, ohne daß es zu tödlichen Schüssen kommen mußte.«

Mit der Bestätigung des erstinstanzlichen Urteils hat der BGH auch die Revisionsanträge der Berliner Staatsanwaltschaft verworfen. Die vom Berliner Landgericht verhängten Freiheitsstrafen seien nicht derart milde, daß sie nicht mehr innerhalb des dem Tatrichter eingeräumten Beurteilungsrahmens lägen, so die Bundesrichter. Die Annahme eines »minder schweren Falles« für Schabowski und Kleiber halten sie für »vertretbar«.[95]

Am Ende der rund vierzigminütigen Urteilsbegründung applaudiert eine Gruppe junger Leute den Richtern.

Egon Krenz kommentiert das Urteil mit den Worten, die Bundesrepublik habe mit dem Prozeß die Menschenrechte verletzt. Er werde die Gefängniskleidung mit mehr Ehre tragen als ein Richter seine Robe. »Ich wehre mich, solange ich kann.«

»Ich akzeptiere das Urteil«, sagt Günther Kleiber den Journalisten. Die Verteidiger Schabowskis erklären die abschließende Verurteilung ihres Mandanten zu einer »schallenden Ohrfeige für die Berliner Staatsanwaltschaft«. Tage später läßt auch Günter Schabowski verbreiten, er wolle das Urteil akzeptieren.

»Ein vertretbares Urteil«, sagt der Vertreter der Bundesanwaltschaft Wilhelm Schmidt. Zehn Jahre nach dem Fall der Mauer sei es im Interesse aller, wenn die juristische Aufarbeitung des DDR-Unrechts zu Ende gehe. Christoph Schaefgen, der als Generalstaatsanwalt neun Jahre lang die Berliner Verfolgungsbehörde für SED-Unrecht geleitet hat, fühlt »eine gewisse Zufriedenheit« darüber, daß die Verantwortung der Angeklagten für die Todesschüsse vom BGH bestätigt wurde.

Die »Berliner Zeitung« zitiert am Tag nach der Urteilsverkündung Nebenklägerin Irmgard Bittner mit den Worten, sie finde es richtig, »daß den Politbüro-Mitgliedern klar gesagt wurde: ›Ihr seid schuld.‹« Das Urteil empfinde sie als »späte Gerechtigkeit«.

PDS-Parteichef Lothar Bisky und der Fraktionsvorsitzende Gregor Gysi nennen das Urteil »absurd«. Es setze den Kalten Krieg mit anderen Mitteln fort. Der PDS-Ehrenvorsitzende Hans Modrow bezeichnet die Verurteilung der Politbüro-Mitglieder als einen zynischen Beitrag zum Jahrestag des Mauerfalls. Das Urteil sei ein Akt von Justizwillkür.

Im Berliner »Tagesspiegel« findet Redakteur Hans Toeppen deutliche Worte zur Verurteilung der SED-Führer: »Sie werden wegen der simplen Einsicht bestraft, daß kein Politiker das Recht hat, seine Bürger umzubringen. Und zwar nicht einen einzigen. (...) Die DDR-Führung wollte die DDR nicht ›ausbluten‹ lassen (Schabowski). Deshalb hat sie eben Blut fließen lassen. Für ein Totschlagsopfer ist es gleichgültig, ob es zu höheren Zwecken seines Staates umgebracht wird, bei einem Straßenraub oder weil seine Nase einem Skinhead nicht gefällt. (...) Wer heute noch von Amnestie spricht, findet keine Anwendungsbeispiele dafür außer Krenz, Schabowski, Kleiber, Keßler, ein paar Rechtsbeugern und einer Handvoll Wirtschaftskrimineller, die sich bereichert haben. Solch eine Amnestie kann keine friedensstiftende Wirkung entfalten. Wer heute Amnestie sagt, muß also etwas anderes meinen: das Politbüro und sein System. Und die Todesschüsse. Daß alles nicht so schlimm gewesen sei. Daß nun Gras über die Sache wachsen könne. Daß Gleichgültigkeit gegenüber den Opfern einkehren darf. Da aber sei die Gerechtigkeit davor.«

Politbüro-Prozeß
Epilog

Erich Mückenberger und Kurt Hager sind 1998 gestorben. Horst Dohlus gilt als dauerhaft verhandlungsunfähig, ebenso die Mitglieder des letzten Politbüros Werner Krolikowski, Alfred Neumann und Werner Eberlein.* Horst Sindermann, Hermann Axen, Günter Mittag, Joachim Herrmann und Werner Jarowinsky sind schon vor Beginn des Politbüro-Prozesses gestorben. Drei weitere Politbüro-Mitglieder sind gesondert angeklagt.

Günter Schabowski, der fast bis zuletzt das hessische Anzeigenblättchen gestaltet hat, tritt im Dezember 1999 seine Haftstrafe an. Vorher erklärt er – zum zehnten Jahrestag – noch einmal, wie »wir die Grenze geöffnet haben«, als Studiogast im Deutschland-Radio, im Fernsehen der ARD und als Referent im Roten Rathaus Berlin. Für die »Frankfurter Allgemeine Zeitung« wirbt man in diesen Tagen mit einem Bild von Günter Schabowski (»... ein kluger Kopf«).[96]

Günther Kleiber folgt dem Haftgenossen Schabowski im Januar 2000 in die Justizvollzugsanstalt Hakenfelde; auch Egon Krenz ist hier zunächst untergebracht. Das Gefängnis im Westen Berlins, eine Anstalt des Offenen Vollzugs, liegt nur einige hundert Meter vom Mauerstreifen entfernt. Es hat weder Mauern noch Gitter.

---

*Alfred Neumann stirbt im Januar 2001, Werner Eberlein im Oktober 2002. Kurz vor seinem Tod hat Werner Eberlein im »Spiegel«-Interview den Mauerbau mit den Worten begründet: »Die DDR war unsere DDR, die wollten wir nicht verlieren.« (»Der Spiegel« Nr. 33/01)

Im Herbst 2000 erklärt Eberhard Diepgen, der Regierende Bürgermeister von Berlin, er wolle zum zehnten Jahrestag der Wiedervereinigung ein Zeichen setzen: Günter Schabowski und Günther Kleiber werden zum 2. Oktober begnadigt. Zu diesem Zeitpunkt haben sie jeweils rund neun Monate ihrer Haft »verbüßt« - ein Viertel der verhängten Haftstrafe. Staatsanwaltschaft, Landgericht und Gnadenausschuß haben zugestimmt.

Nahezu wortgleich hat Eberhard Diepgen (CDU) im Fall Schabowski just jene Begründung übernommen, mit der das Berliner Landgericht schon das milde Strafmaß rechtfertigte: Günter Schabowski habe sich frühzeitig »aufrichtig und selbstkritisch mit seiner Vergangenheit und seiner Mitgestaltung einer Diktatur auseinandergesetzt« und Beiträge zur Aufarbeitung des DDR-Unrechts geleistet. Die Begnadigten hätten sich »glaubhaft von ihren Taten abgewendet«, Günther Kleiber habe sich vor dem Berliner Landgericht »zu seiner Verantwortung bekannt«. (Wann und wie?)

Die Verteidigungsstrategie Günter Schabowskis war höchst erfolgreich: Einer der Hauptverantwortlichen der SED-Diktatur erklärt nach deren Ende unermüdlich die Selbstverständlichkeit, daß Diktaturen menschenfeindlich sind, und entzieht sich so einer angemessenen Bestrafung für seine Verbrechen.

Die »Leiden und Qualen der Opfer«, so Diepgen, würden durch den Gnadenakt »nicht vergessen oder ausgelöscht«. Er erwarte von den Opfern Verständnis für den Akt. Karin Gueffroy sagt, sie frage sich, ob die Berliner CDU mit dieser Begnadigung auf Wählerstimmen im Ostteil der Stadt spekuliere.

An seinem letzten »Hafttag« warnt Zeitzeuge Schabowski als Teilnehmer einer Podiumsdiskussion im bayerischen Tutzing vor der Gefährlichkeit der PDS. Zum vierzigsten Jahrestag des Mauerbaus doziert er über das Wesen der kommunistischen Diktatur vor der Parteiführung der CDU, die er dann ganz offiziell im Wahlkampf gegen die PDS berät. Ein Dieb, der über die Verwerflichkeit des Stehlens doziert, würde ausgelacht. Günter Schabowski bekommt Applaus.[97]

Vier Jahre lang hat das Gericht die Anklage liegenlassen, bis im Mai 2000 der Prozeß gegen drei weitere Politbüro-Mitglieder beginnt: Siegfried Lorenz, 69 Jahre, SED-Bezirkschef von Karl-Marx-Stadt (1976–1989), war von

April 1986 bis 1989 im Politbüro. Ebenso der siebzigjährige Hans-Joachim Böhme, der von 1981 bis zum Ende SED-Bezirkschef von Halle war. Für diese beiden beantragt die Staatsanwaltschaft jeweils zwei Jahre und neun Monate Haft wegen Totschlags durch »qualifiziertes Unterlassen« - sie hätten sich im Politbüro nicht für eine Humanisierung des Grenzregimes eingesetzt.

Der dritte Angeklagte, Herbert Häber, 69 Jahre, war von 1973 an Leiter der Westabteilung im ZK der SED und 1984/85 Mitglied des Politbüros. Eine zweijährige Haftstrafe soll nach dem Willen der Staatsanwaltschaft zur Bewährung ausgesetzt werden. Richter Hans Luther verkündet einen Freispruch: Die drei Angeklagten hätten nicht die Möglichkeit gehabt, die Grenze abzuschaffen.

Die DDR-Bürgerrechtler Bärbel Bohley und Ehrhart Neubert erklären: »Das Urteil reiht sich ein in das Versagen der bundesdeutschen Justiz bei der strafrechtlichen Aufarbeitung der zweiten deutschen Diktatur. Wir wollten Gerechtigkeit und bekamen den Rechtsstaat.«

Im November 2002 hebt der 5. Strafsenat des BGH in Leipzig den Freispruch auf: Die Angeklagten hätten, um das Leben von Flüchtlingen zu schützen, zumindest auf eine erhöhte Postendichte an der Grenze hinwirken müssen, wie sie bei Staatsbesuchen und Parteitagen möglich war. Sie könnten sich nicht darauf berufen, daß sie mit solchen Initiativen im Politbüro womöglich gescheitert wären: »Diskriminierungen oder gar Amtsverlust hätten sie hinnehmen müssen.«

Herbert Häber, der sich »nicht vorstellen konnte, daß es bei uns Befehle gab, die in Friedenszeiten das Totschießen von Zivilisten forderten«, wird im Mai 2004 vom Berliner Landgericht nach dem Recht der DDR schuldig gesprochen der Anstiftung zum Mord an drei Flüchtlingen. Von der Verhängung einer Strafe sehen die Richter, einem Paragraphen des DDR-StGB folgend, ab. Die Staatsanwaltschaft hat nichts dagegen, im Gegenteil: Sie hat es so beantragt. Für Hans-Joachim Böhme und Siegfried Lorenz beantragt Staatsanwalt Jahntz im August 2004 wegen Beihilfe zum Mord durch Unterlassen nur noch eine Bewährungsstrafe. Die Richter folgen dem Antrag.[98]

Im März 2001 hat der Europäische Gerichtshof für Menschenrechte in Straßburg die Verurteilungen von DDR-Grenzschützen und deren Befehlsgebern bestätigt: Auf das Rückwirkungsverbot komme es dabei gar nicht an, weil die Tötung von Flüchtlingen an der Grenze auch nach DDR-Recht verboten gewesen sei. Das Recht auf Leben sei schon zur Tatzeit das höchste Rechtsgut der international und auch von der DDR offiziell anerkannten Menschenrechte gewesen (siehe Anhang S. 337).

Egon Krenz, der zur Verhandlung nach Straßburg gereist ist, darf während seiner Haftzeit in Berlin-Plötzensee das Gefängnis werktags regelmäßig verlassen, da er als Freigänger für verschiedene Firmen unterwegs ist. Während des Hafturlaubs (21 Tage im Jahr) ist er in seinem Reetdachhaus am Ostseestrand von Dierhagen. Er ist zu Gast beim 98. Geburtstag von Lotte Ulbricht, und kurz darauf nimmt er an ihrer Beerdigung teil (gemeinsam mit Heinz Keßler, Siegfried Lorenz und Werner Eberlein).

Einen Antrag auf vorzeitige Entlassung nach der Hälfte der Haftzeit lehnt das Berliner Landgericht im März 2003 ab mit Verweis auf die Verteidigung der Rechtsordnung. Die Schwere und der Unrechtsgehalt der Taten seien entscheidend für die Fortsetzung der Haft. Die Aussetzung der Hälfte der Strafe zur Bewährung würde bei der Bevölkerung auf Unverständnis stoßen.

Im Dezember 2003 wird Egon Krenz nach knapp zwei Dritteln der Haftzeit vom Berliner Kammergericht entlassen. Er habe eine »günstige Sozialprognose«, heißt es. Ein paar Tage darauf feiert Egon Krenz die neue Freiheit mit Heinz Keßler und Fritz Streletz, mit PDS-Chef Bisky und einem mecklenburgischen PDS-Minister in Rostock beim letzten SED-Bezirkschef, der inzwischen japanische Autos verkauft.[99]

Protestzug in West-Berlin mit den Namen von Maueropfern (13. August 1965)

TEIL III

»Nachdem bekanntgeworden war, daß in Berlin ein Flüchtling erschossen worden war, habe ich die Meinung vertreten, daß dieses sich einmal rächen und die Schützen eines Tages zur Rechenschaft gezogen würden. Meine Zimmerkameraden gaben mir recht. Mir war bekannt, daß das Schießen auf Flüchtlinge gesetzwidrig ist und von der Bundesrepublik strafrechtlich verfolgt würde.«

Grenzsoldat, 1963

Exzeßfälle

»Hier kommt keiner lebend raus.«
Prozeß im Fall Walter Kittel

Im November 1992 verhandelt man im ersten Potsdamer Grenzschützen-Prozeß gegen drei Soldaten, die am 18. Oktober 1965 am letzten Stacheldrahtzaun bei Kleinmachnow zwei Flüchtlinge gestellt haben. Obwohl die beiden die Aufforderung befolgt hatten, mit erhobenen Händen zurückzukommen, wurden sie mit Maschinenpistolen beschossen: Der 23jährige Handwerker Walter Kittel starb infolge der Schußverletzungen. »Dieses Schwein ist tot...«, stellte einer der beteiligten Soldaten fest. Dem Vater des Getöteten wurde die Asche seines Sohnes zugeschickt. Walter Kittels

Die Grenze bei Kleinmachnow 1966 (rechts West-Berlin)

Walter Kittel (links), Todesschütze Rolf-Dieter Heinrich 1992 (rechts)

Fluchtkamerad Eberhard Krause wurde an der Hüfte, am Arm und am Fuß verletzt. »... aber der Hund lebt noch«, sagte der Soldat noch. Eberhard Krause ist seither behindert.

»Ich habe mir geschworen, hier kommt keiner lebend raus«, hat der damals 21jährige Todesschütze, Gruppenführer Rolf-Dieter Heinrich, am Tatort geschrien. Das Potsdamer Bezirksgericht verurteilt ihn lediglich wegen Totschlags zu sechs Jahren Haft. Er habe zwar vorsätzlich getötet, doch seien »niedere Beweggründe« nicht zu erkennen: Rolf-Dieter Heinrich habe »in seiner Funktion als Grenzsoldat« gehandelt. Die Staatsanwaltschaft bezeichnet diese Begründung als einen Freibrief für alle, die »in dienstlicher Funktion unter dem Schutz des Systems handelten«, und geht in Revision. Der Bundesgerichtshof hebt im Oktober 1993 die Entscheidung auf und verurteilt Rolf-Dieter Heinrich wegen Mordes zu der nach DDR-Recht zulässigen Mindeststrafe von zehn Jahren Gefängnis. Nach fast zwei Jahren Untersuchungshaft kommt er in die Vollzugsanstalt Schwarze Pumpe bei Cottbus.[1]

»Menschenrechtswidrige Staatspraxis schutzwürdig«
Prozeß im Fall Manfred Weylandt

Am 14. Februar 1972 kletterte der 29jährige Kesselwärter Manfred Weylandt gegen 23 Uhr auf einen Schuppen innerhalb des Geländes vom »VEB Filter- und Vergaserwerk« in Berlin-Friedrichshain. An einem Heizungsrohr ließ er sich hinab in den Grenzstreifen, glitt, ohne daß ein Wachhund ihn bemerkte, in die Spree und schwamm in Richtung West-Berlin. Als er schon in der Mitte des Flusses war, entdeckten ihn zwei Grenzposten, riefen ihn an und schossen aus der Hüfte mit Dauerfeuer auf den Flüchten-

Der Angeklagte Karl-Heinz Winkler hatte 1972 aus der Hüfte heraus einen Flüchtling erschossen und kam mit einer Bewährungsstrafe davon. Er bekämpfte das Urteil - bis zum Europäischen Gerichtshof für Menschenrechte.

den, der etwa vierzig Meter entfernt war. Hätten sie gezielt daneben ins Wasser geschossen, hätte man ihnen das nicht nachweisen können. Sie stellten das Feuer erst ein, als der Schwimmer nicht mehr zu sehen war. Manfred Weylandt wurde von einer Kugel im Hinterkopf getroffen. »Die eingesetzte Grenzstreife handelte exakt auf der Grundlage der Schußwaffengebrauchsbestimmungen«, formulierte der Regimentskommandeur und zeichnete die beiden Neunzehnjährigen am folgenden Tag mit dem »Leistungsabzeichen« und 150 Mark Prämie aus, in »Würdigung der gezeigten Leistungen«.

Noch am selben Tag fanden Taucher den Toten und brachten ihn unter Wasser – damit er nicht von West-Berlin aus gesehen werden konnte –

Der Grenzsoldat Winkler hätte, ohne für sich selbst etwas zu riskieren, neben den Schwimmer schießen können. (Blick von der Schillingbrücke auf den Tatort)

Bei einem Test der Grenztruppen, der dem »Bekämpfen von Unterwasserschwimmern« galt, wurde 1967 eine Holzplatte in verschiedenen Wassertiefen beschossen mit dem Ergebnis: »Die MPi eignete sich nicht zur Bekämpfung von Unterwasserschwimmern (…). Die wirksamste Bekämpfung ist nur durch die Handgrante möglich. Die MPi hat nur moralische Wirkung.«

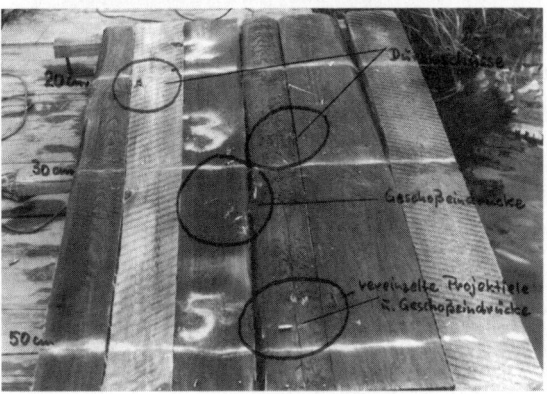

zu einem Boot, das unter der Schillingbrücke wartete. Die Witwe des Erschossenen erstattete eine Woche später eine Vermißtenanzeige. Nach vier Wochen wurde ihr von der Polizei mitgeteilt, die Leiche ihres Mannes sei »in der Nähe der Museumsinsel« geborgen worden und bereits eingeäschert. Es habe sich um einen Selbstmord gehandelt. Die Urnenbeisetzung habe bereits auf dem Friedhof Baumschulenweg stattgefunden. Dort könne die Grabkarte bei der Friedhofsverwaltung abgeholt werden.

Die Angeklagten Karl-Heinz Winkler und Hans-Günter Kirchberg verweigern beim Prozeß im Fall Weylandt im Juni 1993 die Aussage. Bis zum Schluß finden sie nicht ein Wort des Bedauerns gegenüber der Witwe und deren Kindern. Die Verteidigung bezweifelt gar, daß der Flüchtende von den Schüssen der beiden Grenzer getötet wurde. Wegen gemeinschaftlich begangenen Totschlags verhängt das Berliner Landgericht wie beantragt jeweils ein Jahr und zehn Monate Haft, ausgesetzt zur Bewährung.

Gleichwohl ficht Anwalt Lammer, der Verteidiger des Verurteilten Karl-Heinz Winkler, das Urteil an mit der Begründung, das Vertrauen »nachgeordneter Vollzugsorgane« auf die Existenz eines Rechtfertigungsgrundes sei selbst bei menschenrechtswidriger Staatspraxis (bedingt) schutzwürdig. Das bedeutet: Der Grenzsoldat habe auf die Rechtmäßigkeit des (weltweit geächteten) Schießbefehls vertrauen dürfen. Als der Bundesgerichtshof das Urteil bestätigt, legt Anwalt Lammer Verfassungsbeschwerde ein. Als diese zurückgewiesen wird, zieht Dirk Lammer vor den Europäischen Gerichtshof für Menschenrechte (siehe Anhang S. 337).[2]

»Ein rechtschaffenes Leben«
Prozeß im Fall Uwe Preußner

Das Landgericht Schweinfurt verurteilt im Juli 1993 den ehemaligen Major der Grenztruppen Paul Huck, sechzig Jahre alt, wegen Totschlags zu fünf Jahren und sechs Monaten Haft. Er hat 1969 den neunzehnjährigen Soldaten Uwe Preußner, der beim Bau eines neuen Grenzzauns geflüchtet war und sich in einer Wiese auf fränkischem Boden zu verstecken suchte, mit einem gezielten Pistolenschuß in den Kopf getötet.

Der BGH hebt den außergewöhnlich hohen Strafausspruch im Januar 1994 auf. Ein halbes Jahr darauf verurteilt eine andere Strafkammer des

Schweinfurter Landgerichts Paul Huck, der bis dahin fünfzehn Monate in Untersuchungshaft gesessen hatte, wegen Totschlags in einem minder schweren Fall zu einer Haftstrafe von zwei Jahren und vier Monaten. Dabei berücksichtigen die Richter strafmildernd, daß Herr Huck vor und nach der Tat »ein rechtschaffenes Leben« geführt habe. Paul Huck war von 1954 bis 1990 bei den Grenztruppen.[3]

»Kaltblütiger Mord«
Prozeß im Fall Hermann Döbler

Am 15. Juni 1965 fuhren der Kaufmann Hermann Döbler, 42 Jahre alt, und seine 21jährige Verlobte, die Konditorei-Angestellte Elke Märtens, mit einem Sportboot auf dem West-Berliner Teltow-Kanal. Als sie in der Nähe des Kontrollpunkts Dreilinden die DDR-Grenze auf der Kanalmitte einige Meter überfahren, hören sie Schüsse. Sie wenden das Boot und werden dennoch von einem Wachturm aus beschossen: Hermann Döbler treffen Kugeln im Hinterkopf, im Rücken und im Bein. Er stirbt. Elke Märtens, ebenfalls von einem Schuß in den Hinterkopf getroffen, überlebt. Die

Einen »kaltblütigen Mord« nannte Willy Brandt das Geschehen auf dem Teltow-Kanal

Elke Märtens und
Hermann Döbler

schwangere Frau muß jedoch auf Anraten der Ärzte abtreiben. Sie bleibt schwerbehindert und darf nie mehr Kinder bekommen.

Der Regierende Bürgermeister von West-Berlin, Willy Brandt, nannte die Tat einen »kaltblütigen Mord«. Senator Heinrich Albertz erklärte auf einer Pressekonferenz, die jungen Leute in Uniform hätten verbrecherisch gehandelt. Sie hätten wissen müssen, daß sie sich nicht auf einen Befehl berufen können, wenn es um einen Mord geht.

Im November 1993 erhält der Todesschütze, Fritz Herrmann, inzwischen fünfzig Jahre alt, Familienvater und von Beruf Vertreter, sechs Jahre Haft wegen Totschlags und versuchten Totschlags; die Staatsanwaltschaft hat acht Jahre gefordert. Ex-Oberfeldwebel Manfred Michaelis, der als Zugführer den Schießbefehl erteilte, bekommt vom Berliner Landgericht zwei Jahre Haft auf Bewährung. Der BGH bestätigt das Urteil, Fritz Herrmann verbüßt die Strafe in einer sächsischen Vollzugsanstalt.[4]

Todesstrafe für einen Deserteur
Prozeß im Fall Michael Kollender

Der NVA-Soldat Michael Kollender ist 21 Jahre und will in der Nacht des 25. April 1966 am Akeleiweg (Treptow) nach West-Berlin flüchten. Als er über den Sperrgraben springt, bemerkt ihn Gruppenführer Ernst R.: »Da läuft einer!« ruft der 25jährige Gefreite, nimmt seine Maschinenpistole und schießt mit Dauerfeuer sechzig Schuß auf den Flüchtenden. Eine Kugel trifft Michael Kollender in den Kopf, als er über den Kontrollstreifen

Der Deserteur Michael Kollender wurde an der DDR-Grenze mit Dauerfeuer erschossen. Die Hinrichtung ohne Gericht blieb straffrei: Fahnenflucht wird überall auf der Welt bestraft, urteilt das Berliner Landgericht.

robbt. Zwei Stunden später stirbt er. Stadtkommandant Helmut Poppe* meldet an Erich Honecker, die Posten hätten richtig und konsequent gehandelt und würden ausgezeichnet.

Im September 1995 wird der Lehrer Ernst R. im Landgericht Berlin vom Vorwurf des Totschlags freigesprochen. Fahnenflucht sei in jedem Staat der Welt strafbar, begründet Richterin Renate Möcke den Freispruch. Der Bundesgerichtshof bestätigt das Urteil: Für den Grenzsoldaten sei es nicht offensichtlich gewesen, daß seine Schüsse auf den Deserteur Unrecht waren.[5]

---

*Generalmajor Helmut Poppe war von 1962 bis 1971 als Stadtkommandant der Chef der Berliner Grenztruppen. Er verstarb 1979.

»Einfach einen Menschen abknallen«
Prozeß im Fall Heiko Runge

Die fünfzehnjährigen Schüler Heiko Runge und Uwe Fleischhauer aus Halle-Neustadt wollen am 8. Dezember 1979 bei Sorge (Harz) in den Westen flüchten. In ihren Rucksäcken tragen sie warme Sachen, einen Reiseatlas, Bücher und Tonbänder, Konservendosen mit Fleisch, Zigaretten und Erdbeerwein. Als sie gegen 15 Uhr im Nieselregen den Signalzaun überwinden, lösen sie – ohne es zu merken – Alarm aus. Daraufhin werden entlang dem Kolonnenweg am Grenzzaun Postenpaare abgesetzt, im Abstand von 150 Metern. Gegen 15.20 Uhr entdecken zwei Soldaten der Alarmgruppe, die versteckt hinter einem Erdwall auf die angekündigten »Grenzverletzer« warten, die beiden Jungen. Als sie Schüsse hören, wirft Uwe sich hin, Heiko rennt zurück in Richtung DDR und versucht, im Wald zu entkommen. 51 Schüsse Dauerfeuer schießen die Grenzer, eine Kugel trifft Heiko im Rücken. »Und der Warnschuß geht mindestens durch die Mütze!« hatte der Kompaniechef, Hauptmann Piotrowski, den Soldaten mehrmals gesagt.

Heiko Runge aus Halle hatte Schwierigkeiten in der Schule. Im Jahr nach der Jugendweihe (Foto) versuchte er mit einem Klassenkameraden zu flüchten.

An dieser Stelle überwanden die beiden Schüler den Signalzaun.

Waldrand mit Sterbeort Heiko Runges (Pfeil)

Observationsfoto der Stasi vom Begräbnis

Ein hinzukommender Hauptmann stellt den Tod Heiko Runges fest. Der Posten Claus Meyer, 23 Jahre, wirft daraufhin seine Waffe weg und bricht in Tränen aus: »Warum sind die denn nicht stehengeblieben!« Die beiden Grenzschützen bekommen die »Medaille für vorbildlichen Grenzdienst« und müssen sich – wie später auch die Lehrer Heiko Runges – schriftlich zu absoluter Verschwiegenheit verpflichten.

Claus Meyer erhält im Mai 1996 vom Landgericht Magdeburg wegen Totschlags in einem minder schweren Fall ein Jahr Gefängnis, ausgesetzt zur Bewährung. Der inzwischen 36jährige Postenführer Jürgen Albrecht, der den Schießbefehl gab, wird zu vierzehn Monaten Haft auf Bewährung verurteilt, obwohl die Staatsanwaltschaft in diesem Exzeßfall für ihn eine Haftstrafe von zwei Jahren und neun Monaten beantragt hat. Im Ermittlungsverfahren hatte Jürgen Albrecht ausgesagt, er habe vor der Tat gewußt, daß der Schießbefehl rechtswidrig sei – man könne nicht »einfach einen Menschen abknallen, der zur anderen Seite will«. Dann aber sei er aufgeregt gewesen und habe nicht gewollt, »daß die jetzt da durchkommen und ich dann bestraft werde«.

Die Magdeburger Richter formulieren: »Der Angeklagte hat einen anderen Menschen getötet und damit seines Rechtsgutes ›Leben‹ beraubt, welches das höchste überhaupt ist, weil Menschen ohne Leben als solche nicht existieren.«[6] Weil Menschen ohne Leben als solche nicht existieren.

»Eine unglaublich häßliche Tat«
Prozeß im Fall Johannes Muschol

Der 31jährige Arzt Johannes Muschol springt am 16. März 1981 an der Kopenhagener Straße von einem West-Berliner Aussichtspodest über die Mauer. Er klettert über den Signalzaun und läuft auf die dreieinhalb Meter hohe Hinterlandmauer zu. Er versucht, auch dieses Hindernis zu überwinden, rutscht aber immer wieder ab. »Ich will in den Osten«, ruft er.

Während der Grenzer Rüdiger K. versucht, den geistig verwirrten Mann ohne Waffe zu überwältigen, fordert Soldat Bodo Wulff: »Schieß doch endlich!« Schließlich schießt der 23jährige selber, aus wenigen Metern Entfernung. Er trifft Johannes Muschol in die Brust, in den Bauch, in den Schenkel. »Ihr Mörder« steht auf einem Tuch, das ein Mann und eine Frau am Abend nach den Schüssen gegenüber dem Tatort auf West-Berliner Seite anbringen. Hundert Mark Prämie bekommt der Todesschütze und Sonderurlaub. »Eine unglaublich häßliche Tat«, urteilt der Richter im Berliner Landgericht und schickt Bodo Wulff im Juni 1996 wegen Totschlags für drei Jahre ins Gefängnis. Der Strafantrag hatte auf drei Jahre und sechs Monate gelautet.[7]

»Im Zweifel für den Angeklagten«
Prozeß im Fall Kurt Lichtenstein

Der Redakteur der »Westfälischen Rundschau« Kurt Lichtenstein will am 12. Oktober 1961 für eine Grenzreportage ostdeutsche Bauern fotografieren, die auf einem Kartoffelacker bei Jahrstedt (Sachsen-Anhalt) arbeiten. Als er die Grenzlinie um etwa zwanzig Meter übertritt, wird er von einem Posten angerufen und aus über hundert Metern Entfernung beschossen. Getroffen im Unterschenkel und in der Brust, bricht der 49jährige zusammen. Erst zwei Stunden später transportiert man den Verletzten ab. »Laßt mich nicht sterben, ich habe eine Familie«, sagt

Der Angeklagte Peter Sticklies: Grenzschütze, Stasi-Spitzel, Bürgermeister

Erschossen beim Recherchieren: der Dortmunder Journalist Kurt Lichtenstein

Kurt Lichtenstein auf dem Weg ins Krankenhaus, wo er noch am selben Tag stirbt. In der Zeitschrift »Armeerundschau« erscheint ein lobender Bericht über die Tat des neunzehnjährigen Schützen Peter Sticklies mit dem Titel: »Gut gemacht, Peter!« Dieser hält von nun an Vorträge vor Grenzsoldaten über die »gute Tat«, wird Stasi-Spitzel und Bürgermeister.

1997 behauptet Herr Sticklies, der nach Aussagen von Kameraden »stets durch seinen Diensteifer aufgefallen« ist, vor dem Landgericht Stendal, nur in den Boden gezielt zu haben, mit Dauerfeuer. Der mitangeklagte damalige Posten, Werner Schmidt, der 1991 in einem Fernsehinterview

Das Auto des Journalisten und die Schleifspuren des Verletzten auf dem Kontrollstreifen

seine Mitschuld am Tod Kurt Lichtensteins bekannt hat, will nun allein in die Luft geschossen haben. Beide werden freigesprochen: Eine Tötungsabsicht sei nicht nachweisbar, so die Richter, zudem sei nicht zu klären, wer die tödlichen Schüsse abgegeben hat. Im Zweifel für den Angeklagten.[8]

Ein Vierteljahr vor diesem Urteil ist vom Landgericht Schwerin der Grenzsoldat Heinz Bethge zu 21 Monaten Haft auf Bewährung verurteilt worden wegen Totschlags an dem Hamburger Werner Piorek, der 1963 bei Herrenburg (Mecklenburg) über die Grenze ging, um seinen Vater in der DDR zu besuchen. Er habe dem flüchtenden Mann nur in die Beine schießen wollen und aus Versehen mit Dauerfeuer geschossen, sagt Herr Bethge vor Gericht. Werner Piorek wurde von neun Kugeln in Hals und Brust getroffen und starb im Alter von 34 Jahren.[9]

»Wer sich in Gefahr begibt, kommt darin um!«
Prozeß im Fall Peter Fechter

Peter Fechter war nicht der einzige Flüchtling, der 1962 an der Berliner Mauer erschossen wurde, mindestens vierundzwanzig Menschen kamen dort im Jahr nach dem Mauerbau bei Fluchtversuchen um.[10] Doch das Sterben Peter Fechters – fünfzig Minuten ließ man ihn angeschossen liegen – fand an einem sonnigen Augustnachmittag vor laufender Kamera statt: Auf einem West-Berliner Podest wurde gerade eine Reportage über die Grenze gedreht, zudem waren Fotografen am Tatort in unmittelbarer Nähe des Grenzübergangs Friedrichstraße. Die Bilder vom »verblutenden Mauerflüchtling« gingen um die Welt.

Am 17. August 1962 rennen der Maurer Peter Fechter und sein Kollege Helmut Kulbeik an der Ost-Berliner Zimmerstraße über den Todesstreifen. Während Helmut Kulbeik die Flucht gelingt, bricht Peter Fechter, vom Schuß eines Grenzpostens getroffen, unmittelbar vor der Mauer zusammen. Er schreit vor Schmerz und ruft immer wieder: »Helft mir doch ..., bitte helft mir doch!« Helfen will ihm die siebzehnjährige Renate Pietsch, die das Geschehen auf Ost-Berliner Seite miterlebt. Von einem Grenzpolizisten – vermutlich einem der Schützen, Feldwebel Schönert – wird sie weggestoßen. Die junge Frau wehrt sich, tritt mit Füßen nach dem Mann, nennt ihn »Mörder«.

Rund hundert Ost-Berliner kommen in etwa 150 Metern Entfernung vom Tatort zusammen, werden aber von Polizisten abgedrängt. Auch die Ost-Berliner Rot-Kreuz-Schwester, die dem Verletzten zu Hilfe eilen will, läßt man nicht durch.

Auf West-Berliner Seite haben sich innerhalb kurzer Zeit annähernd zweihundertfünfzig Menschen versammelt. Über die Mauer hinweg schal-

Eine halbe Stunde nach den Schüssen auf Peter Fechter leisten zwei Grenzsoldaten Erste Hilfe.

len Sprechchöre: »Mörder, Mörder!« Schließlich verstummen die Schreie auf dem Todesstreifen.

Nachdem Peter Fechter getroffen worden ist, dauert es etwa eine halbe Stunde, bis Oberfeldwebel Wursel und der Gefreite Lindenlaub, die vom 200 Meter entfernten Kontrollpunkt Friedrichstraße herübergekommen sind, Erste Hilfe leisten. Eine weitere Viertelstunde vergeht, bis am Tatort ein Hauptmann der Grenzpolizei eintrifft, der Peter Fechter abtransportieren läßt. Volkspolizei-Obermeister Heinrich M. trägt den Verletzten in einen Streifenwagen, mit dem er ins Polizeikrankenhaus gefahren wird. Dort angekommen stirbt der Achtzehnjährige an inneren Blutungen infolge eines Beckendurchschusses.

An der Trauerfeier für Peter Fechter auf einem Friedhof in Berlin-Weißensee nehmen am 27. August 1962 etwa dreihundert Menschen teil: die Familie, Freunde, Nachbarn, Arbeitskollegen. Ein gestellter Redner nennt Peter Fechter einen »irregeführten jungen Menschen« und spricht von einem »unerklärlichen Schicksal«. Der West-Berliner Heinz Grimm, der das Begräbnis für einen Verlag fotografieren will, wird auf dem Friedhof verhaftet und wegen »Sammlung von Nachrichten« zwei Jahre lang ins Zuchthaus gesperrt.

Durch den Tod ihres Bruders Peter habe die ganze Familie zu leiden gehabt, erinnert sich Fechters Schwester Gisela Geue. Ihr sei danach die Arbeitsstelle im Außenhandel gekündigt worden. »Meine Mutter konnte es nicht verwinden und ging jeden Tag auf den Friedhof. Als die Wende kam, hat sie es nicht begreifen wollen, daß nun jeder durch die Mauer hindurch kann. Immer wieder sagte sie: ›Und unser Peter ist erschossen worden.‹ (...) Meine Schwester Ruth wurde in der Schule schikaniert (...). Auch meinem Mann, der an einem Gymnasium Lehrer war, wurden Schwierigkeiten gemacht.«[11]

Im Sommer 1996 erhebt die Berliner Staatsanwaltschaft Anklage gegen zwei ehemalige Grenzpolizisten, die auf Peter Fechter geschossen haben. Gegen zwei weitere Schützen ist das Verfahren eingestellt worden: Der eine ist inzwischen verstorben, der andere, Siegfried Buske, hat nach eigenen Angaben nur einen Schuß abgegeben und dabei gezielt danebengeschossen.

Die Frage, warum Peter Fechter erst nach fünfzig Minuten geborgen wurde, wird im Prozeß vor dem Landgericht Berlin im März 1997 nicht abschließend geklärt. Die Grenzpolizisten durften den »Zehn-Meter-Streifen«, auf dem Peter Fechter lag, nur mit Erlaubnis eines Offiziers betreten. Oberleutnant Leistner, der Zugführer, der den Grenzposten vermutlich den Schießbefehl erteilt hat, war am Tatort. Eine Hilfeleistung veranlaßte er nicht.

Der medizinische Sachverständige Professor Prokop sagt am ersten Verhandlungstag im Fechter-Prozeß, daß man den Verletzten liegenließ, sei nicht die Ursache für dessen Tod gewesen, vielmehr seien die Verwundungen so schwer gewesen, daß keine Hoffnung mehr bestand. Daß der schwerverletzte Achtzehnjährige dennoch einige Zeit um Hilfe geschrien habe, spreche für dessen »ungeheure Vitalität«, so Otto Prokop, der seinerzeit die Leiche obduziert hat.

Von dem Kriminalbeamten, der im Fall Fechter ermittelt hat, will der Vorsitzende Richter gleichwohl wissen, was er denn glaube, weshalb die Angeklagten Schreiber und Friedrich nicht einmal versucht hätten, dem

Die Angeklagten Erich Schreiber und Rolf Friedrich: nie gewollt, wie befohlen, nicht zu ändern.

Verletzten zu helfen. »Wenn sie Courage gehabt hätten, hätten sie das machen können.« Rolf Friedrich sieht das anders: Man sei nicht an den Verwundeten herangekommen, da dieser hinter einem Stacheldrahtzaun lag: »Wir hatten keine Zange, um den Draht aufzuschneiden.« Peter Fechter war in Sekundenschnelle über den Zaun gekommen.

Zur Person und zur Sache befragt, sagt der Angeklagte Rolf Friedrich vor Gericht aus, er sei gefragt worden, ob er »an die Grenze« gehen würde, und er habe zugestimmt. »Wir hatten die Anweisung, keinen an die Mauer ranzulassen. (...) Wenn wir den so nicht kriegten, sollten wir die Waffe nehmen. (...) Als uns dies im Lehrgang gesagt wurde, dachte ich immer: ›Einen erschießen, das machst du nicht.‹ Was den fraglichen Tag betrifft, so erinnere ich mich, daß ich (...) in Richtung Mauer schoß. (...) Es wird wohl die Richtung gewesen sein, in der die Person war. (...) Beim Schießen hielt ich die Waffe im Hüftanschlag. Ich habe in Erinnerung, daß sie auf Dauerfeuer gegangen ist. (...) Das war bei mir wie verkrampft, ich hatte den Finger am Abzug, das war so, daß ich den Finger gar nicht wegkriegte. (...) Ich habe nie gewollt, daß so etwas passiert. Jetzt ist es zu spät, ich bedaure das sehr.«[12]

Der Angeklagte Erich Schreiber äußert sich ähnlich: Er habe keine Zeit zum Zielen gehabt, als er aus achtzig Metern Entfernung – die Waffe im Hüftanschlag – in Richtung Flüchtlinge schoß. Nie habe er die Absicht gehabt, einen Menschen zu töten. Es tue ihm leid, aber er könne es nicht ändern. Er habe das nur getan, um einen Grenzdurchbruch zu verhindern, »so wie befohlen«. Noch am Todestag Peter Fechters hatte Brigadekommandeur Tschitschke die beiden Schützen mit einer Geldprämie auszeichnen lassen.

In seinem Plädoyer sagt Staatsanwalt Joachim Riedel, Peter Fechter sei »ein Symbol für den menschenverachtenden Charakter des Grenzregimes der DDR«. Die Staatsanwaltschaft beantragt mit Verweis auf die »eingespielte Rechtsprechung« für die beiden Angeklagten je zwei Jahre Haft, ausgesetzt zur Bewährung.

Rechtsanwalt Uwe Ewald hält das Plädoyer für die Nebenklägerin Ruth Fechter, eine Schwester des Erschossenen. Er verliest eine Erklärung, die er gemeinsam mit seiner Mandantin ausgearbeitet hat: Mit der Nebenklage wolle man aus jahrzehntelanger Ohnmacht und Verdammung zur Untätigkeit, aus der »Objektrolle« herauskommen. »Diese Ohnmacht, die zeitweise zur Verzweiflung wurde, die den Vater von Peter Fechter bis zum Tod zu einem in sich gekehrten, schweigsamen Mann werden und seine Mutter, bei aller Courage nach außen, für den Rest ihres Lebens (...) gedanklich und tatsächlich am Grab ihres Sohnes zubringen ließ und die für die anderen Familienangehörigen jahrelange stumme Bedrückung bedeutete, läßt sich in Worten kaum ausdrücken. Nicht nur, daß die Hinnahme des unwiderruflichen Todes zu bewältigen war, es war in der Folge dann die nie beantwortete Frage nach den Hintergründen und Umständen des Todes von Peter Fechter, das Niemals-zur-Ruhe-Kommen, weil das Geschehene nicht aufgearbeitet und damit psychisch auch nicht bewältigt werden konnte.«

Feindbildproduktionen und gesellschaftliche Ausgrenzungsprozesse hätten die Tat möglich gemacht. Wenn nun das Urteil dazu beitrage, daß zukünftig keine Mutter ihr Kind beweinen muß, weil andere in ihm einen Feinde gesehen hätten, dann habe der Prozeß einen Sinn gehabt.

Dirk Lammer, der Verteidiger des Angeklagten Friedrich, spricht in seinem Schlußvortrag von »dubiosen und nebulösen Menschenrechtserklärungen«. Der West-Berliner Anwalt stellt die rhetorische Frage: »Was ist schon so grob menschenrechtswidrig, daß wir es nicht mehr rechtfertigen können?« Verteidiger Lammer sagt, er halte seinen Mandanten für schuldig und beantrage eine Strafe »im Rahmen des Üblichen«, eine »angemessene Freiheitsstrafe, die zur Bewährung ausgesetzt wird«.

Im Plädoyer für den Angeklagten Schreiber sagt Verteidiger Uwe Gebhardt, sein Mandant habe im Verbotsirrtum gehandelt: »Die Grenzsoldaten mußten Anfang der sechziger Jahre annehmen, daß die Anwendung der Schußwaffe internationalen Regeln entspricht.« Für »vertretbar« hält es der Thüringer Anwalt, daß die beiden Grenzposten keine Erste Hilfe geleistet haben, und beantragt Freispruch.

Der Angeklagte Rolf Friedrich sagt in seinem Schlußwort, daß es ihm leid tue und daß er sich entschuldigen wolle bei Ruth Fechter, der Nebenklägerin. Erich Schreiber schließt sich den Ausführungen seines Verteidigers an.

Drei Tage nach dem Tod Peter Fechters hat die Bundesregierung erklärt, man werde die Mörder vor Gericht bringen: »Die Täter wird die volle Härte des Gesetzes treffen.« Zur »vollen Härte« kommt es nicht: Die Kammer verurteilt den inzwischen 61jährigen Rolf Friedrich zu einer Freiheitsstrafe von einem Jahr und neun Monaten sowie den 55jährigen Erich Schreiber zu einem Jahr und acht Monaten Freiheitsentzug. Die Strafen werden zur Bewährung ausgesetzt.[13]

In der mündlichen Urteilsbegründung führt Richter Hans-Jürgen Schaal aus: »(Es) ist über die Gründe nachzudenken, die Peter Fechter und Helmut Kulbeik überhaupt veranlaßten, die DDR zu verlassen. Als Motiv für ihre Flucht ist der Druck, der andauernd ausgeübt wurde, hervorzuheben. Es gefiel ihnen nicht, daß sie ständig berufs- und freizeitmäßig eingegliedert wurden, sie wollten frei sein. Peter Fechter hatte eine Schwester in West-Berlin, die er besuchen wollte, aber nicht durfte. Diejenigen, die für die in der DDR seinerzeit herrschenden Umstände die Verantwortung tragen, sind auch am Tod des Peter Fechter mitschuldig.«

Richter Schaal meint, die unterlassene Hilfeleistung im Fall Fechter sei keine »gezielte Aktion der östlichen Seite« gewesen, sondern offenbar auf

»organisatorische Konfusion und persönliche Kopflosigkeit« bei den beteiligten Grenzpolizisten und Offizieren zurückzuführen. Nach Ansicht der Kammer waren die beiden Grenzposten mit der »vernünftigen Bewältigung der Situation überfordert«, was strafmildernd gewertet wird. Die Tat liege lange zurück, die Angeklagten hätten nur mit bedingtem Tötungsvorsatz gehandelt. In gewisser Weise seien sie »selbst Opfer der Verhältnisse an der Grenze« gewesen. »Gleichwohl müssen sie es mit ihrem Gewissen ausmachen, ob es richtig war, dem Befehl, zur Grenze zu gehen, zu folgen«, so Richter Schaal am Ende der Urteilsbegründung.

Straffrei kommt der ehemalige Oberleutnant Leistner davon, der es unterlassen hatte, dem verwundeten Peter Fechter sofort Hilfe zukommen zu lassen. Juristisch kaum zu fassen ist die Schuld der ideologischen Einpeitscher, die Schuld der Politoffiziere und sonstigen SED-Propagandisten, die entscheidend dazu beitrugen, daß an der Grenze junge Männer auf Flüchtlinge schossen. Dazu zählt der Chefkommentator des DDR-Rundfunks, Karl-Eduard von Schnitzler, der dem toten Peter Fechter öffentlich hinterherhöhnte: »Wer sich in Gefahr begibt, kommt darin um!« Statt eines Strafprozesses erwartete Herrn von Schnitzler nach dem Ende der SED-Diktatur ein Buchvertrag mit einem Hamburger Verlag. So konnte er auch weiterhin verbreiten, die Grenzer hätten »der Welt viele Kubikmeter Blut erspart«.

Ohne Strafe bleiben werden die Autoren des SED-Blattes »Neues Deutschland«, die Peter Fechter 1962 einen Verbrecher nannten, der nicht davon abzuhalten gewesen sei, »in das Schußfeld unserer Grenzposten zu rennen«. West-Berliner »Frontstadtbanditen« hätten Peter Fechter »zum Selbstmord angestiftet«.[14]

»Er wollte besonders gut funktionieren.«
Prozeß im Fall Elke und Dieter Weckeiser

Elke und Dieter Weckeiser aus Fürstenwalde, 22 und 25 Jahre, versuchen am 18. Februar 1968 gegenüber dem Berliner Reichstagsgebäude über die Grenze in den Westen zu gelangen. Die Fluchtstelle ist mit Peitschenmastlaternen grell ausgeleuchtet. Beim Durchkriechen eines Stacheldrahtzaunes wird das Ehepaar gegen 22.50 Uhr von zwei Grenzsoldaten entdeckt, die auf einem etwa achtzig Meter entfernten Wachturm Dienst tun.

Sofort gibt Postenführer Klaus-Jürgen Pohl, 21 Jahre, aus einem leichten Maschinengewehr zwei Feuerstöße ab, insgesamt sechzehn Schuß. Zu diesem Zeitpunkt sind die beiden Flüchtenden etwa siebzehn Meter von der letzten Sperre entfernt, dem engmaschigen, rund drei Meter hohen Metallgitterzaun, der nur mit Hilfsmitteln zu überwinden ist. Zwischen diesem Zaun und dem West-Berliner Gebiet liegt die Spree.

Noch in der Nacht stirbt Elke Weckeiser an den Folgen eines Schusses durch Brust und Bauch. Das Leben Dieter Weckeisers endet am nächsten Tag infolge eines Schädeldurchschusses. Der Todesschütze bekommt die »Medaille für vorbildlichen Grenzdienst«. Am Morgen nach den Schüssen am Reichstagsgebäude fotografiert die West-Berliner Polizei den Tatort.

Anfang 1992 beginnt die Polizei, intensiv im Fall Elke und Dieter Weckeiser zu ermitteln. Einer der Ermittler ist Kriminalhauptkommissar Peter Kinzel. Über den Todesschützen Klaus-Jürgen Pohl sagt er: »Er wollte besonders gut funktionieren. Die Ermittlungen haben ergeben, daß er aus einem Elternhaus kam, wo er besonders im Sinne der SED erzogen wurde. Sein Vater war nicht nur Mitglied und Funktionär dieser Partei, sondern er nahm auch eine Funktion wahr als Schuldirektor, und er hat Wert darauf gelegt, daß seine Kinder ganz besonders vorbildlich im Sinne der DDR erzogen wurden. Mir selbst sagte er, daß sein Sohn immer in vorderster Front war. Schon bei den Jungen Pionieren ist er mit der Fahne voranmarschiert. So war es bei der FDJ. Und so war es auch im Dienst bei den Grenztruppen.«

Die Ermittlungen im Fall Weckeiser waren außerordentlich aufwendig, wie Kommissar Kinzel sich erinnert: »Wir sind auf zwei Personen gekommen, die auf dem Postenturm ihren Dienst versahen. Daraufhin haben wir ermittelt, daß der eine Schütze der Schütze B. war. Er gab letztlich seine Beteiligung an dem Grenzzwischenfall zu, konnte sich aber beim besten Willen nicht mehr an denjenigen erinnern, der mit ihm zusammen Dienst auf dem Turm versehen hatte. In den Unterlagen der Grenztruppen war dieser Name auch nicht aufzufinden. Das hat dazu geführt, daß wir letztlich durch die ganze DDR gefahren sind, um die Kompanie zusammenzukriegen. Von der Ostseeküste bis runter ins Erzgebirge haben wir versucht, die Leute zusammenzubekommen, die dann auch bruchstückhaft was gesagt haben.

Ein Zeuge hat uns irgendwann den Namen gesagt, allerdings mit einem falschen Vornamen. Wir sind dann im Zuge der Ermittlungen zu dem richtigen Vornamen gekommen, aber wir hatten, weil der Beschuldigte sich nicht geäußert hat, nie die hundertprozentige Gewißheit, ob er es gewesen ist. Erst als die Eltern des Schützen befragt wurden, kam heraus, daß er es tatsächlich gewesen ist. Er hatte sich seiner Familie offenbart.«

Im April 1997 wird im Fall Weckeiser drei Tage lang gegen die beiden Grenzposten und ihren Kompaniechef verhandelt. Es ist der 51. Berliner Mauerschützenprozeß, kaum jemand nimmt Notiz von dem Geschehen, die Zuschauerbänke bleiben fast leer.

Für den fünfzigjährigen Klaus-Jürgen Pohl, den Todesschützen, fordert die Staatsanwaltschaft eine unbedingte Haftstrafe: drei Jahre. Das Handeln des Angeklagten habe nicht einmal der Befehlslage entsprochen: Er habe ohne Anruf auf die Flüchtlinge geschossen und nicht versucht, sie ohne Anwendung der Schußwaffe festzunehmen.

Auch die Richter meinen, das Handeln des Angeklagten Pohl habe der damaligen Befehlsgebung widersprochen, es sei ein Exzeßfall gewesen. Dem Strafantrag folgen sie jedoch nicht: Klaus-Jürgen Pohl erhält wegen Totschlags eine Haftstrafe von einem Jahr und neun Monaten, die zur Be-

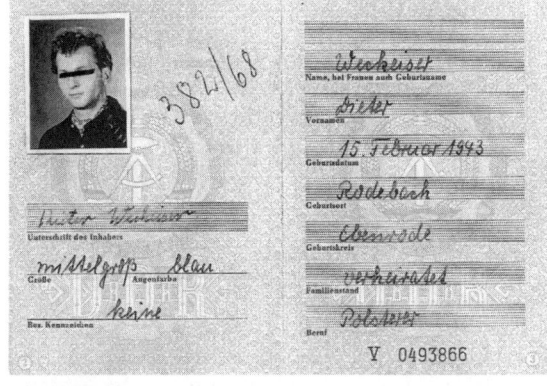
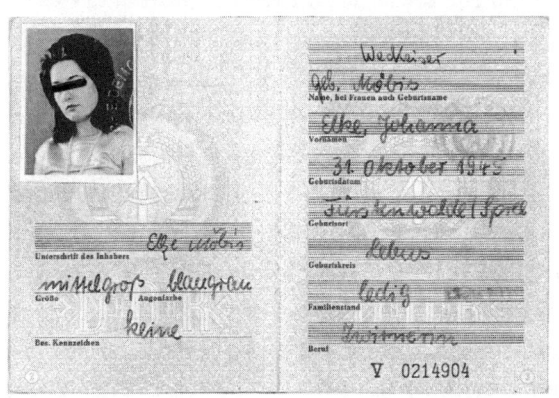

»Im Verlauf der Bearbeitung der Leichensache Weckeiser, Dieter« schlug Stasi-Vizeminister Beater vor, »die Informierung der Mutter über den Tod ihres Sohnes unter einer entsprechenden Legende vorzunehmen«. Das Ehepaar Weckeiser sei bei einem Verkehrsunfall in einem gestohlenen Fahrzeug schwer verletzt worden: »Trotz intensiver ärztlicher Bemühungen verstarb die Elke Weckeiser an den Folgen des Verkehrsunfalls noch am 18.2.1968, während bei Dieter Weckeiser der Tod in den Abendstunden des 19.2.1968 eintrat.«

währung ausgesetzt wird. Die Staatsanwaltschaft nimmt das Urteil hin. Die Grenzsoldaten hätten innerhalb einer perfiden und subtilen Befehlskonstruktion handeln müssen, so die Vorsitzende Gabriele Eschenhagen in ihrer mündlichen Urteilsbegründung.

Kommissar Peter Kinzel hält das Urteil für »bagatellisierend«: »In dem Fall – zwei Menschen wurden in der Blüte ihrer Jahre erschossen, sechzehn, siebzehn Schuß an einem Ort, wo es nicht notwendig gewesen wäre, überhaupt von der Schußwaffe Gebrauch zu machen – von einem ›minder schweren Fall‹ zu sprechen, halte ich aus der Sicht der Opfer für absolut unverhältnismäßig. Wenn ich an die Mutter des getöteten Dieter Weckeiser denke, die mir noch vor kurzem gesagt hat, selbst nach diesem langen Zeitraum berührt sie dieser Fall immer wieder und regt sie auf, so daß sie darüber eigentlich gar nicht sprechen möchte, muß ich sagen, es ist ein zu mildes Urteil.«

Der Tatort am Berliner Reichstagsgebäude, drei Jahre vor dem Mauerfall

Kompaniechef Horst Parche, sechzig Jahre alt, angeklagt, »einen anderen zu dessen Straftat bestimmt zu haben«, ist – wie von der Staatsanwaltschaft beantragt – freigesprochen worden. Staatsanwalt Joachim Riedel hat dazu ausgeführt: »Der Kompaniechef hat sich dahin eingelassen, er habe so vergattert, daß im konkreten Fall überhaupt keine Veranlassung bestanden habe, gezielt auf die Personen mit tödlicher Wirkung zu schießen. Das war zumindest nicht zu widerlegen. Nach dem Zweifelsgrundsatz konnten wir dem Vergatterer nicht nachweisen, daß er so vergattert hat, daß schon in einem solchen Fall die Flüchtlinge erschossen werden sollen. Wir mußten zugunsten des Vergatterers davon ausgehen, daß der Schütze im Übermaß gehandelt hat. Der eine beruft sich darauf: ›Meine Vorgesetzten haben mir gesagt, jeder wird abgeknallt, der rüber will.‹ Und die Vorgesetzten sagen: ›Nein, wir wollten gar nicht, daß da einer erschossen wird.‹«

Mit anderen Worten: Dem Schützen wird zugestanden, daß er zwar exzessiv, jedoch im Rahmen der faktischen Befehlslage gehandelt habe, und sein Kompaniechef, der die faktische Befehlslage – die Exzesse einschloß – mitzuverantworten hatte, wird freigesprochen, weil die Tat ein Exzeß gewesen sei, zu dem niemand, auch der Kompaniechef nicht, angestiftet habe.

Der Angeklagte Parche, der Kompaniechef, habe auf arrogante und unerträgliche Weise versucht, den Flüchtlingen die Schuld an ihrem Tod zuzuweisen, sagt die Vorsitzende Richterin in der mündlichen Urteilsbegründung. Für Horst Parche, der sich von Stasi-Anwalt Osterloh verteidigen ließ, war der Tod der Flüchtlinge »bedauerlich, aber unvermeidbar«. Das seien »zwei sich absichtlich selbstgefährdende Grenzverletzer« gewesen.[15]

»Ein Offizier, der wußte, was er wollte«
Prozeß im Fall Willi Block

Im Berliner Kriminalgericht wird im April 1997 zum dritten Mal in einem Verfahren verhandelt, das zweieinhalb Jahre zuvor als 20. Mauerschützenprozeß begonnen hat. Vor Gericht steht erstmals – und das ist wohl einmalig – ein ranghoher Offizier der Grenztruppen, der den Befehl, »Grenzverletzer festzunehmen oder zu vernichten«, nicht nur erteilt, sondern auch selbst in die Tat umgesetzt hat.

Am Nachmittag des 7. Februar 1966 will der Bauarbeiter Willi Block in Staaken (damals Bezirk Potsdam) nach West-Berlin flüchten. Zweimal ist ihm die Flucht aus der DDR schon gelungen, zweimal ist er zu seiner Ehefrau zurückgekehrt. Nach dem letzten Mal hat man ihn wegen Republikflucht zweieinhalb Jahre ins Gefängnis gesteckt.

Bei seinem dritten Fluchtversuch wird Willi Block von zwei auf einem Wachturm postierten Soldaten entdeckt. Die beiden Grenzer schießen mit ihren Maschinenpistolen mehrmals Sperrfeuer in den Boden vor dem

Willi Block

Bergung der Leiche

Flüchtenden. Dieser versucht dennoch, die drei dort hintereinander verlegten Stacheldrahtrollen und die jeweils anschließenden Stacheldrahtzäune zu überwinden. Er verfängt sich jedoch in der zweiten Drahtsperre und bleibt dort auf dem Bauch liegen. Durch die Schüsse aufmerksam geworden, kommen zwei weitere Grenzsoldaten sowie der Kompaniechef und sein Fahrer zur Fluchtstelle und gehen wie zuvor bereits die Wachturmposten in einem Kfz-Sperrgraben in Stellung.

In der nahen Kaserne hat der Kommandeur des 34. Grenzregiments, Karl Bandemer, die Schüsse ebenfalls gehört. Sofort ruft er seinen Fahrer und fährt gemeinsam mit dem Vize-Stabschef zur Grenze. Am Ort des Geschehens eingetroffen, verschafft sich Karl Bandemer einen Einblick in die Lage. Wenige Minuten später macht der im Stacheldraht hoffnungslos festhängende Willi Block eine Bewegung in Richtung West-Berlin. Obwohl für den Regimentskommandeur Bandemer offensichtlich ist, daß der Flüchtling keine Chance hat, sich zu befreien und West-Berliner Gebiet zu erreichen, schießt er mit seiner Pistole auf ihn, bis das Magazin leer ist. Die Schüsse treffen Willi Block nicht. Karl Bandemer verlangt nun nach einer Maschinenpistole, woraufhin ihm der Fahrer des herbeigeeilten Kompaniechefs die seinige aushändigt. Mit der Kalaschnikow gibt der Regimentskommandeur mehrere gezielte Schüsse auf den etwa zwanzig Meter entfernt liegenden Willi Block ab. Mindestens zwei Grenzsoldaten schießen ebenfalls in Richtung des gescheiterten Flüchtlings. Insgesamt werden annähernd siebzig Schüsse auf Willi Block abgefeuert. Getroffen von vier Kalaschnikow-Kugeln, stirbt der 31jährige noch am Tatort.

Meldung im »Neuen Deutschland«, 8. Februar 1966

Durchbruch vereitelt

Berlin (ADN). In den Nachmittagsstunden des 7. Februars versuchte ein Provokateur im Raum Staaken gewaltsam die Staatsgrenze der DDR zu Westberlin zu durchbrechen. Unterstützt durch eine Anzahl auf Westberliner Seite in Stellung gegangener Duensing-Polizisten, mißachtete der Grenzverletzer alle Warnungen der Grenzposten der Nationalen Volksarmee. Zur Wahrung der Unantastbarkeit der Staatsgrenze der DDR machten die Grenzposten der Nationalen Volksarmee von der Schußwaffe Gebrauch und stellten den Grenzverletzer.

Anfang 1995 ist Karl Bandemer zu einer Haftstrafe von drei Jahren verurteilt worden, allerdings nur wegen versuchten Totschlags: Es habe ihm nicht nachgewiesen werden können, daß er die tödlichen Schüsse abgab. Der Bundesgerichtshof hat das Urteil 1996 aufgehoben und den Fall an eine andere Strafkammer des Landgerichts zurückverwiesen, und zwar mit der Maßgabe, einen vollendeten Totschlag anzunehmen und dabei das Vorliegen eines »minder schweren Falles« zu überprüfen.

Gedenkveranstaltung am Mahnkreuz für Willi Block am Finkenkruger Weg in Berlin-Spandau (1985)

Karl Bandemer

Karl Bandemer, inzwischen 67 Jahre alt, sitzt im Frühjahr 1997 im Saal B 129 auf jenem Platz, auf dem ein Jahr zuvor der Grenztruppen-Chef Baumgarten gesessen hat. Wie dieser läßt sich Karl Bandemer von Anwalt Osterloh verteidigen. Eine Reihe von Zeugen sollen ihren Eindruck vom Regimentskommandeur Bandemer darlegen.

»Er war ein Offizier, der wußte, was er wollte«, erinnert der Vize-Stabschef Kreiseler. Der Zeuge Se., ehemals Grenzaufklärer, hat im Ermittlungsverfahren seinen Regimentskommandeur als »ganz scharfen Hund« bezeichnet, der über Leichen gegangen sei. Und der Zeuge Sa., der dem Angeklagten als Kompaniechef unterstellt war, hat in einer früheren Vernehmung ausgesagt, der Regimentskommandeur Bandemer habe nach der Erschießung Willi Blocks geäußert: »Da muß erst der Kommandeur kommen und zeigen, wie's gemacht wird.« Auch der MfS-Abwehroffizier des Regiments hielt seinerzeit in einem Aktenvermerk fest, daß Karl Bandemer nach der Tötung des Flüchtlings »über seine Handlungsweise prahlte«.

Der Zeuge Geier wirkt wie ein seriöser alter Herr. Mit federndem Gang schwebt er zum Zeugenplatz, seine Gestik ist betont langsam, sein Blick herablassend. Das dichte Haar des Siebzigjährigen leuchtet weiß, der marineblaue Mantel ist aus gutem Stoff. Von 1971 bis 1979 war Herr Geier Chef des Grenzkommandos Mitte, demnächst steht er selber wegen mehrfachen Totschlags an Flüchtlingen vor Gericht.

Bernhard Geier, 1966 Kommandeur der 2. Grenzbrigade Berlin, sagt, er »hatte nie einen Grund, Herrn Bandemer wegen Übergriffen zu rügen. (...) Nach dem Vorkommnis hatte ich nur eines zu bemängeln: ›Warum hast du den Abschnitt, als du eingetroffen bist, nicht führend übernommen?‹« Das heißt soviel wie: Warum hast du selber geschossen und nicht schießen lassen? »Nein, selbst zu schießen war nicht seine Aufgabe. (...) Ich hatte immer den Eindruck, daß er das Menschenleben achtet, daß er durch den Ausbau der Staatsgrenze den Schußwaffengebrauch verhindern will. Er hat alles getan, um seinen Grenzabschnitt sauberzuhalten.«

Karl Bandemer erklärt dem Vorsitzenden Richter: »Die Dienstvorschriften waren für mich bindend, so wie für jeden anderen auch in seinem

Beruf. Wenn man die Dienstvorschriften nicht einhält, ist ein Durcheinander nicht mehr weit. Wenn man eine klare Ordnung hat, dann läuft das auch.«

Richter Müller fragt: »Waren Sie ein harter Vorgesetzter?« – »Ich war konsequent. Sehr vielen habe ich auch geholfen. Einige Soldaten hatten Probleme gehabt mit dem Schießen ... Da haben wir uns mit den Eltern und dem Pastor zusammengesetzt, um die Gewissenskonflikte wegzuhalten.«

Wie er denn heute über die Tötung des Herrn Block denke? »Na, das war nicht gerade meine starke Seite, 'ne Freude ist nicht gerade aufgekommen. Es war das einzige Vorkommnis unter diesem Gesichtspunkt.« Für Karl Bandemer ist die Tötung Willi Blocks »ein bedauerlicher Unfall«, der »durch Schießen von West-Berliner Seite herbeigeführt« worden sei. »Ich fühle mich weiterhin nicht schuldig für das, was mir vorgeworfen wird.« Seine erneute Verurteilung laufe auf einen »Justizirrtum« hinaus, und Verteidiger Osterloh meint: »Die Verhinderung der Gerechtigkeit durch Verurteilung eines Unschuldigen galt im Altertum als Versündigung.«

Karl Bandemer wird wegen Totschlags in einem »minder schweren Fall« zu einer Haftstrafe von drei Jahren verurteilt. Die Staatsanwaltschaft hat eine Freiheitsstrafe von fünf Jahren und drei Monaten beantragt. Das Gericht berücksichtigt strafmildernd den »ordentlichen Lebenslauf« des Angeklagten. Es hält dem Regimentskommandeur (1964–1976) zugute, daß er vor und nach der Tat (1966) strafrechtlich »unbelastet« gewesen sei.

Die Richter gehen von einem »vermeidbaren Verbotsirrtum« bei der Begehung der Tat aus. Für eine solche Beurteilung spreche die Persönlichkeitsstruktur Karl Bandemers, der in zwei diktatorischen Systemen aufgewachsen und »in den militärischen Zusammenhängen gefangen« gewesen sei. Er habe aufgrund der Befehlslage geglaubt, schießen zu dürfen. Des weiteren wertet man das hohe Alter und verschiedene Krankheiten Karl Bandemers strafmildernd. Wenig später wird Herrn Bandemer Haftunfähigkeit bescheinigt.[16]

»Die Bürger an die Kette gelegt«
Prozesse gegen Kommandeure der
Grenz-Regionalkommandos

Vom 7. August 1997 an verhandelt man im Berliner Langericht gegen den letzten Kommandeur des Grenzkommandos Mitte und vier seiner Stellvertreter. Annähernd zwölftausend Soldaten unterstanden den Angeklagten an der Grenze um West-Berlin. Vor Gericht stehen sie wegen der Ausarbeitung und Umsetzung der Jahresbefehle 40. Die Anklage lautet auf mehrfachen Totschlag und versuchten Totschlag oder Beihilfe dazu.

Der Angeklagte Erich Wöllner, 67 Jahre alt, war von 1979 bis 1990 Kommandeur des Grenzkommandos Mitte. »Ich bin nie über Leichen gegangen«, sagt der Ex-General vor Gericht.

Heinz Geschke, ebenfalls 67, war in den sechziger Jahren Stabschef einer Grenzbrigade und in den Siebzigern Regimentskommandeur sowie Stabschef des Grenzkommandos Nord. In derselben Funktion wirkte er von 1979 bis 1982 im Grenzkommando Mitte, dann war Heinz Geschke bis zum Ende »Stellvertreter des Kommandeurs für Grenzsicherung«. Sein Anwalt, Frank Osterloh, verteidigt ihn nach dem üblichen Muster.

Günter Leo, 56 Jahre alt, war von 1982 an Regimentskommandeur an der Berliner Mauer, bevor er 1986 Stabschef des Grenzkommandos Mitte wurde.

Werner Michael, 64, war von 1976 bis 1987 Politchef der Berliner Grenztruppen.

Günter Bazyli, sechzig Jahre alt, war seit 1978 Stellvertretender Kommandeur des Grenzkommandos Mitte und von 1982 bis 1986 Stabschef.

Er wolle bei der Aufklärung helfen, sagt Günter Bazyli zu Beginn des Prozesses. Die anderen Angeklagten weisen in einer gemeinsamen Erklärung »mit aller Entschiedenheit den Tötungsvorwurf der Anklage-

Geheime Verschlußsache!
GVS-Nr. G 717 527   1.Ausf.:Bl. 3

(2) Das Regiment 33 handelt im Zusammenwirken rechts mit dem Grenzregiment 38, links mit dem Grenzregiment 35 und an den Flanken der Grenzübergangsstellen mit dem GÜSt-SiR-26 auf der Grundlage der bestätigten Dokumente.

Die Nachbarregimenter und das GÜSt-SiR-26 erfüllen ihre Aufgaben entsprechend des Befehls Nr. 40/84 des Kommandeurs des Grenzkommando MITTE über die Aufgaben der Truppenteile und Einheiten zur Grenzsicherung im Ausbildungsjahr 1984/85 vom 06.11.1984.

(3) Zur Erfüllung der dem Grenzregiment 33 im Befehl Nr. 40/84 des Kommandeurs Grenzkommando MITTE gestellten Aufgaben

BEFEHLE ICH:

- Das Grenzregiment 33 mit einem Grenzsicherungsboot des Grenzregiment 35, eingesetzt im Raum der Hauptanstrengung des Kommando MITTE, sichert den Grenzabschnitt Friedhof ROSENTHAL, BRANDENBURGER TOR in der normalen Grenzsicherung im 32-Stunden Dienstrythmus mit variabler Dienstzeit von 6 bis 10 Stunden, in Bereitschaft, bei Eintreten besonderer Lagen, auf Befehl oder meinen Entschluß zu einer anderen Art der Grenzsicherung überzugehen mit der Aufgabe:

  - Unter den Bedingungen der weiteren gefährlichen Zuspitzung der internationalen Lage die Sicherung der Staatsgrenze der DDR zu BERLIN (WEST) ununterbrochen und zuverlässig zu gewährleisten, Grenzdurchbrüche und die Ausdehnung von Provokationen auf das Hoheitsgebiet der DDR nicht zuzulassen sowie die Sicherheit und Ordnung im Grenzgebiet im Zusammenwirken mit den anderen Schutz- und Sicherheitsorganen und der Bevölkerung im Grenzgebiet die Forderungen der Direktive des Sekretariats des Zentralkomitees der SED, des Grenzgesetzes und seiner Folgebestimmungen durchzusetzen;

  - Die Gefechts- und Mobilmachungsbereitschaft weiter zu vervollkommnen, subversive Handlungen bewaffneter Kräfte selbständig bzw. im Zusammenwirken mit den territorialen Kräften der Landesverteidigung entschlossen abzuwehren;

  - bereit und in der Lage zu sein, die Staatsgrenze aktiv und standhaft zu verteidigen, Angriffe des Gegners im Zusammenwirken oder in zeitweiliger operativer Unterstellung der Landstreitkräfte abzuwehren sowie eingedrungene gegnerische Kräfte gefangen zu nehmen oder zu vernichten;

  - die zuverlässige Sicherung der Staatsgrenze in den Zeiträumen

    24.12.1984 - 06.00 Uhr bis 27.12.1984 - 06.00 Uhr
    31.12.1984 - 06.00 Uhr bis 02.01.1985 - 06.00 Uhr
    30.04.1985 - 06.00 Uhr bis 10.05.1985 - 06.00 Uhr

Am Ende der Befehlskette: Mit Verweis auf den Befehl für das Grenzkommando Mitte (40/84) erteilte Regimentskommandeur Leo den Befehl Nummer 20/84. Drei Stunden nach dessen Inkrafttreten wurde Michael Schmidt erschossen.

schrift« als eine »absurde Konstruktion« zurück: »Unter dem Aspekt, der Welt den Frieden zu erhalten und das Leben aller zu schützen, durften an der Grenze zwischen beiden Systemen keine Provokationen zugelassen werden - das war unsere feste Überzeugung. (...) Richtig bleibt (...), daß aus heutiger Sicht auch schon zu damaliger Zeit die repressive Funktion des Grenzregimes nach innen bestand. Sie ist in ihrer Bedeutung jedoch von uns zu dieser Zeit so nicht erkannt worden.«

Im März 1998 wird Erich Wöllner - wie von Staatsanwalt Klaus-Jochen Schmidt beantragt - wegen Totschlags in sechs Fällen zu fünf Jahren Haft verurteilt (er gilt jedoch als haftunfähig). Günter Leo erhält drei Jahre und drei Monate wegen zwei Tötungen, die er als Regimentskommandeur per Befehl 20 befohlen hat, sowie wegen Beihilfe zum Totschlag in zwei weiteren Fällen, die er als Stabschef zu verantworten hat. Ebenfalls wegen Beihilfe bekommen Heinz Geschke und Werner Michael jeweils drei Jahre Freiheitsentzug. Die zweijährige Haftstrafe für Günter Bazyli, der sich moralisch und juristisch schuldig bekannt hat, wird, dem Antrag der Staatsanwaltschaft folgend, zur Bewährung ausgesetzt. Wie andere Angeklagte auch ist er wegen Tötungen von Flüchtlingen in seinem Verantwortungsbereich vor dem Anklagezeitraum nicht zur Verantwortung gezogen worden.

Der Vorsitzende Richter, Hartmut Füllgraf, sagt in der mündlichen Urteilsbegründung, die Grenzsicherung habe sich brutal und offen gegen die eigene Bevölkerung gerichtet. Wie in totalitären Staaten üblich, seien in der DDR die Bürger an die Kette gelegt worden. Die Machthaber hätten ihre politischen Ziele rücksichtslos durchgesetzt, das Lebensrecht der Flüchtlinge den staatlichen Machtinteressen untergeordnet.

Die SED-Führung habe die Verbrechen an der Grenze vertuscht; auch aufgrund dieser Praxis hätten die Angeklagten die Rechtswidrigkeit ihrer Befehle erkennen können. Die Einstellung von einigen Angeklagten und Verteidigern: »Wer flieht und erschossen wird, ist selber schuld«, sei schon die Haltung des KZ-Kommandanten in Anna Seghers Buch »Das siebte Kreuz« gewesen.

Der Bundesgerichtshof bestätigt das Urteil.[17]

Bernhard Geier, der von 1971 bis 1979 Kommandeur des Grenzkommandos Mitte war und angeklagt ist wegen Totschlags an den Mauerflüchtlingen Manfred Weylandt, Klaus Schulze, Horst Einsiedel, Manfred Gertzki und Dietmar Schwietzer, wird 1999 zu einer Haftstrafe verurteilt, die nur halb so hoch ist wie die seines Nachfolgers Erich Wöllner: zwei Jahre, sechs Monate. (Der Strafantrag lautete auf dreieinhalb Jahre Haft. Ein Jahr nach der Verurteilung wird der schwerkranke Bernhard Geier vom Regierenden Bürgermeister Diepgen begnadigt.)[18] Seine vier Stellvertreter Gerold Paulsen, Wolfgang Krug, Erwin Frömming und Fritz Rund erhalten wegen Beihilfe zum Totschlag in mehreren Fällen Bewährungsstrafen. Die Staatsanwaltschaft hat für die Angeklagten Paulsen und Krug unbedingte Haftstrafen beantragt, verzichtet aber auf Revision.[18]

Vier weitere Vize-Kommandeure der Berliner Grenztruppen unter Generalmajor Wöllner werden 1999 von der Kammer des Richters Föhrig ebenfalls zu Bewährungsstrafen verurteilt. In der Begründung heißt es, den Angeklagten sei zugute gehalten worden, »daß, wer scheinbar harmlose Aufgaben ›am Schreibtisch‹ wahrzunehmen hat, eher zu Verdrängung und Wegschauen neigt, als es demjenigen möglich ist, dem Waffeneinsatz abverlangt wird«. Einer der Verurteilten, Jochen Lehmann, stand tatenlos daneben, als Michael Schmidt 1984 verblutete. Auf die mehrfachen Bitten des angeschossenen Mauerflüchtlings, ihm zu helfen, ließ Oberst Lehmann diesen lediglich zudecken. Am Todestag von Michael Schmidt stieg Herr Lehmann die Karriereleiter hinauf ins Kommando der Grenztruppen.[19]

Selbst der Kommandeur des Grenzkommandos Süd, Heinz Janshen, erhält vom Landgericht Erfurt 1999 nur noch eine Bewährungsstrafe. Verurteilt wird er zu zwei Jahren Haft wegen Totschlags an Frank Mater und versuchten Totschlags an Gisbert Greifzu sowie der Beihilfe zum Totschlag an Heinz-Josef Große und zum versuchten Totschlag an Heinz Germerodt. Die Staatsanwaltschaft hatte für Ex-Generalmajor Janshen drei Jahre und drei Monate Haft beantragt. Sein Stellvertreter, Politchef Joachim Sladko, erhält wegen Beihilfe zum versuchten und zum vollendeten Totschlag eine Bewährungsstrafe von zehn Monaten Haft, beantragt waren achtzehn Monate.[20]

Das Verfahren gegen den 71jährigen Harald Bär, der von 1971 bis 1981 Kommandeur des Grenzkommandos Nord war (davor Brigadekommandeur), wird 1999 wegen Verhandlungsunfähigkeit des Angeklagten eingestellt.

Der ehemalige Generalmajor Bär hat sich verantworten sollen wegen Totschlags an Dieter Fürneisen, Fritz Zapf, Kurt Windzus, Adolf Malear, Erich Tesch, Hans Franck, Wolfgang Vogler und Wolfgang Bothe sowie in zehn weiteren Fällen von versuchtem Totschlag.

Im Jahr 2000 endet das Verfahren gegen Bärs Nachfolger Johannes Fritzsche, 65 Jahre alt, ebenfalls wegen Verhandlungsunfähigkeit. Drei ehemalige stellvertretende Kommandeure des Grenzkommandos Nord spricht das Landgericht Stendal im selben Jahr frei, drei weitere erhalten Bewährungsstrafen.[21]

Interviews (1998)

»Ich bin eigentlich ein total glücklicher Mensch.«
Gisbert Greifzu, Minenopfer

Gisbert, warum bist Du über die DDR-Grenze geflüchtet?
»Es ist ja früher auch so gewesen, daß man von Ost nach West gegangen ist, und auf einmal geht's nicht mehr, weil irgendwelche Köpfe ihr Süppchen alleine kochen wollten. Ich kann ja schließlich nichts dazu, daß ich auf der Ostseite Deutschlands geboren worden bin. Und wenn mir halt meine Freiheit so wichtig ist und mein Lebensgefühl so wichtig ist, daß ich das Land verlassen will – dann würd ich sämtliche Mauern niederreißen, die sich mir in den Weg stellen.«

Egon Krenz sagt, er habe das Grenzregime mitgetragen, um den Frieden zu erhalten.
»Wenn der Krenz dem Frieden nach gehandelt hätte, hätte er auf den Tisch geklopft und gesagt: Freunde, mit mir nicht, und wär gegangen. Er hat aber im Hinterkopf gehabt: sein Wohl und sein Wollen und seine Macht.«

Der Ex-General Harald Ludwig sagte im Prozeß, ihm seien keine Einzelfälle an der Grenze bekannt gewesen, er habe kein Westfernsehen schauen dürfen ...
»Der Mensch versucht, sein Fell zu retten, wenn es ihm an den Kragen geht, er versucht, Macht sich anzueignen oder zu ergaunern, das war ja damals so. Diese Leute, die's halt können, die nutzen ihre Position rigoros aus, um etwas über den anderen zu steh'n. Und so waren auch diese Herren da im Ministerium bis runter zur Kreisleitung. Haben versucht, ihr Schäfchen ins Trockene zu bringen, und das haben sie jetzt wieder versucht. Es gibt Leute, die sich nach der Wende gedreht haben mit der Wetterfahne wie 1945.«

Regt Dich das auf, wie sich Leute wie Harald Ludwig und Günter Schabowski heute verteidigen?

»Die Leute müssen bestraft werden, ohne Zweifel. Justitia versucht es oder hat's versucht ... Im Prinzip ist das irgendwo 'ne Lachplatte: Leute, die über Jahrzehnte die Macht hatten und die Leute gegeißelt haben – und dann so milde Urteile. Solche Leute, wenn sie ein Gewissen haben, bestraft sie das Gewissen. Und wenn sie kein Gewissen haben, leben sie halt unbehelligt bis an das Ende ihrer Tage.«

Wie geht es Dir inzwischen, vierzehn Jahre nach Deiner Flucht?

»Ich bin eigentlich ein total glücklicher Mensch. Ich bin kein Millionär geworden dadurch. Ich hab meine Lehren gezogen. Ich hab gesundheitliche Mängel weggesteckt, hab sie ausgeglichen. Wenn das Leben so weitergeht – es gibt nichts Schöneres, sag ich mal.«

Du bist mehrfach operiert worden, fast hundert Splitter hat man entfernen müssen.

»Das ging vom Eisensplitter los, bis hin zum Draht. Zwischendrin war noch ein bißchen Blech. Als wenn einer Freitagnachmittag um zwei Uhr in 'ner Zerspanerei zusammengekehrt hat und dieses Zeug in die Selbstschußanlage reingetan worden ist. Ich hab noch Splitter daheim, wo man Gewindegänge sieht oder vom Büchsenmachen Blechabfälle. Oder hinten aus dem linken Ellenbogen ist mir ein Draht rausoperiert worden.«

Was bedeutet das für Dich, daß Du noch immer Splitter im Körper hast?

»Wenn sich die Splitter nicht bewegen, bleiben sie bis an mein Lebensende in mir drin, ohne irgendwelche Schäden ... Gesetzt den Fall, sie bewegen sich, kann es sein, daß ich von der einen auf die andere Minute sterben werde, weil irgendeine Arterie zugesetzt ist. Das ist halt die Gefahr.«

»Eine gewisse Scheu«
Bernhard Jahntz, Staatsanwalt

Die im NVR-Verfahren ausgesprochenen Strafen waren erheblich geringer, als von der Staatsanwaltschaft beantragt. Der BGH hat das Strafmaß gegen Keßler und Streletz bestätigt.

»Der Bundesgerichtshof hatte auf die Strafzumessungsrüge der Staatsanwaltschaft in jenem Verfahren gesagt: Diese Strafen seien zwar milde, aber nicht unvertretbar milde. Das ist für den Kundigen eine Umschreibung dafür, daß sie zu milde sind, man sich aber aus Rechtsgründen daran gehindert sieht, an diesem Strafmaß etwas zu ändern oder das Urteil deshalb aufzuheben und zur erneuten Strafzumessung zurückzuweisen. Strafzumessung ist immer die Sache des Tatrichters. Wenn die Strafzumessung rechtsfehlerfrei begründet ist, dann ist das grundsätzlich der revisionsgerichtlichen Überprüfung entzogen.«

Wenn jemand im Affekt einen Totschlag begeht und sich dann vor Gericht, anders als Egon Krenz, einsichtig zeigt, bekommt er in der Regel eine mehrjährige Haftstrafe – für eine Tötung. Und im Fall Kleiber und Schabowski werden für das mehrfache vorsätzliche Töten diese geringen Strafen ausgesprochen?

»Möglicherweise besteht eine gewisse Scheu, politisch motivierten Straftaten mit derselben mitunter gebotenen Härte entgegenzutreten, wie man es bei ›gewöhnlichen Straftätern‹ tut. Möglicherweise besteht eine gewisse Scheu, politisch motivierten Straftätern angemessene Strafen entgegenzusetzen. Wenn man etwa sieht, daß auch in diesem Urteil wieder ausgeführt ist: Grundsätze der Generalprävention, also der allgemeinen Abschreckung – das ist aber nur eine unvollkommene Übersetzung –, geböten hier nicht ein womöglich besonders hartes Strafmaß, so ist dem auch nicht zu folgen. Generalprävention erschöpft sich nicht darin, daß man sagt, es müßten künftig Regierungskriminelle davon abgeschreckt werden, sich wieder so zu verhalten.«

Was ist mit Generalprävention noch gemeint?

»Die Wiederherstellung des Rechtsfriedens im weitesten Sinne und die Vermittlung eines Gefühls an den rechtstreuen Bürger, daß Unrecht als Unrecht kenntlich gemacht wird. Und daß Unrecht, insbesondere wenn es vom Staat gesetzt wird – der ja selber das Recht zu achten und zu wahren hat –, erst recht angemessen bestraft werden muß, sozusagen zur Stärkung des Rechtsbewußtseins, des Vertrauens der Bevölkerung in die Gerechtigkeit der Rechtsordnung, der Rechtspflege. Das ist auch ein Aspekt der Generalprävention, der in beiden landgerichtlichen Urteilen zu kurz gekommen ist.«

»Die PDS ist die Interessenvertretung der Täter.«
Christoph Schaefgen, Generalstaatsanwalt

Von Anfang an sind Sinn und Berechtigung Ihrer Arbeit immer wieder in Frage gestellt worden. Politiker von PDS bis CSU haben vielfach die Einstellung der Strafverfolgung von SED-Unrecht gefordert.

»Es mag vereinzelte Stimmen außerhalb der PDS gegeben haben, die das gefordert haben, aber ein Parteiprogramm war es wohl nirgendwo, anders als bei der PDS. Und die PDS ist die Interessenvertretung der Täter, was ja schon daraus hervorgeht, daß sie die Nachfolgeorganisation der SED ist. Daß von dieser Seite solche Bestrebungen angestellt werden, ist durchaus verständlich. Was ich nicht verstehe ist, daß die SED, die ja den ›antifaschistischen Staat DDR‹ aufgebaut und geführt hat, während der Zeit ihrer Herrschaft unnachgiebig die Verfolgung von Staatsverbrechen, die unter dem Nationalsozialismus begangen wurden, gefordert hat, auch mit dem Argument, daß sich ein Unrechtsregime nicht durch eigene Gesetze von einer späteren Strafverfolgung freistellen könne. Ich meine, diese richtigen Grundsätze müßte die Partei heute auch gegenüber ihren früheren Genossen beherzigen.«

Zu den Befürwortern einer Amnestie für SED-Unrecht gehören die SPD-Justizminister von Brandenburg und Sachsen-Anhalt. Sie wollen nur noch schwerstes Unrecht verfolgen lassen und »im übrigen eher großzügig« sein, wie es der CDU-Politiker Wolfgang Schäuble formuliert hat, der den Einigungsvertrag aushandelte.[22]

»Eine Amnestie des sogenannten mittelschweren Unrechts, durch das schwerste Menschenrechtsverletzungen begangen worden sind, hätte dem Rechtsfrieden nicht gedient. Die Amnestie ist ein Eingriff in die Strafjustiz, und den sollte der Gesetzgeber nur dann vornehmen, wenn er erkennt, daß die Strafjustiz nach dem Willen der Bevölkerung – nach dem Zeitgeist – ihrer Aufgabe, Rechtsfrieden zu schaffen durch Strafverfolgung, nicht mehr nachkommen kann und ein Niederschlagen der Strafverfolgung durch Amnestie eher dem Rechtsfrieden dient. Eine solche Situation hatten wir nicht und haben wir nicht, solange diejenigen, die gelitten haben, das nicht so sehen.«

»Verhinderung des Rechts«
Theodor Seidel, Richter

Hatten Sie während des Prozesses im Fall Gueffroy schlaflose Nächte?
»Mit diesem Fall ist man ständig befaßt, ob man im Gericht ist oder unterwegs oder zu Hause, ein solcher Fall geht einem nicht aus dem Bewußtsein.
... Das Schlimmste bei der ganzen Sache ist ja die Art der Prozeßführung der Verteidigung: Man muß dasitzen und kann sich Beleidigungen anhören und hat keine Möglichkeit, dem zu entgegnen. Man muß Anträge entgegennehmen, von denen man weiß, die dienen nur der Verschleppung des Prozesses. Und immer wird einem Voreingenommenheit und alles Mögliche unterstellt. Heute hat man leider den Eindruck, daß es vielen Verteidigern nicht um die Verwirklichung des Rechts geht, sondern um dessen Verhinderung. Das mach ich daran fest, daß völlig sinnlose Beweisanträge gestellt werden, von denen selbst der Verteidiger wissen muß, daß sie nichts bringen können. Die zielen nur darauf ab, das Verfahren kaputtzumachen.«
Tat Ihnen Karin Gueffroy, die Mutter des Opfers, leid?
»Natürlich tat mir die Frau Gueffroy leid. Das heißt aber natürlich nicht, daß man nun irgendwelche Rachegedanken hegt. Man muß natürlich gleichwohl jedem Angeklagten auch sein Recht zukommen lassen. Aber daß einem die Opfer leid tun, das läßt sich nicht leugnen. Dazu sind wir ja eigentlich auch da. Das scheint man heute manches Mal zu vergessen: Die Strafe soll ja auch so eine Art Sühne sein.«
In Urteilen gegen Grenzschützen heißt es immer wieder, sie hätten nur einen geringen Handlungsspielraum gehabt. Dabei hat man doch gar nicht erst zu den Grenztruppen gehen müssen.
»Wir hatten zu Beginn des Prozesses und bei der Vorbereitung unsere vier Mauerschützen vor Augen und haben uns mit der Frage befaßt, wie weit ist das, was die da getan haben, Recht oder Unrecht. Im Laufe der Hauptverhandlung ist bald offenbar geworden, daß im Hintergrund eine Vielzahl von Figuren agiert hat, die Vorgesetzten nämlich, die wahrscheinlich eine viel größere Schuld auf sich geladen haben, und es möglicherweise aus rein tatsächlichen – das heißt aus Beweisgründen – nicht möglich sein wird, diese Leute alle zur Rechenschaft zu ziehen. Und das ist natür-

lich zweifellos etwas, das man den Angeklagten mildernd anrechnen mußte.«

Der Todesschütze Ingo Heinrich hielt, nach eigener Aussage, den Schießbefehl, bevor er zu den Grenztruppen kam, für ein Verbrechen gegen die Menschlichkeit. Nach der Einberufung habe er seine Meinung infolge des Politunterrichts geändert. Das Gericht hat ihm das abgenommen und ihm einen Verbotsirrtum zugebilligt.

»Wir können ja in den Kopf eines Menschen nicht hineinsehen. Wir haben natürlich auch erwogen, wie unwahrscheinlich es ist, daß die Leute geglaubt haben, was sie tun, sei rechtens. Aber ausschließen konnten wir es nicht. Und zugunsten der Angeklagten mußten wir eben annehmen, daß sie letztlich doch geglaubt haben, sie durften es, wenngleich sie Kenntnis darüber hatten, daß ihr Tun in der Öffentlichkeit nicht gebilligt wird.«

Inzwischen sind in den Grenzschützen-Prozessen die Haftstrafen fast immer zur Bewährung ausgesetzt worden, selbst in Exzeßfällen. Wie erklären Sie sich das?

»Der Fall des Flüchtlings Gueffroy war ja einer der schlimmsten, sowohl in bezug auf das Tatgeschehen als auch auf den Zeitpunkt, zu dem er stattfand: Die Erschießung eines Menschen, die einer Hinrichtung gleichkam, obwohl es ein leichtes gewesen wäre, diesem in die Füße zu schießen. Und das Urteil ist aufgehoben worden ganz offensichtlich in der Erwartung, daß nur Bewährungsstrafen ausgesprochen werden. Dann können Sie es den anderen Gerichten nicht verübeln, daß sie sich danach richten, denn wenn sie anders urteilen, würden ihre Urteile laufend aufgehoben. Ich kann es jedenfalls nicht nachvollziehen, daß diese Bewertung vom Bundesgerichtshof so getroffen worden ist im Falle Gueffroy. Wäre das nicht geschehen, der Überzeugung bin ich, wären die anderen Urteile auch anders ausgefallen.«

»Jeder wußte ja, was da Sache ist.«
Horst Schmidt, Nebenkläger

Beim Prozeß gegen die Todesschützen 1992 ist Ihnen als Nebenkläger einiges zugemutet worden, unter anderem vom Verteidiger Panka.
»Da sind Argumente gefallen, daß ich manchmal dachte, das ist ein ver-

Horst Schmidt mit seinem Sohn Michael 1980, vier Jahre vor dessen Tod. »Ich möchte das für mich abschließen«, sagt der Vater von drei Kindern.

kappter Karl-Eduard von Schnitzler, der da spricht. Er hat es wirklich voll auf der SED-Linie gefahren. Das war 'ne regelrechte Schocktherapie. Am ersten Verhandlungstag verlas er dann etwas, das nannte sich ein Völkerrechtsgutachten; das hat er sich von irgendwem erstellen lassen. Dieses Völkerrechtsgutachten, das hätte man im ›Neuen Deutschland‹ der Vorwendezeit veröffentlichen können. Da waren wir vollkommen geschockt, meine Frau noch viel mehr. Die ist dann nie mehr mitgekommen, ich bin dann immer allein dagewesen.«

Sie waren enttäuscht vom Rechtsstaat?

»Ja. Verteidiger können sich bei unserer Rechtsprechung in einer Weise austoben – sowas hätt ich nie für möglich gehalten. Die Verteidigung hat nicht etwa so argumentiert: Das sind junge Leute, waren irgendwie ideologisch ein bißchen verkleistert, und da ist es nun passiert. Vielmehr hat die Verteidigung zu meinem Entsetzen so argumentiert: Die Mauer war vollkommen in Ordnung. Das war so. Ein souveräner Staat kann seine Grenze schützen, wie er will. Und Punkt.«

Ist durch die Urteile in den Mauerschützen-Prozessen Ihr Gerechtigkeitsgefühl verletzt worden?

»Letztlich kamen hier immer Urteile heraus, die wirklich das Rechtsempfinden verletzen. Ich glaube, es ist generell so, daß sich die deutsche Rechtsprechung und das Rechtsempfinden des normalen Bürgers, der ja nun nicht Jura studiert hat, sondern eben auf sein Gerechtigkeitsgefühl angewiesen ist, immer weiter voneinander entfernen. Bei Eigentumsdelikten, da staunt man manchmal, wie hart da hingelangt wird von den Gerichten. Und in dem Moment, wo es ›nur‹ um Gesundheit und Leben geht, da gibt's einen mildernden Umstand nach dem anderen. Der normale Bürger, denk ich, sieht das umgekehrt: Eigentum, das kann immer mal wiedergutgemacht werden, aber ein kaputtes Leben ist ein kaputtes Leben. Und 'ne kaputte Gesundheit ist 'ne kaputte Gesundheit.«

Bei den Milderungsgründen heißt es, die Grenzschützen hätten auf Befehl gehandelt und seien politisch indoktriniert gewesen.

»Na ja, politisch indoktriniert, das war nicht immer so. Die beiden, die meinen Sohn auf dem Gewissen haben, haben gesagt, sie haben auch Westfernsehen gesehen zu Hause und haben manchmal auch Westradio gehört, ganz heimlich, wenn sie das Kofferradio dabei hatten bei der Armee. Die machten mir nicht den Eindruck, als wären sie ideologisch vollkommen behämmert oder irgendwas. Die waren nicht in dem Gedanken verwurzelt, da kommt der Klassenfeind, das ist ein ganz Böser, den müssen wir nun abschießen. Die haben eben geschossen, damit sie keine Schwierigkeiten hatten. Es gab dann keine Minuspunkte für die Grenzkompanie.«

Haben die beiden Schützen während des Prozesses mal versucht, auf Sie zuzugehen?

»Nein, die haben sich auch nicht entschuldigt, nebenbei bemerkt. Sie hätten ja jede Menge Gelegenheit gehabt, während einer Zeugenaussage mal zu sagen: Wir wissen, daß der Vater hier im Gerichtssaal ist, und wir entschuldigen uns dafür, und es tut uns leid. Nicht mal das haben sie für nötig gehalten.«

Können Sie den Schützen verzeihen?

»Nein, dazu waren die Umstände ... Sie haben ihm zum Beispiel nicht geholfen, nicht Erste Hilfe geleistet, obwohl sie Verbandspäckchen dabeihatten. Sie haben sich nicht entschuldigt, nicht mal pro forma. Selbst, wenn ich den Eindruck gehabt hätte, das ist nicht ehrlich gemeint, aber immerhin, es wäre was gewesen. Sie hätten gar nicht zur Grenze gemußt, damit geht's schon los. Das war freiwillig für sie. Und jeder wußte ja, was da Sache ist.«

»Ich fühle mich niemals als Totschläger«
Fritz Streletz, NVR-Sekretär

Dienten die Prozesse, die Sie als Angeklagter und später als Zeuge erlebten, Ihrem Eindruck nach der Wahrheitsfindung?
»Politische Prozesse haben ihre eigene Dynamik. Da ist ein Angeklagter schon verurteilt, bevor der Prozeß begonnen hat. Bei fast allen Prozessen stand nach meiner Meinung das Bemühen im Vordergrund, die DDR zu kriminalisieren oder, wie Kinkel forderte, zu delegitimieren.«
Als kriminelles Unrecht wurden die Todesschüsse an der Grenze auch schon vor 1989 bezeichnet, beispielsweise im Westradio. Es gab Hunderte von Erschossenen...
»Es gab die Schußwaffengebrauchsbestimmungen der Deutschen Demokratischen Republik laut dem Grenzgesetz. Und ich möchte eins klarstellen: Kein Gesetz, keine Vorschrift, kein Befehl erlaubte den Einsatz der Schußwaffe zum Töten. Kein Unterstellter hat von seinem Vorgesetzten jemals den Befehl erhalten, Menschen an der Grenze zu töten. Das wollen wir erst mal klarstellen, wenn Sie darauf nicht eingehen wollen, dann brechen wir das hier ab. Ich bin nicht bereit, mir von Ihnen hier irgendwelche Vorwürfe machen zu lassen, die Sie was weiß ich woher haben. Sie sprechen hier von Hunderten von Toten an der Grenze, Sie sprechen von Todesschüssen, so etwas hat es nicht gegeben.«
Wie verbrachten Sie Ihre Haftzeit?
»Vom ersten Tag an wurde ich wie ein Verbrecher behandelt. In einer acht Quadratmeter großen, vergitterten Zelle habe ich täglich 23 Stunden gesessen. Nur eine Stunde durfte ich zum Hofgang an die frische Luft. Man ist umgeben von Totschlägern, Bankräubern, Scheckbetrügern, Sexualverbrechern, Rauschgifthändlern und anderes mehr. Ich war Tatgenosse, hatte an meiner Zelle einen großen blauen Punkt, das hieß: Ich darf an keinen Sportveranstaltungen, an keinen kirchlichen Veranstaltungen, an keinen Bastelgruppen teilnehmen, weil ja die Gefahr bestand, ich könnte mit Honecker, Stoph, Mielke, Keßler oder Albrecht zusammentreffen. Man muß in der Untersuchungshaft aufpassen, daß man nicht geistig abbaut und versauert. Leichter waren die Bedingungen im Offenen Vollzug in der Justizvollzugsanstalt Hakenfelde. Natürlich war es für mich kein Vergnü-

gen, elf Monate mit drei anderen Häftlingen in einem zwanzig Quadratmeter großen Raum untergebracht zu sein, noch dazu mit zwei Kettenrauchern, ich selber bin Nichtraucher.«

Sie sagen, Sie wurden »wie ein Verbrecher« behandelt. Sie fühlen sich – trotz rechtskräftiger Verurteilung – nicht als Totschläger?

»Ich fühle mich niemals als Totschläger, weil ich selber keinen totgeschlagen habe oder auch niemals einen Befehl gegeben habe, jemanden totzuschlagen. Wenn das die Staatsanwaltschaft und die Gerichte heute aufgrund bestimmter Dokumente des Nationalen Verteidigungsrates oder des Ministeriums für Nationale Verteidigung anders betrachten, dann ist es ihre Sache.«

»Opferschutz«
Friedrich-Karl Föhrig, Richter

»Die mündliche Urteilsbegründung ist die Pressekonferenz des Richters«, beantwortet Friedrich-Karl Föhrig die Interviewanfrage und verweist auf das richterliche Zurückhaltungsgebot. Später gibt er doch noch kurz Auskunft über sein Werden und Wollen:

Geboren wurde er 1938 in Berlin. Das Jurastudium begann er an der Freien Universität zunächst mit der festen Absicht, danach als Journalist zu arbeiten. 1963 trat er als Referendar in den Berliner Justizdienst ein, wurde nach einem Jahr Staatsanwalt, 1968 Amtsrichter. 1984 übernahm er den Vorsitz einer Großen Strafkammer am Landgericht Berlin, seit 1995 führt er eine Schwurgerichtskammer (zuständig für Kapitalverbrechen).

»Mich hat das Opfer immer mehr interessiert als der Täter«, sagt Richter Föhrig. Der Strafprozeß sei für ihn »eine Veranstaltung zum Zwecke des Opferschutzes«. Für ihn ist der Gedanke, möglicherweise einen Angeklagten zu Unrecht verurteilt zu haben, »eine Horrorvorstellung«.

Auf die Frage, wen oder was er liebt, sagt Friedrich-Karl Föhrig: »Meine Frau. Schach, Reisen, Lesen (Geschichte, Thomas Mann). Meine Arbeit, Weinrot, Fahnenrot nicht.«

Verbotsirrtum?
Ein Resümee

Regimentskommandeur Schulze ist nach Spanien geflüchtet. Sein Platz im Saal 618 des Moabiter Kriminalgerichts bleibt leer am 21. Oktober 1998. Gemeinsam mit seinem Stabschef im Grenzregiment 33 sollte sich Walter Schulze wegen der Tötung von vier Mauerflüchtlingen, darunter Chris Gueffroy, verantworten.

Stabschef Reinhard Gentzsch gefiel es nach dem Mauerfall, seinen Wohnsitz in Richtung Westen zu verlegen – nach Oberhausen im Ruhrgebiet. Zum Prozeß kommt der 45jährige Herr Gentzsch kurz nach Berlin, nach vier Verhandlungstagen darf er mit einer Bewährungsstrafe von zwei Jahren wieder nach Hause fahren (der Strafantrag hatte auf zweieinhalb

Zum ersten Mauerschützen-Prozeß kam Regimentskommandeur Walter Schulze noch als Zeuge.

Jahre Haft gelautet). Sein Kollege Gerd Fritz Mögel, als Chef Ausbildung ebenfalls ein Stellvertreter des Regimentskommandeurs, arbeitet unbehelligt weiter beim Bundesgrenzschutz, gemeinsam mit seinem alten Kameraden Sven Hüber (Politoffizier im Grenzregiment 33) und Norbert Schulze, der Operativer Diensthabender des Regiments war, als Chris Gueffroy erschossen wurde.

Mit internationalem Haftbefehl fahndet die Polizei nach Ex-Oberst Schulze, 51 Jahre alt, dunkle Brille, Vollbart, bis zu seiner Flucht Inhaber eines Bordells. Sie findet ihn im April 2000 auf Gran Canaria. Im August desselben Jahres wird Schulze wegen Totschlags an René Groß, Manfred Mäder, Lutz Schmidt und Chris Gueffroy für zwei Jahre und sechs Monate ins Gefängnis geschickt. Walter Schulze und sein Vorgänger Günter Leo sind die einzigen ehemaligen Regimentskommandeure, die man wegen der Erteilung von Schießbefehlen zu unbedingten Haftstrafen verurteilt hat.[23]

Die Rechnung »Bewährungsstrafen für die Glieder am unteren Ende der Befehlskette, Haftstrafen für die oberen, angemessene Bestrafungen für die Glieder dazwischen« ist nicht aufgegangen. Richter Föhrig, der auf allen Hierarchiestufen unterhalb des Nationalen Verteidigungsrates urteilte, hat in der Begründung des ersten Urteils gegen einen Berliner Regimentskommandeur (Pelz) gesagt, das Gericht befinde sich in einem »Strafzumessungskorsett«, weil gegen Verteidigungsminister Keßler eine zu milde Strafe verhängt worden sei. Man sieht also den NVR-Prozeß als eine Art »Mutterverfahren« an und stuft die Strafen gegen Befehlsgeber, die dem NVR unterstellt waren, entsprechend ab – sie werden immer geringer. Nach diesem Muster wird in fast allen einschlägigen Prozessen verfahren.

Im schriftlichen Urteil gegen Regimentskommandeur Volker Pelz (zwei Jahre Haft auf Bewährung wegen Totschlags an Marinetta Jirkowsky und Michael Bittner) hat die 36. Strafkammer eingestanden: »Sie war sich (...) bewußt, daß diese Strafe im groben Mißverhältnis zum objektiven Tatunrecht steht, hat jedoch zugleich beachtet, daß dies nach ihrer Auffassung für alle bisher ergangenen einschlägigen Verurteilungen gilt, die als bloße symbolische Bestrafungen zu charakterisieren sich nur durch Überbetonung der subjektiven Entlastungserwägungen vermeiden läßt.«[24]

Die schematische Abstufung der Strafhöhen in den Prozessen gegen Grenzschützen und ihre Befehlsgeber parallel zu den militärischen Hierarchiestufen mag naheliegend scheinen, juristisch zwingend ist sie nicht: Bei der Strafzumessung kommt es nicht auf »Rechtsgleichheit«, sondern auf »Rechtsrichtigkeit« an, das heißt, es ist in jedem Einzelfall unter Abwägung aller Umstände die angemessene Strafe aus der Sache selbst zu finden, so der Bundesgerichtshof 1965. Einen Grundsatz, wonach Täter mit abgestufter Tatbeteiligung von verschiedenen Gerichten auch abgestuft zu bestrafen sind, hat der BGH schon 1951 verworfen.[25]

Zwar ist richtig, daß die Täter in den oberen Hierarchiestufen die Befehlsherrschaft über wesentlich mehr Unterstellte hatten als Täter in niederen Rängen. Daraus für diese eine geringere Schuld abzuleiten, ist jedoch fragwürdig: Für die »Grenzsicherung« am Tatort waren zuerst die Offiziere und Soldaten der Regimenter verantwortlich. Getötet wurden die Flüchtlinge von Soldaten auf direkten Befehl der unmittelbaren Vorgesetzten. Die Vorgesetzten waren nicht nur Werkzeuge des SED-Politbüros, sondern handelten als Genossen aus übereinstimmenden Interessen.

Warum haben die Richter im NVR-Prozeß und die Bundesrichter mit ihren Grundsatzentscheidungen ein solches »Strafzumessungskorsett« geschneidert, und warum haben die Tatrichter dieses Korsett angelegt? Warum haben Juristen selbst dort geringe Strafen beantragt oder verhängt, wo höherere oder überhaupt spürbare Bestrafungen hätten verhängt werden können, ja müssen?

Liegt es auch daran, daß die Opfer des DDR-Grenzregimes sich durch die Flucht eindeutig von ihrem Staat abwandten, den die Täter vertraten, und sich bundesdeutsche Staatsanwälte und Richter in erster Linie als Diener einer Staatsgewalt verstehen? Stehen die Täter den Recht sprechenden Richtern in bezug auf Laufbahn und Stellung im Staatsapparat – bewußt oder unbewußt – näher als die Opfer, die sich nicht länger anpassen wollten oder konnten?

Rolf Lamprecht, der langjährige Korrespondent des »Spiegel« bei den Karlsruher Bundesgerichten, beschrieb in einem Aufsatz unter dem Titel

»Was die Robe verhüllt« Merkmale in Sozialisation und Berufsalltag von Richtern, die dem Werden und Wirken von DDR-Funktionären auffallend ähneln. Dabei zitierte der Autor ausführlich selbstkritische Richter: Da ist die Rede von Unterwerfungshandlungen in einem hierarchischen System von Beförderungen, durch die Richter mit ökonomischen Vorteilen und Machtzuwachs belohnt oder die ihnen versagt werden können. Es ist die Rede vom »Anpassungsdruck des hierarchischen Systems« und von der bereitwilligen Anpassung der Richter, die ihre Karrierechancen nicht gefährden wollen, von der »Bereitschaft, das eigene Verhalten einem fremden Willen unterzuordnen«, ja vom »vorauseilenden Wohlverhalten, um die Geneigtheit derer zu erringen, die über berufliches Fortkommen zu entscheiden haben«. Dies habe, so der Autor, Einfluß auf die Urteilsfindung.

Auch durch unbewußte Einflüsse werde die richterliche Rechts- und Wahrheitsfindung bestimmt. Die Mehrheit der Richter sei konservativ, an anderer Stelle ist gar von »autoritätsfixierten Menschen« die Rede und schließlich von Anpassung als »staatstragender Gesinnung«. Das dürfte im wesentlichen auch für viele Staatsanwälte gelten, die zudem noch an die Weisungen ihrer Vorgesetzten gebunden sind.[26]

Von den mehr als 3000 Ermittlungsverfahren der Polizei und der Staatsanwaltschaft wegen Gewalttaten an der DDR-Grenze hat man rund neunzig Prozent eingestellt. Nach Zählung der Staatsanwaltschaft wurden an der Grenze zu West-Berlin nachweisbar mindestens hundertneun Menschen getötet. An der SBZ/DDR-Grenze zu West-Deutschland wurden mindestens hundertachtundzwanzig Flüchtende erschossen, nicht weniger als dreiunddreißig kamen dort in den Minenfeldern und Selbstschußanlagen um, Hunderte wurden verletzt.

Laut Statistik der Zentralen Ermittlungsstelle für Regierungs- und Vereinigungskriminalität gab es hundertzweiundfünfzig Berliner Grenztote sowie zweihundertsechsundfünfzig an der SBZ/ DDR-Grenze zu West-Deutschland, insgesamt also rund vierhundert. In vielen Fällen konnte ein Fremdverschulden jedoch nicht nachgewiesen werden, woraus sich die Differenz zu den Zahlen der Staatsanwaltschaft ergibt.

Die »Arbeitsgemeinschaft 13. August« hat 2001 fast fünfhundert Tote

Am 5. September 1971 wurde der 21jährige Bernd Sievert beim Fluchtversuch an der Berliner Mauer schwer verletzt. Die Schützen werden 1993 vom Bundesgerichtshof freigesprochen: Sie hätten nur mit Körperverletzungsabsicht geschossen, und das sei kein offensichtliches Unrecht gewesen.

an der DDR-Grenze zu West-Berlin und zur Bundesrepublik aufgelistet. Dazu kämen rund hundertdreißig Menschen, die bei Fluchtversuchen über die Ostsee umgekommen sein sollen. In diese »Bilanz der Todesopfer« sind etliche ungeklärte Fälle aufgenommen worden, andererseits fehlen, genau wie in den Statistiken von Staatsanwaltschaft und ZERV, zahlreiche Tote, vor allem aus der Nachkriegszeit.

Bis Mitte 2002 hat man wegen Tötungen oder Verletzungen an der Grenze rund vierhundertfünfzig Beschuldigte angeklagt, überwiegend Grenzsoldaten. Etwa ein Drittel der angeklagten Grenzer sind freigesprochen worden. Mehr als die Hälfte der Urteile sind Haftstrafen auf Bewährung.[27] »Bewährungsstrafen kommen einer kollektiven Entlastung gleich«, sagte Karin Gueffroy während des ersten Mauerschützen-Prozesses.

Nur sieben Todesschützen hat man rechtskräftig zu Haftstrafen ohne Bewährung verurteilt. Die höchste Strafe hat zunächst der ehemalige Grenzsoldat Erwin Gawol erhalten, der am 10. Juni 1976 bei Bad Harzburg den vierzigjährigen Walter Otte erschoß. Es war Ottes neunter Versuch, über die Grenze in die DDR zu gelangen, wo er leben wollte. »Hallo, Freunde,

Der Tatort bei Bad Harzburg

hier bin ich, helft mir!« sagte der angetrunkene Mann. »Hier sind deine Freunde«, erwiderte der Soldat und schoß zweimal mit seiner Maschinenpistole.

Die Grenzer des Abschnitts hätten Walter Otte als harmlosen Mann gekannt, stellte das Magdeburger Landgericht festgestellt. Es hielt das Merkmal der Heimtücke für erwiesen und verurteilte den Angeklagten wegen Mordes zu einer lebenslangen Haftstrafe. Der BGH sah das anders und hob das Urteil auf. Das Landgericht Dessau verurteilte den sechzigjährigen Erwin Gawol im Jahre 2002 schließlich wegen Totschlags zu drei Jahren Gefängnis (der Strafantrag hatte auf sechs Jahre gelautet).[28]

Rechtskräftig wegen Mordes verurteilt wird 1999 der ehemalige Feldwebel Lutz Friebel, doch die dafür vorgesehene lebenslange Freiheitsstrafe verhängt das Landgericht Stendal nicht: Eine solche Strafe wäre unverhältnismäßig, meinen die Richter und verurteilen Lutz Friebel zu vier Jahren Haft (die Staatsanwaltschaft beantragte acht Jahre Gefängnis, zog später jedoch ihren Revisionsantrag zurück).[29]

Der 23jährige Lutz Friebel hatte am 19. August 1966 bei Gladdenstedt (Sachsen-Anhalt) dem Unteroffizier Dieter Reinhardt, 21 Jahre, mit einer

Anbringen von Splitterminen an der thüringisch-bayerischen Grenze 1982

Pistole aus fünf Zentimetern (!) Abstand in den Rücken geschossen, um dessen Flucht über die Grenze zu verhindern. Der Stasi-Spitzel Friebel wußte vom Fluchtvorhaben seines Kameraden und wollte ihn nach Überzeugung des Gerichts stellen, »um seine Fähigkeiten gegenüber seinem Vorgesetzten im Ministerium für Staatssicherheit unter Beweis zu stellen und sich dort zu empfehlen«.

Die unmittelbar im Grenzgebiet tätigen Angehörigen der DDR-Grenztruppen hätten durch die Bereitstellung von Minensperren die Tötungen von Menschen verursacht und sich des Mordes (beziehungsweise Totschlags) schuldig gemacht. So steht es im Urteil gegen Baumgarten und andere.

Dennoch wird kein ehemaliger Pioniersoldat der Grenztruppen im vereinten Deutschland wegen des Verlegens von Minen strafrechtlich verfolgt. Diese Soldaten seien nur schwer ausfindig zu machen und strafrechtlich kaum zu fassen, heißt es bei den Ermittlern. Nur wenige Offiziere von Pioniereinheiten werden mit Hilfe von Verlegeprotokollen wegen (versuchten) Totschlags verurteilt, in jedem Fall zu Bewährungsstrafen, selbst wenn sie – wie Burkhardt Rathnau, Kompaniechef in der Grenzbrigade Meiningen – für mehrere Tötungen im Minenfeld verantwortlich sind.[30]

Das Landgericht Stendal spricht im Mai 2000 einen Zugführer der Grenztruppen frei, der 1978/79 das Verlegen von Splitterminen leitete, durch die vier Jahre später zwei Flüchtlinge getötet und einer schwer verletzt wurden. Der Angeklagte habe nicht einmal bedingt vorsätzlich gehandelt. Aufgrund seiner inneren Überzeugung (der Sozialismus sei »eine gerechte Sache«) und der Indoktrination in der NVA sei Anton Eckhard H. überzeugt gewesen, daß es der DDR »offenstehe«, ihre Grenze mit Minen zu sichern. »Internationale Kritik am Grenzsicherungssystem der DDR war ihm damals nicht bekannt geworden. In den Medien der DDR wurde solche nicht angesprochen; als linientreuer Soldat hielt er sich an das Verbot, ›Westfernsehen‹ zu schauen oder Rundfunksender des ›Westens‹ zu hören.« Im Freundes- und Bekanntenkreis des Offiziers habe man sich zum Grenzsystem der DDR nicht kritisch geäußert und auch nicht über Fluchtversuche von DDR-Bürgern gesprochen. »Der Angeklagte hielt sich hier in einem geschlossenen Umfeld auf, in dem die Überzeugung von der Notwendigkeit der innerdeutschen Grenze und ihrer Absicherung damals nicht in Zweifel gezogen wurde.«

Die restriktive Praxis bei der Behandlung von Ausreiseanträgen habe Herr H. nicht gekannt. Es sei ihm »undenkbar« erschienen, daß »Normalbürger« die gefährliche Flucht über die DDR-Grenze versuchen könnten. Er habe die tödliche Wirkung der Splitterminen gekannt und gedacht, sie würden alle fluchtwilligen Personen abhalten; es sei für ihn »nicht vorstellbar« gewesen, daß jemand versuchen könnte, dieses Hindernis zu überwinden. »Das Ausmaß der Repressalien durch die sogenannte Stasi und andere Organe der DDR, die einzelne zur Flucht bewog, wurde erst ab November 1989 der breiten Öffentlichkeit bekannt.« Insgesamt könne also nicht davon ausgegangen werden, daß der Zugführer beim Anbringen der Splitterminen mit der Verletzung oder Tötung von Flüchtlingen »gerechnet hat, hat rechnen müssen und mit dieser einverstanden war«. Die Staatsanwaltschaft nimmt das Urteil hin, obwohl der BGH schon Jahre zuvor klargestellt hat, der »Einsatz von blinden Tötungsautomaten« an der DDR-Grenze sei von vornherein offensichtlich menschenrechtswidrig gewesen.[31]

Protest gegenüber dem Ost-Berliner Grenzkontrollpunkt Friedrichstraße 1985

Das Landgericht Stuttgart hat 1963 im ersten Grenzschützen-Prozeß (ein BGH-Urteil von 1952 zitierend) formuliert, der Angeklagte habe durchaus »die wenigen für das menschliche Zusammenleben unentbehrlichen Grundsätze« erkennen können, »die zu jenem unantastbaren Grundstock und Kernbereich des Rechts gehören, wie er im Rechtsbewußtsein aller Kulturvölker lebt«.[32] Auch in der DDR würden Menschlichkeit und Gerechtigkeit als Ideale erläutert, anderenfalls könnte man dem Großteil der DDR-Bevölkerung kein in seinen Grundlagen gesundes und normales Rechtsbewußtsein zutrauen. Auch Zwangsregime könnten das Wissen um einen unantastbaren Kernbereich des Rechts und der Gerechtigkeit nicht ausrotten, wie die von ehemaligen Volkspolizisten vielfach bezeugte innere Ablehnung des Schießbefehls erneut zeige.*

---

*Aussage eines in den Westen geflüchteten DDR-Grenzsoldaten am 16. Juli 1963: »Über den Schießbefehl herrschte geteilte Meinung. Die meisten lehnen ihn innerlich ab, können sich jedoch nicht offen dagegen auflehnen. Nur einige Fanatiker unter den Soldaten sind der Meinung, daß man rücksichtslos auf Flüchtlinge schießen sollte. Ich glaube, die meisten sehen ein Verbrechen darin, auf Flüchtlinge zu schießen.« (Protokoll der Zentralen Erfassungsstelle Salzgitter, Sammelakten, EG Bd. I-IV, zitiert nach Weber/Piazolo, Diktatur, S. 69)

»Daß an der Grenze der ›DDR‹ auf Menschen wie auf Hasen geschossen wird, weiß hierzulande jedes Kind«, stand auf den Flugblättern, die 1985 über die Mauer bei Hohen Neuendorf geworfen wurden – fünf Jahre, nachdem hier Marinetta Jirkowsky erschossen worden war.

»Der Angeklagte hat jedoch geglaubt, den ihm unliebsamen Befehl trotzdem befolgen zu müssen, weil hinter dem Befehl die Staatsautorität stand.« So wurde auch diesem Angeklagten ein (vermeidbarer) Verbotsirrtum zugestanden mit der Begründung, er sei davon ausgegangen, daß der Befehlsgehorsam auch rechtswidrige Handlungen rechtfertige. Dabei war doch im Strafgesetzbuch der DDR ausdrücklich festgelegt, daß Befehle, die offensichtlich gegen Strafgesetze verstoßen, nicht ausgeführt werden dürfen. Für das Stuttgarter Schwurgericht war der Todesschütze »ein irregeführter junger Mensch, der letztlich ein Opfer der unseligen Spaltung Deutschlands geworden ist«.

Selbst wenn Täter geglaubt haben, im Einklang mit dem Recht der DDR zu handeln, enthob sie das – auch nach DDR-Recht – nicht der Verpflichtung, ihr Tun an internationalem Recht, an den Menschenrechten zu prüfen. (Wer in Mißachtung der Grund- und Menschenrechte, der völkerrechtlichen Pflichten handele, sei strafrechtlich verantwortlich, hieß es, wie bereits erwähnt, in Paragraph 95 des DDR-Strafgesetzbuches.)

»Rechnet der Täter bei der Tat mit der *Möglichkeit*, Unrecht zu tun, und nimmt er das billigend in Kauf, so hat er die Unrechtseinsicht«, heißt es zum Verbotsirrtum in einem Standardkommentar des bundesdeutschen

Strafgesetzbuches. Es gelten also schon Zweifel an der Rechtmäßigkeit als Unrechtseinsicht. Den DDR-Grenzern und ihren Vorgesetzten haben die Gerichte zugestanden, daß sie ganz ohne Zweifel an der Rechtmäßigkeit töteten oder töten ließen. Im Urteil gegen die Führung des Grenzkommandos Mitte unter Erich Wöllner haben die Richter offen bekannt, daß die Anerkennung eines Verbotsirrtums ausschlaggebend war für die Annahme eines »minder schweren Falles«.[33]

Selbst den Politbüro-Mitgliedern Günter Schabowski und Günther Kleiber wird zugestanden, sich bei ihren Taten in einem (vermeidbaren) Verbotsirrtum befunden zu haben. Das Gericht begründet dazu, die Angeklagten hätten gemeint, daß die Tötung von Flüchtlingen durch das Grenzgesetz gerechtfertigt gewesen sei. »Die Kammer ging zugunsten der Angeklagten Kleiber und Schabowski davon aus, daß sie insoweit einem Irrtum erlegen sind.« Wenn das wahr wäre, hätten sie diesen Verbotsirrtum selbst hervorgerufen, da sie als Abgeordnete der Volkskammer dem Grenzgesetz zugestimmt hatten.

1992 wies Dieter Blumenwitz, Professor für Staats- und Völkerrecht an der Universität Würzburg, darauf hin, auch jene Abgeordneten der Volkskammer wären zu bestrafen, die 1982 das Grenzgesetz verabschiedet hatten. Zumindest wäre der Straftatbestand der Beihilfe anzunehmen, auch wenn die Volkskammer »keine tatsächliche politische Gewalt innehatte« und ihre Mitglieder nur als Gehilfen die Taten erleichtert hätten.

Die Berliner Staatsanwaltschaft hingegen meint, aus dem Erlaß dieses Gesetzes hätten sich keine Ansatzpunkte für eine strafbare Handlung ergeben. Der Wortlaut des Grenzgesetzes habe im Grundsatz durchaus den Bestimmungen in demokratischen Rechtsstaaten entsprochen. Die Taten beruhten vielmehr auf der über die gesetzlichen Bestimmungen hinausgehenden Praxis. Dabei bestätigte man doch mit dem Wortlaut des Grenzgesetzes die jahrelange, offensichtlich menschenrechtswidrige Tötungspraxis an der Grenze ausdrücklich (Grenzverletzungen als Verbrechen, das Leben von Grenzverletzern sei »nach Möglichkeit zu schonen«, also nicht in jedem Falle).

1993 hat die Berliner Staatsanwaltschaft in der Anklage gegen Baumgarten und andere formuliert: »Ersichtlich sollte mit Hilfe des Grenzgesetzes vor allem im Ausland der Anschein rechtmäßigen Handelns geweckt und darüber hinaus dem einzelnen Grenzsoldaten der gezielte Einsatz der Waffe bei Grenzzwischenfällen psychisch erleichtert werden.« Danach hätte man wegen psychischer Beihilfe anklagen können, zumal in zahlreichen Verfahren gegen Grenzschützen festgestellt worden ist, daß diese auch mit Verweis auf das Grenzgesetz zum Schußwaffeneinsatz erzogen worden sind und den Einsatz der Waffe danach für rechtmäßig gehalten hätten. Teilweise mußten sie die entsprechenden Bestimmungen des Grenzgesetzes sogar auswendig lernen, wie der Todesschütze von Silvio Proksch zu Protokoll gegeben hat.

Beihilfe liegt nach einem StGB-Kommentar vor, wenn jemand die Straftat »erleichtert oder gefördert« hat durch eine Hilfeleistung zum Beispiel, die »eine die Bereitschaft zur Tat bestärkende Wirkung« hatte. Wie für die Gehilfen in der Volkskammer geschrieben, liest sich schließlich dieser Satz der Kommentierung: »Beihilfe durch Tat kann schon begehen, wer dem Täter ein entscheidendes Tatmittel willentlich an die Hand gibt und damit bewußt das Risiko erhöht, daß eine durch dessen Einsatz typischerweise geförderte Haupttat verübt wird.« Dabei genügt es, daß der Gehilfe die wesentlichen Merkmale (und nicht einmal Einzelheiten) der Straftat kennt.

Auch Schreibtischtäter Klaus-Dieter Baumgarten berief sich vor Gericht erfolgreich darauf, er habe bei seinem Handeln gemeint, das Grenzgesetz rechtfertige die Tötung von Grenzverletzern. Der angeklagte Ex-General Harald Ludwig erklärte in seinem Schlußwort, »eine etwaige menschenrechtswidrige Gesetzesgestaltung« hätte von der Volkskammer erkannt werden müssen. Das Grenzgesetz sei von den Abgeordneten vorbereitet, beraten und beschlossen worden, »wohl wissend um die damit verbundenen Risiken und Folgen«. Nun würden allein die Soldaten und Vorgesetzten, die nach diesem Gesetz handelten, für schuldig befunden.

Zu den Volkskammer-Abgeordneten des Jahres 1982, die wegen der Gewalttaten an der Grenze strafrechtlich nicht verfolgt werden, gehört die DDR-Volksbildungsministerin Margot Honecker, des weiteren der PDS-Ehrenvorsitzende Hans Modrow, Abgeordneter des Bundestages und des Europäischen Parlaments, sowie Manfred Gerlach, Vorsitzender der Libe-

Protest an der Mauer an der Eberswalder Straße 1985 – dokumentiert von den Grenztruppen und abgelegt unter »Hetze gegen die DDR«.

ral-Demokratischen Partei Deutschlands (DDR), der in die Rolle des Zeitzeugen geschlüpft ist. Ihre Karrieren im vereinten Deutschland erfolgreich fortsetzen konnten auch der Maler Willi Sitte und der Autor Hermann Kant, die 1982 als Kulturfunktionäre im »obersten staatlichen Machtorgan« saßen. Genosse Kant hat, bevor die Volkskammer dem Schießbefehl den Anschein von Legalität gab, den authentischen Text von Reiner Kunze über ein Opfer des Schießbefehls öffentlich als »infame Urnen-Geschichte« bezeichnet und das Ganze als eine »widerwärtige, üble Lüge« denunziert.[34]

Ausgesprochen verharmlosend wirken die symbolischen Bestrafungen von DDR-Grenzschützen und ihren Befehlsgebern, wenn man sie mit Urteilen vergleicht aus dem Bereich der »unpolitischen Kriminalität«, etwa mit Berliner Urteilen aus den Jahren 1999/2000: Die Strafen für Heinz Keßler, Fritz Streletz und Günter Gabriel entsprechen denen für drei Kassenräuber. Generalmajor Erich Wöllner ist verurteilt worden wie ein Autoschieber. Die Strafe für Politchef Gerhard Lorenz ist nicht höher als die für einen Hoteldieb. Die Strafe für den Todesschützen im Fall Heiko Runge ist niedriger als die Strafe für einen Ladendieb. Dreizehn Jahre Haft (mehr als für Heinz Keßler beantragt) erhält ein geständiger und einsichtiger Bankräuber, der grundsätzlich nur ungeladene Waffen benutzt hat.[35]

Welche Alternativen gab es zu den ungerecht milden Urteilen? In ihrem Schlußvortrag im NVR-Prozeß führte die Staatsanwaltschaft aus, für den ehemaligen Mitangeklagten Erich Honecker wäre jede andere Strafe als die Höchststrafe von fünfzehn Jahren Freiheitsentzug rechtsfehlerhaft gewesen. Wären die Gerichte dieser Rechtsansicht gefolgt, hätten sie - auch bei Beibehaltung des Hierarchiestufensystems - die Hauptverantwortlichen im Politbüro und im Nationalen Verteidigungsrat zu Haftstrafen zwischen fünfzehn und zehn Jahren verurteilen können. Die Generäle im Verteidigungsministerium, im Kommando der Grenztruppen und in den Grenzregionalkommandos zu Haftstrafen zwischen zwölf und acht Jahren und die befehlsgebenden Regimentskommandeure, Kompaniechefs und Zugführer zu Haftstrafen zwischen zehn und fünf Jahren. Dann hätte man für die Ausführenden am Ende der Befehlskette gleichwohl in der Regel minderschwere Fälle des Totschlags annehmen können und immer noch spürbare Bestrafungen zwischen fünf und drei Jahren aussprechen können.

Wäre das ungerecht hart gewesen? Nein, sagt Richter Föhrig, das hätte der Bundesgerichtshof ebenso als rechtsfehlerfrei bestätigen können. In einem denkbaren Bereich ähnlich organisierter Kriminalität jenseits eines Staatsapparates würden solche Strafen für teilweise mehrfaches Tötenlassen noch immer als nachsichtig erscheinen. Und auch für einen einzigen Totschlag bekommen »gewöhnliche Kriminelle« in Deutschland nur selten eine Bewährungsstrafe, selbst wenn sie im Affekt gehandelt haben: 1996 wurden in der Bundesrepublik in rund neunzig Prozent der Verurteilungen wegen Totschlags unbedingte Haftstrafen ausgesprochen, davon etwa zwei Drittel zwischen drei und zehn Jahren. Bei den Verurteilungen wegen der Gewalttaten an der Grenze sind es rund neunzig Prozent Bewährungsstrafen und nur etwa zehn Prozent Haftstrafen zwischen drei und zehn Jahren.[36]

Staatsanwalt Bernhard Jahntz hat in seinem Plädoyer im Politbüro-Prozeß klargestellt, eine Milderung der Strafe sei nur soweit möglich, wie es der Respekt vor den Opfern erlaube. Sonst schaffe die Strafe keinen Rechtsfrieden, sondern gefährde ihn.

Die Privilegierung von politisch Kriminellen hat in Deutschland Tradition: Kein einziger Richter der nationalsozialistischen »Sondergerichte« oder des »Volksgerichtshofs« ist in der Bundesrepublik rechtskräftig verurteilt worden. Schreibtischtäter, unmittelbare Befehlsgeber und eigenhändige Mörder, die an der »Vernichtung der jüdischen Rasse« (Hitler) beteiligt waren, sind von bundesdeutschen Gerichten vielfach gar nicht oder nur als »Gehilfen« Hitlers verurteilt worden, oftmals zu milden Haftstrafen.[37]

Die juristische »Bevorzugung von Staatskriminellen« des SED-Regimes hat Wolfgang Naucke, Professor für Strafrecht und Rechtsphilosophie an der Universität Frankfurt (Main), 1995 in einem Buch detailliert aufgezeigt. Er kommt zu dem Schluß: »Die Floskel, bei der Bestrafung staatsverstärkter Kriminalität stoße das Strafrecht an seine Grenzen, ist falsch. (...) Wenn jene Floskel Inhalt bekommen soll, dann muß sie lauten, das Strafrecht stoße bei der Verfolgung staatsverstärkter Kriminalität an eine Grenze, die gewollt sei. Es ist diese gewollte Grenze, die die Täter staatsverstärkter Kriminalität privilegiert.«[38]

Deutsche Gerechtigkeit? Und anderswo? Während die privat motivierte Tötung eines einzelnen in der Regel durch die Gesellschaft geächtet wird, ist die strafrechtliche Verfolgung von staatspolitisch begründetem Mehrfachmord die Ausnahme geblieben: Nach dem Ende der Sowjetunion gab es dort nicht eine Verurteilung wegen der millionenfach von Kommunisten begangenen politischen Verbrechen. In den anderen Ostblockländern – Polen, der Tschechoslowakei, Ungarn, Rumänien, Bulgarien – kam es nach 1989 nur vereinzelt zu rechtskräftigen Urteilen gegen kommunistische Staatskriminelle, und die Strafen waren ungewöhnlich niedrig, auch wenn es um Mord ging.

Die Roten Khmer in Kambodscha, verantwortlich für den Tod von rund zwei Millionen Menschen, verurteilten ihren Führer Pol Pot 1997 in einem Schauprozeß zu lebenslanger Haft, im Jahr darauf starb der 72jährige Massenmörder. »Mein Gewissen ist rein«, sagte er in einem letzten Interview. Vor dem geplanten Völkermord-Tribunal in Kambodscha werden sich wahrscheinlich nur wenige Spitzengenossen der Roten Khmer verantworten müssen.

Im Jahr 2000 scheiterte der Versuch eines spanischen Untersuchungsrichters, den chilenischen Diktator Pinochet aus Großbritannien ausliefern zu lassen, um ihn wegen Völkermordes, Folter und Terrorismus zur Verantwortung zu ziehen: Der 84jährige Pinochet könne einen Prozeß aus medizinischer Sicht nicht durchstehen, lautete die Begründung des britischen Innenministers.

»Ich bin vollkommen unschuldig«, schrieb Augusto Pinochet 1998 in einem offenen Brief an das chilenische Volk. Der ehemalige Geheimdienstchef Espinoza und ein paar Armeeangehörige wurden in Chile wegen der Ermordung beziehungsweise Entführung von Regimegegnern verurteilt; einige hundert weitere Gerichtsverfahren gegen Pinochets Schergen sind eingeleitet.

Nach dem Ende der argentinischen Militärdiktatur kamen die meisten der für tausendfache Entführungen und Ermordungen Verantwortlichen durch das »Schlußpunktgesetz« (1986) und das »Befehlsnotstandsgesetz« (1987) straflos davon. Argentiniens Ex-Diktator Videla wurde 1986 zunächst zu lebenslanger Haft verurteilt, vier Jahre später jedoch begnadigt. »Das Heer wartet immer noch auf eine Wiedergutmachung für seine Verdienste«, sagte er. 1998 verhaftete man den früheren General erneut; seit 2003 muß er, gemeinsam mit rund vierzig weiteren führenden Junta-Mitgliedern, damit rechnen, aus der argentinischen Untersuchungshaft an Spanien ausgeliefert zu werden, wo er und seine ehemaligen Mitstreiter sich wegen Verbrechen gegen die Menschlichkeit verantworten sollen.

Die politischen Verbrechen aus der Zeit der Apartheid wurden in Südafrika bisher nur teilweise strafrechtlich geahndet. Wer als Täter vor der sogenannten Wahrheitskommission (1996-1998) ein Geständnis abgelegt hat, kann amnestiert werden, selbst wenn er gefoltert oder gemordet hatte. Annähernd sechstausend Amnestiegesuche lagen der Kommission vor. Doch nur etwa jedem zehnten Antragsteller wurde Straffreiheit gewährt. »Wir haben keinen Unschuldigen getötet«, sagte Paul van Vuuren, Mitglied eines Killerkommandos der Polizei, und wußte nicht mehr genau zu sagen, ob er für sich in vierzig oder sechzig Mordfällen Amnestie beantragt hatte.

Während die afrikanischen Tyrannen Amin (Uganda), Mengistu (Äthiopien) und Kabila (Zaire) – verantwortlich für den Tod Hunderttausender – ungestraft blieben, verurteilte das Tribunal der Vereinten Nationen Jean Kambanda, den früheren Ministerpräsidenten Ruandas, 1998 wegen Völkermordes und Verbrechen gegen die Menschlichkeit zu lebenslanger Haft. Unter Kambandas Herrschaft sind 1994 etwa achthunderttausend Menschen ermordet worden. Ein paar Dutzend andere Haupttäter stehen ebenfalls vor dem UN-Tribunal. Daneben sollen in Ruanda Dorfgerichte über die rund hunderttausend weiteren Beschuldigten urteilen, die seit Jahren in Untersuchungshaft sitzen.

Einundzwanzig – meist hohe – Haftstrafen sprach das Jugoslawien-Tribunal der Vereinten Nationen in Den Haag bis Anfang 2004 aus: wegen Völkermord, Verbrechen gegen die Menschlichkeit, Kriegsverbrechen und Terror. Angeklagt waren Armeekommandeure und Milizenführer, Befehlsgeber der Massaker von Sarajevo und Srebrenica, Generäle, Soldaten und Polizisten, Bürgermeister und Präsidenten. Sie waren verantwortlich für Mord, Folter, Massenvergewaltigungen und Vertreibungen. Der frühere jugoslawische Präsident Slobodan Milošević, »auf dessen historischem Konto 250 000 Tote stehen« (ein Ankläger), erklärte nach seiner Überstellung im Sommer 2001 in Den Haag: »Ich bin stolz auf alles, was ich für mein Volk und mein Land getan habe.« Neben Milošević sitzen zweiundfünfzig weitere mutmaßliche Kriegsverbrecher im Gefängnistrakt des Tribunals ein.

Im Anschluß an die beiden zeitweiligen UN-Tribunale wurde 1998 ein ständiger Internationaler Strafgerichtshof gegründet. Das Gericht in Den Haag soll Völkermord, Verbrechen gegen die Menschlichkeit, schwere Verstöße gegen das Kriegsrecht und möglicherweise auch Angriffskriege ahnden. Bald hundert Vertragsstaaten, darunter Deutschland, sind am Gerichtshof beteiligt; dagegen fehlen Staaten wie Rußland, Indien, China, Japan und die USA.

»Verbrechen aus Gehorsam, bemäntelt mit dem Argument der Staatsräson, sind kein exklusives Phänomen diktatorischer Regime«, schrieb der Publizist Falco Werkentin 1995 und erinnerte an das My-Lai-Massaker im Vietnamkrieg: Am 16. März 1968 hatten dort amerikanische Soldaten fünfhundert Dorfbewohner – Kinder, Frauen, Männer – überfallen und ermordet. Allein der US-Leutnant William L. Calley, angeklagt des Mordes an einhundertzwei Zivilisten (»Ich erkläre mich für nicht schuldig«), wurde verurteilt – und nach wenigen Monaten Haft freigelassen.

Falco Werkentin: »In einer Welt, in der über alle Systemgrenzen hinweg Konformismus die dominierende, bürokratisch anerzogene und durchgesetzte Haltung ist, bleibt der Streit für das Prinzip persönlicher Verantwortlichkeit unerläßlich.«[39]

Dokumente

»Die Täter trugen diesen Staat, die Opfer erlitten ihn.«
Aus der mündlichen Urteilsbegründung des
Richters Friedrich-Karl Föhrig im Prozeß gegen die
Grenztruppen-Führung

Während dieses Prozesses glaubte man sich gelegentlich auf einer Parteiveranstaltung der SED. Die deutsche Prozeßordnung läßt das zu, und ich habe nicht zu beantworten, ob dies Ausdruck ihrer Stärke oder ihrer Schwäche ist. Jedenfalls läßt sie auch zu, durch die mündliche Urteilsbegründung einiges zurechtzurücken.

Aufgabe eines Strafverfahrens sind Überprüfung und gegebenenfalls Sühne individueller Schuld. Aufgabe eines Strafverfahrens kann es nicht sein, historische Aufarbeitung eines Staates zu betreiben, der – wie der Angeklagte Lorenz treffend formuliert – »die Prüfung vor der Geschichte nicht bestanden hat«. Aufgabe der Politik hätte es indes sein können, Strafverfahren wie dieses durch eine Amnestie zu vermeiden – um der Versöhnung der Deutschen Ost und der Deutschen West willen. Dies ist nicht geschehen. Zu Recht? Wer wäre mit wem versöhnter, hätte es dieses Verfahren nicht gegeben?

Voraussetzung wäre gewesen, daß Prozesse um »DDR-Unrecht« die breite Öffentlichkeit überhaupt berühren; denn versöhnt werden kann durch Prozeßvermeidung nur, wer durch ihr Stattfinden polarisiert würde. Repräsentierten die Zuschauer dieses Prozesses die Deutschen Ost, läge die erwähnte Voraussetzung zweifelsfrei vor. Jedoch: Die ehrenamtlichen Richter haben uns, wenn das denn nötig war, glaubhaft versichert, sich nicht durch sie repräsentiert zu fühlen, sind diese Zuschauer doch nur

Teil einer durch diese Prozesse zwar eindeutig betroffenen, indes alles andere als repräsentativen Minderheit: eine kommunistische Plattform von DDR-Nostalgikern. Verärgert reagierend, wann immer eine heilige DDR-Kuh geschlachtet werden mußte, von Heiterkeit geschüttelt, wenn ein verletztes Minenopfer die Anzahl umherfliegender Splitter überschätzte.

Deren Gegenpart aber sind nicht die Deutschen West. Deren Gegenpart sind auch Deutsche Ost, sind die Opfer: die DDR-Soldaten, die schossen und nunmehr lebenslang mit dieser Schuld leben müssen; die Verletzten der Minenanlagen; die Mutter des letzten Mauertoten, die in schweigender Betroffenheit miterleben mußte, wie anwaltliche Befragung ihr Ziel ansteuert – Schuld am Tode hat der Tote. Wie hätten diese beiden Gruppen Betroffener eine Amnestie erlebt? Als Unter-den-Teppich-Kehren die einen, als späte Rechtfertigung die anderen. Auf diese Art versöhnt man nicht. Man sucht vielmehr den oder die Schuldigen. (...)

Nach dem – auch im Verfahren wiedergegebenen und mehrfach bis in die Schlußworte hervorgehobenen – Schreiben der Angeklagten an die Präsidentin des Bundestages mochte man meinen, in der Betrachtung des »Grenzregimes« nicht allzuweit zu differieren: Sie, so wurde darin mannhaft und den Dienststrängen der Angeklagten angemessen konstatiert, übernähmen für die Toten an der Mauer die Verantwortung, den kleinen Soldaten solle man nicht verfolgen. (...)

Was verblieb nach 40 Sitzungstagen von dieser Erkenntnis? Die Anklage, so wird jetzt postuliert, sei nichts als eine »politische Instrumentalisierung«, um die DDR zu kriminalisieren, im nachhinein zu »delegitimieren«. Niemandem nützt zu kriminalisieren, was es nicht mehr gibt, und eine Diktatur bedarf keiner justitiellen Demontage. Spätestens nach den historischen Erfahrungen mit dem sogenannten Dritten Reich ist in unserem Kulturkreis jede Diktatur per se delegitimiert. (...)

Täter wie Opfer des hier zu verhandelnden Geschehens waren Bürger der ehemaligen DDR. Die Täter trugen diesen Staat, die Opfer erlitten ihn. Die Vorstellung, »westliche« Richter könnten Vorbereitung und Durchführung dieses Prozesses als freudvolle Kriminalisierung Andersdenkender begreifen, berührt pervers. Strafverfolger wie Richter erfüllten eine dröge Pflicht, wenngleich eine vom Gesetz, nicht von Herrn Kinkel auferlegte –

so schwer dies jemandem zu vermitteln sein wird, dem richterliche Unabhängigkeit ein unbegreifliches Phänomen sein muß. (...)

Vom Zeugen Streletz wissen wir, daß Mauer und Stacheldraht vordringlich der Abwehr Tausender Kalter Krieger dienen sollten. Peter Fechter, der als erster im Stacheldraht verblutete, wäre – welche Intentionen er immer gehabt haben mag – als solcher gewiß nicht in die DDR zurückgekehrt. Aussperren mag der Kalte Krieg gerechtfertigt haben. Einsperren – oder die »freundwärtige Sicherung« – verantwortet, wer sie anordnete oder wer dabei half. (...)

Wer – auf welcher Ebene immer – Grenzdurchbrüche, notfalls auch durch im Ergebnis tödliche Schüsse, verhinderte, habe im Rahmen der (DDR-)Gesetze gehandelt, mithin – wenigstens – gerechtfertigt. Rechtfertigungsversuche dieser Art unter Hinweis auf tödlich endende Polizeieinsätze in demokratisch strukturierten Staaten – immer wieder beschworen der Vorfall in Bad Kleinen – gehen fehl bis zur Grenze juristischer Groteske. Die Opfer, deren Leiden in diesem Prozeß erörtert worden sind, wurden von Minen verletzt oder getötet oder aus Entfernungen zwischen 50 und 200 Metern erschossen. Einem Erstsemester, das hier die Voraussetzungen der Notwehr bejaht, ist keine juristische Laufbahn zu empfehlen.

Nur geringfügig subtiler berührt das Argument, gefährliche Verbrecher würden unter jedem Regime an der Flucht gehindert; unter den Flüchtlingen – »Grenzverletzern« – hätten schwerbewaffnete sowjetische oder NVA-Deserteure sein können. Das hätten sie in der Tat. Sie waren es aber – in den hier erörterten Fällen – nicht. Wieviel Menschen dürfen – sozusagen prophylaktisch – allein auf die Möglichkeit hin erschossen werden, gelegentlich auch einmal einen zu allem entschlossenen Deserteur zu »vernichten«?

Bleibt in diesem Zusammenhang das Argument, es seien ja nur Straftäter betroffen gewesen, weil allein der Fluchtversuch als Grenzverletzung einen Straftatbestand, unter entsprechenden Voraussetzungen gar einen Verbrechenstatbestand erfüllte. Gegen keinen der Schützen habe demzufolge der Militärstaatsanwalt ein Verfahren eingeleitet; die Anwendung der Schußwaffe, das Auslegen der Minen sei vom DDR-Gesetz gedeckt gewesen. Der Gedanke ruft – wie vom Zeugen Streletz angemahnt – zu historischer Betrachtung auf und verführt zu Vergleichen, die nicht – ich betone es ausdrücklich – als moralische Gleichsetzung von Unrechtsgehalten mißverstanden werden sollten: Kein Militärstaatsanwalt in Chile hat, solange die Militärdiktatur hielt, Verfahren gegen Pinochets Soldateska eingeleitet. Pol Pot durfte – vom Staatsanwalt unbelästigt – eine Million Kambodschaner liquidieren. Kein nazideutscher Staatsanwalt – vielleicht auch nicht genügend danach – fühlte sich berufen, die Greuel der Konzentrationslager durch Strafverfahren zu bekämpfen. Der Beispiele gäbe es noch Hunderte; auf aktuellere verzichte ich bewußt.

Solange ein Staat selbst Unrecht setzen kann und setzt, solange bekämpft er es nicht, andernfalls brauchte er es nicht erst zu setzen. Wer in einem solchen Staat, wo auch immer, dem Unrecht dient, macht sich mitschuldig. Ob er deshalb verfolgt werden kann, ist keine Frage des Rechts, sondern allein eine Frage des Willens derjenigen, die es setzen und über seine Anwendung gebieten. Die Machthaber der DDR vor März 1990 wollten die Verfolgung nicht. Die Machthaber der DDR danach – legitimiert durch Wahlen – wollten sie. (...)

Unbestreitbar ist: Die Angeklagten – dies gilt auch für den Angeklagten Baumgarten – waren weder Erfinder noch Begründer noch gar Alleinverantwortliche für das sogenannte Grenzregime. Das Primat der Politik verlagert die Verantwortlichkeit in die politischen Entscheidungsgremien der DDR – wenngleich, darf man Presseberichten glauben, sie von dort gern an die Militärs zurückgereicht wird –, verlagert sie in supranationale Gremien wie den Warschauer Pakt, verlagert sie zum großen Bruder Sowjetunion, und, so darf spekuliert werden, würde dort jemand an seine Verantwortlichkeit gemahnt, gewiß weiter auf alle verstorbenen Generalsekretäre.

Die Angeklagten, dem folgt die Kammer, hätten die Mauertoten und -verletzten nicht verhindern können. Sie wollten das indes auch nicht. Sie wollten vielmehr die Teilschritte mitgehen, die ihrer Teilverantwortung entsprachen. Sie bejahten das System, indem sie Rädchen, wenn nicht schon Räder waren. Ohne diese Hunderte, Tausende, aber Tausende von mitlaufenden, teilverantwortlichen Rädchen funktioniert kein System, bleibt politisches Primat eine leere Formel. Hitler persönlich hat niemanden umgebracht. Sein politisches Primat wurde umgesetzt mit den bekannten entsetzlichen Folgen – von aber Tausenden willentlicher Helfern, die, hätten sie nicht geholfen, als einzelne auch nichts geändert hätten. (...)

Menschenrechtsverletzungen seitens der DDR seien von den Vereinten Nationen nie gerügt, eine Verurteilung der DDR von der Bundesregierung dort nie beantragt worden, eine – durchaus bestätigte, wenn nicht vorab bekannte – Tatsache. (...) Offenkundige Aussichtslosigkeit angesichts der Zusammensetzung der Vereinten Nationen hinderte die Bundesrepublik an einer Antragstellung, hat der Zeuge Bräutigam bekundet. Desinteresse an deutsch-deutschen Toten, um so größeres Interesse an wirtschaftlichen und anderen Vorteilen hätten jede Mehrheit für eine Verurteilung vereitelt. Man sollte mit Urteilsbegründungen nicht ohne Not diplomatische Empfindlichkeiten aufführen; also sei darauf verzichtet, in durchaus zeithistorischer Betrachtung durch einige Beispiele nachzuweisen, daß sich auf hoher politischer Bühne nicht viel verändert hat, seit Dr. Bräutigam die Bundesrepublik vor den Vereinten Nationen vertrat.

In diesen Kontext gehört die These, »DDR-Unrecht« könne es nicht geben, weil die DDR weitgehend diplomatisch akzeptiert gewesen sei. Muß man tatsächlich daran erinnern, mit wem alles und aus welchen Gründen demokratische Staaten diplomatisch verkehren? Träfe die These zu, würden heute überall in der Welt die Menschenrechte beachtet. Der Schluß scheint mir ein wenig mutig. (...)

Einige Verteidiger (...) haben sich mit der Kernfrage dieses Prozesses – wenn nicht seiner einzigen – befaßt, der Anwendbarkeit der sogenannten Radbruchschen Formel auf das der Anklage zugrundeliegende Geschehen. Ich denke, zumindest zwischen Rechtsanwalt Schippert und der Kammer, wenn nicht zu allen Beteiligten, wird Einigkeit bestehen, daß innerstaatliche Rechtsnormen eklatante Menschenrechtsverstöße nicht zu rechtfertigen geeignet sind, der Gesetzeskraft tragende Führerbefehl den Horror der Konzentrationslager nicht zu legalisieren vermochte. Rechtsanwalt Schippert will lediglich – und juristisch prinzipiell durchaus vertretbar – die Anwendung dieses Grundsatzes auf solche Menschenrechtsverletzungen begrenzt sehen, die dem nationalsozialistischen Unrecht qualitativ gleichzusetzen sind. Dem folgt die Kammer nicht. Sie wendet das Prinzip auf jede Verletzung des höchsten Rechtsgutes an, trägt freilich dem nicht zu leugnenden abgestuften Unrechtsgehalt durch gleichermaßen abgestufte Strafzumessung Rechnung.

Ein Mädchen, das Sekunden später von seinem Verlobten über die Mauerkrone gezogen worden wäre, einen Mann, der den Grenzzaun schon überwunden hat und auf vorgelagertem, formal »östlichem« Gebiet um sein Leben rennt, einen Mann, der auf der »Räuberleiter« seines Freundes auf dem letzten Sprung nach Westen steht, aus Staatsräson abzuschießen, berührt mich als elementar menschenrechtswidrig. (…)

Der Grenzsoldat – »Mauerschütze« – durfte nach Grundsätzen des Menschenrechts nicht auf unbewaffnete Flüchtlinge schießen; er durfte es nur nach dem Recht der DDR. Handelte er – und dies ist nahezu allen hier verhandelten Fällen von tödlichen Schüssen gemeinsam – mit der Zielrichtung, das Opfer fluchtunfähig zu schießen, aber mit dem Wissen um die unvermeidliche Ungenauigkeit des Schusses, so handelte er bedingt vorsätzlich: Er nahm die tödliche Folge eher in Kauf als eine erfolgreiche Flucht – eine zeugenschaftlich vielfach bestätigte Motivation. Der Soldat tat dies im Rahmen der DDR-Schußwaffengebrauchsbestimmungen in Verbindung mit dienstlichen Anweisungen, der sattsam erörterten Befehlskette von 101 bis 20.

Jeder, der diese Befehle erließ oder an verantwortlicher Stelle an ihrem Zustandekommen mitwirkte, setzte, juristisch gesprochen, eine Causa für den Tod des »Grenzverletzers«; jeder, der bei diesem Tun in einem Maße half, das die Hauptverantwortlichen bestärkte, half beim Tode jedes Flüchtlings. Jede dieser Personen ist – je nach Tatbeitrag – als Täter oder Gehilfe eines Totschlags strafbar. Nichts anderes gilt für denjenigen, der die Installation von Minen oder Selbstschußanlagen anordnete oder verantwortlich überwachte.

Weitere Voraussetzung ist freilich, daß er vorsätzlich handelte, um die Folgen seines Tuns wußte und – insbesondere – um deren Rechtswidrigkeit. Der Vorsatz der Angeklagten bei der Konzipierung der Befehle 80 entsprach dem der Schützen: Schußwaffengebrauch zwar als Ultima ratio, aber zwingend zur Verhinderung des Grenzdurchbruchs, der erfolgreichen Flucht. Dies ergeben die Aussagen der Angeklagten selbst, deutlicher noch die üblichen dienstlichen Reaktionen: War eine Flucht gelungen, geschah dem Soldaten (möglicherweise) nichts, wurde sie verhindert – ob durch Festnahme oder Tötung –, erfuhr er eine Auszeichnung. Daß die Folgen dieser Art von Grenzsicherung den Angeklagten bekannt waren, bedarf keiner Darlegung; daß sie auch deren Rechtswidrigkeit erkannten, lassen der eingangs erwähnte Brief der Angeklagten und die Äußerungen des Angeklagten Teichmann immerhin vermuten.

Objektive Umstände untermauern diese Vermutung. War es politisch opportun, durften die Soldaten nicht mehr schießen. Stand das internationale Renommee der DDR allzu deutlich am Pranger, waren die Herrschenden nicht mehr allein um hohen Munitionsverbrauch besorgt, sondern erinnerten sich der Menschenrechte. Ausnahmsweises Wohlverhalten indiziert Unrechtsbewußtsein. Und schließlich: Wer, der Peter Fechter hatte verbluten sehen, konnte sich Gutgläubigkeit hinsichtlich des Grenzregimes bewahren? (...)

Die Tätigkeit der Angeklagten war DDR-rechtlich abgesegnet. Politische Führung, Volkskammer, interne Rechtsabteilung, Militärstaatsanwaltschaft hießen sie gut, soweit sie sie nicht schon angestoßen, gar befohlen hatten. Jahrzehntelange Politpropaganda begleitete Leben und Werk der Angeklagten. (...) Zu glauben, die Angeklagten hätten ihr Tatunrecht nicht erkannt, fällt schwer. Ihnen dies mit Sicherheit zu widerlegen, auch. Sich hinter Honecker, Mielke, Keßler, Streletz zu verstecken ist menschlich (...), und weniges ist so leicht zu beruhigen wie das eigene Gewissen.

Die Kammer also akzeptiert den Verbotsirrtum auf seiten der Angeklagten, wenngleich sie ihn als relativ unschwer vermeidbar einstuft. Die Angeklagten hätten sich verteidigen können, das Unrecht des Grenzregimes erkannt und innerlich mißbilligt, jedoch den Mut nicht aufgebracht zu haben, ihre bürgerliche Existenz aufs Spiel zu setzen. Eine solche Einlassung hätte den Verbotsirrtum beseitigt, Respekt jedoch verschafft. (...)

In zwei Fällen hat die Kammer sogenanntes Nachtatverhalten bei der Strafzumessung berücksichtigt: Das – vergleichsweise – menschlich-vornehme Schlußwort des Angeklagten Lorenz erlaubt Schlüsse auf späte Einsicht. Das genaue Gegenteil gilt für den Angeklagten Baumgarten: Die Grenzen zulässiger Verteidigung sind überschritten, sobald Unbeteiligte moralisch in den Dreck gezogen, gar wissentlich zu Unrecht krimineller Handlungen bezichtigt werden. Die Kammer konnte nicht überhören, daß der Angeklagte die West-Berliner Polizei beschuldigte, mit Waffengewalt Peter Fechters Bergung verhindert zu haben, sie konnte nicht überhören, daß der westdeutsche Grenzschutz vorsätzlich den Flüchtling Brandt erfrieren und verbluten lassen wollte. Bezeichnenderweise schloß sich dieser Erklärung keiner der übrigen Angeklagten an.

Für alle Angeklagten gilt: Offenkundige – und inzident bereits erwähnte – Strafmilderungsgründe sind zum einen der allen Angeklagten unterstellte Verbotsirrtum, zum anderen die unstreitige Tatsache, daß sie persönlich das System nicht gestalteten, sondern ihm nur dienten, daß sie als Militärs dem vielzitierten politischen Primat unterstanden. Die politischen Führer der DDR, die Führung supranationaler Organisationen, die übermächtige Sowjetunion und – durchaus auch – die politische Gesamtsituation, Kalter Krieg genannt, ließen die Angeklagten ihre Arbeit weitgehend fremdbestimmt verrichten.

Hinzu treten Strafmilderungserwägungen, die sich der Sicht einiger Anwälte nachvollziehbar entzogen – hatten diese doch, wie sich der Kammer aufdrängen mußte, ihr Ziel gelegentlich eher in der Verteidigung der DDR-Staatlichkeit denn in der der angeklagten Menschen gesehen. Das ist schade. Uns obliegt nicht festzustellen, was an der DDR verteidigenswert ist, mit Gewißheit jedoch bedeutend weniger als an den Menschen, die in ihr und durch sie schuldig wurden.

Selbstbeschränkend sieht sich die Kammer in der Pflicht, diese Angeklagten nicht härter zu bestrafen als die ihnen – politisch und/oder militärisch – Übergeordneten rechtskräftig bestraft worden sind. Je höher der Platz eines Rechtsbrechers in einer Unrechtshierarchie war, je bestimmender sein Tatbeitrag, desto höher hat die Strafe auszufallen. Mithin war der »Strafrahmen« im Verständnis der Kammer nach oben durch das Urteil gegen den DDR-Verteidigungsminister begrenzt – dies trotz der kritischen Worte des BGH zur insoweit seinerzeit geübten Milde. Diese gegen Untergebene heute »auszugleichen«, hätte unangemessenes, auch von den Opfern nicht als gerecht empfundenes Nachkarten bedeutet.

Wesentlicher noch ist folgendes: Die Angeklagten haben in durchaus nachvollziehbarer Intention mit der militärischen Laufbahn einen – jedenfalls von allen vernünftigen Menschen – geachteten Beruf erwählt. Sie haben dies – einigen glaube ich es, anderen muß es unterstellt werden – in der

Absicht getan, kriegerische Auseinandersetzungen, deren Horror sie miterlebt hatten, künftig vermeiden zu helfen. In der Ablehnung nationalsozialistischen Gedankengutes, faschistischer Umtriebe unterschieden sie sich sowenig wie in ihren menschlichen Erfahrungen von ihren Zeitgenossen im »Westen«, zu denen ich mich, nur unwesentlich jünger, rechnen darf.

Konnte man indessen in unserem freundlichen Land der tausend Rechtsmittel mit ebendiesen Überlegungen gefahrlos – und in welcher Position auch immer – dem Staate dienen, erwies sich dies recht bald jenseits der Elbe als ungleich schwieriger: Ein von einer Minderheit – von, wie wir heute vermuten dürfen: maximal zwanzig Prozent – getragener Machtapparat indoktrinierte seine Bürger mit einem unversöhnlichen Feindbild. Schlagworte wie »Faschisten«, »Imperialisten«, »Kapitalisten«, »Revisionisten« umschrieben den simplen Begriff »Andersdenkender«. Der Machtapparat bezog seine Kraft – heute, weil passend, nicht einmal mehr von den Angeklagten und ihren Sympathisanten bestritten – aus der Anwesenheit des sowjetischen Militärs; er verfügte über entsprechende Mittel der Disziplinierung.

In diesem System aufgestiegen (...), eingebettet in soziale und familiäre Bindungen, hätte es ungewöhnlicher Kräfte, ungewöhnlichen Mutes bedurft, entgegenzusteuern. Wer wäre da ausgestiegen, hätte er selbst erkannt, in einem Teilbereich seiner Aufgaben, freilich in einem gewichtigen, Unrecht zu tun – dies zumal, wenn sicher absehbar erschien, daß er für diese Schuld niemals würde zur Verantwortung gezogen werden? Wer ruiniert sehenden Auges seine bürgerliche Existenz? (...)

Eine letzte Anmerkung zum griffigsten Schlagwort der Verteidigung, das Gericht übe »Siegerjustiz«. Das mag im wohlverstandenen Sinne zutreffen; einen »Verlierer« repräsentiert die Justiz, ein verfassungsrechtliches Machtinstrument, nie. Der – vergleichsweise kleine – Teil der ehemaligen DDR, der das hier zu behandelnde staatliche Unrecht verantwortet, übt dankenswerterweise keine, auch keine justitielle Macht mehr aus. Der – bedeutend größere – Teil der DDR, durch historische Glücksumstände in den Stand gesetzt, sich 1989/90 erstmals zu artikulieren, beschloß indes, dieses Unrecht zu verfolgen, und delegierte diese Aufgabe mit der deutschen Vereinigung auf die gesamtdeutschen Gerichte. Gesamtdeutsch in jedem Sinne, was diesen Prozeß anlangt, konnten die ehrenamtlichen Richter ihren »westlichen« Kollegen doch, soweit erforderlich, mit vierzigjährigen DDR-Erfahrungen dienlich sein.

Aber das Schlagwort von der Siegerjustiz soll so ja nicht verstanden werden. Es soll verstanden werden als Rachejustiz der historisch siegreichen Gesellschaftsform, die sich um Moral und Rechtfertigung nicht schert. Träfe das auf dieses Verfahren zu, wäre heute sechsmal lebenslange Haft verhängt worden, und einige Verteidiger hätten – jedenfalls in dieser Rolle – einen gesamtdeutschen Gerichtssaal nie von innen gesehen.

Letztlich kann man fragen, woher der schlechte Beiklang des Wortes »Siegerjustiz« rührt – welches historische Beispiel fällt dazu ein? Natürlich der »Nürnberger Prozeß«: nur Sieger besetzten die Richterbank, nur »Sieger« vertraten die Anklage, nur »Verlierer« waren angeklagt, recht eigenwillige Verfahrensregeln prägten den Prozeß. Was aber gilt für die Urteile? Jedermann – mit Ausnahme der Verurteilten und ihrer Sympathisanten – respektiert sie. Was mehr kann man wünschen?

»Eine völlig harmlose Angelegenheit«
Aus der Erklärung des Nebenklägers Horst Schmidt

Michael war unser Jüngster. Er war von klein auf immer ein ruhiger Junge, fast unauffällig. Schon früh zeigte er eine Vorliebe für Bastelarbeiten, besaß eine große praktische Veranlagung. Er erlernte den Beruf des Zimmermanns. (...)

Michael war mit den Verhältnissen in der DDR so unzufrieden wie viele andere auch. Das änderte sich schlagartig nach einer Diensttauglichkeitsuntersuchung im Wehrkreiskommando Bernau. Er sollte unbedingt drei Jahre ableisten und wurde deswegen mehrfach vorgeladen. Er weigerte sich immer wieder. Schließlich wurde er gefragt, ob er auch bereit sei, an der Staatsgrenze seinen Dienst abzuleisten. Michael hielt nie mit seiner Meinung hinter dem Berg, und so antwortete er, daß er nicht daran denke, unbewaffneten Leuten in den Rücken zu schießen. Der Offizier, ein Oberstleutnant, bekam daraufhin einen regelrechten Wutanfall und warf ihn praktisch hinaus. Von diesem Zeitpunkt an steigerte sich Michaels Unzufriedenheit mit dem Staat DDR zu blankem Haß. Wir versuchten vergeblich, ihn zu beruhigen, sagten ihm, daß Brüllerei nun einmal zu jeder Armee der Welt gehöre, und er käme ja nun mit Sicherheit nicht an die Grenze. (...)

Der Vorabend des Tages, an dem Michael einen furchtbaren Tod finden sollte, war ein normaler Freitagabend. Michael wollte etwas unternehmen. Er ging zu einer Disko in einen Jugendclub in der Pankower Grabbeallee, von den Jugendlichen »Grabbelkiste« genannt. In dieser Disko muß sich dann irgend etwas abgespielt haben, was das furchtbare Ereignis ausgelöst hat. Michael muß irgendwie in Panik geraten sein. Der Grund liegt bis heute völlig im dunkeln. (...)

Der Vormittag verging, und wir warteten. Ich hatte noch eine längere Reparatur an meinem Auto und merkte, daß meine innere Unruhe immer größer wurde. Meine Frau war bereits völlig verzweifelt. Nach dem Mittagessen entschloß ich mich, zum Volkspolizei-Kreisamt (VPKA) Bernau zu fahren. Am Sonnabend war nur ein Wachhabender anwesend. Ich teilte ihm mit, daß unser Sohn von der Disko nicht nach Hause gekommen sei, und fragte, ob eine Meldung über einen Unfall oder ähnliches vorliege. Er verneinte und fragte nach dem Alter. Als ich es mit zwanzig Jahren angab, lachte er mich fast aus. Etwas beruhigt zog ich wieder ab. Inzwischen fuhr ich zu meiner Tochter und teilte ihr unsere Besorgnis mit. Auch sie beruhigte mich. (...)

Die Nacht zum Sonntag verbrachten meine Frau und ich so gut wie schlaflos. Am nächsten Morgen gleich wieder zum VPKA Bernau. Die gleichen Antworten. (...) Am nächsten Tag war das VPKA wieder regulär geöffnet. Ich verlangte einen Mitarbeiter der Kripo zu sprechen. Es erschien eine Kommissarin, sehr höflich, sehr freundlich. Ich trug ihr den Fall vor. Wieder beruhigende Worte. Jetzt fragte ich einfach drauflos, ob mein Sohn in den Zwischenfall an der Mauer vom Sonnabend verwickelt sein könne. Sie sah mich strafend an. Ich solle nicht allen Gerüchten Glauben schenken, die von westlichen Medien ausgestreut würden, um Unruhe unter die Bevölkerung zu bringen. Aber sie wolle zu meiner Beruhigung den »Verbindungsoffizier Grenze« befragen. Sie verschwand für zwanzig Minuten, kam zurück und sagte, daß es sich bei dem Zwischenfall am Sonnabend um eine völlig harmlose Angelegenheit gehandelt habe. Westliche Medien hätten daraus einen »Mordfall« gemacht, um die Grenztruppen der DDR in Verruf

> Eine im kapitalistischen Ausland lebende Schwester der Mutter des SCHMIDT
> besucht jährlich einmal ihre Verwandten in Schwanebeck.
>
> In Zusammenarbeit mehrerer Diensteinheiten der Bezirksverwaltung für
> Staatssicherheit Berlin, der Abteilungen M und 26 des MfS und der Kreis-
> dienststellen Pankow und Bernau wurden am 1. Dezember 1984 am Ereignisort
> und in der Wohngemeinde umfangreiche operative Kontrollmaßnahmen zur Fest-
> stellung der Reaktionen der Bewohner des Grenzgebietes und der Familienange-
> hörigen veranlaßt.
>
> Durch die KD Bernau wird gesichert, daß im VPKA Bernau eingehende Vermißten-
> meldungen konspirativ der KD zugeleitet und in Zusammenarbeit mit der Abteilung
> IX der Bezirksverwaltung für Staatssicherheit Berlin bezüglich weiterer festzu-
> legender Maßnahmen ausgewertet werden.
>
> Die Einleitung weiterer konspirativ zu führender Ermittlungen zu SCHMIDT und
> den Familienangehörigen wird am 3. Dezember 1984 geprüft.
>
> Es ist vorgesehen, die Familienangehörigen des SCHMIDT nicht über seinen Tod
> im Zusammenhang mit dieser Grenzprovokation zu informieren, die Leiche
> konspirativ im Krematorium Berlin-Baumschulenweg einzuäschern und die Urne
> vorerst in der Abteilung IX der Bezirksverwaltung für Staatssicherheit Berlin
> zu verwahren.
>
> Stellv. Leiter der Abteilung   Referatsleiter
>
> Weber   Meißner
> Major   Major

Aus einer Information der Stasi-Bezirksverwaltung Berlin an Minister Mielke vom 2. Dezember 1984 über den »Anschlag auf die Staatsgrenze«

zu bringen. Die in diese Sache verwickelte Person sei überhaupt nicht aus dem Kreis Bernau, ich könne völlig beruhigt sein. Und ich war wirklich etwas beruhigt.

Jetzt drängte ich aber auf eine Vermißtenanzeige. Man versuchte mich abzuwimmeln, aber ich gab nicht nach. Ich brachte alle erforderlichen Unterlagen bei, Fotos und so weiter. Die Kripo setzte die Fahndung in Gang. Man versprach mir, mich sogar mitten in der Nacht zu benachrichtigen. (…)

Am nächsten Tag, inzwischen war Dienstag, ging ich zu unserer Ärztin, um mich krankschreiben zu lassen. Ich fühlte mich nicht in der Lage, Programme zu schreiben. Es war mir unmöglich, mich auf irgend etwas zu konzentrieren. Als ich im Wartezimmer saß, erschien plötzlich ein Herr, klopfte kurz an die Tür des Behandlungszimmers und wurde sofort vorgelassen. Als ich dran war, erfuhr ich von der Ärztin, daß es sich bei dem Herrn um einen Kriminalbeamten des VPKA Bernau gehandelt habe. Er sei wegen der Vermißtenanzeige bei ihr gewesen und hätte einige Unterlagen über Michael benötigt. Die Ärztin zeigte große Anteilnahme, denn sie kannte Michael ja von klein auf. Mir fiel ein Stein vom Herzen. Man suchte ihn. Folglich konnte er der Tote an der Mauer nicht sein. Viel zu spät sollte mir klarwerden, daß Stasi und Kripo ein grausames Spiel mit mir getrieben hatten. Das Erscheinen des Kripomannes zu diesem Zeitpunkt war alles andere als Zufall.

Der Dienstag verging. Wir warteten und warteten, sahen immer wieder die Straße hinunter. Etwa gegen 19 Uhr, ich hatte gerade in meiner Verzweiflung ein paar Schnäpse getrunken, erschienen zwei Herren und stellten sich als Mitarbeiter des Ministeriums für Staatssicherheit vor. Wir fragten sofort nach unserem Sohn. Sie sagten, sie wüßten gar nichts, hätten nur den Auftrag, uns zur Militärstaatsanwaltschaft nach Berlin zu bringen. Meine Frau legte noch schnell einen Zettel mit einer Nachricht unauffällig ab, danach wurden wir mit dem Stasi-Wagen nach Berlin gefahren.

Dort angekommen, wurde ich zunächst alleine in das Büro des Militärstaatsanwalts gebeten. (...) Ich fragte sofort nach meinem Sohn. Meine Frage wurde einfach ignoriert, und es begann ein unsinniges Verhör, dessen Einzelheiten mir entfallen sind. Ich fragte zwischendurch immer wieder nach Michael. Schließlich brach Herr Cras das Verhör ab und erteilte dem Staatsanwalt das Wort. Dieser sagte mir dann, daß Michael beim Versuch, die Staatsgrenze der DDR zu durchbrechen, angeschossen worden sei und trotz aller ärztlichen Bemühungen den Tod gefunden habe. Der Grenzsoldat habe praktisch in Notwehr gehandelt. Ich schrie ihn an, ob Michael vielleicht mit Sand geworfen habe, er könne doch mit einer Waffe überhaupt nicht umgehen. (...)

Einen Moment saß ich wie gelähmt, dann stürzte ich zur Tür, um zu meiner Frau zu gelangen, die im Vorzimmer geblieben war. Die beiden versuchten, mich festzuhalten, aber ich riß mich los. Ich weiß nur noch, wie ich schrie: »Michael ist tot, sie haben ihn ermordet.« Es ist mir nicht mehr möglich, den Rest dieses Abends in allen Einzelheiten zu beschreiben. Das ist wie in einem Nebel aus meinem Gedächtnis verschwunden. Furchtbar waren die Momente, in denen ich meiner Tochter, meinem Sohn und meinen Eltern den Tod unseres Jungen mitteilen mußte. Ihre Schreie und ihr Weinen habe ich heute noch im Ohr. (...)

Unser »Stasi-Betreuer« war offensichtlich bemüht, die Beerdigung so schnell wie möglich zu »erledigen«. Er bestellte uns gleich am nächsten Tag ins Gebäude der Staatsanwaltschaft. Zuerst erhielten wir Verhaltensmaßregeln. Wir sollten jedem »Gerücht« energisch entgegentreten. Notfalls sollten wir uns an ihn wenden. Er würde »Gerüchtemacher« zum Schweigen bringen. Für den Fall, daß Einzelheiten in den westlichen Medien erschienen, drohte er uns Konsequenzen an. Es könne dann unserem Sohn Roland das Studium unmöglich gemacht werden, außerdem würden alle Kontakte zu unseren Westverwandten unterbunden. Auch eigene Ermittlungen verbot er.

Ansonsten war die Stasi von unglaublicher Hilfsbereitschaft, was mich mit großem Mißtrauen erfüllte. Herr Cras betonte immer wieder, was für eine geachtete Familie wir seien. Er bedaure diesen Vorfall zutiefst. Wiederholt sagte er, daß das MfS auf die sonst obligatorische Haussuchung verzichtet habe. Er bot uns an, die gesamte Beerdigung zu organisieren, sogar einen Pfarrer beliebiger Konfession wollte er besorgen. Meinen Vater, der in West-Berlin wohnte, wollte er mit einem Krankenwagen von der Grenze abholen lassen. Interessanterweise wußte er, daß mein Vater schwer gehbehindert war. Ich lehnte all diese Angebote natürlich ab. Der bloße Gedanke, meinen Jungen von einem Stasi-Pfarrer beerdigen zu lassen, verursachte mir Übelkeit. Auch materielle Hilfe wurde uns angeboten. Herr Cras fragte, ob wir Probleme mit der Kohlebeschaffung hätten oder Sorgen mit Autoersatzteilen. Er könne alles kurzfristig besorgen. Ich lehnte auch das ab. (...)

Es folgten furchtbare Tage. Meine Frau hatte manchmal einen solchen Ausdruck in den Augen, daß ich regelrecht Angst bekam. In meinem Inneren tobte ein harter Kampf. Ich glaube heute, daß ich manchmal kurz vor dem Wahnsinn war. So spielte ich mit dem Gedanken, das Wehrkreiskommando Bernau mit einem Molotow-Cocktail in Brand zu setzen, ging sogar schon an dem Gebäude vorbei, um »Maß zu nehmen«. Dabei sah ich, daß in dem Haus auch noch Familien wohnten, und verwarf den Gedanken glücklicherweise. Mir kamen abwechselnd Mord- und Selbstmordgedanken. Monate-, wenn nicht gar jahrelang genügte der Anblick von Grenzsoldaten (ich nannte sie im stillen die »grüne SS«), um mich in einen Zustand wahnsinniger Wut zu bringen.

Allmählich siegte die Vernunft. Mir war klar, daß ich alles tun mußte, meine Familie vor weiterem Schaden zu bewahren. Aber meine Kräfte waren fast am Ende. Ich merkte es einmal deutlich, als plötzlich beim Laufen meine Knie so weich wurden, daß ich fast gestürzt wäre. Mir wurde nicht etwa schwarz vor Augen, die Beine versagten einfach ihren Dienst.

Michaels Beerdigung fand am Montag, dem 10. Dezember 1984, statt. Auf der Fahrt zum Friedhof waren wir unter ständiger Bewachung. Schon in unmittelbarer Nähe unseres Hauses patrouillierte ein Offizier der Bereitschaftspolizei, bewaffnet mit Kalaschnikow und Funkgerät, unterwegs zum Friedhof noch zwei Polizeiposten. Auf dem Friedhof selbst sah man noch mehrere auffällig unauffällige Herren. Das Schlimmste war, daß auch Herr Cras vom MfS – gewissermaßen als Trauergast verkleidet – an der Beerdigung teilnahm. (…)

Meine Hauptsorge auf der Beerdigung galt meiner Frau. Sie weinte ohne Unterbrechung seit dem frühen Morgen, und ich glaubte manchmal, sie würde zusammenbrechen. Es war ein furchtbarer Moment, als der Sarg mit unserem Michael in die Erde gesenkt wurde. (…)

Ich erholte mich sehr langsam. (…) Es ergaben sich auch immer wieder neue Belastungen. Da feierte die SED-Clique den 25. Jahrestag des Mauerbaus mit großem Pomp und Jubel, oder man hörte von erneuten Grenzzwischenfällen mit tödlichen Folgen. Aber auch vom Westen kamen Tiefschläge. Der schlimmste war die Forderung der SPD und der Grünen nach Schließung der Erfassungsstelle Salzgitter. Die Existenz dieser Erfassungsstelle war für uns der einzige Hoffnungsschimmer, daß die Morde an der Mauer jemals aufgeklärt und die Täter ihrer Bestrafung zugeführt werden könnten. Parteien, die sich demokratisch nennen, forderten die Auflösung. Ich begreife das bis heute nicht. (…)

Ich höre manchmal, daß es Menschen gibt, die sich die Mauer zurückwünschen, weil es ihnen doch nicht so gut geht, wie sie sich das vorgestellt hatten. Sie mögen, bevor sie einen solchen Unsinn daherreden, an das grausame Schicksal derer denken, die an diesem Bauwerk ihr Leben lassen mußten.

»Straftat nach dem Recht der DDR ausreichend bestimmt«
Aus der schriftlichen Urteilsbegründung des Europäischen Gerichtshofs für Menschenrechte zur Strafverfolgung von DDR-Grenzschützen und ihren Befehlsgebern*

Der Europäische Gerichtshof für Menschenrechte hat am 22. März 2001 die Strafverfolgung von DDR-Grenzschützen und ihren Befehlsgebern durch die bundesdeutsche Justiz grundsätzlich bestätigt. Beschwerdeführer vor dem Gerichtshof in Straßburg waren Heinz Keßler, Fritz Streletz und Egon Krenz sowie der ehemalige Grenzsoldat Karl-Heinz Winkler. (Eine »Gesellschaft für Bürgerrechte und Menschenwürde e. V.« sowie die »Gesellschaft zur rechtlichen und humanitären Unterstützung« – ein Verein des Leipziger Stasi-Chefs Hummitzsch – haben 1998 nach eigenen Angaben die Klagen in Straßburg mit 50 000 DM zur Begleichung der Anwaltshonorare unterstützt.)[40] Sie hatten ihre Verurteilung durch deutsche Gerichte als Verstoß gegen das sogenannte Rückwirkungsverbot gerügt, das in Artikel 7 der Europäischen Menschenrechtskonvention festgeschrieben ist: »Niemand darf wegen einer Handlung oder Unterlassung verurteilt werden, die zur Zeit ihrer Begehung nach innerstaatlichem oder internationalem Recht nicht strafbar war.«

    1. Beschwerden Keßler, Streletz, Krenz

Im vorliegenden Fall haben die deutschen Gerichte die Beschwerdeführer wegen ihrer Verantwortung für den Tod zahlreicher Personen verurteilt, die versucht hatten, die Grenze zwischen den zwei deutschen Staaten zu überschreiten, zum Teil mit sehr einfachen Hilfsmitteln wie einer Leiter.

---

*An der Entscheidung der Großen Kammer des Gerichtshofs haben mitgewirkt jeweils ein Vertreter aus Deutschland, Finnland, Frankreich, Griechenland, Großbritannien, Kroatien, Lettland, Liechtenstein, Mazedonien, Portugal, Rußland, San Marino, Schweden, der Schweiz, Slowenien, Tschechien und Zypern.

Die Opfer waren zumeist sehr jung – das jüngste war 18 und vier weitere erst 20 Jahre alt –, sie waren unbewaffnet, stellten für niemanden eine Bedrohung dar und wollten lediglich die DDR verlassen, da damals eine legale Ausreise für den normalen Bürger, abgesehen von Rentnern und einigen Privilegierten, so gut wie unmöglich war (siehe die Vorschriften der DDR über die Ausgabe von Pässen und Visa). Ihr Versuch, über die Grenze zu gelangen, wenngleich nach dem Recht der DDR verboten, konnte daher nicht als Verbrechen eingestuft werden, da keiner der versuchten Grenzübertritte zur Kategorie der schweren Fälle in Paragraph 213, Absatz 3 des Strafgesetzbuches der DDR gehörte. (...)

Ziel der von den Beschwerdeführern durchgesetzten Staatspraxis war es, die Grenze zwischen den zwei deutschen Staaten »unter allen Bedingungen« zu schützen, um die Existenz der DDR zu sichern, die durch die Massenflucht ihrer eigenen Bevölkerung bedroht war. Der Gerichtshof betont jedoch, daß die hier geltend gemachte Staatsräson ihre Grenzen in der Verfassung und in der Gesetzgebung der DDR selbst finden muß; sie hat vor allem das unerläßliche Gebot zu beachten, Menschenleben zu schützen, wie es die Verfassung der DDR, das Volkspolizei-Gesetz und das Grenzgesetz festlegten, wobei zu berücksichtigen ist, daß das Recht auf Leben zur Tatzeit bereits international den obersten Rang in der Wertehierarchie der Menschenrechte einnahm.

Der Gerichtshof ist der Meinung, daß die Verwendung von Minen und Selbstschußanlagen angesichts ihrer automatischen und blinden Wirkung sowie die kategorische Art der Befehle an die Grenztruppen, »Grenzverletzer zu vernichten und den Schutz der Staatsgrenze unter allen Bedingungen zu gewährleisten«, offensichtlich die in Artikel 19 und 30 der DDR-Verfassung verankerten Grundrechte verletzt haben, die im wesentlichen durch das StGB der DDR (Paragraph 213) sowie durch die nachfolgenden Gesetze über die Grenze der DDR (Paragraph 17, Absatz 2 Volkspolizei-Gesetz 1968 und Paragraph 27, Absatz 2 Grenzgesetz von 1982) bekräftigt wurden.

Diese Staatspraxis verstieß auch gegen die Verpflichtung, die Menschenrechte zu wahren und die anderen völkerrechtlichen Verpflichtungen der DDR einzuhalten, die am 8. November 1974 den »Internationalen Pakt über bürgerliche und politische Rechte« ratifiziert hatte, in dem das Recht auf Leben und auf Freizügigkeit ausdrücklich anerkannt werden. (...)

Der Gerichtshof hält außerdem fest, daß die Beschwerdeführer zu ihrer Rechtfertigung auf den Schießbefehl verweisen, den sie selbst den Grenztruppen erteilt hatten, und auf die darauf beruhende Staatspraxis, deretwegen sie verurteilt worden sind. Nach allgemeinen Rechtsgrundsätzen aber kann ein Angeklagter sein Verhalten, das zu seiner Verurteilung geführt hat, nicht mit der einfachen Feststellung rechtfertigen, daß es dieses Verhalten tatsächlich gab und es daher eine Praxis darstellte. (...)

Die Beschwerdeführer machen jedoch geltend, daß ihre Verurteilung durch die deutschen Gerichte angesichts der tatsächlichen Verhältnisse in der DDR nicht vorhersehbar gewesen sei und daß es für sie völlig unmöglich gewesen sei vorherzusehen, daß sie sich eines Tages wegen veränderter Umstände vor einem Strafgericht zu verantworten haben würden. Der Gerichtshof ist von dieser Argumentation nicht überzeugt. Die Kluft zwischen der Gesetzgebung der DDR und ihrer Staatspraxis war weitgehend das Werk der Beschwerdeführer selbst. Wegen ihrer hochrangigen Stellung im Staatsapparat der DDR haben sie offensichtlich nicht in Unkenntnis sein können von Verfassung und Gesetzgebung ihres Landes und auch nicht von den völkerrechtlichen Verpflichtungen der DDR und der Kritik an ihrem Grenzregime, die international geäußert worden ist. Außerdem hatten sie selbst dieses Grenzregime errichtet oder aufrechterhalten, indem sie den im Gesetzblatt der DDR veröffentlichten Rechtsvorschriften geheime Befehle und Dienstanweisungen über die Befestigung und Verbesserung der Grenzschutzeinrichtungen sowie über den Gebrauch der Schußwaffe überordneten. Im Schießbefehl an die Grenztruppen hatten sie vor allem mit Nachdruck auf die Notwendigkeit hingewiesen, die Grenzen der DDR »unter allen Bedingungen« zu schützen und »Grenzverletzer« festzunehmen oder »zu vernichten«. (...)

Der Gerichtshof hält es für legitim, daß ein Rechtsstaat strafrechtliche Ermittlungen gegen Personen führt, die unter einem früheren Regime Straftaten begangen haben. Ebenso kann man den Gerichten eines solchen Staates, die an die Stelle der früheren Gerichte getreten sind, nicht vorwerfen, daß sie die zur Tatzeit geltenden Rechtsvorschriften im Lichte der

Grundsätze angewendet und ausgelegt haben, die in einem Rechtsstaat gelten. (...)

Der Gerichtshof meint daher, daß sich die Beschwerdeführer, die als führende Repräsentanten der DDR den Anschein von Rechtmäßigkeit auf der Grundlage der Rechtsordnung der DDR geschaffen hatten, dann aber eine Staatspraxis begründet oder aufrechterhalten haben, die offensichtlich die ureigenen Grundsätze jenes Rechtssystems mißachteten, nicht auf den Schutz von Artikel 7, Absatz 1 der Europäischen Menschenrechtskonvention berufen können.

2. Beschwerde Karl-Heinz Winkler
Das Landgericht Berlin verurteilte den Beschwerdeführer (...) wegen Totschlags. Das Landgericht warf ihm vor, in der Nacht vom 14. zum 15. Februar 1972 zusammen mit noch einem anderen Grenzsoldaten fünf Feuerstöße abgegeben und dadurch den Tod eines Flüchtlings verursacht zu haben, der schwimmend Ost-Berlin zu verlassen versucht hatte. (...)

Der Beschwerdeführer wendet jedoch ein, er sei als Grenzsoldat das letzte Glied in einer militärischen Befehlskette gewesen und habe stets den Befehlen gehorcht, die man ihm erteilt habe. Seine Verurteilung durch die deutschen Gerichte sei also nicht vorhersehbar gewesen, und für ihn sei es völlig unmöglich gewesen vorherzusehen, daß er sich eines Tages wegen veränderter Umstände vor einem Strafgericht zu verantworten haben würde. (...)

Daher stellt sich im vorliegenden Fall die Frage, inwieweit der Beschwerdeführer als einfacher Soldat wußte oder wissen mußte, daß das Schießen auf Personen, die lediglich die Grenze überschreiten wollten, nach dem Recht der DDR eine Straftat war.

Dazu erinnert der Gerichtshof zunächst daran, daß die geschriebenen Texte jedermann zugänglich waren: Es handelte sich um die Verfassung und das Strafgesetzbuch der DDR und nicht um obskure Verordnungen. Der Grundsatz: »Niemand kann sich auf Unkenntnis des Gesetzes berufen« gilt auch für den Beschwerdeführer.

Außerdem hatte sich der Beschwerdeführer freiwillig auf drei Jahre bei der Volksarmee verpflichtet. Jeder Bürger der DDR aber kannte die restriktive Politik des Staates im Bereich der Freizügigkeit, die Art des Grenzregimes, den Wunsch der Mehrheit der Bevölkerung auszureisen sowie den Umstand, daß einige Bürger, »Republikflüchtlinge« genannt, mit allen Mitteln versuchten, an ihr Ziel zu gelangen. Der Beschwerdeführer wußte also oder mußte wissen, daß die Verpflichtung zum Wehrdienst auf drei Jahre ein Treuebekenntnis zum bestehenden Regime beinhaltete und die Möglichkeit einschloß, an die Grenze abkommandiert zu werden, wo er in die Lage kommen konnte, auf unbewaffnete Flüchtlinge schießen zu müssen.

Außerdem kann sich nach Auffassung des Gerichtshofs auch ein einfacher Soldat nicht vollkommen und blindlings auf Befehle berufen, die offensichtlich nicht nur die ureigenen Rechtsgrundsätze der DDR, sondern auch die völkerrechtlich geschützten Menschenrechte verletzten, insbesondere das Recht auf Leben, das den obersten Rang in der Wertehierarchie der Menschenrechte einnimmt. (…)

Unter Berücksichtigung all dessen entscheidet der Gerichtshof, daß die Tat des Beschwerdeführers zur Tatzeit eine Straftat darstellte, die nach dem Recht der DDR ausreichend zugänglich und vorhersehbar bestimmt war.[41]

In zwei beipflichtenden Voten stellte Richter Loucaides (Zypern) fest, »daß das Verhalten, für das die Beschwerdeführer verurteilt wurden, ein Verbrechen gegen die Menschlichkeit nach Völkergewohnheitsrecht darstellt«. Ein solches Verbrechen liege »im Falle der Begehung von Mord an einer Zivilbevölkerung vor, wenn diese als Teil eines systematischen oder organisierten Vorgehens in Verfolgung einer bestimmten Politik stattfindet«.

Dagegen sahen die Vertreter Finnlands, Sloweniens und Portugals in der Verurteilung des ehemaligen Grenzsoldaten Winkler einen Verstoß gegen das Rückwirkungsverbot. Der portugiesische Richter Cabral Barreto begründete dies unter anderem damit, »daß der Beschwerdeführer im sicheren Glauben handelte, daß sein Verhalten rechtmäßig war«. In der DDR hätte »jede normale Person in der gleichen Situation in derselben Weise gehandelt«.

ANHANG

Dank

Ich danke allen, die mir halfen, dieses Buch schreiben zu können. Ich danke meiner Andrea.

Autor und Verlag danken für die finanzielle Unterstützung der Käthe-Dorsch-Stiftung und der Stiftung zur Aufarbeitung der SED-Diktatur.

Roman Grafe
Herbst 2004

Anmerkungen

Die Beschreibungen der Verhandlungen erfolgten überwiegend auf der Grundlage von Notizen des Autors sowie ergänzend mit Hilfe folgender Medien:
Agenturen dpa, Reuters, ADN, AP
Zeitungen Der Tagesspiegel, Berliner Zeitung, Frankfurter Allgemeine Zeitung, Frankfurter Rundschau, Die Welt, Welt am Sonntag, Berliner Morgenpost, Süddeutsche Zeitung
Weitere Quellen waren Anklageschriften, Anträge und Erklärungen von Prozeßbeteiligten sowie Beschlüsse und Urteile der Gerichte.

Die einleitenden Zitate stammen aus folgenden Quellen:
Seite 9   Kurt Tucholsky: Peter Panter: »Interview mit sich selbst«, »Berliner Tageblatt«, 3. September 1919.
Seite 11 Horst Krüger: »Die Mauer«, Hörfunk-Feature, Sender Freies Berlin 1981.
Seite 39 Wolf Biermann: Nachwort zu »Alle Gedichte«, Köln 1995.
Seite 259 Aussage des in die Bundesrepublik geflüchteten DDR-Grenzsoldaten Werner M.: Protokoll der Zentralen Erfassungsstelle Salzgitter vom 14. Juni 1963, Sammelakten Salzgitter, EG Bd. I-IV, zitiert nach Weber/Piazolo, Diktatur, S. 72.

Erster Teil

1 Jürgen Serke: »Das ausgestrichene Leben des Chris Gueffroy«, in: »Die Welt«, 2. Juni 1990; Urteil des LG Berlin in der Strafsache gegen Kühnpast u. a. vom 20. Januar 1992, Az. (523) 2 Js 48/90 (9/91).

2 Az. Ks 14/63 - 17 Js 150/63; s. a. BGH-Urteil vom 2. Februar 1960, NJW 1960, S. 876ff.

3 »Der Spiegel« Nr. 27/1991; »Die Zeit«, 1. November 1991; Urteil des LG Berlin in der Strafsache gegen Kühnpast u. a. vom 20. Januar 1992, Az. (523) 2 Js 48/90 (9/91); s. a. Urteile des Bundesverfassungsgerichts vom 18. Dezember 1953 (BVerfGE 3, S. 232f.) und vom 14. Februar 1968 (BVerfGE 23, S. 98f.) sowie »Süddeutsche Juristen-Zeitung« 1946, S. 105ff., auch in: Gustav Radbruch: »Der Mensch im Recht«, Göttingen 1957, S. 111ff.

4 BGH-Urteil in der Strafsache gegen Walther und Hapke vom 3. November 1992, Az. 5 StR 370/92; BGH-Urteil in der Strafsache gegen Heinrich vom 25. März 1993, Az. 5 StR 418/92; Urteil des LG Berlin gegen Heinrich vom 14. März 1994, Az. 527 - 3/93.

5 »Deutschland-Archiv« Nr. 1/1993, S. 3ff. und 97ff.; »die tageszeitung«, 22., 23. Dezember 1992; AFP, 25. Januar 1993; »Der Tagesspiegel«, 17. September 1993; Urteil des LG Berlin in der Strafsache gegen Keßler u. a. vom 16. September 1993, Az. (527) 2 Js 26/90 Ks (10/92); Christoph Schaefgen: »Der Honecker-Prozeß«, in: Weber/Piazolo, Diktatur; BGH-Urteil in der Strafsache gegen Keßler u. a. vom 26. Juli 1994, Az. 5 StR 98/94.

6 Interview mit Fritz Streletz am 8. Mai 1998; BStU AIM 17164/81; »Neues Deutschland«, 3. Mai 1980, Abschlußbericht des Ausschusses zur Untersuchung von Fällen von Amtsmißbrauch, Korruption und persönlicher Bereicherung in der NVA und den Grenztruppen vom 15. März 1990, BA-MA Freiburg, MfNV, DVW 1/43671.

Zweiter Teil

1 Statut des MfNV vom 15. Juli 1969, BA-MA Freiburg, VA-01 23743.
2 »Die Welt« und »Berliner Morgenpost«, 28. März 1995.
3 »Deutschland-Archiv« Nr. 1/2002, S. 59ff.; »Der Tagesspiegel«, 19. Mai 2001 und 9. November 2003.
4 BA-MA Freiburg, G T 6217.
5 Ärztlicher Bericht Dr. Stoll vom 30. Juli 1976.
6 Protokoll der Kollegiumssitzung vom 4. Dezember 1971, BA-MA Freiburg.
7 »Neues Deutschland«, 4. September 1995.
8 Urteil des LG Neuruppin vom 19. Dezember 1995, Az. 12 Ks 61 Js 109/94 (61/94); BStU, HA I 5801, S. 284ff.
9 Urteil des LG Mühlhausen vom 20. November 1996, Az. 560 Js 96163/95 - 4 Ks jug.
10 Urteil des LG Berlin vom 5. Februar 1992, Az. (518) 2 Js 63/90 KLs (57/91), BGH-Urteil vom 3. November 1992, Az. 5 StR 370/92; BStU, ZAIG 16091, S. 1-5.
11 BStU, AIM 4217/87 u. KS II 413/81.
12 Kopie des »Bekenntnisses« im Archiv des Autors, zitiert auch im Plädoyer der Staatsanwaltschaft im Verfahren gegen Wöllner u. a., S. 38/39.
13 Urteil des LG Berlin vom 10. Mai 2004, Az. (529) 27 Js/56 Js 275/03 (9/03).
14 Bericht vom 25. Juli 1988, BStU, BV Bln., XX 2060/86, S. 359-362.
15 Deutschlandfunk, 2. Dezember 1986, 22.10 Uhr, Abdruck in: »Deutschland-Archiv« Nr. 1/1987, S. 106ff.
16 AP, 15. Februar 1990.
17 »Der Tagesspiegel«, 27. Februar und 5. März 1996.
18 Taylor, Prozesse, S. 519ff.; Internationaler Militärgerichtshof, Der Prozeß, Bd. 22, S. 460f.
19 Urteil des LG Berlin vom 21. März 1995, Az. (513) 2 Js 101/90 KLs (59/93).
20 »Der Spiegel« Nr. 42/1977 und 19/1978.
21 »Der Spiegel« Nr. 10/1993; »die tageszeitung«, 12. Februar 1993.
22 »Der Spiegel« Nr. 43/1992.
23 Dokument vom 10. Mai 1982, hrsg. von der Politischen Hauptverwaltung der Grenztruppen, BA-MA Freiburg, VVS Nr. G/689168.
24 BA-MA Freiburg, GTÜ AZN 015344, S. 89-95.
25 Aussage Rudolf Höß, in: Taylor, Prozesse, S. 425.
26 BA-MA Freiburg, GVS-Nr. G 700 374, Az. 390 205, Referat Baumgarten vom 2. November 1984.
27 BStU, MfS AIM 11538/89.
28 Anweisung Streletz vom 3. April 1989, BA-MA Freiburg, GTÜ-AZN 17210.

29 BStU, HA VI 1308.
30 »Neues Deutschland«, 2. Mai 1968.
31 BStU, MfS AIM 11458/89.
32 Aussage vom 31. August 1946, in: Internationaler Militärgerichtshof, Der Prozeß, Bd. 22, S. 452.
33 »Freiheit«, 6. November 1959.
34 »Volksarmee«, Nr. 41/1963.
35 Politbürobeschluß zu grundlegenden Instruktionen für die politische Arbeit in der NVA vom 21. Mai 1957 (galt sinngemäß auch für die Deutsche Grenzpolizei) sowie Dienstvorschriften 018/0/008 des Grenztruppen-Chefs vom 5. August 1974 und vom 15. Oktober 1985.
36 Aussage vom 31. August 1946, in: Internationaler Militärgerichtshof, Der Prozeß, Bd. 22, S. 425.
37 Ansprache beim Abendessen mit Erich Honecker am 7. September, veröffentlicht im »Neuen Deutschland«, 8. September 1987.
38 »Der Spiegel« Nr. 50/1994.
39 »Deutschland-Archiv« Nr. 8/1978, S. 849ff., und Nr. 11/1984, S. 1183ff.
40 Geheime Verschlußsache vom 4. Mai 1976, BA-MA Freiburg, GT 6512.
41 Heydecker, Joe J., und Johannes Leeb: »Der Nürnberger Prozeß«, Köln 1979, S. 101ff.
42 Hartung, Wolfgang, und Thomas Holl: »Anwaltliche Berufsordnung«, München 1997.
43 Kaderakte Frank Osterloh, BStU, ZA, 30050/M.
44 Statistik Roman Grafe vom Frühjahr 1998 nach Auskünften der Pressestellen der Landesjustizverwaltungen.
45 Das Verfahren wurde vom Berliner Landgericht wegen »geringer Schuld« und Verhängung einer Geldbuße eingestellt.
46 Kaderakte Frank Osterloh, BStU, ZA, 30050/M.
47 »Deutschland-Archiv« Nr. 2/1997, S. 196ff.
48 BStU, ZA, MfS JHS 21902.
49 Urteil vom 7. Juli 1978, s. a. BStU, AU 5737/80.
50 »Die Welt«, 10. Juli 1978.
51 Statistik Roman Grafe vom Frühjahr 1998 nach Auskünften der Pressestellen der Landesjustizverwaltungen.
52 Protokoll der Politbüro-Sitzung vom 24. Februar 1959, SAPMO-BArch J IV 2/2/633; Protokoll der NVR-Sitzung vom 15. Juni 1960, BA-MA Freiburg, VA-01/39459.
53 Aussage vom 31. August 1946, in: Internationaler Militärgerichtshof, Der Prozeß, Bd. 22, S. 429.
54 Urteil vom 10. September 1996, Az. (536) 2 Js 15/92 Ks (2/95).
55 dpa, 20. Oktober 1996.
56 Entscheidung des Bundesverfassungsgerichts über die Beschwerden von Albrecht u. a. vom 24. Oktober 1996, Az. 2 BvR 1875/94, 1853/94, 1851/94, 1852/94.
57 Urteil vom 16. Dezember 1997, Az. 21 Ks 17/95.
58 Urteil des LG Berlin vom 24. Juli 2000, Az. (529) 26 Js 2/94 Ks (19/94).

59 Abschlußbericht Worbs über die Erprobung der SM 70 vom 15. September 1971, BA-MA Freiburg, GT 5490.
60 Urteil vom 30. Juli 1997, Az. (536) 25 Js 112/95 Ks (1/97).
61 Der verurteilte Dieter Mühlmann war Chef der Rückwärtigen Dienste (1982–1990). Im selben Prozeß erhielt Kaderchef Günter Strobel eine Gefängnisstrafe von zweieinhalb Jahren (Urteil vom 11. Juni 1999, Az. 536 - 26 Js 7/95 Ks - 1/99).
62 Roland Fabian beantragte die Aufhebung des Urteils, der BGH lehnte die Revision ab und stellte fest, daß er der Beihilfe zum Totschlag schuldig sei. Urteil des LG Berlin vom 15. Dezember 2000, Az. (536) 27/2 Js 299/91 Ks (2/2000); BGH-Urteil vom 6. November 2001, Az. 5 StR 455/01.
63 SAPMO-BArch, Büro Axen, IV 2/2.035/60.
64 »Neues Deutschland«, 29. November 1986.
65 Dokumentiert u. a. im Protokoll der Politbüro-Sitzung vom 31. Juli 1962, SAPMO-BArch J IV 2/2/841.
66 Urteil vom 9. November 1994, Az. (523 a) 2 Js 98/90 Ks (5/94); BStU, Neiber 122, S. 20 ff. Der stellvertretende Kompaniechef wird am 10. März 1999 vom LG Berlin wegen der Erteilung des Schießbefehls zu zwei Jahren Haft auf Bewährung verurteilt. (Az. 523 - 27/2 Js 973/92 Ks - 1/98).
67 »Deutschland-Archiv« Nr. 11/1984, S. 1183ff.; »Deutschland-Archiv« Nr. 2/1997, S. 204.
68 »Neue Justiz« 1977, S. 26f.
69 Hartung/Holl, Berufsordnung.
70 AFP, 29. Januar 1992.
71 »Der Abend«, 7. Dezember 1978; »Berliner Morgenpost«, 19. September 1979; »Der Tagesspiegel«, 25. Oktober 1981.
72 AFP, 30. November 1990; Reuters, 19. Dezember 1991; AP, 4. Mai 1995; dpa, 13. Juni 1995.
73 »die tageszeitung«, 20. Oktober 1995.
74 Siehe auch Göring über »Siegerjustiz«, in: Taylor, Prozesse, S. 715.
75 Herbert Jäger: »Verbrechen unter totalitärer Herrschaft«, Freiburg 1967, S. 314.
76 Urteil vom 30. Mai 1997, Az. (535) 26/2 Js 433/92 Ks (3/95).
77 Urteil vom 24. Juli 1998, Az. (528) 26 Js 1/96 (10/96).
78 BStU, AGM 619, S. 19ff.; »Neues Deutschland«, 23. Juli 1997.
79 »Süddeutsche Zeitung«, 3. Dezember 1984, »Neues Deutschland«, 1. Dezember 1984.
80 Michael Klonovsky in: »Der Morgen«, 30. Mai 1991.
81 BStU, AGM 619, S. 19ff.
82 Ausbildungsanleitung vom 1. März 1983.
83 »Neues Deutschland«, 31. Dezember 1985.
84 »Berliner Zeitung«, 13. August 1996; »Märkische Oderzeitung«, 14. August 1997.
85 BA-MA Freiburg, P/000648, S. 84–109.
86 Urteil des LG Berlin in der Strafsache gegen Schabowski u. a., Az. (527) 25/2 Js 20/92 Ks (1/95).
87 Munzinger-Archiv; »Berliner Zeitung«, 24. Januar 1990.
88 »Neues Deutschland«, 12. Februar 1989.

89 Grafe, Die Grenze, S. 355; »Deutschland-Archiv« Nr. 3/1999, S. 472.
90 Munzinger-Archiv; »Neues Deutschland«, 19. Oktober 1989.
91 Unabhängige Untersuchungskommission: »Report zu den Ereignissen vom 7./8. Oktober 1989 in Berlin«, Berlin 1991, S. 147ff. und S. 322f.; »Berliner Zeitung«, 15. Februar 1990.
92 »Frankfurter Allgemeine Zeitung«, 8. November 1994.
93 »Süddeutsche Zeitung«, 3. Oktober 1997.
94 »Der Spiegel« Nr. 35/1999; »Neues Deutschland«, 28. Oktober 1999.
95 BGH-Urteil in der Strafsache gegen Schabowski u. a., Az. 5 StR 632/98.
96 Deutschland-Radio, 9. November 1999; ARD, 7. November 1999; »Deutschland-Archiv« Nr. 2/2000, S. 290ff.; »Der Spiegel« Nr. 45/99.
97 Pressemitteilung 64/2000 der Berliner Justizverwaltung; »Frankfurter Rundschau«, 7. September 2000; »Deutschland-Archiv« Nr. 6/2000, S. 996ff.; »Der Tagesspiegel«, 15. August 2001.
98 Urteil des LG Berlin vom 7. Juli 2000, Az. (532) 25 Js 4/94 Ks (9/96); Urteil des BGH vom 6. November 2002, Az. 5 StR 281/01; Erklärung Häber vor dem LG Berlin, DA Nr. 4/2000, S. 682ff.; Urteile des LG Berlin gegen Häber vom 11. Mai 2004 und gegen Böhme/Lorenz vom 6. August 2004, Az. (540) 25 Js 4/94 Ks (3/03).
99 »Frankfurter Allgemeine Zeitung«, 11. Januar 2004.

Dritter Teil

1 Urteil des LG Potsdam vom 9. Dezember 1992, Az. 3 Ks 67/92, BGH-Urteil vom 20. Oktober 1993, Az. BGH 5 StR 473/93.
2 Urteil des LG Berlin vom 17. Juni 1993, Az. (513) 2 Js 55/91 KLs (15/92); BGH-Urteil vom 26. Juli 1994, Az. 5 StR 167/94; Beschluß des Bundesverfassungsgerichts vom 24. Oktober 1996, Az. 2 BvR 1852/94.
3 Urteile des LG Schweinfurt vom 1. Juli 1993 und vom 20. Juni 1994, Az. 2 Ks 11 Js 4457/92, BGH-Urteil vom 18. Januar 1994, Az. 1 StR 740/93.
4 Urteil des LG Berlin vom 16. November 1993, Az. (529) 27/2 Js 161/90 Ks (19/93), BGH-Beschluß vom 20. März 1995, Az. 5 StR 378/94.
5 Urteil des LG Berlin vom 12. September 1995, Az. (528) 2 Js 79/91 Ks (8/92); BGH-Urteil vom 17. Dezember 1996, Az. 5 StR 137/96.
6 Urteil des LG Magdeburg vom 29. Mai 1996, Az. 22 Ks 33 Js 24710/94 (20/94); »Der Spiegel« Nr. 37/1995.
7 Urteil vom 21. Juni 1996, Az. (527) 27/2 Js 110/90 (1/96); BA-MA Freiburg, GTÜ-AZN 10217.
8 Urteil vom 10. September 1997, Az. 503 KLs 16/95 - 33 Js 20365/95.
9 Urteil vom 29. Mai 1997, Az. 33 KLs (48/94); dpa, 20. und 29. Mai 1997.
10 BStU, ZAIG 696.
11 Aussage Gisela Geue auf der 100. Pressekonferenz der »Arbeitsgemeinschaft 13. August« am 10. August 1993.
12 Erklärung vom 3. März 1997.

13 Urteil des LG Berlin in der Strafsache Friedrich/Schreiber vom 5. März 1997, Az. (521) 27/2 Js 83/90 Ks (28/96).
14 »Neues Deutschland«, 29. August 1962.
15 Urteil vom 18. April 1997, Az. (507) 27/2 Js 106/90 KLs (32/95); BStU, AS 640/70, Bd. 5, S. 201-223.
16 Urteil des LG Berlin vom 13. Januar 1995, Az. (523 a) 2 Js 71/91 Ks (2/94); BGH-Urteil vom 4. März 1996, Az. 5 StR 494/95; Urteil des LG Berlin vom 23. April 1997, Az. (540) 2 Js 71/91 Ks (29/96).
17 Urteil des LG Berlin vom 26. März 1998, Az. (531) 26 Js 1/95 Ks (9/95); BGH-Beschluß vom 8. November 1999, 5 StR 732/98.
18 Urteil des LG Berlin gegen Geier vom 27. August 1999, Az. (529) 26 Js 14/96 Ks (10/99); Urteil gegen Frömming u. a. vom 28. Juni 1999, Az. (529) 26 Js 14/96 Ks (3/97).
19 Urteil vom 7. April 1999 gegen Klaus Joachim Heider, Otto Knopf, Jochen Lehmann und Harald Standfuß wegen Beihilfe zum Totschlag, Az. (536) 26 Js 5/95 Ks (2/99).
20 Urteil vom 12. Februar 1999, Az. 560 Js 98264/94 - 1 Ks.
21 Anklagen der StA Magdeburg vom 26. Juli 1995, Az. 33 Js 3441/95 und vom 21. Juli 1997, Az. 653 Js 16982/97; Urteil des LG Stendal gegen Fritjof Banisch, Frank Boraschke, Horst Gäbler, Alfred Hamberger, Werner Heinig, Lantfrid Kaltofen, Manfred Krannich, Siegfried Schumacher vom 7. März 2000, Az. 502 Ks - 33 Js 27976/95 - 16/95; BGH-Urteil vom 8. März 2001, Az. 4 StR 453/00.
22 Wolfgang Schäuble: »Der Vertrag«, Stuttgart 1991, S. 268.
23 Urteil vom 21. August 2000, Az. (529) 27 Js 2/99 Ks (19/98); s. a. Urteil des LG Berlin gegen Fabian vom 15. Dezember 2000, Az. (536) 27/2 Js 299/91 Ks (2/2000).
24 Urteil vom 15. April 1998, Az. (536) 27 Js 71/97 (1/98).
25 BGH-Urteil vom 29. Juni 1965, Az. 1 StR 151/65; NJW 1951, S. 522.
26 »Süddeutsche Zeitung«, 8. Januar 2000.
27 Marxen/Werle, Strafjustiz, S. XXVIIff.
28 Urteil des LG Magdeburg vom 30. Juni 2000, Az. 21 Ks 653 Js 28630/97 (20/97); BGH-Urteil vom 17. Mai 2001, Az. 4 StR 520/00; Urteil des LG Dessau vom 14. Juni 2002, Az. 1 Ks 653 Js 28630/97 (1/01 Z); Antrag StA im ersten Prozeß: sechseinhalb Jahre wegen Totschlags.
29 Urteil des LG Stendal vom 26. November 1999, Az. 502 Ks 33 Js. 37063/95 (21/95).
30 Urteil des LG Meiningen vom 8. Dezember 1999, Az. 520 Js 18883/99 1 Ks.
31 Bei den durch Splitterminen Getöteten handelt es sich um einen etwa zwanzigjährigen Mann (Sommer 1982 bei Breitenrode) sowie um Harry Weltzin (4. September 1983 bei Kneese); schwer verletzt wurde Günter Niedworok (7. Februar 1982 bei Ohrsleben). Urteil des LG Stendal vom 24. Mai 2000, Az. 502 Ks - 654 Js 41887/98 - 9/98 sowie BGHSt 40, S. 218, 232.
32 BGH-Urteil vom 29. Januar 1952, BGHSt 2, S. 234ff.
33 Fischer, Thomas, und Herbert Tröndle: »Kommentar Strafgesetzbuch«, München 2001.
34 »Deutschland-Archiv« Nr. 6/1992, S. 578; Rummler, Gewalttaten, S. 24f.; Fischer/Tröndle, StGB-Kommentar, S. 225ff.; Grafe, Die Grenze, S. 250.

35 »Der Tagesspiegel«, 29. Januar 2000, 21. Oktober 1999, 19. August 1999, 10. Dezember 1999, 15. August 2000.
36 Rummler, Gewalttaten, S. 54.
37 Siehe auch Norbert Frei: »Vergangenheitspolitik«, München 1996, sowie Bert-Oliver Manig: »Die Politik der Ehre. Die Rehabilitierung der Berufssoldaten in der frühen Bundesrepublik«, Göttingen 2004.
38 Wolfgang Naucke: »Die strafjuristische Privilegierung staatsverstärkter Kriminalität«, Frankfurt (Main) 1996, S. 28f.
39 »die tageszeitung«, 20. Oktober 1995.
40 »Neues Deutschland«, 2. Juni 1998.
41 Urteil vom 22. März 2001, Beschwerden Nr. 34044/96, 35532/97, 44801/98 und 37201/97, übersetzt von Dr. Jens Meyer-Ladewig und Prof. Dr. Herbert Petzold (NJW 2001, S. 3035ff.). Mit freundlicher Genehmigung der »Neuen Juristischen Wochenschrift«.

Ausgewählte Literatur

Courtois, Stephane, u. a.: »Das Schwarzbuch des Kommunismus«, München 1998.
Filmer, Werner, und Heribert Schwan: »Opfer der Mauer«, München 1991.
Froh, Klaus, und Rüdiger Wenzke: »Die Generale und Admirale der NVA«, Berlin 2000.
Grafe, Roman: »Die Grenze durch Deutschland. Eine Chronik von 1945 bis 1990«, Berlin 2002.
Internationaler Militärgerichtshof: »Der Prozeß gegen die Hauptkriegsverbrecher«, Nürnberg 1947, ND München 1989.
Lienicke, Lothar, und Franz Bludau: »Todesautomatik«, Frankfurt (Main) 2003.
Marxen, Klaus, und Gerhard Werle (Hrsg.): »Strafjustiz und DDR-Unrecht: Gewalttaten an der deutsch-deutschen Grenze«, Berlin 2002.
Müller-Enbergs, Helmut u. a.: »Wer war wer in der DDR«, hrsg. von der Bundeszentrale für politische Bildung, Bonn 2000.
Naucke, Wolfgang: »Die strafjuristische Privilegierung staatsverstärkter Kriminalität«, Frankfurt (Main) 1996.
Redaktion »Neue Justiz« (Hrsg.): »Der Politbüro-Prozeß«, Baden-Baden 2001.
Rosenau, Henning: »Tödliche Schüsse im staatlichen Auftrag«, Baden-Baden 1998.
Rummler, Toralf: »Die Gewalttaten an der deutsch-deutschen Grenze vor Gericht«, Berlin 2000.
Sauer, Heiner, und Hans-Otto Plumeyer: »Der Salzgitter-Report«, München 1991.
Taylor, Telford: »Die Nürnberger Prozesse«, München 1994.
Weber, Jürgen, und Michael Piazolo (Hrsg.): »Eine Diktatur vor Gericht«, München 1995.

Bildnachweis

Irene Agotz 197 oben
AP, Frankfurt am Main 266 rechts
Archiv Roman Grafe, Frankfurt am Main
   106 unten, 141, 181, 311
Brigitte Bauschke 194
Nikolaus Becker, Berlin 245
Berliner Zeitung, Berlin 175
   (Foto Engelsmann)
Irmgard Bittner 108 oben
Christine Böer, Hamburg 42, 44, 48, 49,
   57, 58, 61, 70, 71, 80, 82, 83, 101, 110,
   111, 112, 113, 114, 115, 119, 277
Rosa Britz 52
BStU Berlin 74/75, 76, 135, 243, 269, 270,
   272 unten, 275, 283, 333
Bundesarchiv, ADN-Archiv Koblenz 139
Bundesarchiv, Militärarchiv Freiburg
   16, 45, 66 unten, 72, 78, 84, 86 unten,
   94, 103, 106 oben, 108 unten, 122 Mitte
   und unten, 131, 142, 195, 197 unten,
   198, 205, 260, 262 unten, 263, 284, 287
   unten, 291, 310, 313, 315, 317
dpa, Frankfurt am Main 10, 26, 66 oben,
   86 oben, 258, 305
Roman Grafe, Frankfurt am Main 25, 41,
   55, 89, 157, 209, 210, 219, 249, 251
Walter Große 79

A. Jirkowsky 73
Jürgens Ost und Europa Photo, Berlin 38
Thomas Kollender 267
Landesarchiv Berlin 342
Lichtblick Detlef Konnert, Berlin 127
Gabi Mäder 104 links
Mauermuseum Haus am Checkpoint
   Charlie, Berlin 285
BerlinPressServices Klaus Mehner,
   Berlin 53
Militärhistorisches Museum Dresden
   33, 34, 37
Wolfgang Mrotzkowski, Berlin 288
Peter Rondholz Presse-Photo, Berlin
   14, 21
Inge Runge 268
Ottfried Sannemann, Pfungstadt 271
Horst Schmidt, Berlin 87, 301
Karin Schmidt 122 oben
Springer-Verlag, Hamburg
   104 rechts, 261 links, 266 links
Süddeutscher Verlag, München
   261 rechts, 265, 286
ullsteinbild, Berlin 13, 262 oben, 309
Westfälische Rundschau, Dortmund
   272 oben